钢铁产业发展报告

2015

工业和信息化部原材料工业司
冶金工业信息标准研究院　编
世界金属导报社

北京
冶金工业出版社
2015

内 容 提 要

本书是由工业和信息化部原材料工业司、冶金工业信息标准研究院和世界金属导报社联合编写《钢铁产业发展报告》系列图书的第五册。

本书共分为五篇，内容包括：综合篇、政策篇、行业发展篇、国际篇和统计篇。本书系统总结了2014年度工业和信息化部以及相关产业部门在钢铁行业管理方面所做的工作，希望对钢铁行业及其相关行业的生产、销售、管理以及政府职能部门的工作人员提供借鉴和参考。

图书在版编目(CIP)数据

钢铁产业发展报告.2015/工业和信息化部原材料工业司，冶金工业信息标准研究院，世界金属导报社编.—北京：冶金工业出版社，2015.6

ISBN 978-7-5024-6937-5

Ⅰ.①钢… Ⅱ.①工… ②冶… ③世… Ⅲ.①钢铁工业—工业发展—研究报告—中国—2015 Ⅳ.①F426.31

中国版本图书馆CIP数据核字(2015)第123821号

出 版 人　谭学余
地　　址　北京市东城区嵩祝院北巷39号　邮编　100009　电话　(010)64027926
网　　址　www.cnmip.com.cn　电子信箱　yjcbs@cnmip.com.cn
责任编辑　程志宏　徐银河　美术编辑　吕欣童　版式设计　孙跃红
责任校对　石　静　责任印制　马文欢
ISBN 978-7-5024-6937-5
冶金工业出版社出版发行；各地新华书店经销；三河市双峰印刷装订有限公司印刷
2015年6月第1版，2015年6月第1次印刷
787mm×1092mm　1/16；25.25印张；451千字；394页
87.00元

冶金工业出版社　投稿电话　(010)64027932　投稿信箱　tougao@cnmip.com.cn
冶金工业出版社营销中心　电话　(010)64044283　传真　(010)64027893
冶金书店　地址　北京市东四西大街46号(100010)　电话　(010)65289081(兼传真)
冶金工业出版社天猫旗舰店　yjgycbs.tmall.com

《钢铁产业发展报告2015》
编 委 会

序

钢铁工业是国民经济的重要基础产业，是国家经济水平和综合国力的重要标志。中国钢铁工业历经 50 年的发展，产量跃居世界第一，技术水平得到明显提高，产品结构不断优化调整，成为名副其实的钢铁大国，为保证国民经济平稳健康发展作出了巨大的贡献。

2014 年，我国发展面临的国际国内环境复杂严峻，多重困难和挑战相互交织，经济下行压力加大。党中央、国务院科学把握大势，坚持稳中求进工作总基调，以提高经济发展质量和效益为中心，继续创新宏观调控思路和方式，把转方式调结构放在更加重要位置，狠抓改革攻坚，突出创新驱动，统筹稳增长、促改革、调结构、惠民生、防风险，实现全年 GDP 增长 7.4%，工业增加值增长 8.3%，保持经济运行在合理区间，经济结构有了新的变化，发展质量有进一步提升，发展的协调性和可持续性增强。

在我国经济发展进入新常态下，国民经济增长对国内钢材需求强度趋于稳定，钢材消费增长缓慢，全国粗钢产量 8.23 亿吨，比上年同期增长 0.9%。但粗钢产量供大于求矛盾较为突出，钢材价格持续下跌，部分钢铁企业债务风险、资金紧张和原燃料价格波动等给生产经营带来不确定性，生产经营步履维艰。面对复杂严峻形势，钢铁行业主动适应新常态，积极应对各种挑战，坚持抓结构调整、转型升级不放松，大胆进行改革创新，各项工作取得积极进展，全行业主营业务利润有所好转，行业大气污染物排放总量增长势头得到遏制。

工业和信息化部高度重视促进钢铁行业持续健康发展，大力推进钢铁工业两化深度融合、清洁生产工作，制定了《原材料工业两化深度融合推进计划》与《大气污染防治重点工业行业清洁生产技术推行方案》，促进钢铁等原材料工业转型升级，走绿色可持续发展之路。推动钢铁产品的升级换代，联合住建部完成高强钢筋推广应用示范工作；建立船舶和海洋工程装备用高性能钢材推广应用协调机制，推进船用耐蚀钢国产化研发与应用；打造高性能电工用钢生产应用示范平台，启动汽车用钢轻量化工作。加强铁矿石资源保障，依托铁矿石资源保障协调机制共同研究推动解决铁矿石保障重大问题；编制《铁矿行业中长期发展规划（2010—2025）》，引导国内矿山勘探开发与利用。针对钢铁总量供大于求的矛盾，2014 年下达了淘汰炼铁 1900 万吨、炼钢 2870 万吨等落后和过剩产能目标任务，并写进了《政府工作报告》，成为了向全国人民的庄重承诺，促进产业结构升级。加强行业规范管理，历时 3 年分 3 批公告了 304 家规范钢铁企业，涵盖我国粗钢产能约 90%，使多年来“潜伏”钢铁产能露出水面，最大限度地消除行业管理盲区。

《钢铁产业发展报告 2015》继续保持了 2014 年版综合、政策、行业发展、国际和统计等篇章，系统整理了 2014 年钢铁行业出台的重要政策措施，以及我部在钢铁行业管理方面所做的重点工作。编制本报告旨在为钢铁生产、销售、管理人员及相关政府工作人员提供参考。由于编写时间仓促，难免有疏漏之处，敬请批评指正。

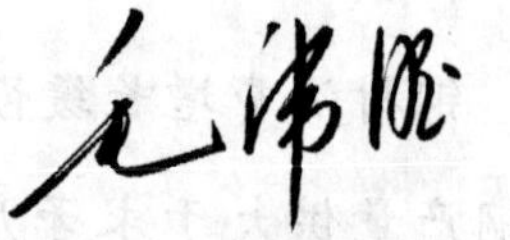

2015 年 5 月

目 录

综 合 篇

政 策 篇

行业发展篇

国 际 篇

统 计 篇

综合篇

打造新常态下工业升级版

《求是》2015年第1期署名文章

工业和信息化部部长　苗　圩

中央经济工作会议明确指出，我国已进入经济发展新常态，认识新常态、适应新常态、引领新常态是当前和今后一个时期我国经济发展的大逻辑。工业是我国经济的根基所在，也是推动经济发展提质增效升级的主战场。我们必须准确把握经济发展新常态，坚持走新型工业化发展道路，推进信息化和工业化深度融合，努力发挥工业在促进经济增长、结构优化和动力转换中的主力军作用。

一、深刻认识经济发展新常态下工业的重要使命

中央经济工作会议关于经济发展新常态的重要判断，准确刻画了我国经济发展的阶段性特征。这是新时期走中国特色新型工业化道路、打造中国工业升级版的大背景，也是加快转变经济发展方式、推动工业发展提质增效升级必须认清的新形势。

工业是支撑经济平稳运行的主要力量。改革开放以来，我国工业增加值占国内生产总值比重保持在37%至45%之间，工业对经济增长的贡献率基本保持在40%以上。目前，我国工业化尚未完成，工业仍是推动经济增长的主要力量。随着经济发展进入新常态，我国经济下行压力较大，保持经济稳定增长并处于合理区间依然是当前我国经济发展的主要任务。在这种情况下，工业保持平稳发展，将为我国经济在发展中升级、在升级中发展提供有力保障。

工业是经济结构调整的主要战场。当前，我国经济发展中不平衡、不协调、不可持续等结构性矛盾和问题突出，症结在工业、难点在工业、突破点也在工业。消费方面，只有加快制造业向个性化定制、柔性化生产、网络化销售等先进制造方式和商业模式转型，才能满足日益个性化、多样化的消费需求，

支撑消费结构升级。投资方面，近年来工业物流、通信等基础设施和新技术、新产品、新业态、新模式的投资机会大量涌现，智能制造、智慧物流、高端装备、工业机器人、新能源汽车等正在成为投资新热点。出口方面，工业制成品已占全部出口的95%左右，调整优化产业结构和产品结构是提升“中国制造”竞争力的必由之路。就业方面，新兴产业成长与传统产业结构优化升级，正在创造大量高质量就业岗位，带动整个就业结构改善。

工业是实施创新驱动发展战略的主要领域。欧美发达国家经验和我国发展实践表明，工业是研发投入的主要阵地，是创新最活跃、成果最丰富的领域，从根本上决定了国家整体创新水平。近年来，我国在载人航天、探月工程、高速铁路、高性能计算机、新一代移动通信等领域取得重大突破，物联网、智能机器人等大量创新性技术广泛应用于各行各业，创新正在成为经济社会发展的主要驱动力。当前，新一轮科技革命与产业变革风起云涌，工业技术与信息技术即“两个IT”深度融合成为产业发展新趋势。只有加速推进信息化和工业化融合创新，真正把工业发展动力转到创新驱动的轨道上来，我国工业才能从全球价值链低端环节向高端环节跃升，实现由规模扩张向提质增效的根本性转变。

二、准确把握经济发展新常态下工业发展面临的挑战

伴随国内经济下行压力加大和国际经济复苏疲弱态势延续，我国工业结构调整阵痛显现，企业生产经营困难增多，工业运行风险逐步显性化。经济发展新常态下，工业发展既要面对旧问题的缠绕，又面临新情况新问题的挑战，对此要有清晰认识和准确把握。

企业创新能力不足。长期以来，工业发展主要依靠要素低成本优势、通过引进技术和管理迅速形成生产力来实现规模扩张，对关键基础材料、核心基础零部件、先进基础工艺和产业技术基础的重视不够，企业研发投入强度普遍偏低，产业长期被锁定在国际价值链中低端环节。进入信息化时代，发展先进制造模式所需的高端传感器、数控系统、工业应用软件等基本被国外垄断，核心技术和关键技术受制于人，严重阻碍我国产业从成本竞争向效率竞争转型。特别是，由于企业创新能力不足，难以支撑国家抢占国际产业竞争制高点的战略行动。

产业结构不合理。一方面，传统产业产能过剩矛盾突出。钢铁、电解铝、平板玻璃、水泥等供给能力大幅超出需求，甚至在光伏、风电等新兴产业也开始出现产能利用不足，产能过剩已经成为困扰我国工业长期发展的主要矛盾之

一。另一方面，新产业培育不足。智能制造、增材制造、云制造等发展与国际先进水平差距明显，适应经济发展新常态的新增长点不多。从区域布局看，工业发展尚缺乏“全国一盘棋”的统筹协调机制，导致区域产业发展同质化问题严重。

发展环境亟待优化。随着经济增速下行，各种矛盾逐渐显现，市场信心不足，给工业企业投资决策、融通资金、生产经营等造成明显负面影响。工业行业平均销售收入利润率偏低，长期在6%～7%低位徘徊，近两年进一步下滑至6%以下。由此导致资金、人才等资源大量向金融、房地产、证券等领域流动，难以吸引到优质要素资源推进工业转型升级。此外，工业领域的普惠性政策不足，诸多创新能力强的中小微企业难以获得创新创业投资支持，往往错失企业成长的最佳时期。

国际竞争日益激烈。在新一轮科技革命和产业变革推动下，新的国际产业分工和价值链格局正在形成。发达经济体加快战略调整，推动“再工业化”和制造业回流，对我国产业向价值链高端环节攀升形成巨大压力。其他新兴经济体和发展中国家利用生产要素相对优势大力发展劳动密集型、资源密集型等产业，对我国在相当长一段时期内保留并发展中低端产业形成挑战。与此同时，国际金融危机后国际规则新体系与全球治理新机制正在重构，如何提升我国在国际标准制定、国际贸易与投资谈判等方面的话语权，将会对我国工业竞争力产生深远影响。

三、在主动适应新常态中做好信息化和工业化融合这篇大文章

面对经济发展新常态，我们必须转变观念、提高认识、找准方法、狠抓落实，做好信息化和工业化融合这篇大文章，抢占新一轮产业竞争制高点，打造中国经济升级版的工业篇。

优化产业结构，发现培育工业领域新增长点。坚持把推动经济结构战略性调整作为转变经济发展方式的主攻方向，实施创新驱动、质量品牌、强化基础、绿色发展等重大工程，将有潜力的新兴产业加快培育成为主导产业，推动产业结构向中高端迈进，提高工业发展的质量和效益。要充分发挥战略、规划、政策的引导作用，发挥技术标准、法律法规和市场机制的约束作用，加大淘汰落后产能力度，继续化解过剩产能，推动企业兼并重组，改造提升传统产业。要推动制造业产业链各环节的专业化、服务化，大力发展工业设计、现代物流、互联网金融等生产性服务业，推动工业向价值链高端演进。要深挖信息消费潜力，加快实施“宽带中国”工程，加大4G网络基础设施投资，鼓励发

展电子商务，切实发挥高质量投资和消费需求对经济增长的拉动作用。

实施创新驱动，重塑工业转型发展新引擎。坚持把增强创新能力摆在首要位置，增强中国工业升级的动力。要围绕两化深度融合需要，力争在集成电路、新一代移动通信、重大装备、智能机器人等领域，集中突破一批基础共性和核心关键技术，提高我国工业基础能力与国产智能技术、产品和装备水平。要着力健全国家制造业创新网络体系，支持众设众包、技术创新、业态创新、商业模式创新等多元创新发展，加快推动工业从要素驱动、投资驱动向创新驱动转型，培育壮大产业竞争新优势。

发展智能制造，探索信息化条件下生产新方式。坚持把发展智能制造作为战略重点，抓住新一轮产业变革浪潮和信息化发展趋势，探索智能制造生产方式，建立信息化条件下的工业生态体系。要以应用为核心、市场为导向、企业为主体，利用信息技术改造传统产业，大力发展智能制造，促进工业全产业链、全价值链信息交互和智能协作。要支持工业云服务平台建设和大数据技术应用，鼓励发展基于互联网的众包设计、柔性制造、个性化定制、智慧物流等新型制造模式。要加快部署高速、宽带、移动、泛在的信息网络基础设施，推动物联网、移动互联网、工业互联网发展和应用，有效支持云计算、大数据等创新业务发展。

加快绿色发展，推动形成低碳循环发展新模式。坚持生态文明建设与工业文明建设相结合，推动工业走绿色、循环、低碳发展之路。要积极支持绿色低碳、节能环保设备和产品开发，提高国产智能产品、智能装备的制造能力，为农业、服务业提供更加节能高效的设备。要加快节能环保、再制造、新能源汽车等产业发展，探索能源合同管理、节能自愿协议、高耗能产品能耗限额标准等新模式，加快形成工业绿色发展的长效机制。要大力支持智能电网建设，促进能源资源的优化调配，大幅提高能源利用效率。要以高投入、高消耗、高排放行业为重点，组织开展低碳技术试点，推动建设一批低碳工业园区。

全面深化改革，释放工业转型升级新活力。坚持把简政放权作为全面深化改革的突破口，着力深化行政审批制度改革，使市场在资源配置中起决定性作用和更好发挥政府作用，激发企业发展活力。一方面要做好“减法”，重点清理涉及企业生产经营活动的审批事项，进一步减少工业领域的审批、核准、备案事项；认真梳理并向社会公布“负面清单”、“责任清单”和“权力清单”，为企业创造一个更加宽松公平，更有利于创新发展的市场环境。另一方面要做好“加法”，按照宽进严管的原则，从加强依法监管、完善监督检查、提高服务能力、推进行业自律等方面入手，守好安全生产、产品质量、环保标准、用户权益保障等“红线”，将工作重点更多放在制定法规标准、完善基础设施、提供公共平台，更好为企业服务上来。

扩大对外开放，开辟工业持续发展新空间。坚持统筹国内国际两个大局、两个市场和两种资源，构建工业开放发展新格局。要贯彻落实好国家对外开放新的战略部署，大力支持企业走出去对外投资，拓展化解过剩产能的新途径。要密切跟踪、主动对接上海等自由贸易试验区工业开放发展需求，在“负面清单”管理、产业安全审查、开放环境建设等方面拿出务实举措，以开放促改革、促发展。要积极参与高水平自贸区谈判，全面参与国际贸易新规则的制定，发出更多中国声音，更好地帮助我国企业开拓国际市场，努力在经济全球化中赢得主动。

在全面深化改革中打造制造业强国

《求是》2014 年第 5 期署名文章

工业和信息化部部长　苗　圩

35 年的改革开放，使我国成长为世界制造业大国。而要完成向制造业强国的转变，必然会经历一场艰苦复杂的攻坚战。就目前形势看，推进我国制造业转型升级，必须深入贯彻落实党的十八届三中全会精神，加快重点领域和关键环节改革，着力优化发展环境。

一、制造业转型升级任重道远

自 18 世纪中叶人类开启工业文明以来，制造业成为创造物质财富的主要渠道，是现代国家经济持续稳定发展的压舱石。纵观近现代世界历史，大国的兴起均始于制造业，当今世界强国都是制造业强国。工业是现代经济发展的支柱，工业强则国家强。着眼未来，中国要进入世界经济强国行列，首先要成为制造业强国。

近年来，我国工业实力持续增强，稳居世界制造业第一大国，对全球制造业的影响力不断提升。2012 年，我国制造业全球占比达 19.8%，工业制成品出口占全球制成品贸易的 1/7。制造业的快速发展，带动了国内其他产业的创新和发展，在扩大就业、增加收入和改善人民生活等方面发挥了巨大作用，有力地推动了我国工业化和现代化进程。制造业已成为提升我国综合国力和参与全球竞争的战略基石。

但随着全球经济结构的深度调整，我国制造业发展中的矛盾日益凸显，形势不容乐观。从国际看，国际金融危机后，发达国家纷纷实施再工业化和制造业回归战略，力图抢占高端市场并不断扩大竞争优势，新兴经济体依靠资源、劳动力等比较优势大力发展加工制造业，与我国形成同质竞争，我国制造业面临着前有阻击后有追兵的双重挤压。从国内看，我国经济正处于增长速度换挡和结构调整阵痛的叠加期，国民经济潜在增长率趋于下降，能源资源、土地、劳动力等生产要素成本快速上升，生态环境约束趋紧，行业间利润率严重失衡，制造业对社会投资的吸引力不断下降。从产业看，发展方式粗放，产业结构不合理，制造业缺乏核心竞争能力，尤其是企业治理结构不完善，国际化经营能力不强，“走出去”面临较大风险。

这些问题的产生，既源于制造业自身的结构问题，也是体制机制顽瘴痼疾所致。从自身结构看，我国制造业在国际产业分工中主要处于加工制造的中低端环节，2012年加工贸易出口占比达42.1%；产业集中度低，钢铁、船舶、水泥行业前十大企业产业集中度分别只有46%、50%和31%，只有汽车行业为86%；自主研发能力不强，大中型工业企业研发投入强度约为跨国公司平均水平的1/4，申请国际专利合约数量仅相当于美国的1/3，95%的高档数控机床、85%的集成电路依赖进口；原材料型、高能耗型行业产能过剩矛盾突出，粗钢、电解铝、水泥、平板玻璃、造船等行业产能利用率均低于75%。从体制机制看，政府职能转变不到位，对企业生产经营活动干预过多，企业投资自主权落实不够，未能充分激发企业的发展活力；价格市场化形成机制不完善，特别是资源性产品价格不顺，影响了资源的优化配置和合理利用，一定程度上阻碍了制造业结构调整；以企业为主体的技术创新体系和创新激励机制不健全，缺乏鼓励创新、宽容失败的社会氛围，企业创新发展的内生动力不足；相关政策措施落实不到位，非公有经济发展面临着许多不合理规定和隐性壁垒，中小企业发展的体制性问题未根本解决。

二、优化发展环境的关键是全面深化改革

要从根本上解决这些问题，关键是坚定不移地全面深化改革开放。我们要主动适应环境变化，紧紧围绕处理好政府和市场关系这一核心，进一步释放改革开放的红利，为制造业转型升级创造新条件。

发挥市场配置资源的决定性作用，释放产业发展活力。依靠市场竞争优化资源配置是市场经济的一般规律。推进制造业转型升级要遵循这一规律，依据健全社会主义市场经济体制的内在要求，真正让市场这只看不见的手起到决定性作用。完善价格形成机制，主要由市场决定生产要素和产品的价格，引导劳动力、土地、资金、资源等要素流动和工业生产活动，提高工业投入产出效益。完善市场供需机制，引导企业根据市场需求确定投资并形成合理产能，引导消费者不断提升消费层次并形成有效市场需求，促进工业制成品供给与需求实现动态平衡。完善市场竞争机制，促进垄断行业有序开放，鼓励竞争性行业

开展正当竞争，不断增强企业发展活力，使行业平均利润率趋于合理，实现经济、社会和生态效益相统一。完善市场退出机制，打造“生的顺利、退的顺畅”的产业生态环境，打通企业市场化再生和退出通道，让企业生生死死成为常态，发挥市场机制在淘汰落后产能、企业兼并重组、化解产能过剩中的作用，提高产业发展的质量和效益。

加快转变政府职能，健全行业管理体系。处理好政府与市场关系是深化经济体制改革的核心问题。因此，在深化改革中，既要坚持市场化改革取向，也要更好发挥政府的作用；既要简政放权，也要切实把市场解决不了的问题，用政府这只手管起来。充分发挥战略、规划、政策的引导作用，强化节能节地节材节水的政策约束，严格实施环境、技术、安全等市场准入标准，有效化解产能严重过剩等问题，促进制造业可持续发展。完善行业服务体系，通过委托、招标、合同外包等购买服务方式，发挥社会组织作用，加强各类第三方行业公共服务平台建设，提升服务行业的能力和水平。深化行政审批制度改革，坚决取消和下放一批审批事项，同时加强特定行业和领域事中事后监管。创新行业管理方式，探索行业规范条件、负面清单、行业自律、企业社会责任等新型管理方式，推进制造业管理体系和管理能力现代化。

强化政策协调配合，增强产业发展合力。这些年来，我国制造业的高速发展，既得益于市场化改革和全球化进程，也离不开长期以来财税、金融、投资、土地等政策支持，更离不开中央政府强有力的宏观调控。推进制造业转型升级，必须发挥宏观调控这一社会主义市场经济的体制优势，使产业政策与市场机制相互促进。深化投资体制改革，最大限度减少对企业投资项目的审批，切实落实企业的投资自主权。建立有利于转方式、调结构的财税政策体系，发挥政府采购对自主创新的扶持作用，落实好高新技术企业税收减免、研发费用税前加计扣除等优惠政策。引导信贷资金向结构调整、节能减排、自主创新等重点领域和小微企业等薄弱环节倾斜，加快建设多层次资本市场体系，扩大制造企业直接融资渠道和比例，更好地发挥金融对产业结构调整和转型升级的支持作用。强化环保、土地、价格等政策与产业政策协调配合，尽可能减轻原材料、土地、劳动力等成本上升以及环保投入加大对我国制造业的冲击。

加强依法行政，保障行业健康发展。按照建设法治政府的要求，运用法治思维和法治方式解决制造业发展中的突出问题。完善制度体系，加强中小企业、国防科技工业、船舶工业、民用飞机产业等领域的立法工作，满足制造业转型升级的制度需求。规范行政行为，严格按照法定程序和权限履行职责，推进行政处罚裁量权基准制度，加强对行政执法的监督，及时纠正违法或不当的行政行为。加大政务公开力度，对淘汰落后产能、节能减排、民用爆炸物品管理等重点领域，依法及时公开行政管理的法律依据、政策要求、工作过程和结果，自觉接受社会监督。

三、努力建设制造业强国

打造制造业强国是一个系统工程，也是一场艰苦的攻坚战。要打赢这场硬仗，需要我们加快构建制造业转型升级新机制，以创新驱动发展，一步一个脚印地向工业现代化迈进。

构建制造业创新发展新机制。创新能力不强是我国制造业大而不强的核心问题，必须把制造业发展转到更多依靠创新驱动上来。健全以市场为导向的产业创新体系，强化企业创新主体地位，建立产学研协同创新机制，促进制造技术、企业管理、商业模式等多元化创新。建立鼓励企业、社会力量深度参与国家科研任务的新机制，发挥国家重大科技专项引领作用，重点突破核心装备、系统软件、关键材料等一批重大技术，加快实施以基础材料、基础零部件、基础工艺和产业技术基础为内容的"工业强基工程"，不断提升制造业创新发展能力。健全技术成果转化机制，发展技术市场，加快形成制造企业、科研院所、金融资本共同构成的"多级火箭助推机制"，促进技术创新与产业发展良性互动。大力推进企业技术改造，形成激励企业运用新技术、新工艺、新材料、新装备的长效机制，促进制造业技术水平和产业层次不断提升。加强知识产权应用和保护，形成鼓励创新、宽容失败的社会氛围。

构建制造业融合发展新机制。随着技术创新和产业变革，特别是信息技术的广泛应用，技术、产业、商业模式、社会需求等相互渗透、相互影响，成为新时期产业发展的新特征、新趋势。顺应信息化发展的时代潮流，按照十八大关于促进"四化同步"发展的要求，着力建立信息化和工业化深度融合机制，实施两化深度融合专项行动，建立健全企业两化融合管理体系，引导企业增强两化融合意识，深化信息技术集成应用，不断提升制造业信息化水平。顺应制造业与服务业融合发展趋势，推动制造业产业链各环节的专业化、服务化，大力发展工业设计、现代物流、互联网金融、电子商务等生产性服务业，调整优化产业结构。建立产业与城镇融合发展机制，加快新型工业化产业示范基地、工业园区建设，提高工业集聚程度和土地利用效益。继续重视劳动密集型制造业发展，争取吸纳更多的农村剩余劳动力，加快形成以工促农、以城带乡、工农互惠、城乡一体的新型工农城乡关系。

构建制造业绿色发展新机制。绿色循环低碳发展已成为各国破解资源环境约束的普遍选择。今后一个时期，我国要促进工业文明与生态文明协调发展，必须推动制造业走绿色发展新路。这是当前我国制造业转型升级的重要方向。要加快形成资源环境约束倒逼转型升级的机制，树立设计开发生态化、生产过程清洁化、资源利用高效化、环境影响最小化理念，推进节能降耗、减排治污，发展资源节约型、环境友好型制造业。充分发挥市场作用，落实企业主体责任，更多运用经济、法律、标准等手段，加强行政监督管理，不断完善基于绿色发展的激励和约束机制。探索能源合同管理、节能资源协议、高耗能产品能耗限额标准等新模式，加快形成制造业绿色发展的长效机制，增强制造业可持续发展能力。加大绿色低碳技术攻关，积极支持绿色低碳、节能环保设备和产品开发，通过试点示范推广应用先进适用技术，加快发展循环经济和再制造产业。

构建促进中小企业健康发展新机制。非公有制经济与中小企业互为主体，特别是中小企业是经济发展活力的重要载体，是我国制造业转型升级的生力军。坚持“两个毫不动摇”，一方面要推动国有企业完善现代企业制度，加快垄断行业改革，另一方面要坚持把完善中小企业发展的制度和政策环境作为着力点，鼓励支持引导非公有制经济健康发展。落实支持中小企业发展的各项政策措施，保障中小企业发展的权利平等、机会平等、规则平等，实行统一的市场准入制度，消除限制民间投资的各种“玻璃门”、“弹簧门”、“旋转门”现象。完善促进中小企业“专精特新”发展机制，支持中小企业兼并重组，鼓励有条件的中小企业建立现代企业制度，鼓励中小企业参股国有资本项目，积极发展混合所有制经济。改善融资条件，完善风险投资机制，引导创新要素更多投向中小企业特别是科技型中小企业，建设一批中小企业创新平台，激发中小企业创新活力。完善中小企业服务体系，加强信用担保体系、公共服务示范平台等建设以及国际交流合作，鼓励和引导社会服务机构为中小企业提供优质服务。

构建军民融合发展新机制。实践证明，在工业发展战略上坚持军民结合、寓军于民的方针，可以有效整合国防建设与经济建设资源，实现一种资源投入产生两种效益的“兼容型”、“双赢式”发展。推动在国家层面建立推动军民融合发展的统一领导、军地协调、需求对接、资源共享机制，建立更加完备的政策、规划、标准支撑体系，推动军民融合在新时期又好又快发展。不断健全国防工业体系，完善国防科技协同创新机制，推动武器生产与民用产业融合发展，培育一批军民融合产业基地。加强军民融合公共服务平台建设，编制军转民、“民参军”产业发展目录，支持国防科技成果转化，加速军用和民用先进技术双向转移步伐。加强军民融合政策引导和支持，充分利用先进军用技术加快发展高端装备制造业、新一代信息技术产业等战略性新兴产业。积极引导优势民营企业进入军品生产和维修领域，形成上下游紧密结合的融合发展新格局。

构建制造业开放发展新机制。经济全球化不可逆转，我国制造业必须以更加积极主动的开放姿态，融入全球产业分工，以开放促改革，倒逼制造业转型升级，加快培育参与和引领国际竞争的新优势。放宽投资准入，在制造业领域探索对外商投资实行准入前国民待遇加负面清单的管理模式，推动重点领域扩大对内对外开放，进一步放开一般制造业。围绕制造业转型升级目标和需求，调整优化制成品进出口结构，加大先进技术设备和紧缺原材料进口，积极吸收国际技术创新辐射和先进管理经验，促进加工贸易向微笑曲线两端延伸，打造一批世界级的制造品牌，提高“中国制造”全球影响力和竞争力。抓住全球产业重新布局机遇，引导有实力的制造业企业有序走出去，开展绿地投资、并购投资、联合投资等，在境外设立研发机构、生产制造基地和市场营销网络，在有条件的国家和地区建立境外工业园和境外经贸合作区，开展资源和价值链整合，增强国际化经营能力。贯彻落实自由贸易园（港）区、丝绸之路经济带、海上丝绸之路以及内陆地区等全方位开放新格局的战略部署，探索制造业开放发展新思路，进一步拓展我国制造业发展空间。

深入推进工业转型升级
加快实现工业强国梦

在全国技术改造暨示范基地工作会议上的报告

工业和信息化部副部长　苏　波

（2014年7月22日）

同志们：

上午好！当前，我国经济发展正在进入新阶段，国内外经济形势出现的新情况、新问题都对我国工业发展提出了新要求。如何更加科学、全面地认识新时期的新形势，准确把握促进工业转型升级的政策方针，进一步统一思想，明确方向，具有现实而紧迫的意义。这次召开全国工业和信息化系统技术改造和示范基地工作会议，就是想在这个大转变的新形势下，梳理回顾工信部成立6年来推动工业结构调整和转型升级取得的新成绩，分析面临的新形势，与大家探讨下一步促进工业转型升级的思路和举措，并对进一步做好技术改造和示范基地工作进行研究和部署。

下面，我讲五个方面的问题，与大家讨论。

一、我国工业结构调整取得的重要进展

工业是实体经济的主体，也是转变经济发展方式、调整优化产业结构的主战场。六年来，我部围绕推动工业转型升级这一中心任务，在努力走出一条科技含量高、经济效益好、资源消耗低、环境污染少、人力资源得到充分发挥的新型工业化道路上迈出了坚实步伐，推动我国工业产品结构、技术结构、组织结构、布局结构调整以及能源资源使用效率提高等方面取得了显著成效。

（一）国际地位大幅提升

2008～2013年，我国规模以上工业增加值年均增长10.1%，远高于同期国内生产总值8.9%的增速。2013年，全国工业增加值超过21万亿元，占

GDP比重37.04%，工业在三次产业中的结构不断优化，直接提供了全国约四分之一的就业岗位。新中国成立之初，我国工业总产值仅140亿元，2013年规模以上工业企业实现主营业务收入103万亿元，比建国初期增长了7350多倍。在500余种主要工业产品中，我国有220多种产量位居世界第一。2013年，我国粗钢、汽车、机床产量和造船完工量分别占全球产量的48.5%、25%、38%和41%，水泥、发电设备、化纤、生铁、手机、计算机、彩电产量均占全球产量50%以上。在国际标准行业分类的22个行业中，我国的产值均居第一或第二，2010年我国制造业产出以占全球五分之一的比重成为第一制造业大国。企业竞争力明显增强，规模以上工业企业实现利润由2008年的3.1万亿元增加至2013年的6.3万亿元，五年间翻了一番多。2014我国共有100家企业入选“财富世界500强”，比2008年增加65家，其中制造业企业56家（不含港澳台），去年超过日本成为世界500强企业数仅次于美国（130多家）的第二大国。

（二）自主创新能力明显增强

一是创新能力建设不断加强。2011年以来，我部制定发布了《“十二五”产业技术创新规划》和《产业关键共性技术发展指南》，引导社会创新要素向企业集聚，指导产业关键共性技术发展方向。开展示范企业认定，已认定三批共211家“国家技术创新示范企业”。企业研究与试验发展（R&D）经费支出不断增加，2013年全国投入11906亿元，占GDP比重达2.09%，是2008年4616亿元的2.58倍。2012年规模以上工业企业研发支出7200亿元，比2008年增长了2.34倍，企业研发投入强度从2008年的0.61%增加到2012年的0.77%。2012年，规模以上工业企业共拥有研发机构4.7万个，比2008年增加了1.69倍；规模以上企业共申请专利53万件，是2008年的3.2倍。

二是关键领域技术水平明显提升。载人航天、探月工程、载人深潜、新支线飞机、大型液化天然气船（LNG）、高速轨道交通等领域技术取得突破性进展。特高压输变电设备、百万吨乙烯成套装备、风力发电设备、千万亿次超级计算机等装备产品技术水平已跃居世界前列。钢铁行业炼钢主体设备90%实现了国产化，已经具备了全流程自主设计、自主集成建设千万吨级现代化钢铁基地的能力。

三是科技重大专项不断取得突破。我部组织实施了“核高基”、新一代宽带无线移动通信网、高档数控机床与基础制造装备、大型飞机等科技重大专项。成功研制“飞腾1500”高性能处理器，并应用于“天河二号”超级计算机。基于C-Core（嵌入式微处理器核）的国产SoC（片上系统）芯片在机顶盒、数字电视、移动存储等领域实现了规模化应用。国产关键软硬件在信息化系统实现应用。我国主导提出的 TD-LTE 形成完整产业链并实现商用，TD-LTE-Advanced（具有自主知识产权的新一代移动通信技术）成为 4G 国际标准之一。北斗卫星导航系统成功完成组网，并提供区域导航定位授时服务。大型立式五轴联动加工中心研制成功，济南二机床 6400 吨大型快速高效全自动冲压生产线已实现向发达国家出口。大型军用运输机已于 2012 年年底实现首飞，C919 大型客机正式转入详细设计阶段，明年将实现首飞。

（三）产业结构调整取得重要进展

围绕结构调整与转型升级这一主线，编制实施了《工业转型升级规划》等重点领域发展规划，出台了一系列政策措施，实施了一系列中央投资支持的行动计划、重点工程和技术改造专项，重点行业结构调整步伐不断加快。

一是装备工业整体实力不断提升。大型运输机和大型客机已完成布局，研制工作取得重要进展。百万千瓦级超超临界火电机组、百万千瓦级核电机组、百万千瓦水电机组、百万吨级乙烯成套设备、1000 千伏特高压交流输电设备和±800 千伏特高压直流输电设备、8 万吨模锻压力机、1.2 万米深海石油钻探设备、4000 吨级履带起重机、中高速船用柴油机、大功率交流传动机车、400 万吨级煤制油以及煤制烯烃成套装备等一大批重大技术装备研制成功，并在市场上得到应用。智能制造、高速轨道交通、海洋工程等高端装备制造业产值占装备制造业比重已超过 10%，海洋工程装备接单量占世界市场份额 29.5%，新能源汽车累计生产 3.5 万辆（今年上半年生产 2 万辆），智能化仪器仪表、工业机器人、增材制造等新兴产业快速发展。

二是原材料工业结构调整取得积极进展。行业技术进步明显加快，环氧乙烷大型反应器、煤制乙二醇成套技术和装备等一批大型石化、煤化工装备实现了国产化，电解铝大型预焙槽及异型阴极槽技术、富氧铜冶炼技术等达到世界先进水平，新型干法水泥生产线已占海外市场 40%的份额，洛阳浮法平板玻璃技术和成套装备远销海外市场。重点行业产业集中度显著提升，水泥、平板玻璃、电解铝行业前 10 家产业集中度比 2005 年分别提高了 22.8、3.5 和 28 个百分点。产业布局调整优化，钢铁产业布局逐渐向沿海沿江、贴近市场调整；有色金属冶炼产能逐步向资源能源丰富的地区转移，加工产能逐步向应用地区转移；2013 年能源丰富的西部地区电解铝产量占全国比重达 65%，锌占 58%，镁占 62%。当然，也要注意西部地区的负荷问题，在资源富集地可以布局一些初级能源产品和矿山产品加工工业，但是不允许为吸引这些资源性行业而采用过于优惠的条件，破坏统一标准，形成全国不公平竞争的环境。

三是消费品工业整体水平明显提升。纺织行业，2013年化纤占纤维加工量比重达到75%，比2008年提高7个百分点以上；化纤产量占全球的比重超过60%；产业用纺织品占全部纤维加工量的23%，比2008年提高6个百分点；产业转移步伐加快，中西部纺织产值占全国的21%，比2008年提高5个百分点。食品行业，超高温瞬时杀菌和包装技术改造成效明显，食品工业企业诚信体系建设快速推进，婴幼儿配方乳粉、白酒和肉制品行业产品质量安全追溯体系建设加快。医药行业，中药材生产供应基本实现保障，基本药物的供应保障能力明显增强，成功开发上市了具有自主知识产权的多个创新药物，多项高端医疗器械填补国产空白。轻工业，环保节能节材型压缩机在大容量冰箱上的加快推广应用，一批产品的新材料开发和应用进一步加快，海尔等一批自主品牌企业国际影响力提升。

四是电子信息产业结构优化升级成效显著。高性能计算CPU、大容量动态随机存储器（DRAM）芯片研制成功，双界面金融IC卡通过安全测试，时分同步码分多址（TD-SCDMA）基带芯片市场占有率超过50%，12英寸45/40nm工艺实现大规模量产。成功研制出32路大型主机系统（高端容错计算机），并应用于电信、银行、电力等关键领域。2014年上半年，自主品牌智能电视国内市场占有率达到87%。2014年1～5月，4条高世代线企业均实现满产，液晶电视面板自给率达39%（过去基本依靠进口）。主要手机生产企业已实现由功能手机向智能手机的转型，国产品牌智能手机的国内市场占有率超过70%。华为、中兴在全球通信设备制造商中分别位居第一、第五位，联想成为全球最大PC厂商。2013年软件业收入占电子信息产业比重达到25%，比2008年提高12个百分点。电子信息产业部分行业增长速度达到20%、30%甚至50%，远高于全国工业平均水平。

（四）节能减排工作取得积极进展

近年来，全国工业系统紧紧围绕国家节能减排约束性目标任务，以工业绿色低碳转型发展为目标，狠抓工业节能降耗、清洁生产和资源综合利用技术进步，实施了9大重点节能工程、10项综合利用工程和8项清洁生产工程。“十一五”期间，全国规模以上工业单位增加值能耗下降26%，实现节能量7.5亿吨标准煤，以年均6.98%的能耗增长支撑了年均11.57%的工业增长。“十二五”前三年，单位工业增加值能耗又累计下降15%，万元工业增加值水耗累计下降24%，53项重点产品（工序）单位综合能耗指标和重点行业排污强度都有明显下降。

一是切实加强节能降耗技术改造。利用中央财政专项资金，对钢铁、有色、化工、建材等六大重点耗能行业进行技术改造，组织实施企业能源管理中心示范工程建设，支持了一大批钢铁、有色金属、化工等重点耗能企业建设能源管控中心，实施企业节能降耗信息化技术改造。筛选出钢铁、化工、建材等11个重点行业600余项节能减排先进适用技术推荐示范应用。组织实施了一批新型密闭电石炉、高效锅炉窑炉、高压变频调速、余热余压利用、先进内燃机等关键节能新技术、新装备产业化示范工程。以电机、锅炉窑炉、风机、水泵、变压器、空调机组、机床等工业终端用能设备为重点，逐项制定改造方案，实施电机能效提升计划等，加强量大面广落后用能设备升级改造。实施节能产品惠民工程，实行汽车燃油经济性第三阶段限值以及电机、空调、电视机等能效新标准，引导和支持企业加强节能环保产品研发和生产转型。发布国家鼓励的重大节水技术目录，加强重点节水技术、工艺和装备推广应用，指导推进钢铁、石化、造纸等10个高用水行业节水改造。

二是大力开展清洁生产技术示范和专项污染防治。发布了34个行业清洁生产推行方案。按照国务院《大气污染防治行动计划》部署要求，发布实施《京津冀及周边地区重点工业企业清洁生产水平提升计划》、《大气污染防治重点工业行业清洁生产技术推行方案》，指导推动重点区域、重点行业、重点领域清洁生产技术改造。利用中央财政专项资金支持，实施了一批重点行业清洁生产关键工艺技术示范工程，组织实施《高风险污染物削减行动计划》，加强铬盐等涉重金属、高风险污染物行业清洁生产专项改造，开展铅、汞、铬等专项污染防治。

三是切实推进工业固废综合利用。积极推进第一批12个工业固体废物综合利用基地建设试点、8个领域35家机电产品再制造试点，在8个行业121家重点企业开展“两型”企业创建试点。组织建设一批循环经济重大技术、稀贵金属和有色金属再生利用示范工程。探索推进产品生态设计和有毒有害物质替代和限制使用，加强电子信息产品、汽车产品污染控制和报废产品回收利用。

四是积极培育节能环保产业。组织工业节能、节水、资源综合利用、环保、废水循环回用等关键成套装备产业化示范。积极探索创新合同能源管理、合同环境治理等节能环保服务新机制，引导企业利用市场办法开展节能环保技术改造，实施工业企业专业化治污。支持节能服务产业健康发展，培育近200家重点行业节能服务公司。

五是着力化解产能过剩和淘汰落后产能。产能过剩是现阶段我国工业发展的一个突出问题，其造成的重大后果是资源利用效率降低，企业经营生产困难，严重亏损，最终导致经济发展不稳定。历史上多次出现过产能过剩，但由于经济社会需求的高速增长消化了一些产能。这次产能过剩不仅具有明显的结构性、周期性特征，也具有过去所没有的绝对性、长期性的特征。这和我国工业发展的阶段有关，当前我国已经进入工业化的中后期阶段，靠经济规模的增长不断消化产能的机制在现阶段发生了变化。对于一些未来发展方向明确的产业，如光伏发电，虽然现在也出现了产能过剩，但随着市场需求的扩大完全可以消化；但是另外一些产品，随着工业化后期到来其需求将保持稳定甚至下降，如钢铁和发电设备。根据这些情况，工信部会同发改委制定并经国务院审定发布了《关于化解产能严重过剩矛盾的指导意见》（国发〔2013〕41号），产能盲目扩张的势头得到初步遏制。今年1～5月份，产能严重过剩行业投资增速大幅回落，钢铁、有色金属冶炼投资分别比去年同期下降12.8%和7.3%，水泥、平板玻璃行业投资分别下降9.7%和4%。研究出台了《部分工业行业淘汰落后生产工艺装备和产品指导目录（2010年本）》，提高了炼铁高炉、炼钢转炉、电炉、水泥立窑、平板玻璃等淘汰标准。截止到今年年底，可以淘汰炼钢7538万吨（“十二五”规划目标为4800万吨），淘汰炼铁6928万吨（“十二五”规划目标为4800万吨），淘汰电解铝160万吨（“十二五”规划目标为90万吨），淘汰水泥5.69亿吨（“十二五”规划目标为3.7亿吨），淘汰平板玻璃1.52亿重量箱（“十二五”规划目标为9000万重量箱），提前超额完成“十二五”规划目标。

（五）产业集聚集约发展水平不断提升

一是企业兼并重组效果逐步显现，产业组织结构不断优化。2010年，我部代拟了《国务院关于加快推进企业兼并重组的意见》（国发〔2010〕27号），建立了我部牵头、12个部门参加的企业兼并重组工作部际协调小组。2013年，我部联合12家成员单位印发了《关于加快推进重点行业企业兼并重组指导意见》，积极推进汽车、钢铁、稀土等行业兼并重组工作。2014年3月，我部牵头起草的《国务院关于进一步优化企业兼并重组市场环境的意见》（国发〔2014〕14号）印发，推动出台财税、金融、职工安置、并联审批、国企改革等方面的政策措施。2014年6月，国务院办公厅转发了我部起草的《推动婴幼儿配方乳粉企业兼并重组工作方案》（国办发〔2014〕28号）。兼并重组促进产业组织结构优化的作用逐步显现。2014年6月，我国汽车销量前十名的企业（集团）生产集中度达90%，比2010年提高4个百分点，比2005年提高了17个百分点。2013年水泥行业前十家企业产量占总产量的37.8%，较2010年提高了12.7个百分点，较2005年提高了22.8个百分点；平板玻璃行业前十家企业产量占总产量的53.5%，比2005年提高3.5个百分点；电解铝行业前十家企业产量占总产量的68%，比2010年提高1个百分点，比2005年提高28个百分点。

二是优化重点产业布局和推动产业有序转移。工信部联合发改委制定《关于实施重点产业布局调整和产业转移指导意见》，发布《产业转移指导目录（2012年本）》，明确各区域重点产业发展方向和优先承接发展的产业目录，推动重点产业优化布局。搭建中西部产业转移对接平台，引导产业合理有序转移。2010年以来，我部与河南、新疆、甘肃等中西部省区政府共同主办了6次产业转移系列对接活动，签约项目2500多个，项目投资总额近1.7万亿元，有效地促进了中西部地区产业结构调整和升级。

三是示范基地创建工作取得显著成效。我部于2009年开展“国家新型工业化示范基地”创建工作，5年来共批复了5批266家示范基地。目前我国的各类园区有几千个，而工业是这些园区的重点。通过创建国家新型工业化产业示范基地，有助于按照工业转型升级的方向，引导有限的资源在园区形成集聚发展效应，促使工业实现集约化、高效化发展，形成品牌效应，不断完善产业链。2013年，示范基地实现工业增加值超过6.1万亿元，占全国工业增加值的30%；实现利润额超过1.8万亿元，占全国规模以上工业企业利润总额的1/3；平均投资强度约3600万元/公顷，平均产出约4400万元/公顷。在全国工信系统的共同努力下，示范基地创建工作得到了各方面的广泛认同，国务院出台的不少规划中，将新型工业化示范基地作为区域转型升级的重要载体，国土资源部与我部联合发文支持示范基地创建工作，示范基地创建工作也已成为各地工信部门履行职责的一项重要抓手。

（六）工业行业市场化管理迈出了新步伐

一是加快职能转变简政放权。部党组把行政审批制度改革作为简政放权、转变职能的突破口和重要抓手，认真贯彻落实党中央、国务院的部署，创新管理方式，进一步减少和下放行政审批。取消和下放了涉及企业生产经营许可和资质资格认定共计20项行政审批事项，下一步还要取消和下放一半以上，剩下的审批事项不会超过6项。当然，下放不意味着政府对企业管理完全脱钩，下放到地方就涉及地方政府转变职能，以及项目核准各方面配套条件的下放，包括国土、环保、城建、安全等。通过信息公示、抽查检查、备案报告等加强事中事后监管。通过优化流程、简化手续，对保留的行政审批事项进一步规范管理。

二是加强规划引导和专项推进。“十二五”时期，我部制定出台了《工业转型升级规划（2011～2015年）》为统领的55项规划，包括1项总体规划、16

项行业规划、35项专题规划、3项区域规划，其中经国务院批准的有6个，形成了我国工业历史上体系最完整、内容最丰富、层次最高的规划体系。同时，围绕规划落实，我们也加大对重点领域和关键环节的支持力度，组织实施了中央资金支持的产业振兴与技术改造、工业强基、淘汰落后产能、节能与新能源汽车技术创新工程、民用飞机和高技术船舶、战略性新兴产业等一批专项，引导社会投资，支持产业发展。

三是注重政策制定与协调。推动出台《国务院关于促进企业技术改造的指导意见》（国发〔2012〕44号），发布了《工业转型升级投资指南》。围绕推进工业转型升级和新兴产业发展的需要，制订工业强基、质量安全、大企业做优做强等相关指导意见。制定实施了重大技术装备进口关键零部件及原材料税收优惠、节能与新能源汽车补贴、车船税减免、老旧船舶更新等政策。近期，由工信部牵头，发改委、科技部、财政部等十三个部委联合制定的《关于加快新能源汽车推广应用的指导意见》由国务院办公厅发布，对加快充电设施的建设、引导企业创新商业模式、推进公共服务领域的率先推广应用、进一步完善政策体系、坚决破除地方保护、加强技术创新和产品质量监管、加强组织领导等提出了30条很有含金量的意见，支持新能源汽车快速发展。此外，我部正在联合财政部研究出台固定资产加速折旧税收政策。

四是不断完善制度建设。在行政法规立法方面，推动出台了《武器装备质量管理条例》、《军工关键设备设施管理条例》和《无障碍环境建设条例》等3部行政法规；推动出台了《乳品质量安全监督管理条例》等4部工业相关行政法规。在部门规章立法方面，出台了《民用爆炸物品进出口管理办法》、《烟草专卖行政处罚程序规定》、《武器装备科研生产许可实施办法》等10部规章。这些行政法规和部门规章的出台，进一步完善了工业发展的法律保障体系。

五是促进市场准入规范及技术标准指导。在市场经济条件下，技术标准的制定显得越来越重要，这是技术进步和产业升级的根本。比如，在高强度钢领域，目前我国大量的螺纹钢是230～330兆帕，而国外使用的高强度钢多数已经达到500～600兆帕。为了节约资源，促进技术进步，我部联合住建部修订高强度钢标准，加大力度淘汰230和330兆帕的螺纹钢，推广400、500、600兆帕的高强度钢，新标准的推行每年可减少1000万吨钢材的使用。另外，进一步规范行业准入和公告管理，发布了铅蓄电池、合成氨、石墨、玻璃纤维等52项行业准入管理办法，清理依据不足的准入条件和管理事项，审核发布了符合条件的企业5578家。开展标准研制和体系建设，制定发布了行业标准1.1万项，为产业可持续发展和转型升级提供了技术支撑。

二、我国工业发展面临的时代背景与特征

当前和今后一个时期，世界经济复苏仍面临不确定性，我国经济发展也处于矛盾交错、转型升级压力凸显的复杂时期，我国工业发展既面临着转型升级、跨越发展的重大历史契机，也面临结构性矛盾突出、竞争压力加大等风险和挑战。

（一）工业发展面临新形势

在国际金融危机和新工业革命的冲击下，国际经济环境发生深刻变化，对我国工业转型升级带来深远影响。与此同时，国内经济发展环境正在发生重大变化，我国工业增速放缓，工业转型升级要在稳增长中提高质量和效益。

1. 国际产业调整和新技术革命在不断推进

一是发达国家“再工业化”和新兴经济体加速崛起，世界产业发展格局将出现深度调整。国际金融危机后，世界经济处于深度调整期，大国货币政策、贸易投资格局、大宗商品价格的变化方向都存在不确定性，短期内难现强劲复苏势头。发达国家纷纷实施“再工业化”和“制造业回归”战略，力图抢占高端制造市场并不断扩大竞争优势。美国“再工业化”配套制定了许多政策，并且由政府出资支持一批制造业研发中心的建设，目前来看已初见成效。过去两年美国制造业新增就业33万人，失业率由危机发生时的10%降到6%，已回到危机前的水平。制造业增长率达到3%，远高于整个经济1%左右的增速，制造业占经济的比重由原来的11.5%恢复到了12%。此外，由于页岩气的大量开发，使得美国能源大量依靠进口的情况有所改观，能源成本大幅降低，进而降低了美国制造业的成本。美国波士顿咨询公司发布《全球制造业成本竞争力报告》，根据工资水平、劳动生产率和能源成本为参数，对全球最大的25个出口国制造业成本进行了分析，结果显示，如果以美国为100，我国则为96，其他如韩国、英国、荷兰、意大利、比利时、日本、德国、法国等略高于中美。所以说，再工业化不是一句空话，是制造业强国为保持世界领先地位而采取的实质性措施。如，美国制定了《重振美国制造业框架》、《先进制造伙伴计划》和《先进制造业国家战略计划》，德国政府推出了《“工业4.0”战略》，欧盟提出了“再制造化”的目标，目的是将工业占GDP的比重从现在的15.1%提升到2020年的20%。同时，新兴国家也在加快对外开放和产业结构调整步伐。如巴西、印度均制定了一系列促进制造业发展和吸引国际产业转移的具体措施。未来一个时期，全球范围内围绕市场、全球技术、资本和产业转移的竞争将更为激烈，我们必须清醒地认识国际产业结构调整对我国制造业发

展的影响。

二是新一轮科技革命和产业复苏正在孕育，围绕科技与产业发展制高点的竞争日趋激烈。围绕新一轮科技革命相关的研究报告很多，如美国未来学家杰里米·里夫金对于新能源加互联网催生第三次工业革命的论断认为，每个建筑、每个家庭都可能成为新能源的制造者，新能源的分布式生产和分散化使用使电网像互联网一样把新能源的生产者和使用者串联起来；再如英国的彼得·马斯提出制造业数字化引领第三次科技革命的浪潮，包括3D打印、增材制造、新能源互联网等。第三次工业革命的核心就是制造业的数字化、网络化和智能化。比如特斯拉汽车，既是一辆汽车，又是一个互联网的移动终端装备。未来的制造业产品，将会朝着智能化的趋势发展，比如歼－20战斗机的总装线、大运飞机的总装线，通过数字化设计、数字化制造、数字化装配，一次成功。我们要高度重视新一轮科技革命引起的传统产业的变化，新一轮科技和产业变革的酝酿和推进，也将为我国提供难得的“赶超发展”契机。我们要居安思危，深刻分析新一轮科技和产业革命给我国带来的挑战和影响，牢牢把握发展的主动权，共同构筑工业强国的产业之梦。

三是全球需求结构发生深刻变化，国际市场环境和治理结构更趋复杂。美国等发达国家为掌控国际贸易投资规则制定主导权，积极推动跨太平洋伙伴关系协议（TPP）、跨大西洋贸易与投资伙伴协议（TTIP）以及国际服务贸易协定（TISA），试图在竞争政策、贸易便利化、原产地标准、劳工标准、市场开放、环境要求等领域形成最新规则。同时，国际上针对我国的贸易保护增多、范围扩大、程度加深，如2013年我国遭受贸易救济调查89起，涉案金额36亿美元，成为美国337调查最大受害国之一。同时，我国对外投资环境日趋复杂，特别是针对国内科技型企业投资并购活动的“中国威胁论”尤为突出。据统计，2009年中国企业跨境收购的失败率为12%，2010年为11%，为全球最高，而美国、英国2010年海外收购失败率仅2%和1%。比如，2012年美国总统签发总统令，以涉嫌威胁美国国家安全为由中止三一集团在俄勒冈州的风电项目，这是美国22年来首次由总统出面来否定的外资并购案。虽然最近美国法院判决三一胜诉，但西方发达国家利用已有优势实施贸易保护的总趋势不会有大的改观。

2. 国内经济发展环境发生重大变化

一是主要靠投资驱动和规模扩张的发展模式越来越难以为继。过于依赖投资驱动和规模扩张，使得我国在成为世界制造业第一大国的同时，也付出了不小的代价，迫切需要加快转变传统的工业发展方式。比如，1996年我国粗钢产量首次突破1亿吨，2000年达到1.27亿吨，2013年年底飙升到7.79亿吨，占全球粗钢产量近50%，使得铁矿石的进口依存度快速高企。不少行业产能严重过剩，企业生产经营困难，亏损严重。

二是鼓励创新的社会环境尚待进一步改善。高端技术与产品少，大多处于产业链中低端，产品附加值低，有国际竞争力的优势产业少。如关键核心技术方面，对外技术依存度超过50%，高端装备、关键设备和关键元器件严重依赖进口。

三是要素供给条件发生明显变化。除用工和原材料等企业内部成本持续上涨外，融资、税费、物流等外部成本也居高不下。比如在物流成本方面，我国物流费用占GDP比重约为18%～20%，而美国在9%左右。

四是政府对产业活动的过度干预影响市场活力迸发，也影响了市场公平竞争环境的形成。当前，政府对微观经济干预仍过多，市场在发挥资源配置中的作用受到限制。比如钢铁、电解铝行业在已经出现产能严重过剩，行业处于亏损状况下，一些地方仍以能源资源低价配置支持新上投资项目，加剧行业产能过剩。

五是消费升级和四化同步推进拓展制造业发展新空间。完善的工业体系和广阔的市场需求是经济稳定发展的基础，十三亿人口的消费主体为我国制造业提供了巨大的内需市场。以汽车为例，2013年汽车销量超过2200万辆，连续五年成为全球最大消费市场；今年上半年又增长了10%，总量达到2400万辆。在电子商务领域，2013年“双十一”网购销售额达到350亿元，是美国“网购星期一”交易额的近3倍。城镇化的快速推进也将进一步释放内需潜力，未来10年我国城镇化率年均将提高1.2个百分点，新增城镇人口将达4亿左右，增加约40万亿元的投资需求。此外，我国正在深入推进政府职能转变，逐步减少政府对微观经济的干预，将充分发挥市场对资源配置的有效作用，激发市场活力，为工业发展拓展新的发展空间。

（二）我国工业发展进入新阶段

我国经济正处于增长速度换挡期、结构调整阵痛期、高速投资消化期“三期叠加”的新阶段，国民经济潜在增长率趋于下降。在这一背景下，我国工业发展的动力和环境正在发生深刻变化，工业发展已进入一个新阶段。

1. 我国已经处于工业化中后期，工业发展的结构和速度将发生重要变化

根据国际经典理论判断，基于人均GDP指标来衡量，我国已处于工业化后期阶段；从三次产业结构判断，我国已处于后工业化阶段；从就业结构看，也进入工业化后期阶段；从城市化水平看，则处于工业化中期阶段。综合来

看，我国工业化水平总体上已进入后期阶段，通过“十三五”的努力奋斗，到2020年左右，我国能够基本实现工业化。总体进入工业化中后期的中国工业，其发展将主要以质量、效益提高和结构优化、产业升级为特征，而不可能仍以规模的扩张和建设快速为主要目标。

2. 资源环境约束日趋强化

在能源资源消耗方面，2011年，全球一次能源消费为122.7亿吨标准煤，中国消费了26.13亿吨，占全球能源消费的21.3%；美国消费22.69亿吨，占18.5%；俄罗斯第三，消费6.86亿吨，占5.6%。我国消费的能源是西方七国除美国以外其他六国能源消费总量的1.51倍。全球生产煤炭75亿吨，我国消费了49.4%，二氧化碳排放量全球第一；全球石油消费40.6亿吨，我国消费占11.4%。1990年，我国的二氧化碳排放只有22亿吨，占全球的10%；2011年，我国的二氧化碳排放达到75.4亿吨，占全球25.4%，超过了美国(16.9%)，是印度（5.6%）的5倍。人均二氧化碳排放量已经超过世界平均水平，与欧盟水平差不多；单位GDP能耗为0.65吨标准煤/千美元，是世界平均水平的2.6倍。资源进口方面，2013年，我国原油进口2.82亿吨，占国内消费量的近60%；铁矿石进口8.19亿吨，占国际贸易量的73.1%以上；天然橡胶对外依存度超过80%，铜、镍、铝对外依存度分别达到63%、85%、69%，铝土矿、铅锌等对外依存度也超过50%，供需矛盾日益突出。在污染和排放方面，2012年，工业废水、二氧化硫、氮氧化物和烟尘排放量分别占全社会的32.4%，90.3%，70.9%，83.4%。能源资源消费的不断增长，造成大气、水、土壤污染及环境恶化不断加剧。据世行报告，过去十年中国环境退化造成的损失达到GDP的10%。工业占全国能耗的71.7%，六大高耗能行业占全国工业能耗的72.7%，也就是说六大高耗能行业占到全社会能耗的50%，过快增长引起的能源资源消耗快速增长，是造成各种环境问题的重要原因。

3. 我国工业由高速增长转为中高速增长将成为常态

我国工业进入中后期阶段，市场需求和供给发生重大变化，一些产品的产能过剩已不可能通过历史上持续、高速的经济增长来消化，一些行业的产能很可能已经达到历史峰值。如，我国钢铁产能达到10.5亿吨，去年产量为7.79亿吨，占全球的近50%。所以说，我国30年来两位数的超高速增长，尤其是入世十几年来制造业接近20%的增长已经一去不复返。目前经济增速的下滑已不主要是受经济周期波动和结构性失调或外部性因素影响的反映，而是长期积累的深层次矛盾、环境资源等发展条件的变化以及我国已经到了工业化中后期的阶段性特征综合作用的结果。未来工业经济7%～8%的中高速增长将成为常态。

三、继续推进工业转型升级的目标是建设工业强国

工业是转变发展方式的主战场，加快转变经济发展方式重点在工业，难点在工业，出路也在工业。因此，推动工业转型升级是我国经济走上科学发展之路的关键，是新时期实现由传统工业化道路向新型工业化道路转变的根本，而进一步推进工业转型升级，其目标是赶超一流。经过长期奋斗，把我国建设成世界一流的工业强国。

（一）建设工业强国的战略思路

2013年，我部会同中国工程院组成战略课题研究组，组织50多位院士和100多位专家开展了“制造强国战略研究”，全面系统分析了中国工业发展的现状和问题，分析未来我国工业发展形势，研究提出了未来工业发展的总体思路、目标、任务和政策措施，提出了建设工业强国的战略构想。

为建设工业强国，我们提出，要坚持“创新驱动、质量为先、绿色发展、结构优化”的方针，以改革开放为强大动力，以转型升级为主要任务，加快构建创新能力强、质量效益好、可持续发展潜力大、结构优化、产业链国际主导地位突出的工业体系，完成我国从工业大国向工业强国的战略转变。

确定“创新驱动”，是因为创新是工业发展的重要引擎，是建设工业强国的关键核心，而我国产业技术创新能力不强的问题非常突出。2013年，我国集成电路进口达到了2313亿美元，超过原油，是第一大进口商品。由于创新能力不强，我国制造业总体上处于全球价值链中低端。因此，只有不断提升创新能力才能增强产业竞争力。提出“质量为先”，是因为质量是工业核心竞争力的体现，是建设工业强国的重要基石。当前，我国工业产品质量问题比较突出，例如，国家监督抽查产品质量不合格率高达10%，我国出口商品长期处于国外通报召回问题产品数量首位。制造业每年直接质量损失超过2000亿元，间接损失超过万亿元，质量安全事件时有发生，只有坚持“质量为先”，才能确立产品的信誉和品牌。

倡导“绿色发展”，是因为绿色发展是破解资源能源和环境瓶颈制约的关键所在。当前，我国资源能源利用效率偏低，环境问题日益严峻。2013年，我国GDP约占世界的11.5%，但能源消耗占世界的22%。单位GDP能耗是发达国家的2～4倍，钢铁、建材、化工等行业单位产品能耗比国际先进水平高出10%～20%。高投入、高消耗、高污染的粗放式发展加剧了生态环境的

破坏。因此，加大节能减排力度，才能建设好生态文明的社会。

实施“结构优化”，是因为结构优化是庞大的中国工业产业升级的根本任务。当前，我国产业结构不合理的现象较为突出，资源密集型产业比重过大，高技术产品缺乏，技术密集型产业和生产性服务业比重偏低；部分规模经济集中度相对偏低；地区产业结构趋同，部分行业重复建设和产能过剩严重；具有较强国际竞争力的大企业偏少，掌握核心技术的“专精特新”企业不多。只有不断优化技术结构、组织结构、布局结构和产业结构，才能逐步实现工业的既大又强。

（二）工业强国目标

到 2020 年建党一百年时，基本实现工业化，工业转型升级取得重大进展，重点行业单位工业增加值能耗明显下降；掌握一批关键核心技术，初步改变长期受制于人的局面；我国工业在全球价值链中的分工地位明显提升。

到 2025 年，核心领域和关键环节与发达国家差距明显缩小，单位增加值全球发明专利（PCT）授权量超过 8 项/亿美元；工业全员劳动生产率达到发达国家先进水平，高新技术产品贸易竞争指数超过 0.35；重点行业单位工业增加值能耗达到国际先进水平；重点领域自主创新能力和基础能力明显提升，形成一批具有国际竞争力和全球资源整合能力的跨国公司和产业集群，整体迈入世界工业强国第二阵营。

再用 10 年的时间，到 2035 年，工业强国地位进一步巩固，达到第二阵营前列，工业在世界范围的资源配置能力和国际竞争力进一步提升，成为具有全球影响力的工业创新中心。到 2045 年建国一百年的时候，进入世界工业强国第一阵营，成为创新型国家。

工程院的研究提了三个阶段的目标，即 2025、2035 和 2045。目前我国的工业水平处于第三阵营，跟英国、法国、韩国处在一个水平；德国和日本处于第二阵营；美国是第一阵营，其制造业的创新能力、总体实力和未来发展潜力都是最强的。我国的制造业和西方部分国家已经相当，在某些领域差一些，有的领域水平相当，有的领域甚至领先。通过三步走的战略，在建国一百年的时候，使我国的创新能力、制造水平、企业竞争力和市场活力达到美国的水平。回想改革开放 35 年来我国工业发展所取得的巨大进步，我们完全有信心、有能力实现两个百年的目标。

（三）未来行业发展方向

1. 装备工业：立足前沿，夯实基础，促进装备工业高端化服务化发展

高端装备制造业是装备制造业的核心，是衡量一个国家产业核心竞争力最

重要的标志。必须高度重视，加快推进，力争在若干关键领域实现重大突破。

高档数控机床。重点发展高速精密卧式加工中心等产品，掌握数字化设计等核心技术，提升机床可靠性和精度保持性。通过实施04专项，到2020年，我国数控机床总体技术水平进入国际先进行列，国产中高档数控系统市场占有率达到50%以上，航空航天等重点军工领域国产数控机床市场占有率达到80%以上。

电力装备。加快开展新一代核电设备、页岩气开采与综合利用装备、重型燃气轮机、智能电网用关键设备的自主研发；提升风电、太阳能发电等可再生能源装备的研制水平。到2020年，电力装备制造业整体跻身国际先进行列。

工业机器人及智能装备。加快发展工业机器人、传感器、智能仪器仪表等关键部件和装置，重点突破一批面向国民经济重要产业的“数控一代”产品和智能制造装备，大力推进数字化车间的试点（示范）。加快实施智能制造装备发展专项，2020年前，选择重点行业开展智能制造试点，2020年后，全面推行智能制造。

航空装备。加快研制生产ARJ21涡扇支线飞机、新型涡桨支线飞机和C919干线飞机，实施启动大型宽体客机研制，推动民用运输机产业化；积极发展大型灭火/水上救援水陆两栖飞机、直升机等，促进通用航空产业发展；稳步推进大型客机发动机和中等功率级涡轴发动机研制，完善航空发动机自主发展工业体系。通过实施大型飞机科技重大专项，提升国产民用飞机自主创新能力和产品竞争力。

船舶和海洋工程装备。全面提高主流船舶和高技术船舶设计制造水平，加强关键系统和设备自主研发和系统集成能力建设，逐步提升钻井平台等总体装备、动力定位等海工总体装备和关键系统、设备规模化制造能力，化解产能过剩，持续加强产业创新能力。到2020年，船舶国际市场份额进一步巩固和提高，海洋工程装备国际市场份额达到35%以上，建成规模实力雄厚、创新能力强、质量效益好、结构优化的船舶工业体系。

先进轨道交通装备。围绕高速及城际动车组、重载货运列车、低地板有轨电车，提高车载信号系统、制动系统、轮对、轴承、传动齿轮箱等关键核心零部件的自主研制和产业化水平，提高轨道交通装备国际竞争力。

节能与新能源汽车。加快落实新能源汽车推广应用政策，鼓励推进纯电动汽车和插电式混合动力汽车产业化。大力推广普及节能汽车，建立完善汽车节能管理制度。增强自主发展能力，形成具有自主知识产权的技术、标准和品牌。组织实施好节能与新能源汽车技术创新发展工程，加快建立新能源汽车创新体系。

另外，冶金石化装备、重型矿山装备、航天应用装备、电子信息通信装备、建材装备、轻工装备、纺织装备、工程机械、农业机械等行业也要加大结构调整力度。

2. 原材料工业：优化产业结构体系，突破先进技术制高点，打造材料强国

原材料工业是工业发展的基础性、支柱性、战略性产业，每一个工业强国的崛起，都有雄厚的原材料工业作为坚强支撑。必须加快原材料工业结构调整，为工业强国提供保障。

石化化工工业。加快重油深加工、清洁油品生产、大型乙烯成套、大型芳烃成套、高性能合成材料、清洁高效煤化工、精细化学品清洁制备等关键技术研发及推广应用。提高资源综合利用效率，强化生产过程绿色化。加强安全技术研发与应用，积极推进安全生产标准化工作，推广重大危险源配套监控设备，改造危险化工工艺装置。鼓励企业积极开发高附加值、高端化工产品，提高化工新材料、新型专用化学品的自给率。力争到 2025 年，我国石化工业增加值位居世界第二，一批具有自主知识产权的先进技术占领世界制高点，高端石化产品比重大幅提升。

钢铁工业。发展汽车、高铁、船舶和海洋工程、电力、工程机械等高端装备所需的关键钢材品种。加快钢筋、中厚板、涂镀层板和桥梁用钢等量大面广产品的提质升级。加强与用户在产品研发和制造过程中的协同创新，从材料跟随向材料引领转变。加强低温低压回收利用，全面实施烧结脱硫，减少烟粉尘、二氧化硫、氮氧化物等主要大气污染物排放。力争到 2025 年，形成具有较强自主创新能力和国际竞争力，节能环保水平先进、结构合理的钢铁工业发展体系。

有色金属工业。通过建立有色金属材料应用推广平台，开发汽车、轨道交通、飞机、电力、建筑等领域用高档次铝材、钛材、镁合金等品种，推动运输轻量化、电力节约化、建筑高档化。加快有色冶炼行业高效节能的熔炼、电解、湿法冶金等先进技术推广，提高行业节能环保和资源综合利用水平。力争到 2025 年，建立起绿色可持续发展的有色金属产业体系，实现铜、铝、镁、钛等材料在重要领域的突破。

建材工业。积极推广能源梯次利用、窑炉烟气除尘脱硫脱硝成套技术和装备，发展低碳水泥和硅酸盐水泥熟料低碳化技术。加快节能玻璃、薄型瓷砖、节水洁具、水性建筑涂料、高性能混凝土（含预拌砂浆）、本质安全型外墙外

保温墙体材料和防水材料等绿色建材推广应用，发展适应海洋环境的新型建材。发展屏显器件用玻璃基板、风挡用玻璃原片以及高硼硅玻璃、微晶玻璃等玻璃材料，脱硝催化剂载体、绝缘子等陶瓷材料，闪烁晶体、非线性光学晶体等人工晶体及器件，碳纤维、石英纤维等高性能无机纤维及其增强复合材料。保护性开发和利用非矿资源，大力发展非金属矿物材料、专业化非矿加工装备。力争到 2025 年形成具备较强技术能力、服务能力和国际竞争力的建材工业。

稀土工业。以大型稀土企业集团为主导，以战略性新兴产业、国防科技工业发展为导向，着力提升研发技术水平，全面打造稀土高端应用产业，到 2025 年，形成 2～3 家技术一流、装备先进，具有较强国际竞争力的大型综合性稀土企业集团；建成一批布局合理、分工有序的稀土资源开发、初级产品加工、高端应用研发及应用基地；一批高端稀土功能材料及器件达到或接近国际先进水平。

新材料产业。做好新材料开发应用与前沿领域超前布局。积极开展母合金、母材等关键共性技术及装备开发，加强中试、产业化和示范应用等薄弱环节，突破战略性新兴产业、科技重大专项、国家重点工程和国防建设急需的关键品种，全面提升新型功能材料、先进结构材料和高性能复合材料发展水平。进一步夯实新材料创新能力，建设新材料性能测试中心、新材料应用示范平台、新材料创新平台、国家材料数据库。力争到 2025 年，构建起以企业为主体、上下游结合、地方优势得到充分发挥的新材料创新体系。

3. 消费品工业：坚持精品制造，保障质量安全，巩固和提升国际竞争优势

消费品工业是国民经济和社会发展的基础性、民生性、战略性行业，是保障我国不断增长的消费需求的重要行业。必须大力促进创新、安全发展，巩固和提升国际竞争力，加快若干行业实现中高端产业升级。

轻工。重点发展变频空调、冰箱等节能环保智能化家电产品，全生物降解塑料、聚合物基智能温控贴膜等多功能塑料材料和特种工程塑料等高性能塑料制品，大容量、高功率锂离子电池，以及高端机械表等高附加值轻工产品。推广空调、冰箱变频技术、制冷系统优化技术，泡沫塑料生产无氟技术，制浆造纸生物技术，以及高得率、低污染、低能耗制浆工艺等先进技术。促进造纸、皮革、电池等行业废水与固体废弃物综合利用。到 2020 年，龙头骨干企业创新能力明显增强，研发投入比重超过 2%，主要商品出口单价提高 10%，单位工业增加值能耗较 2015 年降低 15%。

纺织。重点发展芳纶等高性能纤维，仿真、防辐射、保温、导电、抑菌等高功能纤维和多元复合纤维，实现T700以上碳纤维、生物质纤维等新型纤维的产业化应用，加快医疗、航空航天、节能环保、多功能防护等领域产业用纺织品发展，拓展应用新领域。促进纺丝、纺纱、织造、染整等纺织工序自动化、数字化、智能化集成技术开发应用，逐步推广纺织生产流程中物流机器人系统。提高数字化设计和智能化加工水平，促进服装家纺个性化、功能化、品牌化。形成废旧化纤及纺织品资源循环利用体系，实现利用最大化。推广新型有机溶剂、超临界二氧化碳流体染色、数码印花等少水无水染整新技术，提高纺织低碳绿色发展水平。力争到2025年，纺织行业整体生产技术装备达到国际先进水平，骨干企业研发投入比重达到3%，产业用纺织品占纤维加工量比重达到30%，纺织服装自主品牌国际影响力持续提高。

食品。开发安全、健康、营养、方便的食品，重点发展干酪、乳清制品、脱脂乳粉、全谷物食品、特色杂粮、谷物油脂、发酵肉制品、果蔬汁和果蔬罐头、茶饮料、功能性食品添加剂、新型酶制剂、多元醇及其衍生物等。推广应用微胶囊、超高压、膜分离、固定化、生物荧光、酶联免疫分析及生物传感器、超微粉碎、微波、真空冷冻干燥、欧姆杀菌和高电压脉冲杀菌等高新技术。重点支持发酵、制糖、饮料、酿酒、调味品等行业发展循环经济。到2020年，规模以上食品生产企业普遍推行良好操作规范（GMP），80%以上达到危害分析和关键控制点（HACCP）认证要求，食品质量抽检合格率达到98%以上，科技研发经费占食品工业产值的比例提高到1.5%，副产品综合利用率提高到90%以上，单位工业增值能耗较2015年降低10%。

医药。重点开发生产重大多发疾病防治的创新药物、疫苗，实现全球专利到期重磅药物的国产仿制上市，提高罕见病药、儿童药生产供应能力，国产高端医疗设备和高值耗材替代进口取得实质性进展。全面完成仿制药一致性评价，健全中药质量标准体系，加快提高医疗影像设备和体外诊断设备主要性能指标。到2020年，医药行业主营业务收入达到6万亿元，在全国工业增加值中所占的比重达到3%以上，开发上市50个以上质量水平和临床价值较高的创新药，大型制药企业研发投入占销售收入比重超过5%，通过欧美等先进水平GMP认证的制剂企业累计达到200家以上，500个以上国产通用名药制剂在欧美等发达国家注册和销售。

4. 电子信息产业：攻克关键技术，争夺高端市场，保障国家信息安全

电子信息产业是国民经济的战略性、先导性产业。发展电子信息产业是建设工业强国的核心和基础。

信息通信产业。大力发展笔记本电脑、平板电脑、TD-SCDMA 终端、4G TD/LTE 终端及多模芯片，以及穿戴式智能终端、行业应用智能终端等移动智能终端产品。支持 5G 关键技术与国际标准研发，力争到 2020 年使我国成为推动 5G 发展的主导力量之一。支持安全可靠计算机、高安全性工控产品和系统的研发与应用，不断完善配套产业链。积极推进基于北斗卫星通信导航系统的智能终端研发、产业化和推广应用，构建完整的产业体系，提高核心技术掌控能力和配套能力。

数字视听产业。加快发展 3D 电视、互联网电视、智能电视、短焦激光投影电视等新型产品，不断提升产品附加值。推动配套的核心芯片、软件、关键器件等研发及产业化。大力推进数字家庭示范应用和数字家庭产业基地建设。支持骨干企业加强质量品牌建设和国际化经营，打造具有全球竞争力的龙头企业和知名品牌。

集成电路产业。落实《国家集成电路产业发展推进纲要》。突破高性能 CPU、移动通信芯片、DSP 等高端通用芯片。支持 12 英寸先进工艺制造线建设和 8 英寸/6 英寸工艺制造线改造升级，不断提高先进封装工艺和测试水平。进一步完善产业链，增强刻蚀机、离子注入机等 8～12 英寸集成电路生产线关键设备、仪器和材料的自主开发和供给能力。

电子基础产业。支持高世代 TFT-LCD 和 AMOLED 显示面板关键技术和新工艺开发，实施玻璃基板等关键配套材料和核心生产设备产业化项目，完善配套产业链。围绕移动智能终端等需求，开发触摸屏功能、宽视角、高分辨率、轻薄节能的小尺寸显示产品。进一步完善 LED 产业链，重点突破外延生长、芯片制造关键技术，增强功率型 LED 器件封装能力，加快实现国产 MOCVD 设备量产。支持光电子器件、MEMS 器件、电力电子器件、智能传感器等新型元器件产品技术升级及设备工艺研发，发展半导体材料、太阳能光伏材料、光电子材料、传感器材料等急需的专用电子材料。

太阳能光伏产业。太阳能光伏产业短期看产能过剩，长期看不值得担忧。《能源规划》提出，2020 年可再生能源占比要达到 20%以上，其中水电从现在的 2.8 亿千瓦达到 2020 年的 3.5 亿千瓦，风电从去年装机 8500 万千瓦增长到 2 亿千瓦，太阳风发电从去年 1500 万千瓦增长到 1 亿千瓦（1 亿千瓦相当于整个英国到目前为止累计的装机容量）。太阳能光伏产业要不断地调整产业结构，适应未来新能源市场发展的需求。支持多晶硅行业节能降耗和高质、高效、低成本太阳能电池的产业化，鼓励新型太阳能电池和高质低成本多晶硅工艺技术研发。突破平板式 PECVD、全自动丝网印刷机、高效切割机等设备瓶颈，提升产业装备技术水平。大力推进分布式光伏系统应用，拓展离网应用市场和新兴并网市场。

软件和信息服务业。集中力量突破操作系统、数据库、中间件、办公软件等关键基础软件。推进国产关键基础软硬件集成适配攻关，推动政务、金融等重点领域应用安全可靠信息系统。支持嵌入式软件及系统、企业管理软件等大型应用软件、基于北斗卫星导航的地理信息系统软件、工业软件及行业解决方案等研发和应用。加快推进移动互联网、大数据、云计算、物联网、智慧城市等新技术、新模式、新业态创新发展。重点支持面向云计算、移动互联网等关键领域信息安全技术产品的研发和产业化，发展信息安全检测、评估、运维等专业化信息安全服务。大力发展网络化、全链条的信息传输、信息技术、信息内容等服务业。

四、促进工业强国建设的重点任务和措施

(一) 大力推进创新能力建设，强化创新驱动战略

创新能力不强是我国工业大而不强的核心问题，必须强化创新驱动战略，加快推进工业转型升级。一是建立健全鼓励原始创新、集成创新、引进消化吸收再创新的体制机制，健全以市场为导向的产业创新体系，强化企业创新主体地位，建立产学研协同创新机制，培养一批掌握核心技术并具有技术溢出能力的创新型企业。二是加强对重大技术的攻关，继续抓好核高基、新一代宽带无线移动通信网、高档数控机床、大型飞机和即将实施的航空发动机和燃气轮机、新材料等国家科技重大专项，重点突破核心装备、系统软件、关键材料等一批重大技术。三是要建立健全技术成果转化机制，发展技术市场，加快形成工业企业、科研院所、金融资本共同助力的创新机制，促进技术创新和产业发展形成良性互动。四是加强工业领域知识产权应用和保护，以法律手段保护创新者的合法权益，逐渐形成勇于创新、乐于创新的社会氛围。

(二) 促进结构调整和优化升级

调结构、促升级始终是我国工业发展的中心任务，在我国当前的经济社会发展情势下，经济结构的调整和优化更是迫在眉睫的重大问题。落实十八大报告提出的“推进经济结构战略性调整”，一是推动行业结构调整优化。要适时修订并遵照实施产业结构调整指导目录和政府核准投资项目目录，帮助有条件的地方因地制宜承接发展优势特色产业。加快淘汰落后产能，大力推进战略性新兴产业、先进制造业、生产性服务业健康发展，选择处于产业化初期、社会效益显著、市场机制难以有效发挥作用的重大技术和产品，培育市场，拉动产

业发展。二是优化产业布局，促进产业转移。认真贯彻《关于实施重点产业布局调整和产业转移指导意见》，支持一些重大工业项目的合理布局，加快我国东部沿海地区产业向中西部地区转移步伐，深化区域产业分工与合作，促进要素自由流动，逐步形成分工合理、特色鲜明、优势互补的发展格局。三是促进信息化与工业化深度融合发展。要进一步落实《关于加快推进信息化与工业化深度融合的若干意见》、《信息化和工业化深度融合专项行动计划（2013～2018年）》等文件，推动信息化和工业化深度融合，不断促进制造业数字化、网络化、智能化，积极顺应新技术革命要求，提高制造业水平。四是优化企业组织结构。贯彻落实《国务院关于进一步优化企业兼并重组市场环境的意见》，引导优势企业强强联合、实施战略性重组，形成一批具有国际影响力的优强企业，带动中小企业“专精特新”发展。

（三）大力促进工业节能减排、绿色发展

以工业绿色发展为目标，以淘汰落后产能、严格行业准入、推行清洁生产、开展资源综合利用为抓手，加快建设资源节约型、环境友好型工业体系。一是大力推进重点行业全流程绿色化改造。钢铁、有色、石化等流程性行业加快推广兼有“产品制造功能、能源转换功能和废弃物消纳及资源化功能”的工艺流程，从源头提高节能减排能力；在离散型行业大力推广生态设计、可拆卸设计、绿色工艺和包装材料回收处理技术，开发和推广量大面广的节能、节材和环保产品及装备。二是大力发展节能环保产品和服务。积极研发和推广应用高效锅炉、高效电机等节能技术和装备。加强低碳技术研发和应用，发展轻质材料、可再生能源、节能家电等低碳产品。实施能效“领跑者”计划，推动超高效节能产品市场消费。三是发展再制造和资源综合利用产业。以汽车零部件、机床、电机等为重点，积极推进产品再制造，建设再制造产业示范基地。积极开发再生资源综合利用技术与设备，加强废旧金属、废塑料、废旧铅酸电池等回收利用，加快建立和完善废弃物回收利用体系。四是着力化解产能过剩矛盾。完善行业准入管理，发挥规划、标准和政策引导作用，强化环保、土地等约束，加强产业政策与财税、金融、贸易等政策协调配合，严格落实新（改、扩）建项目产能等量或减量置换，建立健全产能过剩监测预警机制，及时发布预警报告，逐步化解产能严重过剩矛盾。

（四）加大政策扶持力度，不断充实和完善支持强国战略的政策体系

近年来，我国制造业高速发展，既得益于市场化改革和全球化进程，也离不开长期以来财税、金融、投资、土地等政策的支持，更离不开中央政府强有力的宏观调控。一是建立健全公平开放透明的市场规则，实行统一的市场准入制度，推动清理和废除妨碍全国统一市场和公平竞争的各种规定和做法，健全优胜劣汰的市场化退出机制，为制造企业发展营造良好的市场环境。二是完善主要由市场决定价格的机制，推进水、石油、天然气、电力、交通、电信等领域价格改革，放开竞争性环节价格，能由市场定价的尽可能交给市场，通过市场竞争形成价格，进而调节供求关系、优化资源配置。三是加强战略、规划、政策、标准的制定，实施更有利于制造业发展的政策措施，强化产业政策与财税、金融、投资、土地、环保等政策的协调配合，尽可能减轻原材料、土地、劳动力等成本上升对制造业的冲击。四是建立有利于产业结构调整优化的政策体系，加大研发投入加计扣除、高新技术企业所得税优惠等政策落实力度，发挥政府采购、首台套、需求侧补助等政策对创新的扶持作用，建立有利于实体经济发展的投融资制度安排，特别是要发展多层次的资本市场，扩大制造企业直接融资比例，加快培育各类创业投资基金和天使投资，壮大风险投资规模，建立国家新兴产业创业投资引导资金，多渠道满足产业结构调整和转型升级的融资需求。

（五）转变政府职能，下放审批事项，提高市场化管理水平

近年来，我部先后取消、转移、下放了一大批审批项目，这些都起到了为市场和企业松绑助力的作用。今后，还要继续在转变政府职能、创新行业管理和服务方式上下功夫。一是进一步简政放权。按照国务院部门行政审批制度改革工作推进会提出的“三年任务两年完成”的进度要求和“与经济领域密切相关部门的审批事项，取消下放比例原则上不低于1/2”的比例要求，大幅下放或取消投资审批项目，最大限度减少对微观事务的管理，国家层面仅对少数全局性、重大性项目进行核准，其他项目下放或取消核准权限，不断完善企业自主决策的市场机制。二是创新行业管理和服务方式。在充分发挥市场对资源配置起决定性作用、进一步简政放权的大背景下，创新行业管理新模式。抓紧“十三五”规划前期研究以及各类指导目录的编撰、修订工作，引导行业健康有序发展，加强《行业准入标准》制定和行业规范工作，引导行业不断调整优化结构，提高技术、管理和生产水平。及时研究行业关注的重大、热点问题，帮助企业解决困难。加强对地方和行业发展的指导。三是加强和改进事中事后监管，探索便民高效的管理方式。通过产业政策、行业标准、总量控制、信息公示等手段，引导和规范市场主体行为。今年，按照宽进严管的原则，重点加强电信、无线电、烟草、稀土、民爆等行业和领域的监管。探索建立企业经营异常名录和黑名单制度。

五、对2015年几项重点工作的要求

（一）创新推动新形势下技术改造工作

新形势下，技术改造要解决产业结构调整和升级当中的一些技术薄弱环节和技术需要产业化的环节。通过技术改造，有助于提升创新能力，提高技术水平，提高产品竞争力。技术改造不可或缺，特别是在当前形势下，技术改造一定要围绕国家经济社会发展的重大技术需求、围绕一些重大项目的布局和重大技术的突破来开展。

为积极贯彻中央改革创新的精神，我们要与时俱进，不断探索有利于技术改造工作的推进机制，积极调动各种社会、市场资源，支持企业技术改造发展，全面推进企业科技创新、技术改造提升。一是认真贯彻落实《国务院关于促进企业技术改造的指导意见》，完善技术改造配套政策。各地和有关部门要深刻领会，坚决“用好、用准、用足”保障政策，坚持把技术改造作为实现工业科学发展的重要抓手，作为促进我国工业经济由大变强的重要途径，引导各类要素向工业转型升级的重点领域和关键环节集聚。同时，要广泛调研，倾听各方意见和建议，联合财政、税务部门，出台更加有效的配套政策，推动企业技术改造工作不断深入发展。二是创新中央技术改造专项的管理方式。技术改造是一项系统工程，需要与发改、财政、统计等部门协调一致，建立高效互动机制，形成推进企业技术改造的合力。今后，要进一步加强协作，不断探索建立高效配套的管理机制，提高技术改造工作的效率。三是改革技术改造专项资金支持形式，着眼于用好资金，解决问题，探索专项资金的高效管理方式。按照中央简政放权和公开透明的指导思想，更大地发挥银行、咨询机构等中介组织和地方、行业协会的作用，要提高工作透明度，减轻企业负担，提高项目组织效率。四是加快制定“2015全国技术改造方案”，要按照工业转型升级的总体要求，突出重点，集中就一些重大技术产品的研发生产和产业化应用给予支持，引导企业不断提高产品的市场竞争力。要抓紧确定明年技术改造投资的重点方向和资金使用改革方案，进一步支持重大产品和技术的发展。希望各省抓紧研究明年技术改造的思路，尤其是要动员各方面来支持技术改造工作。

（二）提升国家新型工业化产业示范基地创建发展质量和水平

创建国家新型工业化产业示范基地，不是简单地挂牌，而是要通过各种政策和手段来支持基地发展，引导相关联的产业集中发展，提高资源使用效率、完善产业链。比如汽车产业园有一大批汽车企业聚集其中，随之会吸引一大批汽车零部件企业入驻；再比如发电设备产业园，各种相关的研究单位、设备制

造、零部件企业等集中发展，有利于整体布局，也有利于技术的突破和完整产业链的建立。所以，一定要着眼于建立新型工业化产业示范基地的内涵和出发点去推动区域发展。示范基地创建的效果非常明显，经过几年的发展，示范基地已成为引领带动工业转型升级和战略性新兴产业发展的中坚力量，在打造中国工业升级版中肩负重任和发挥重要作用。要把示范基地创建工作持续深入推动下去。一是要集聚各方资源力量，支持示范基地切实成为工业强国建设的重要载体和骨干力量。国家、省市以及示范基地所在地工业和信息化主管部门要把示范基地创建工作作为一项重要的工作内容，集中政策资源支持示范基地园区建设和企业发展。要主动争取地方党委、政府对这项工作的认可和支持，加强与财政、国土、金融等部门和机构的沟通合作，形成上下互动、多方支持的政策合力。二是要创新发展思路，推动示范基地加快结构调整和转型升级步伐。要加强对示范基地创建的规划指导，引导各地结合实际创造性地开展工作，加大改革试点工作在示范基地的率先推行，推动示范基地在创新发展、绿色发展、安全发展、集约发展及两化融合等方面不断探索新路径，取得新成效。三是进一步严格和规范示范基地的推荐和评选，本着择优推荐、严格遴选、从严审查、合理布局的原则，优化工作流程，引导示范基地建设健康发展。四是要做好管理与服务，不断提升示范基地创建工作的社会影响力。要加强对示范基地日常动态信息的跟踪了解，做好发展趋势和重点问题的调查研究，加大对示范基地创建发展质量的评估评价，加强典型经验宣传和交流，提高示范基地的社会认知度和品牌影响力。

（三）大力推进工业强基专项行动

工业基础能力是制造业赖以生存和发展的基础，是一个国家产业竞争能力的根本体现。而我国工业基础零部件、基础工艺、基础材料落后，已严重影响到了工业转型升级。当前和今后很长时期，我们将加大对工业基础能力支持，积极开展工业强基专项行动。一是加快工业强基战略研究。我们已经委托中国工程院开展工业强基战略研究，明确当前工业基础能力发展状况，牢牢抓住制约工业发展的薄弱环节和领域，向党中央和国务院领导提供咨询建议，争取各方面的关注和支持，推动工业强基上升为国家战略。二是要争取加大对工业强基专项的支持力度。明年，工业强基专项将全部采用招标的形式，这对我们工作提出了更高的要求和挑战。要认真总结工业强基专项的经验和成果，探索工业强基专项的组织模式，创新专项资金支持方式，简化工作程序，更好推动工业强基工程发展。三是健全工业强基工程管理制度，完善配套政策。要根据强基项目的特征，深入研究强基工程的推进机制，创新产学研用机制，激发高校、科研院所和企业参与强基工程的积极性。要积极发挥各地和有关部门作用，集思广益，更好地规范公共服务平台建设。同时，针对工业基础能力发展实际，加大与财政、税收部门沟通，力争制定出适合工业强基发展的特有的财税金融政策，推动企业、科研机构提升工业基础能力。四要研究制定“工业强基指导目录”，对指导目录范围内的项目进行滚动支持，对重点技术和产品要持续支持，确保取得预期效果。

（四）扎实做好“十三五”规划研究

按照全国“十三五”规划编制工作电视电话会议及国家的总体安排，今年是编制“十三五”规划的启动之年，部规划司已组织了“十三五”规划前期研究工作，对工业发展总体思路、主要目标、指标体系、形势及环境、重点对策等研究任务进行了部署。要在全面总结和借鉴“十二五”规划编制工作经验基础上，进一步突出重点和精简高效，研究制定“十三五”规划编制体系，以更加开放、透明的方式推动规划编制工作开展。各地也要重视“十三五”规划编制工作：一是各地区和行业要深入开展“十三五”重大问题的研究，明确“十三五”发展的目标任务；二是组织力量开展重要规划的编制，部内将尽快明确“十三五”专项规划的编制方案，各省市区也要编制工业发展区域发展规划；三是规划司要组织好工业各专项规划与国家“十三五”发展纲要进行衔接，组织好各省市区规划与部各专项规划的衔接，组织好工业强国规划与各专项规划的衔接。

同志们，深入推进工业转型升级，是未来相当长时间工业战线的中心任务，是我们的主题、主线，也是一切工作的出发点和落脚点，其目标是实现我国工业由大变强，而实现工业强国梦，就是千千万万工业战线干部职工实现中华民族伟大复兴的中国梦。希望工业战线的同志们齐心协力、顽强拼搏、不懈奋斗，再用十年、二十年、三十年，在我们伟大祖国诞生100周年的时候，实现我们几代工业人的强国梦！

着力培育优势品牌 大力提升品牌竞争力

在工业品牌培育工作座谈会上的讲话

工业和信息化部副部长　毛伟明

（2014年9月28日）

同志们：

今天我们在上海召开工业品牌座谈会，目的是通过交流培训，达到深化认识、交流体会、分享经验、鼓劲加压的目的。上午两位专家对品牌概念和理论的讲解很精彩，提出的“中华民族的伟大复兴应该有品牌复兴的贡献”的观点，使我们非常振奋；谈到的“三个数据”对比引人深思；“一个中心，七大事件”方法也对品牌工作给出了建议。陈因同志结合工业品牌建设情况进行了回顾总结，提出了当前工作的目标和思路，部署了各项工作，讲得很系统、很全面，我完全同意。几个地区、行业和企业的经验交流都非常生动和出色。上海市响亮地提出品牌经济概念，并作为经济转型升级的重要举措。青岛市实施“名牌带动、品牌兴市”战略，把品牌作为城市发展的战略资源，持续打造品牌之都。中国纺织联合会坚持与地方和企业联动，一手抓品牌规划布局，一手抓专业能力培养，营造了浓厚的品牌氛围。海宁市立足服装皮革产业，政府扶持引导，产业集群策划组织，加快区域品牌和企业品牌互动发展。这些经验为我们开拓了视野，体现了政府和行业协会在品牌建设中的重要作用。青岛啤酒和波司登作为中国的世界级品牌，坚持不懈培育品牌，发挥了示范带头作用。中铁装备以创新、质量和品牌为核心，在国际化竞争中不断发展。大家听了以后，对这几家企业抓品牌培育的感受是很深的。浓缩成一句话，品牌就是一流的产品，加上市场的认可，加上高手的策划，构成了培育品牌的循环系统。很多企业在这方面做得非常出色。他们用生动的事例促使我们思考，应该如何更好地支持企业培育品牌，很有意义。

质检总局质量司黄国梁司长的讲话，从全国质量工作的高度清晰地阐述了抓好质量工作的重要性。今年，按照国务院部署和质检总局安排，我带队到甘肃、四川和广西开展政府质量工作绩效考核，总体上看，大家对质量品牌工作非常重视，企业的质量品牌主体地位正在全面落实，一些好的企业已经把全员、全过程、全方位抓质量的意识深入到了每个群体、每个员工。

党中央、国务院高度重视品牌建设。党的十八大提出“要把推动发展的立足点转到提高质量和效益上来，促进形成以技术、品牌、质量、服务为核心的竞争新优势”。今年 5 月 12 号，总书记在郑州考察时提出“要推动中国制造向中国创造转变，中国速度向中国质量转变，中国产品向中国品牌转变”。李克强总理也提出，在扩大内需和对外开放中，中国企业必然能形成一批源自本土的、有竞争力的品牌。不久前，我参加了一个中组部的培训班，收获很多。原来我们的开放型经济理论讲要运用好“两种资源、两种市场、两种技术、两种人才”，但实际上更多的是单向接受技术和资金，走出去的很少。但是，去年我们实际利用外资和走出去的资金已经越来越接近平衡。而且可以预期，在未来几年我们会成为资本净输出的国家。这是一个历史性的跨越。而且，我国走出去的步伐在加快，领域在拓展，从原来办窗口，到经济贸易，到能源资源项目，再到现在很多重大工程装备都走了出去。我们许多企业在全球已经进入了前五强、前三强。所以，李克强总理在刚刚闭幕的中国质量（北京）大会上，响亮地提出了要从速度时代迈向质量时代。中央的要求为我们实施创新驱动战略，以科技创新为核心，全方位推进技术创新、产品创新、品牌创新、产业组织创新、商业模式创新，加快打造工业强国核心竞争力指明了方向。

在经济全球化时代，品牌已经成为工业乃至国家核心竞争力的象征，它不仅代表着信誉、形象，还蕴藏着巨大的经济价值。打造知名品牌已经成为各国经济竞争的制高点，成为主导全球产业链的重要力量。从专家的讲座和大家的交流，我们可以提炼出三句话：第一，品牌体现了形象和价值；第二，品牌承载着希望和梦想；第三，品牌期待着我们去努力、去奋斗。

有这样两个事例。据 2013 年 12 月 26 日的英国《每日邮报》报道，2013 年圣诞节前，中国游客在伦敦牛津街排起长队抢购奢侈品，人均消费达到 1400 英镑。赚得钵满盆满的英国人用“北京镑”来戏称大把花钱的中国人。另一个是在调研中了解到的，浙江的一个企业为某国际品牌企业代工，一款零售价 2000 元的旅行箱，出厂价只有 250 元，净利润 8%，也就是说，我们的企业才挣到 20 元，只占到商品终端销售价格的 1%。据说，这在代工企业中还是比较好的。以小见大，我们可以从中看到两对矛盾。一方面我们千方百计拉动内需，但外购大品牌的热潮持续升温。另一方面我们占据第一制造大国宝座，但得势不得分，很多企业利润微薄，举步维艰。从这两对矛盾中，我们都可以感受到品牌的作用。

如今，品牌已经成为影响全球资源配置的重要因素。发达国家利用品牌优势，在全球范围扩大市场、强势竞争、占有资源、获取高额利润。在中国工业企业品牌竞争力评价发布会上，一位专家讲的一句话很深刻，就是在现在市场经济条件下，“得品牌者得天下”。

今年上半年，按照部党组的部署，我带队对工业品牌建设情况开展了调研，走访了北京、上海、山东等十多个地区，也听取了部分行业协会的意见。通过领会中央领导批示指示精神，结合品牌工作实践和调研的情况，我们越来越深切地感受到，我国工业处在转型升级、从大到强的关键时期，大力培育品牌，我们就有参与国际竞争的资格和底气，就能在竞争中转型发展；不培育品牌，我们失去的将不仅是眼前利益，甚至失去发展的机会和潜力。大家应清醒地认识到这一点。

当前，我国品牌建设站在一个重要的路口。回头看，成绩斐然，抬头看，任重道远。我们清晰地看到，政府部门和企业已经认识到品牌的重要意义，积极推进品牌建设，取得了成效。比如，在国内消费品市场，源自本土的品牌占据较大的市场份额，像彩电、空调、冰箱、服装、家纺等产品都达到80%以上，丝绸、陶瓷等民族文化特点显著的产品更是占有绝对市场优势。在国际消费品市场，华为、海尔、联想、青岛啤酒等一批自主品牌积极参与国际竞争，成为世界级品牌。在工业品市场，自主品牌产品不仅满足国内需求，船舶、港口设备、大型发电设备、高铁、核电等产品在国际市场上也具有较强竞争力。更为可喜的是，一批企业正在实现从无牌、到贴牌、再到创建自主品牌的历史性跨越，这是值得自豪的，也增强了我们的信心。像刚刚提到的浙江的那个企业已经在培育自主品牌，虽然起步不久，但自主设计、自主品牌的产品售价已经达到近1500元，利润率达到10%，单件产品利润是原来代工生产时的7倍多。这是一个生动的缩影，很多企业正是通过创建自主品牌，得到了实惠，增强了产品溢价能力。

我们必须面对的另一个现实是，我国是全球第一制造大国，在400多种工业品中，我们有223个品种全球产量第一。同时，我们还是世界第一贸易大国，第二大经济体。但是，在联合国工业发展组织的统计中，我国工业制造业竞争力只能排在第7位。如果在改革开放初期我们有这样的位次，甚至可以说令人满意。但是，作为第一制造大国、第二大经济体，这个第7位与我们经济大国的形象是不相符的，我们心有不甘。表现在品牌上，就是世界级品牌还太少、还不强。在世界品牌实验室发布的2013年世界品牌500强中，美国占据232席，法国47席，日本41个，我国大陆入选品牌25个，其中工业品牌只有8个。可以说，中国品牌还没有伴随中国产品同步走向世界。

按照专家学者的观点，全球工业化进程大致分为四个阶段。第一个是生产能力配置阶段，也就是以低成本获得制造能力。第二个是生产设备和技能配置阶段，即通过改进制造设施和人员技能提升制造能力。第三个是研发创新能力配置阶段，以核心技术和自主知识产权构建制造业核心竞争优势。第四个就是品牌优势配置阶段，也就是通过综合优势积淀和技术文化实力形成对消费者的“心理征服”。当然，这四个阶段划分与“德国工业4.0”的四个阶段是不一样的，不是一个角度。4.0是从工业技术和技能的角度划分，而现在考虑的是生产资源和生产要素的配置能力。毫无疑问，品牌、技术、标准、知识产权、专利等，是现阶段更高级的生产要素形态。当前，我国工业在很大程度上完成了前两个阶段的任务，正在向第三个阶段迈进。“三个转变”要求实施创新驱动、提升质量、培育品牌，就是要求我们在工业转型升级进程中，同步推进第三个和第四个阶段，实现跨越式发展。我们不能按部就班地按照四个阶段一步一步地走，我们需要用空间换时间，达到后发先至、跨越赶超的效果。对于工业和信息化主管部门，这是分内之责，是光荣的使命，也是艰巨的挑战。

履行好这个责任，需要我们对品牌建设的有利条件和不利因素有一个清楚的认识。

从我国工业的基础、特点和环境看，我们具备实现跨越式发展的条件。首先，十八届三中全会明确指出，要建设统一开放、竞争有序的市场体系，使市场在资源配置中起决定性作用。品牌是凝聚着市场规律的载体，健全的市场体系必将加快品牌成长。其次，我国工业规模大、门类全、产业链完整。主要行业的基础制造能力已经达到世界级水平，很多工业产品在功能特性和实物质量上不输给任何国家。这一点很重要。从产品到品牌，中间一个关键要素是品质，这是基础、是根本。如果产品品质达不到世界先进水平，单纯通过策划、宣传、包装、推介等手段是培育不出世界级品牌的。现在的事实是，很多国外名牌产品就是我们生产的，说明我们很多产品的制造水平已经达到了国际一流，这是我们培育品牌的重要基础。第三，我国科学技术取得重大进步，技术创新也取得丰硕成果。一批企业拥有众多技术和产品专利，很多还具有国际领先水平，形成了核心优势。我们可以载人航天、深潜探海、遁构钻地，我们有理由对工业技术实力充满信心。第四，我国拥有世界最大的消费市场，而且消费需求呈现多元化，为品牌差异化定位、阶梯式发展创造了条件。同时，我国还是世界第一大出口国。据国家统计局公报，2013 年我国出口额超过 2.2 万亿美元。尽管出口商品还存在自主品牌少、附加值较低等问题，但为自主品牌走向国际市场提供了广阔的渠道。从量变到质变必然有一个过程，但是我们已经有了方向、有了动力，已经起步向着中国品牌走向世界大步迈进。最后，是从政府到企业越来越重视品牌建设，一大批自主品牌已经走向世界，更多的品牌在加速成长。通过宣传品牌培育示范企业的成功经验，也可以让更多企业通过学习对比，找出差距、提升自我、超越自我，加快实现自身对品牌的追求。从今天的会议交流，我们可以看到这样的实力和机遇，应该对加快培育品牌，实现跨越式发展充满信心。

同时，我们又要认识到品牌建设中的不利因素，发现问题，解决问题。从我国来看，品牌建设还存在诸多亟需解决的问题。比如，工业企业品牌创新内涵不足、部分品牌质量信誉不高、品牌培育能力不强等。我们经常可以看到报道，因为企业诚信度不高，缺乏质量品牌意识和责任心，甚至是职业道德缺失，使消费者对品牌产生怀疑、丧失信任，这是对品牌的严重损害。我们很多品牌是参与国际竞争的新军，面临着国际品牌的激烈竞争甚至“挤压”和“打压”，特别是在高端消费领域、高技术产品领域，这种现象尤其明显。部分地区工信部门对品牌建设还存在着困惑，在角色定位、职能落实、政策资源以及工作组织等方面，还没有真正思考清楚、行动起来。很多省市工信部门的领导和负责质量、品牌、科技的同志参加了今天的会议，这很好。我们就是要通过培训交流，提高认识，推进工作，共同为促进地方和全国工业品牌和制造业发展，尽到我们应有的责任。同时，在社会上，还需要进一步加强品牌公共服务能力建设、加强知识产权保护、加强打击假冒和不正当竞争的执法力度。从国际来看，发达国家不仅全力巩固品牌优势地位，还在培育新的核心竞争力。美国通过再工业化，增强实体经济和高端制造业竞争优势，这一点我们要有清醒的认识。不久前的一个综合成本测算结果显示，我们的综合制造业成本已经达到美国的 96%。除了劳动生产率以前是它的十分之一、现在是它的三分之一以外，我们在能源价格、税收成本、物流成本等要素上都不占优。我们如果不创新自己的核心竞争力，在国际竞争中必然会受到挤压。除了美国，德国正在通过实施工业 4.0，提升工业生产技术领域核心竞争力。东南亚等国家也以低成本制造，对我国产品竞争力造成冲击。国际产业发展格局和市场竞争形势留给自主品牌成长的空间和时间都很有限，培育品牌既是大势所趋的战略任务，又是当务之急的紧要工作。

近来，同志们一定注意到了“新常态”的概念。新常态，是中央对我国经济发展阶段的重大战略研判，是未来一个时期应有的思想认识和工作方向。适应新常态，涉及很多因素，从工业角度至少体现两个特征。第一个特征是经济进入增速换挡期，由高速转入中高速。近十年来，我国经济增速逐步下台阶，从年增速超过11%，降到今年上半年的7.4%。工业经济也是这样，今年，我们主动把工业增速预期目标定为9.5%，比去年回落了0.5个百分点。为什么要下调？是因为以往那种依靠高投入、高消耗来维系高速度的老路走不下去了，我们需要解决结构不合理、关键技术受制于人，以及环境能源约束等重大问题，需要为转型升级、提质增效赢得空间。第二个特征是增长动力的转化。我们过去依靠廉价劳动力和资源要素投入而塑造的比较优势已经加速弱化，持续发展动力不足，更无法支撑工业大国向工业强国的转变。我们要主动适应“新常态”。我在几次会上讲过一位经济学家提出的“高速低效、中速中效、低速高效”的理论。我们不能仅从速度看问题，即使速度下来了，只要质量和效益上去，实现中央提出的“速度与质量、结构与效益相符合、相统一、相一致、相协调”的要求，就是成功的。而且，从世界各国的发展轨迹来看，很多国家速度虽然不高，但是效益很高。从美国、德国、日本等世界主要经济强国的发展经验来看，构建以质量品牌为核心的竞争优势是这些国家工业发展到这个阶段的共同特征。习近平总书记关于“三个转变”的论述，很清楚地告诉我们，创新、质量和品牌，正是我国工业经济发展的新的动力源泉。

同时，我们还要认识到，“常态”是一个相对长期的稳定状态。有的同志认为我们已经进入了“新常态”，也有同志认为我们还在向“新常态”过渡。无论是“稳中趋缓”还是“缓中趋缓”，总体上我们是在合理区间，稳中有进，稳中有好。

适应新常态，需要我们树立新的效益观、新的质量品牌观。比如解决产能过剩的问题，可以一手抓淘汰落后产能，一手抓创新和质量品牌，拉动新需求，从而达到产业新的大结构平衡，得到合理的利润空间。适应新常态，需要我们围绕提升质量、培育品牌，做长远打算，下定决心，持续深入地推进下去。大家应该牢记这样一句话，“速度提升终有上限，品牌追求永无止境”。在竞争中我们要不断有新招、有高招，先人一手、快人一步，才能站在产业的制高点上、竞争的制高点上。

工信部成立以来，会同各地区工信部门、行业协会和广大企业，积极推进质量品牌建设。特别是近三年来，广泛组织质量品牌专项活动，已经取得很好成效，得到各级政府、相关部门和企业的高度认可。前几天，在王勇国务委员出席的全国质量工作总结会上，我第一个做了发言，讲的题目是“提升质量，培育品牌，打造工业强国核心竞争力”，大家反响不错，体现了对工业战线抓品牌培育的肯定和重视。在那次会上，有的专家讲得很好，“质量不是评比出来的，是制造出来的，是生产出来的，是打造全产业链过程产生出来的”。所以我们关注品牌质量就要注重它的过程，在研发、设计、制造、销售、服务全产业链、全生命周期抓好品牌建设。

关于下一步工作，陈因同志做了部署，大家要抓紧组织落实。在这里，我对品牌工作提五点要求，与大家一起探讨。

第一，加强品牌建设的组织领导。品牌建设是战略性、全局性工作。工信部成立了18个司局组成的工作组，每年都把质量品牌列为重点工作。今天，部内很多司局和直属单位的同志都参加了会议，体现了各司其职、各有分工、协同合作，合力推进品牌建设的工作氛围。各级工信部门也要把品牌工作列为全委、全厅的重点工作，由主管领导牵头，组织相关处室，协同开展工作。上海市和青岛市的经验都很有典型性，市委、市政府高度重视，工信部门一把手负责，分管领导靠前指挥，各部门相互协调，形成品牌工作的完整体系。同时，要研究建立质量品牌工作联动机制，在相关政策和专项资金使用上，向自主品牌企业倾斜，重点扶持一批品牌示范企业、质量标杆企业创新发展。要采取措施加大对品牌公共服务的支持力度，改善品牌发展环境。

第二，探索实践有中国特色的工业品牌培育道路。在品牌工作中，我们探索形成了一套品牌建设的思路，可以概括为：遵循市场规律，拓展国际视野；坚持企业主体，注重提升能力；加强政策引导，完善支持服务；产品和商业模式创新并重，企业和区域品牌互动发展。按照这个思路，我们已经走上了一条有中国特色的工业品牌培育道路。这个道路是我们共同探索的，还需要我们在实践中不断丰富和完善，为我国工业品牌实现跨越发展构建科学高效的发展路径。

第三，研究部署品牌发展“十三五”规划。品牌建设是长期任务，需要长远思考、科学谋划。近日，李克强总理部署了“十三五”国民经济和社会发展规划研究工作。工信部也即将启动工业品牌发展规划编制工作。有条件的地区和行业，要开展品牌规划研究。很多行业协会在这方面做得很好，要继续围绕行业发展做好品牌发展的规划。对传统制造业、战略性新兴产业、生产性服务业等要体现分类指导，对重点产业要确定发展措施。同时要为品牌建设提供政策和资源保障。地方工信部门还要积极引导产业集群和骨干企业加强战略规划，以“十三五”规划为契机，为未来品牌建设奠定基础、创造条件。我们应该自信，在“十三五”期间，我们不仅会实现世界品牌百强零的突破，还会有一大批企业走上国际舞台，与国外品牌一比高下。

第四，把握品牌工作的五个关键环节。一是以企业为主体，引导企业增强品牌意识，恪守品牌信誉、掌握管理方法，培养专业人才，提升培育能力。培育品牌关键还是企业的主体意识，政府可以创造环境、营造氛围、加强引导，但最终还要看企业的内生动力。发挥市场的决定性作用和政府积极作为并不矛盾，政府在一些特定阶段、特定事项上，推动力和引导力还是非常重要的。二是以创新为核心，差异化地满足顾客需求。三是以质量为生命，保证产品功能特性稳定地承载品牌价值。四是以市场为试金石，用竞争力和创造价值的能力来衡量品牌培育的效果，最终还是要市场认可，顾客满意。五是以政策为支撑，加强政策法规建设，支持和保护品牌健康发展。

第五，强化品牌建设的合力。各地工信部门要找准定位，不越位、不错位，更不能缺位。发挥工业主管部门的优势和作用，把品牌建设与发展经济紧密结合，积极争取所在地区人民政府支持。落实七部委《关于加快我国工业企业品牌建设的指导意见》，加强与发展改革、财政、商务、工商、质检等部门的交流。在全国质量工作总结大会上，还有一个概念很清晰，就是“大质量”的概念。原来我们讲质量是产品质量、工程质量和服务质量三大领域，现在很多地方提出了环境质量等很多领域。其实，质量渗透在社会经济生活的方方面面，我们的工作质量也是一个很重要的方面。所以，今后我们要以“大质量”的观念，加强与各部门统筹协调，建立健全沟通协作机制，形成分工协作的工作体系，在财税政策、项目资金、平台建设、营销渠道、打假治劣等方面为品牌建设营造氛围、增强合力。行业协会要发挥熟悉行业、贴近企业的优势，起到政府和企业之间桥梁的作用。技术支持单位要发挥专业能力，在宏观研究和微观指导中发挥应有的作用。这几年，技术支撑单位做得很不错。很多企业都谈到，我们的专家和技术单位给了他们指导和帮助，更好地使专业技术和企业实践相结合，产生巨大的生产力。专家组和技术支撑机构要继续发扬这种精神，发挥更大作用。

同志们，中国产品向中国品牌转变是历史性任务，也是历史性机遇。工业和信息化主管部门责任重大、任务艰巨。履行好这一责任，我们就要更加鲜明地把培育自主品牌、发展品牌经济作为转变发展方式，增强产业竞争力，提高经济发展质量和效益的战略抓手，常抓不懈。

孙子兵法上讲“上下同欲者胜”。我想引申这句话作为今天讲话的结束。就是，培育品牌“持之以恒者胜，勇攀高峰者胜，心有追求者胜”。

谢谢大家！

突出重点　狠抓落实
推进工业节能与综合利用取得新成效

在全国工业节能与综合利用工作会议上的工作报告

工业和信息化部原材料工业司司长　周长益

（2014 年 1 月 17 日　北京）

同志们：

刚才苏波副部长作了重要讲话，全面分析了节能与综合利用工作当前面临的形势，提出了新形势下工业节能与综合利用工作改革创新的方向和下一步要突出抓好的重点工作。苏波同志的讲话针对性、指导性很强，我们要认真学习，深刻领会，抓好落实。下面，我简要报告 2013 年工作进展情况及 2014 年工作安排意见，供大家讨论。

一、2013 年节能与综合利用工作取得明显成效

2013 年，工业节能与综合利用工作坚持以科学发展观为指导，认真贯彻落实十八大、十八届三中全会精神以及部党组工作部署，以推动工业绿色发展为目标，以节能与绿色发展专项行动为抓手，坚持分类指导、重点推进，坚持技术进步、标准引领，坚持探索创新、示范带动，节能降耗、清洁生产、循环经济和资源综合利用等各项工作取得明显成效。

（一）狠抓专项行动，实施电机能效提升和涉铅行业绿色发展计划

2013 年，按照部工业转型升级专项行动统一部署，作为部里的 6 个专项行动之一，工业节能与绿色发展专项行动计划以电机能效提升和涉铅行业绿色发展为重点。一年来，我们协调和动员相关部门机构和各方资源，认真做好专项行动的组织实施。电机能效提升方面，一是确立了工作目标和实施路线图。与质检总局联合发布了《电机能效提升计划（2013～2015 年）》，提出用 3 年时间，组织和动员全系统力量，统筹政策引导、标准约束、监督检查等行政手

段和市场化运作机制，围绕电机生产、应用、回收、再制造等环节，全面推进提升电机能效，推动电机产业转型升级。二是大力推广先进技术和产品。在部分地区组织实施了注塑机、水泥磨机、小水电等电机系统专项节能改造。三是广泛开展电机能效提升专题培训。在各地区支持下，组织中国工业节能与清洁生产协会等单位开展培训31场，培训近6000人次，免费发放近万套培训教材。四是组建电机能效提升产业联盟。依托全国电机能效提升办公室，整合优势电机生产企业、研究机构、合同能源管理公司、金融机构、第三方节能量认证机构等资源，搭建多方参与、利益共享、风险共担的市场化运作平台，提供集节能诊断、方案设计、组织实施、售后服务于一体的解决方案。这项工作启动以来，多数地方按照电机能效提升计划要求，组织编制了省级电机能效提升计划实施方案，积极推动实施。广东省、武汉市等地区还专门出台专项资金政策，支持注塑机、型材挤压机等电机系统改造，效果显著。

涉铅行业绿色发展方面，一是出台规范行业发展的指导意见。经国务院同意，会同环保、商务、发改、财政等部门联合印发《关于促进铅酸蓄电池和再生铅产业规范发展的意见》，明确了工作重点，落实了职责任务。二是建立了8部门协调工作机制，明确分工，研究推进铅酸蓄电池回收利用管理办法、回收基金方案等制订工作，召开专题座谈会向涉铅企业较多的近20个省市工业、环保主管部门及重点铅酸蓄电池、再生铅企业宣贯行业规范发展要求。三是完善了铅酸蓄电池、再生铅行业准入条件及配套制度，协同推进环保核查与准入管理，组织有关地方及企业开展准入申报工作。四是以园区为依托，启动铅资源循环利用体系试点，加快研究提出和推动实施铅酸蓄电池生产者责任延伸制度的相关基金、押金方案。

（二）坚持分类指导，突出抓好重点行业和重点领域节能减排

一是继续加强重点行业节能减排指导。先后组织研究和发布了有色金属工业、石化和化学工业、通信业节能减排指导意见，加上之前已经出台的钢铁、水泥行业和中小企业节能减排指导意见，已经初步形成了涵盖主要高耗能行业和重点领域的节能减排政策文件体系。二是加快提升重点产品能效。除了与国家质检总局联合发布实施《电机能效提升计划》外，还组织研究起草并报请国务院办公厅审定印发了《关于加强内燃机工业节能减排的意见》，编制完成《内燃机工业节能减排重点工程实施方案》，发布《节能机电设备（产品）推荐目录（第四批）》、《"能效之星"产品目录（2013）》，编制《高耗能落后机电设备（产品）淘汰目录（第三批）》，印发钢铁、建材企业能源审计指南。三是组织全系统认真实施节能产品惠民工程。编制完成《节能产品惠民工程节能工业产品推广信息监管核查实施方案》，开展节能工业产品推广信息监管核查。会同发展改革委、财政部组织评审节能家电推广目录10批，单元式空调与冷水机组推广目录2批，四类工业产品推广目录7批。四是会同有关部门发布了《关于开展工业产品生态设计的指导意见》、《中国逐步降低荧光灯含汞量路线图》，推进产品生态设计和汞污染防治。

（三）坚持示范带动，继续推进试点示范平台拓展

一方面，继续抓好企业能源管理中心和清洁生产技术示范工程建设。全年累计利用中央财政专项资金11亿元，支持了97个工业企业能源管理中心示范项目、95个清洁生产技术示范项目建设。另一方面，积极研究深化试点示范和验收总结工作。充分听取有关地区意见，修改完善机电产品再制造试点验收方案，加大对工业固体废物综合利用基地的技术、融资支持。研究制定“资源节约型、环境友好型”企业评价标准和认定程序，组织召开了石化行业“两型”企业创建经验交流会，总结“两型”企业发展模式。此外，还进一步拓展试点示范。在28个重点行业中遴选公布了43家清洁生产示范企业。对20个机电产品节材代木试点组进行验收，公布18个通过验收的示范组。印发《内燃机再制造推进计划》，组织40余家单位开展5大示范工程建设，发布第三批《再制造产品目录》。会同发展改革委组织开展国家低碳工业园区试点，印发《甲醇汽车试点技术数据采集管理办法》，启动上海、山西、陕西两省一市甲醇汽车试点，参与试点的甲醇汽车已达7个型号。

（四）坚持技术进步，抓好节能减排技术应用推广

一是按照国家推进战略性新兴产业发展的统一部署，编制完成了重大节能技术与装备产业化工程、重大环保技术装备与产品产业化工程、重要资源循环利用工程实施方案。二是继续发布节能减排先进技术导向目录。会同水利部组织编制《国家鼓励的工业节水工艺技术装备目录》，引导提升工业水效和节水技术水平。发布《工业固体废物综合利用先进适用技术目录（第一批）》，推广工业固废综合利用技术。评选出服务信誉好、拥有自主技术产品和取得良好业绩的70家节能服务公司，推荐给工业和通信业企业。三是组织开展重大科技成果鉴定。完成了中国兵器集团山西北方公司高压高效稀土永磁电机、湖北大禹电气无刷双馈变频调速系统等科技成果鉴定，为后续专项规模化推广打下了基础。组织对湖北劲牌有限公司酿造清洁生产工艺进行科技成果鉴定，推进白酒行业清洁生产技术进步。四是加强重点行业关键共性清洁生产技术的推广应用。组织编制京津冀及周边地区、丹江口库区及上游等重点区域（流域）清洁生产水平提升计划，汞削减、铅削减和高毒农药替代清洁生产重点工程实施计划，以及稀土行业清洁生产技术推行方案等，加大重点流域区域和重点行业污染防治和清洁生产推行力度。五是评审遴选废弃电器电子产品、废金属、废塑料、废橡胶轮胎、建筑废弃物、农林废弃物及废油等再生资源综合利用先进适用技术，提升再生资源综合利用水平和附加值。

（五）坚持标准引领，继续推进标准体系建设和标准贯彻实施

加快推进行业标准、国家强制性标准制修订工作，编制完成标准体系建设方案，强化标准的贯彻落实。一是会同国标委、发展改革委推进重点工业产品强制性能耗限额标准和重点用能产品能效标准的制订工作。成立了“百项能效标准推进工程工作组”，完成47项能效和能耗标准审查，发布焦炭、铜及铜合金管材、粗钢生产等3项能耗限额及热泵热水机、三相配电变压器等10项能效等级强制性国家标准。加强行业标准的制修订工作，组织完成7项能效行业标准复审，48项能效行业标准立项，发布18项能效行业标准。二是会同水利部、国家统计局、全国节约用水办公室发布《重点工业行业用水效率指南》，确定火力发电、钢铁、纺织、造纸、石油和化学工业、食品和发酵6大高耗水行业40多种主要工业产品（工序）取水量先进值、平均值、准入值和限定值指标，指导企业用水效率对标达标和评价。三是切实推进标准的宣贯落实。研究提出了电机能效标准核查方案，与国家质检总局印发《关于联合开展电机生产企业专项核查的通知》。选择铁合金、电石两个行业，研究提出利用产品能耗限额标准促进化解产能过剩的政策方案。四是组织编制内燃机等行业再制造技术标准，完善机电产品再制造标准体系。

（六）坚持探索创新，推进节能减排政策机制建设

重点围绕3个方面开展政策机制创新的研究和探索工作。一是继续完善行业准入管理机制。联合环境保护部印发了《关于做好〈再生铅行业准入条件〉实施工作的通知》，进一步完善了再生铅行业准入管理制度框架。有序实施废钢铁加工、轮胎翻新、废轮胎综合利用等行业准入，在相关行业产生积极影响。二是研究建立基于能耗标准的惩罚性电价政策机制，会同发展改革委印发《关于电解铝企业用电实行阶梯电价政策的通知》，建立起工业和价格部门协同利用基于能耗标准的阶梯电价政策，推进化解过剩产能和节能减排的创新工作机制。三是组织研究起草《高耗水行业用水效率评估审查管理办法》，加强工业用水约束机制研究，拟对缺水地区建设高耗水工业项目开展用水效率评价和审查。

（七）加强协作交流，促进国内国际沟通合作

一方面，进一步加强部门间协作，实现合作共赢，服从和服务于工作大局，凝聚各方共识，聚焦社会关切，主导和参与了一系列政策文件起草和政策协调工作。积极参与《大气污染防治行动计划》编制工作，研究制定相关任务分工及落实方案。参与编制《关于加快发展节能环保产业的意见》，积极争取工作职能。组织修订《国家鼓励发展的重大环保技术装备目录（2011年版）》，积极配合有关部门推动实施重型柴油车国四排放标准，配合有关部门研究《环境保护专用设备企业所得税优惠目录》。

另一方面，积极推动国际交流合作，取得丰硕成果。与联合国工业发展组织共同举办了第三届绿色工业大会，来自57个国家和地区的政府官员、专家学者、企事业单位代表共600余人出席了会议，大会产生了积极影响，广泛传播了工业绿色发展理念。在中美商贸联委会框架下，与美国商务部共同举办了第三届中美再制造对话，利用上海临港产业区国家机电产品再制造产业示范园这一平台，加强企业间再制造技术、政策和发展经验交流。启动中欧产品生态设计政策合作项目，推动中欧企业加强协调，促进贸易往来。此外，还与联合国开发计划署（UNDP）开展了“中国高效电机促进项目”。加强与世界银行、美国能源基金会、国际铜业协会等多边双边机构的合作，实施了工业能效、电机、培训等项目，组织召开了中欧工业能效与减排工作组第四次会议、中法工业能效工作组第三次会议，与意大利环境、国土和海洋部共同主办了中意工业能效培训班，与荷兰人类环境与运输监察部联合召开了中荷RoHS/生态设计市场监管研讨会。

经过全系统的共同努力，2013年工业节能减排工作取得了显著成效。全国规模以上企业单位工业增加值能耗比上年预计下降4.9%，基本完成预期年度目标；万元工业增加值用水量预计下降至70立方米（2010年价），全年降幅超过8%；大宗工业固体废物综合利用率预计提高约2个百分点。

一年来，全系统积极进取，紧紧围绕生态文明建设和工业转型升级工作大局，加大协调推进力度，重点行业、重点领域节能与综合利用各项工作都取得了积极进展和明显成效。上述工作的开展和成绩的取得，是我们全系统共同奋斗的结果，是与在座各位的辛勤劳动和努力工作分不开的，在此，我代表部节能与综合利用司向大家表示衷心的感谢！

二、2014年工作思路和主要工作安排

刚才苏波副部长的讲话深入剖析了当前工业节能与综合利用工作面临的新形势和新任务，明确要求我们以改革创新的精神，扎实推进工业绿色低碳循环发展，这也是2014年工业节能与综合利用的工作主线，是推进节能降耗减排

治污的持久动力。全国工业节能减排战线的全体同志要以饱满的工作热情，改革创新，大胆探索，认真贯彻全面深化改革的要求，深入研究新形势下的新理念、新政策、新机制、新做法，积极谋划经济一体化背景下、市场经济条件下、深化改革要求下的节能减排工作新举措、新方式，增强谋大事抓大事能力，力争在节约发展、清洁发展、循环发展的关键环节和重点工作上取得突破，全力推进工业绿色低碳发展。

2014年节能与综合利用工作的主要预期目标是：单位工业增加值能耗及二氧化碳排放量下降4.5%以上，万元工业增加值用水量下降7%，工业固体废物综合利用率进一步提高，重点行业污染物排放强度明显下降。

做好2014年工作，要按照三中全会关于深化改革的要求，按照苏波同志指出的方向和重点，结合全国工业和信息化工作会议工作部署，以工业绿色低碳转型为目标，以工业绿色发展专项行动为抓手，以改革创新为突破口，继续在政策、机制、法规、制度方面下功夫，切实加强调查研究，探索推进节能减排长效机制建设，着力抓好节能降耗、清洁生产、循环经济和资源综合利用等各项具体工作，促进工业转型升级。

（一）认真组织实施工业绿色发展专项行动

重点抓好三方面工作：一是组织开展工业绿色低碳转型城市试点工作。要在昨天座谈会的基础上，尽快修改完善工业绿色低碳转型城市试点总体方案，在全国选择5个左右重化工业城市开展试点，指导编制、批复工业绿色低碳转型城市试点方案，明确城市转型的目标任务和路径，突出改革创新，强化政策引导、标准约束和市场推动，探索工业绿色低碳转型发展的模式和途径。二是要抓好京津冀及周边地区清洁生产水平提升计划实施，组织相关地区的钢铁、水泥、化工、石化、有色金属冶炼等重点企业开展清洁生产技术改造，为改善区域大气环境质量作出贡献。三是在去年的基础上，继续组织实施好电机能效提升计划。今年的重点要放在生产企业贯标、专项工程推广实施和政策机制建设上。会同质检总局实施电机生产企业贯标核查，严格执行电机强制性能效标准；培育一批提供一体化解决方案的规范化、规模化合同能源管理公司，整合资源，完善市场化推广模式。

（二）全面推进工业节能降耗

扎实推进工业节能。进一步做好工业锅炉系统、变压器、内燃机等终端用能产品能效提升工作，落实内燃机节能减排指导意见，发布内燃机产品燃油消耗限值及测量方法标准，组织实施非道路车辆及发动机高效清洁行动计划、工业锅炉系统节能减排行动计划、变压器能效提升计划，推广锅炉、变压器等节能技术及产品。继续推进重点用能行业开展能效水平对标达标活动，不断提升能效水平。强化工业能评，研究以负面清单方式推动开展能评的新机制；强化标准约束，会同有关部门实施好百项能效标准推进工程，编制《电石、铁合金能耗限额标准贯彻实施方案（2014～2015 年）》，开展以节能标准促进“两高”行业过剩产能退出试点，加快组织制修订重点产品能耗限额强制性国家标准；加强队伍建设，组织开展省市工业节能与综合利用管理干部专业培训及重点用能企业能源管理岗位和负责人培训。继续编制和发布高耗能落后机电设备淘汰目录和先进节能技术装备产品目录，开展落后机电设备淘汰情况的监督检查。继续推进企业能源管理智能化，完善能源管控中心建设标准，组织编制重点行业企业能源管理中心实施方案，开展绿色数据中心建设，制定绿色数据中心试点实施方案，研究确定绿色数据中心评价指标和评价方法。建立健全工业节能监察体系，充分发挥节能监察队伍对重点专项工作的支撑作用。会同发展改革委推进国家低碳工业园区试点，组织编制试点园区实施方案和园区评价指标体系，制定国家低碳工业园区管理办法，建立绩效考评制度，研究制定重点用能企业温室气体排放评价通则。深入推进山西、陕西和上海两省一市试点工作，加强数据收集及试验测试工作，在总结第一批试点经验的基础上，研究扩大甲醇汽车试点范围。

组织实施工业节水技术标准提升计划。一是要切实提升节水技术装备水平。尽快发布国家鼓励的工业节水工艺技术装备目录，组织推广应用；加快组织编制钢铁、造纸等高耗水行业落后用水工艺装备淘汰目录，实施强制性淘汰。二是要提高重点企业用水效率标准。抓紧发布重点行业用水效率标杆企业和标杆指标，深入推进钢铁、石化等重点行业节水型企业创建工作，加快制修订部分行业取（用）水定额标准，组织制订石油化工、味精等行业节水型企业评价国家标准，扩大节水型企业创建范围。三是要研究推进基于取（用）水定额标准的惩罚性水价政策，明确政策思路和方案。研究和组织起草《工业节水管理办法》，加快建立工业节约用水约束机制。四是要组织各地区尤其是缺水地区，加快创新工业节水技术改造的政策思路，编制节水技术推广实施方案，引导实施一批对行业有重大影响和突出效果的关键技术产业化示范工程项目。

（三）大力推进节能环保产业发展

要以节能环保示范工程和重大技术装备为核心，切实推进节能环保产业发展。一是要结合国家节能减排重点和高耗能、高污染行业节能减排需要，组织实施节能环保国家级示范工程建设。尽快提出示范工程建设工作方案，加强与有关部门协商，部署启动。在示范工程基础上，深入研究提出节能环保技术装备推广的政策和机制，发挥示范工程引领作用，从根本上带动节能环保产业发展。二是要加快发展一批重大节能环保技术装备。选择一批技术水平先进、工艺路线清晰、节能环保效果突出、推广意义重大、具有行业代表性的技术装备，提出一批绿色发展重大工程项目，实施产业化示范；继续组织编制发布节能、环保、综合利用技术装备目录，会同有关部门发布《国家鼓励发展的重大环保技术装备目录》。三是要加强对新型工业化产业示范基地中节能环保装备基地的指导，重点支持、培育建设形成若干个节能环保产业园区。四是要积极筹办中国节能环保技术装备交易展，落实与联合国工业发展组织合作具体方案，支持节能环保企业“走出去”。

（四）实施清洁生产水平提升计划，务实推进工业领域大气污染防治

以落实大气污染防治计划为重点，组织编制工业领域落实国务院《大气污染防治行动计划》的具体实施方案，重点抓好4个方面工作：一是实施重点区域工业企业清洁生产水平提升计划。除了要做好京津冀及周边地区重点工业企业清洁生产水平提升计划工作外，要编制钢铁、建材、有色、化工等重点行业清洁生产技术推行方案，指导“三区十群”工业主管部门编制实施清洁生产水平提升计划。二是开展高效清洁用煤重点技术试点示范和推广应用。建设一批焦化、煤化工、工业窑炉、锅炉清洁化高效用煤技术试点示范工程，推进煤炭清洁高效利用，减少煤炭使用量和大气污染物排放量。三是组织实施汞削减、铅削减、高毒农药替代清洁生产重点工程实施计划。开展清洁生产技术产业化示范，优先支持行业重大关键共性清洁生产技术攻关和产业化应用。编制重点区域、重点流域和产业集聚区清洁生产水平提升计划，指导企业开展绿色改造，促进改善重点区域大气环境质量、重点流域水环境质量和重点行业清洁生产水平。四是实施“双百”工程。编制发布百个清洁生产技术示范案例，指导工业企业实施清洁生产技术改造；开展百家工业企业产品生态设计试点，探索建立我国产品生态设计的激励机制和推行模式，引导工业污染防治从末端治理向全生命周期控制转变。

（五）继续推进工业循环经济和资源综合利用

以战略性稀贵金属、有色金属、钢铁、橡胶等行业为重点，组织实施一批资源再生利用示范工程，推进资源循环利用体系建设。继续推进废钢铁加工、废旧轮胎综合利用等再生资源行业准入管理，培育行业骨干企业。加强环保核查、行业准入与许可证更新发放政策之间的衔接，实施好再生铅企业准入公告，促进铅酸蓄电池和再生铅行业规范发展。在区域铅资源循环利用体系建设试点的基础上，研究推进铅酸蓄电池回收基金制度研究和设计，积极探索生产者责任延伸制度新模式。推广应用资源综合利用先进适用技术装备，遴选典型技术开展科技成果鉴定。

以提升大宗工业固废资源综合利用率为目标，重点推进工业固体废物综合利用基地建设试点和综合利用示范工程建设。推动大宗工业固废综合利用基地建设取得实质性进展，加快梳理12个基地建设试点地区试点工作现状，努力搭建服务平台，提供技术、融资、合作方引进等不同解决方案。推动实施一批资源综合利用示范工程，重点推进赤泥、磷石膏、电解锰渣等难利用大宗工业固体废物综合利用，联合国家安全生产总局实施好尾矿综合利用示范工程建设。积极推进水泥窑协同处置生活垃圾，支持综合利用废渣发展高标号水泥和特种水泥。

继续推进重点领域再制造产业规模化发展，进一步扩大再制造试点示范领域和范围，开展逆向物流体系建设试点，加强再制造集聚区及示范园建设。积极推进废旧电机、内燃机、机床、工程机械等机电产品再制造及流程工业机械装备在役再制造。完善再制造行业管理和再制造产品认定制度，积极推进再制造产品认定制度与优惠扶持政策、再制造产品和旧件进出口监管等政策的互动。

（六）切实推进工业绿色低碳转型政策机制改革创新

进一步完善基于能耗标准的惩罚性电价政策机制。要组织各地区认真落实好电解铝行业阶梯电价政策，开展电解铝企业电耗核查，加强与价格主管部门衔接配合，实施对超电耗标准企业用电加价政策。要将惩罚性电价政策实施范围由电解铝扩大到水泥、平板玻璃等行业，加强与发展改革委等部门的协调配合，尽快拿出政策方案。研究提出用环保标准淘汰落后产能的政策思路，促进工业可持续发展。研究提出节能减排财政政策改革思路，加大对“能效之星”、能效“领跑者”、能源管控中心建设的财政支持力度。加快标准体系更新速度。充分发挥地方主管部门、相关行业协会在建立完善标准体系中的作用，尽快制（修）订一批工业节能减排标准。开展绿色工业发展和低碳工业园区评价指标体系研究，指导各地推进工业绿色发展和低碳工业园区建设。研究利用可持续发展和生态设计理念指导生态工业园区建设。

同志们，2014年工业节能与综合利用工作任务仍然十分繁重，尤其是要进一步加强体制机制的改革创新，更增加了工作难度和复杂程度。完成这些繁重的工作任务，全系统必须迎难而上，开拓创新，积极争取各方支持，努力营造有利环境。要进一步增强做好工作的责任感和紧迫感，齐心协力，开拓进取，勇挑重担，以打赢攻坚战的干劲打好节能减排持久战，为促进工业转型升级、实现工业文明与生态文明协调发展贡献我们的智慧和力量。

谢谢大家！

持续创新发展 推动科技创新活动深入开展

在钢铁行业技术创新大会暨科技负责人会议上的讲话

工业和信息化部原材料工业司副司长　骆铁军

（2014年11月18日）

各位代表：

大家上午好！很高兴参加2014年钢铁行业技术创新大会暨科技负责人会议。在此，我谨代表工业和信息化部原材料工业司对本次会议的召开表示热烈的祝贺！

改革开放以来特别是近十年来，钢铁工业通过科技创新，取得了快速发展，初步建立了以企业为主体，以市场为导向，以产学研用相结合的科技创新体系。品种质量、节能减排、技术装备水平、创新发展能力等方面取得明显进步。一是品种质量持续改善。达到国外先进实物质量水平认定并获得“金杯奖”的钢材产品已达500多个，生产量占钢材总产量的比重达到40%左右。高铁钢轨、超超临界火电机组用钢管、核电用690U型管、船舶和海洋平台用钢等高端产品均已实现国产化。二是节能减排成效明显。以“三干三利用”、能源管控中心和烧结脱硫等为代表的节能减排技术进一步推广应用，吨钢综合能耗逐年下降。行业大气主要污染物排放总量快速增长势头得到控制，吨钢排放量逐年降低。三是技术装备水平不断提高。我国已拥有5000m^{3}以上高炉、5500mm大型宽厚板轧机等世界一流水平的冶金装备。冶金自动化、信息化水平大幅提高，构建了以首钢曹妃甸、鞍钢鲅鱼圈为代表的可循环钢铁生产流程，并实现了稳定顺行。四是创新发展能力取得进步。全行业已建成国家重点实验室16个，工程实验室5个，工程技术中心12个，工程研究中心10个。宝钢、鞍钢、武钢、首钢和太钢等一批钢铁企业技术中心整体水平和研发能力在全国位居前列。

我国钢铁工业虽然取得了巨大成就，但行业在快速发展中还存在一些突出问题。主要是：行业利润率低下，资源掌控能力弱，核心竞争力不强。行业发展过程中暴露的原创技术不足、生产控制技术与国外存在差距、关键高端产品仍需进口等问题仍然制约着我国向钢铁强国迈进的步伐。解决这些问题必须依靠科技创新。

当前，我国经济已告别以投资与规模扩张为主的两位数超高速发展阶段，中高速增长已成为新常态。工业作为实体经济的主体，是转变经济发展方式、调整优化产业结构的主战场，正处于加快转型升级、建设工业强国的关键时期。为适应这个变化，我部已启动制造强国战略研究，制定《中国制造 2025 战略规划》，力争通过“三步走”战略，实现我国工业由大到强的转变。近两年来，我国钢铁工业也呈现出低增长、低价格、低效益和高压力“三低一高”的发展特征，而且十分明显。准确认识和把握钢铁行业发展新常态，探索企业新的发展方向，是我国钢铁工业未来健康发展的关键。应对新常态，根本出路是持续创新发展。钢铁工业要以“科技支撑转型、创新驱动发展”为理念，推动科技创新活动深入开展，应重点抓好以下工作。

一是以生产商向服务商转变引领当代产品创新。中国已成为世界第一生产大国，新产品的开发开始从跟随向自主创新方向发展，逐渐具备终极产品与世界同步进入市场的能力。这将造就我国包括钢铁产品在内的新材料与世界同步和领先的机遇。因此，在产品的创新上要从传统的引进、学习、消化吸收再创新向与终端产品用户一起，实现先期研发介入，后期推广应用和持续跟踪改进的创新方向努力，构建“产学研用检”的创新体系，将生产商向服务商转变和创新驱动两个转型升级关建点结合起来，在实施创新过程中培育用户，形成创新开拓市场的追逐方向。

二是从第四次工业革命的高度加速推进两化深度融合。社会文明经历了三次工业革命，工业过程实现了颠覆性飞跃。第一次工业革命是“蒸气时代”，蒸汽机促进了机械化生产，第二次工业革命是“电气时代”，电的发明和大规模生产，第三次工业革命是“信息时代”，利用电子和互联网技术进一步加速自动化。如今，第四次工业革命已经到来，暂且称其为“智能时代”，即以“信息物理系统网络”为核心的“智能工厂”和“智能生产”，它是信息化和自动化的升级版，在德国称为“工业 4.0”，在我国被称为“两化深度融合”，它将改变现有的全套组织、流程和功能，改变游戏规则。钢铁行业应敏锐地意识到这一变化，主动探索新工业革命的内涵，把握其内在潜力和能量，将目前的自动化生产、信息化管理提升到“智能制造”和“智能工厂”，以引领传统产业的创新发展。

三是通过技术创新实现关键品种的赶超。自18世纪中叶人类开启工业文明以来，制造业成为创造物质财富的主要渠道，是现代国家经济持续稳定发展的压舱石。纵观近现代世界历史，大国的兴起均始于制造业，当今世界强国都是制造业强国，而实现制造业强国需要关键材料的支撑。目前，我国部分高性能钢铁关键材料如大飞机、高速（重载）铁路、海洋平台、核（火、水）电、国防军工等国家重大工程需要的关键钢材产品仍然满足不了要求。与世界钢铁强国相比，我国钢铁工业关键品种创新研发与自给能力还存在差距。因此，钢铁工业亟待通过技术创新实现关键品种的赶超，立足自主创新，积极开发高技术含量、高附加值、高档关键产品，为实现制造业强国提供关键钢铁材料支撑保障。

四是把绿色发展作为技术创新的重要方向。目前我国粗钢产量已进入峰值弧顶区，从数量上已经能够满足国民经济和社会发展的需要。钢铁工业今后发展的着力点不是数量，而是要通过科技创新，着力提高行业发展的质量和效益，增强可持续发展能力，实现与社会和谐发展。2015年我国将实施新环保法，排放标准将大幅提高要求，面对日益突出的环保和能源约束，钢铁工业要把实施绿色发展作为科技创新的重要方向，大力推广先进节能减排技术，加快推动资源利用方式向绿色低碳、清洁安全转变。要通过科技创新，进一步提高节能减排技术的效率和效益，结合企业实际推广先进适用技术，集行业力量和智慧，攻坚克难，不断提高节能减排效果。

同志们，我国钢铁工业现在正处于转型升级的关键时期，通过科技创新促进过剩产能化解和竞争力提升的任务十分紧迫。钢铁行业要深入贯彻落实中国共产党十八大和十八届三中、四中全会的各项部署，加快重点领域和关键环节改革，采取有力措施，加快推进科技创新工作，推动钢铁工业转型升级和持续健康发展。

最后，预祝本次大会取得圆满成功！祝各位代表身体健康，工作顺利！

谢谢大家。

加强钢铁行业规范管理
促进产能过剩矛盾化解

工业和信息化部原材料工业司

（2015年1月）

第三批符合《钢铁行业规范条件》（以下简称“规范条件”）的钢铁企业名单已正式对外公告。至此，工业和信息化部历时三年分三批公告了304家规范企业名单，使多年来“潜伏”钢铁产能露出水面，最大限度地消除了钢铁行业管理盲区，促进了钢铁行业规范经营和产能过剩矛盾化解。这一工作是落实国务院转变政府职能、加强事中事后监管的具体举措，在社会上产生了积极反响，受到地方和行业的普遍关注和认同。

2012年9月3日，工业和信息化部修订并公告了《钢铁行业规范条件（2012年修订）》（2012年第35号），2012年10月1日起正式实施。2013年10月6日，《国务院关于化解产能严重过剩矛盾的指导意见》（国发〔2013〕41号）发布，明确化解产能严重过剩矛盾是当前和今后一个时期推进产业结构调整的工作重点，各省、自治区、直辖市人民政府，国务院各部委、各直属机构都在积极落实化解产能过剩工作，其中，加强行业规范和准入管理是工业主管部门的一项主要任务。

一、规范管理的政策定位与化解产能严重过剩矛盾高度统一

《国务院关于化解产能严重过剩矛盾的指导意见》（国发〔2013〕41号）明确指出：当前，我国出现产能严重过剩主要受发展阶段、发展理念和体制机制等多种因素的影响。在体制机制方面，资源要素市场化改革滞后，政策、规划、标准、环保等引导和约束不强，投资体制和管理方式不完善，监督检查和责任追究不到位，导致生产要素价格扭曲，公平竞争的市场环境不健全，市场机制作用未能有效发挥，落后产能退出渠道不畅，产能过剩矛盾不断加剧。按照“坚持尊重市场规律与改善宏观调控相结合、坚持完善政策措施与深化改革

创新相结合”等基本原则，通过5年努力，实现“产能规模基本合理、发展质量明显改善、长效机制初步建立”的主要目标。

多年来，国家对钢铁行业的调控思路主要是通过事前审批方式控制产能，由于审批核准制度滞后于市场需求，致使政策调控产能的成效不佳。据统计，从2005年《钢铁产业发展政策》发布以来，国家审批的钢铁项目不足1亿吨，但全国钢铁产能却增加了7亿吨以上，行业内大规模项目建设愈演愈烈，国家在控制产能方面基本失控，相当一部分钢铁企业游离在行业管理之外，即使一些大型国有钢铁企业，也存在大量未经审批自行建设的钢铁项目，钢铁行业宏观管理走入了“死胡同”。

另一方面，市场竞争环境不完善催生了行业乱象，不同地区、不同企业在质量、环保、能源、财税、安全、社会责任等方面执行的标准不尽一致。有的企业虽巨额亏损，但为维护企业的社会功能，仍然继续生产；有的企业仍然热衷于扩规模、铺摊子；有的企业在节能环保等要素成本上投入极低，靠牺牲环境换取短期利益等等。这些问题的长期存在加剧了钢铁行业产能严重过剩矛盾。

“制定规范条件、开展行业规范管理工作”的思路源于对钢铁工业产能调控过程中过分倚重项目审批、缺失行业管理的反思。工业和信息化部领导曾多次指出，研究钢铁工业结构调整问题，不能忽视超过总量一半以上未经审批或核准的大量存量产能，而是应该实事求是地面对实际，客观务实分析并加以引导。

基于以上认识，工业和信息化部自2009年9月着手研究制定规范条件，基本思路是从加强行业管理的角度出发，对国内现有钢铁企业，不问出身，不追历史，只要符合技术、质量、环保、装备等条件，就应纳入行业规范管理范畴并予以认可，以此作为规范现有钢铁企业生产经营秩序、促进淘汰落后、推动兼并重组、引导信贷、规范进口铁矿石流向等工作的政策参考。对于符合规范条件的企业，工业和信息化部将会同有关部门支持发展，推动跨地区、跨所有制及区域内兼并重组，实施企业技术改造，优化产业结构和区域布局，实现结构调整和转型升级。对于不符合规范条件的企业，综合运用经济、法律和必要的行政手段，逐步压缩其生存空间，迫其退出市场，促进化解过剩产能。可以看出，规范管理的政策定位从一开始就与化解产能严重过剩矛盾的工作目标相统一。

二、规范条件突出质量、环保、节能和安全生产

2010年6月4日发布的《国务院办公厅关于进一步加大节能减排力度加快

钢铁工业结构调整的若干意见》(国办发〔2010〕34号),明确要求工业和信息化部抓紧牵头制定《钢铁行业生产经营规范条件》,及时公布符合规范条件的企业名单,为有关部门和金融机构促进钢铁企业兼并重组、淘汰落后和扶持优势企业发展等工作提供重要依据。2010年6月21日,工业和信息化部公告发布了《钢铁行业生产经营规范条件》(工原〔2010〕第105号)。2012年9月3日,为适应行政管理体制改革的大方向和增加可操作性,经商有关部门,工业和信息化部又公告了修订后的《钢铁行业规范条件(2012年修订)》(2012年第35号),自2012年10月1日起实施。

规范条件从产品质量、环境保护、能源消耗和资源综合利用、工艺与装备、生产规模、安全卫生和社会责任等6个方面提出了规范要求。这6个方面与现有钢铁企业的生产经营息息相关,既是影响我国钢铁行业结构调整、综合实力提升的主要因素,也是影响社会协调发展的关键环节。

在产品质量方面:要求钢铁企业应具备完备的质量管理体系,产品质量符合国家和行业标准,两年内未发生过重大产品质量事故;对适用于生产许可制度管理的产品,明确需按照《工业品生产许可证管理条例》进行管理。

在环境保护方面:要求钢铁企业须具备健全的环境保护管理体系,配套必要的污染物治理设施。排污须持有排污许可证,达标排放。近两年内未发生重大环境污染事故或重大生态破坏事件。

在能源消耗和资源综合利用方面:要求钢铁企业须具备健全的能源管理体系,配备必要的能源(水)计量器具。有条件的企业应建立能源管理中心。主要生产工序能源消耗应符合《粗钢生产主要工序单位产品能源消耗限额》(GB 21256)和《焦炭单位产品能源消耗限额》(GB 21342)等标准。资源综合利用方面,选取吨钢新水消耗、固体废弃物综合利用率等综合性的主要指标。

在工艺与装备方面:主要从冶炼环节着手,对焦炉、烧结机、球团竖炉、高炉、转炉、电炉的容积或公称容量进行了规定,主要依据是《国务院关于进一步加强淘汰落后产能工作的通知》要求,对落后的工艺装备须明确彻底淘汰。同时要求钢铁企业主体工序须配备节能减排设备。

在生产规模方面:按照规范条件确定的冶炼设备水平,比较科学地确定企业规模水平。同时为促进兼并重组,提高产业集中度,合并后的企业可视为一个企业核定规模。按照以上考虑,明确按2010年企业实际粗钢产量核定生产规模,以防止企业为达到规范条件再扩大产能,继续追求规模扩张,加剧钢铁产能无序增长。

在安全、卫生和社会责任方面:主要依据是《安全生产法》等国家有关安全生产和职业危害防治的法律法规、部门规章及标准，以及企业必须承担的依法纳税、给予职工应得报酬和福利等社会责任。

规范条件发布后，得到了行业的广泛认可。地方政府和钢铁企业、行业协会一致认为规范条件是一种求真务实的行业管理工作，是对现有钢铁企业开展行业管理的新举措，金融系统也以此作为信贷管理的主要参考。规范管理促进企业采用先进工艺技术与装备，增强环保意识，加强技术改造和节能环保投入，提高自主创新能力。有利于充分发挥市场机制的决定性作用，创造公平竞争的市场环境。凡是在中华人民共和国领土上设立的钢铁生产企业，只要符合规范条件均可纳入国家规范管理的范畴，对创建各种所有制钢铁企业平等使用生产要素、公平参与市场竞争、同等受到法律保护的市场环境具有重要意义。

事实证明，钢铁规范工作的开展将社会的关注点从是否“违规”向如何追求提高质量、环保达标、节能减排、安全生产方向转变。近日，国务院发布了政府核准的投资项目目录（2014 年本），这是改革投融资体制，持续推进简政放权的重要体现，再次向社会昭示了党中央国务院摒弃事前审批、加强事中事后监管的改革方向。

三、修订版规范条件在环保方面提高了污染物排放门槛，并进行严格审核

《钢铁行业规范条件》（2012 版）对申报企业须达到的环保标准做了三点明确规定，分别从达标排放、持证排污、总量控制、减排任务、环保设施和环境管理等多个方面设置了详尽的条件。这些条件与国家、地方有关钢铁的环保标准相衔接，符合国家对已有钢铁企业环保管理的相关要求。从文件内容看，《钢铁行业规范条件》（2012 版）对环保的要求并没有降低，实质上更加严格，比如规定：“钢铁企业大气污染物排放须符合《钢铁烧结、球团工业大气污染物排放标准》（GB 28662）、《炼铁工业大气污染物排放标准》（GB 28663）……”五个大气污染物排放标准，上述标准无论在覆盖面、数量、详细程度，还是具体数值要求，都远远高于之前执行的《工业炉窑大气污染物标准》。以炼铁工序为例，按照《钢铁行业规范条件》（2012 版）的要求，须考核颗粒物、氮氧化物、二氧化硫三项标准，而之前只考核烟粉尘浓度这一项，且新标准对颗粒物排放要求从原来的 $100mg/m^3$ 大幅提高到 $50mg/m^3$。此外，《钢铁行业规范条件》（2012 版）对吨钢二氧化硫排放量指标的要求也由之前的 1.8 千克下降到 1.63 千克，同时增加了“近两年内未发生重大环境污染事故或重大生态破坏事件”等贴近企业实际生产运营的条件。不仅如此，在评审申请报

告、现场核查和遴选名单的实际过程中，环保条件也始终作为首要考核因素实行一票否决，凡在评审、核查中或经举报发现达不到环保条件的企业，一律不能入围。

四、规范管理工作对化解产能过剩矛盾、企业规范经营、联合重组、行业管理方面的积极作用已初步显现

自规范条件发布实施以来，工业和信息化部已完成三批钢铁企业的公告工作。目前，规范管理的成效已初步显现。

一是促进了钢铁产能过剩矛盾化解。钢铁产能过剩矛盾是多年来由于各种复杂原因形成的，无论是否开展规范管理工作都是客观存在的，二者并无因果关系。反之，规范管理工作对在建产能有着严格要求，对存有在建产能的企业不予通过。同时，规范管理工作促使多年“潜伏”的钢铁产能浮出水面，摸清了钢铁行业家底，最大限度地消除了钢铁行业管理盲区，从而使化解钢铁产能过剩矛盾以及将来有针对性地制定行业管理政策奠定了基础条件。

二是直接促进了钢铁行业规范经营。通过明确的条件和严格的审核，企业清晰地了解行业规范管理的要求，对自身存在的差距，尽快弥补解决。一批隐藏多年的小烧结、小竖炉、小高炉、小转炉、小电炉、中频炉、横列式轧机等落后的工艺装备被拆除淘汰；拟开工或在建的未经审核的新增产能项目停止建设；料场防风抑尘、烧结烟气脱硫、煤气回收、TRT 发电等环保节能设施得以快速上马；钢铁企业在厂容厂貌的保持、节能环保设施的配置、安全事故的控制、社会责任的承担等方面较以前都有大幅改观。

三是促进了钢铁行业的联合重组。规范条件对普钢企业设定了 2010 年 100 万吨的规模要求，堵死了企业通过项目建设新增产能达到规模条件的途径，但鼓励企业通过联合重组达到规模要求。在此条件的要求下，山东、云南、贵州等地一批企业组建区域性的钢铁集团，注销二级公司的独立法人资格和营业执照，实现实质性的联合重组。

四是促进了相关部门的钢铁行业管理工作。规范条件发布实施，是钢铁行业加强事后监管、弱化事前审批管理思路的具体体现，工业和信息化部在相关部门的支持和配合下，先行一步，客观上，也对项目核准制改革产生了促进作用。

五、规范管理工作“永远在路上”

钢铁行业规范管理是一种事中事后监管手段，不是审批行为，进入规范名

单不代表企业永远规范，不能成为企业的护身符，要有进有出。规范条件明确了要对公告企业名单进行动态管理，公告企业存在不能保持规范条件等情况的将被撤销资格。地方各级工业主管部门要对本地区企业执行规范条件的情况进行监督检查，工业和信息化部对公告企业进行抽查，鼓励社会各界对公告企业规范情况进行监督。工业和信息化部正在着手研究制订《钢铁行业规范管理办法》、《钢铁行业规范实施导则》等配套文件，同时，根据行业发展需要，还将对规范条件不断修订完善。通过上述工作，建立钢铁行业规范管理长效机制，规范管理的效果。

政策篇

· 国务院 ·

国务院关于进一步优化企业兼并重组市场环境的意见

国发〔2014〕14号

各省、自治区、直辖市人民政府，国务院各部委、各直属机构：

兼并重组是企业加强资源整合、实现快速发展、提高竞争力的有效措施，是化解产能严重过剩矛盾、调整优化产业结构、提高发展质量效益的重要途径。近年来，我国企业兼并重组步伐加快，但仍面临审批多、融资难、负担重、服务体系不健全、体制机制不完善、跨地区跨所有制兼并重组困难等问题。为深入贯彻党的十八大和十八届二中、三中全会精神，认真落实党中央和国务院的决策部署，营造良好的市场环境，充分发挥企业在兼并重组中的主体作用，现提出以下意见：

一、主要目标和基本原则

（一）主要目标。

1. 体制机制进一步完善。企业兼并重组相关行政审批事项逐步减少，审批效率不断提高，有利于企业兼并重组的市场体系进一步完善，市场壁垒逐步消除。

2. 政策环境更加优化。有利于企业兼并重组的金融、财税、土地、职工安置等政策进一步完善，企业兼并重组融资难、负担重等问题逐步得到解决，兼并重组服务体系不断健全。

3. 企业兼并重组取得新成效。兼并重组活动日趋活跃，一批企业通过兼并重组焕发活力，有的成长为具有国际竞争力的大企业大集团，产业竞争力进一步增强，资源配置效率显著提高，过剩产能得到化解，产业结构持续优化。

（二）基本原则。

1. 尊重企业主体地位。有效调动企业积极性，由企业自主决策、自愿参与兼并重组，坚持市场化运作，避免违背企业意愿的“拉郎配”。

2. 发挥市场机制作用。发挥市场在资源配置中的决定性作用，加快建立公平开放透明的市场规则，消除企业兼并重组的体制机制障碍，完善统一开放、竞争有序的市场体系。

3. 改善政府的管理和服务。取消限制企业兼并重组和增加企业兼并重组负担的不合理规定，解决企业兼并重组面临的突出问题，引导和激励各种所有制企业自主、自愿参与兼并重组。

二、加快推进审批制度改革

（三）取消下放部分审批事项。系统梳理企业兼并重组涉及的审批事项，缩小审批范围，对市场机制能有效调节的事项，取消相关审批。取消上市公司收购报告书事前审核，强化事后问责。取消上市公司重大资产购买、出售、置换行为审批（构成借壳上市的除外）。对上市公司要约收购义务豁免的部分情形，取消审批。地方国有股东所持上市公司股份的转让，下放地方政府审批。

（四）简化审批程序。优化企业兼并重组相关审批流程，推行并联式审批，避免互为前置条件。实行上市公司并购重组分类审核，对符合条件的企业兼并重组实行快速审核或豁免审核。简化海外并购的外汇管理，改革外汇登记要求，进一步促进投资便利化。优化国内企业境外收购的事前信息报告确认程序，加快办理相关核准手续。提高经营者集中反垄断审查效率。企业兼并重组涉及的生产许可、工商登记、资产权属证明等变更手续，从简限时办理。

三、改善金融服务

（五）优化信贷融资服务。引导商业银行在风险可控的前提下积极稳妥开展并购贷款业务。推动商业银行对兼并重组企业实行综合授信，改善对企业兼并重组的信贷服务。

（六）发挥资本市场作用。符合条件的企业可以通过发行股票、企业债券、非金融企业债务融资工具、可转换债券等方式融资。允许符合条件的企业发行优先股、定向发行可转换债券作为兼并重组支付方式，研究推进定向权证等作为支付方式。鼓励证券公司开展兼并重组融资业务，各类财务投资主体可以通过设立股权投资基金、创业投资基金、产业投资基金、并购基金等形式参与兼并重组。对上市公司发行股份实施兼并事项，不设发行数量下限，兼并非关联企业不再强制要求作出业绩承诺。非上市公众公司兼并重组，不实施全面要约收购制度。改革上市公司兼并重组的股份定价机制，增加定价弹性。非上市公众公司兼并重组，允许实行股份协商定价。

四、落实和完善财税政策

（七）完善企业所得税、土地增值税政策。修订完善兼并重组企业所得税特殊性税务处理的政策，降低收购股权（资产）占被收购企业全部股权（资产）的比例限制，扩大特殊性税务处理政策的适用范围。抓紧研究完善非货币性资产投资交易的企业所得税、企业改制重组涉及的土地增值税等相关政策。

（八）落实增值税、营业税等政策。企业通过合并、分立、出售、置换等方式，转让全部或者部分实物资产以及与其相关联的债权、债务和劳动力的，不属于增值税和营业税征收范围，不应视同销售而征收增值税和营业税。税务部门要加强跟踪管理，企业兼并重组工作牵头部门要积极协助财税部门做好相关税收政策的落实。

（九）加大财政资金投入。中央财政适当增加工业转型升级资金规模，引导实施兼并重组的企业转型升级。利用现有中央财政关闭小企业资金渠道，调整使用范围，帮助实施兼并重组的企业安置职工、转型转产。加大对企业兼并重组公共服务的投入力度。各地要安排资金，按照行政职责，解决本地区企业兼并重组工作中的突出问题。

（十）进一步发挥国有资本经营预算资金的作用。根据企业兼并重组的方向、重点和目标，合理安排国有资本经营预算资金引导国有企业实施兼并重组、做优做强，研究完善相关管理制度，提高资金使用效率。

五、完善土地管理和职工安置政策

（十一）完善土地使用政策。政府土地储备机构有偿收回企业因兼并重组而退出的土地，按规定支付给企业的土地补偿费可以用于企业安置职工、偿还债务等支出。企业兼并重组中涉及因实施城市规划需要搬迁的工业项目，在符合城乡规划及国家产业政策的条件下，市县国土资源管理部门经审核并报同级人民政府批准，可收回原国有土地使用权，并以协议出让或租赁方式为原土地使用权人重新安排工业用地。企业兼并重组涉及土地转让、改变用途的，国土资源、住房城乡建设部门要依法依规加快办理相关用地和规划手续。

（十二）进一步做好职工安置工作。落实完善兼并重组职工安置政策。

实施兼并重组的企业要按照国家有关法律法规及政策规定，做好职工安置工作，妥善处理职工劳动关系。地方各级人民政府要进一步落实促进职工再就业政策，做好职工社会保险关系转移接续，保障职工合法权益。对采取有效措施稳定职工队伍的企业给予稳定岗位补贴，所需资金从失业保险基金中列支。

六、加强产业政策引导

（十三）发挥产业政策作用。提高节能、环保、质量、安全等标准，规范行业准入，形成倒逼机制，引导企业兼并重组。支持企业通过兼并重组压缩过剩产能、淘汰落后产能、促进转型转产。产能严重过剩行业项目建设，须制定产能置换方案，实施等量或减量置换。

（十四）鼓励优强企业兼并重组。推动优势企业强强联合、实施战略性重组，带动中小企业“专精特新”发展，形成优强企业主导、大中小企业协调发展的产业格局。

（十五）引导企业开展跨国并购。落实完善企业跨国并购的相关政策，鼓励具备实力的企业开展跨国并购，在全球范围内优化资源配置。规范企业海外并购秩序，加强竞争合作，推动互利共赢。积极指导企业制定境外并购风险应对预案，防范债务风险。鼓励外资参与我国企业兼并重组。

（十六）加强企业兼并重组后的整合。鼓励企业通过兼并重组优化资金、技术、人才等生产要素配置，实施业务流程再造和技术升级改造，加强管理创新，实现优势互补、做优做强。

七、进一步加强服务和管理

（十七）推进服务体系建设。进一步完善企业兼并重组公共信息服务平台，拓宽信息交流渠道。培育一批业务能力强、服务质量高的中介服务机构，提高关键领域、薄弱环节的服务能力，促进中介服务机构专业化、规范化发展。发挥行业协会在企业兼并重组中的重要作用。

（十八）建立统计监测制度。加强企业兼并重组的统计信息工作，构建企业兼并重组统计指标体系，建立和完善统计调查、监测分析和发布制度。整合行业协会、中介组织等信息资源，畅通统计信息渠道，为企业提供及时有效的信息服务。

（十九）规范企业兼并重组行为。严格依照有关法律法规和政策，保护职工、债权人和投资者的合法权益。完善国有产权转让有关规定，规范国有资产处置，防止国有资产流失。采取切实措施防止企业通过兼并重组逃废银行债务，依法维护金融债权，保障金融机构合法权益。在资本市场上，主板、中小板企业兼并重组构成借壳上市的，要符合首次公开发行条件。加强上市公司和非上市公众公司信息披露，强化事中事后监管，严厉查处内幕交易等违法违规行为。加强外国投资者并购境内企业安全审查，维护国家安全。

八、健全企业兼并重组的体制机制

（二十）完善市场体系建设。深化要素配置市场化改革，进一步完善多层次资本市场体系。加快建立现代企业产权制度，促进产权顺畅流转。加强反垄断和反不正当竞争执法，规范市场竞争秩序，加强市场监管，促进公平竞争和优胜劣汰。行政机关和法律法规授权的具有管理公共事务职责的组织，应严格遵守反垄断法，不得滥用行政权力排除和限制竞争。

（二十一）消除跨地区兼并重组障碍。清理市场分割、地区封锁等限制，加强专项监督检查，落实责任追究制度。加大一般性转移支付力度，平衡地区间利益关系。落实跨地区机构企业所得税分配政策，协调解决企业兼并重组跨地区利益分享问题，解决跨地区被兼并企业的统计归属问题。

（二十二）放宽民营资本市场准入。向民营资本开放非明确禁止进入的行业和领域。推动企业股份制改造，发展混合所有制经济，支持国有企业母公司通过出让股份、增资扩股、合资合作引入民营资本。加快垄断行业改革，向民营资本开放垄断行业的竞争性业务领域。优势企业不得利用垄断力量限制民营企业参与市场竞争。

（二十三）深化国有企业改革。深入推进国有企业产权多元化改革，完善公司治理结构。改革国有企业负责人任免、评价、激励和约束机制，完善国有企业兼并重组考核评价体系。加大国有企业内部资源整合力度，推动国有资本更多投向关系国家安全、国民经济命脉的重要行业和关键领域。

九、切实抓好组织实施

（二十四）进一步加大统筹协调力度。充分发挥企业兼并重组工作部际协调小组的作用，解决跨地区跨所有制企业兼并重组和跨国并购中的重大问题，做好重大部署的落实，组织开展政策执行情况评估和监督检查。各有关部门要按照职责分工抓紧制定出台配套政策措施，加强协调配合，完善工作机制，扎实推进各项工作。

（二十五）切实加强组织领导。各地区要按照本意见要求，结合当地实际抓紧制定优化企业兼并重组市场环境的具体方案，建立健全协调机制和服务体系，积极协调解决本地区企业兼并重组中遇到的问题，确保各项政策措施落到实处，有关重大事项及时报告企业兼并重组工作部际协调小组。

国务院

2014 年 3 月 7 日

（此件有删减）

国务院关于促进市场公平竞争维护市场正常秩序的若干意见

国发〔2014〕20号

各省、自治区、直辖市人民政府，国务院各部委、各直属机构：

按照《中共中央关于全面深化改革若干重大问题的决定》精神、国务院机构改革和职能转变要求，现就完善市场监管体系，促进市场公平竞争，维护市场正常秩序提出以下意见。

一、总体要求

（一）指导思想。

以邓小平理论、“三个代表”重要思想、科学发展观为指导，深入学习领会党的十八大、十八届二中、三中全会精神，贯彻落实党中央和国务院的各项决策部署，围绕使市场在资源配置中起决定性作用和更好发挥政府作用，着力解决市场体系不完善、政府干预过多和监管不到位问题，坚持放管并重，实行宽进严管，激发市场主体活力，平等保护各类市场主体合法权益，维护公平竞争的市场秩序，促进经济社会持续健康发展。

（二）基本原则。

简政放权。充分发挥市场在资源配置中的决定性作用，把该放的权力放开放到位，降低准入门槛，促进就业创业。法不禁止的，市场主体即可为；法未授权的，政府部门不能为。

依法监管。更好发挥政府作用，坚持运用法治思维和法治方式履行市场监管职能，加强事中事后监管，推进市场监管制度化、规范化、程序化，建设法治化市场环境。

公正透明。各类市场主体权利平等、机会平等、规则平等，政府监管标准公开、程序公开、结果公开，保障市场主体和社会公众的知情权、参与权、监督权。

权责一致。科学划分各级政府及其部门市场监管职责；法有规定的，政府部门必须为。建立健全监管制度，落实市场主体行为规范责任、部门市场监管责任和属地政府领导责任。

社会共治。充分发挥法律法规的规范作用、行业组织的自律作用、舆论和社会公众的监督作用，实现社会共同治理，推动市场主体自我约束、诚信经营。

（三）总体目标。

立足于促进企业自主经营、公平竞争，消费者自由选择、自主消费，商品和要素自由流动、平等交换，建设统一开放、竞争有序、诚信守法、监管有力的现代市场体系，加快形成权责明确、公平公正、透明高效、法治保障的市场监管格局，到2020年建成体制比较成熟、制度更加定型的市场监管体系。

二、放宽市场准入

凡是市场主体基于自愿的投资经营和民商事行为，只要不属于法律法规禁止进入的领域，不损害第三方利益、社会公共利益和国家安全，政府不得限制进入。

（四）改革市场准入制度。制定市场准入负面清单，国务院以清单方式明确列出禁止和限制投资经营的行业、领域、业务等，清单以外的，各类市场主体皆可依法平等进入；地方政府需进行个别调整的，由省级政府报经国务院批准。（发展改革委、商务部牵头负责）改革工商登记制度，推进工商注册制度便利化，大力减少前置审批，由先证后照改为先照后证。（工商总局、中央编办牵头负责）简化手续，缩短时限，鼓励探索实行工商营业执照、组织机构代码证和税务登记证“三证合一”登记制度。（县级以上地方各级人民政府负责）完善节能节地节水、环境、技术、安全等市场准入标准。探索对外商投资实行准入前国民待遇加负面清单的管理模式。（发展改革委、商务部牵头负责）

（五）大力减少行政审批事项。投资审批、生产经营活动审批、资质资格许可和认定、评比达标表彰、评估等，要严格按照行政许可法和国务院规定的程序设定；凡违反规定程序设定的应一律取消。（中央编办、法制办、人力资源社会保障部牵头负责）放开竞争性环节价格。（发展改革委牵头负责）省级人民政府设定临时性的行政许可，要严格限定在控制危险、配置有限公共资源和提供特定信誉、身份、证明的事项，并须依照法定程序设定。（省级人民政府负责）对现有行政审批前置环节的技术审查、评估、鉴证、咨询等有偿中介服务事项进行全面清理，能取消的尽快予以取消；确需保留的，要规范时限和收费，并向社会公示。（中央编办、发展改革委、财政部负责）建立健全政务中心和网上办事大厅，集中办理行政审批，实行一个部门一个窗口对外，一级地方政府“一站式”服务，减少环节，提高效率。（县级以上地方各级人民政府负责）

（六）禁止变相审批。严禁违法设定行政许可、增加行政许可条件和程序；严禁以备案、登记、注册、年检、监制、认定、认证、审定、指定、配号、换证等形式或者以非行政许可审批名义变相设定行政许可；严禁借实施行政审批变相收费或者违法设定收费项目；严禁将属于行政审批的事项转为中介服务事项，搞变相审批、有偿服务；严禁以加强事中事后监管为名，变相恢复、上收已取消和下放的行政审批项目。（中央编办、发展改革委、财政部、法制办按职责分工分别负责）

（七）打破地区封锁和行业垄断。对各级政府和部门涉及市场准入、经营行为规范的法规、规章和规定进行全面清理，废除妨碍全国统一市场和公平竞争的规定和做法，纠正违反法律法规实行优惠政策招商的行为，纠正违反法律法规对外地产品或者服务设定歧视性准入条件及收费项目、规定歧视性价格及购买指定的产品、服务等行为。（发展改革委、财政部、商务部牵头负责）对公用事业和重要公共基础设施领域实行特许经营等方式，引入竞争机制，放开自然垄断行业竞争性业务。（发展改革委牵头负责）

（八）完善市场退出机制。对于违反法律法规禁止性规定的市场主体，对于达不到节能环保、安全生产、食品、药品、工程质量等强制性标准的市场主体，应当依法予以取缔，吊销相关证照。（各相关市场监管部门按职责分工分别负责）严格执行上市公司退市制度，完善企业破产制度，优化破产重整、和解、托管、清算等规则和程序，强化债务人的破产清算义务，推行竞争性选任破产管理人的办法，探索对资产数额不大、经营地域不广或者特定小微企业实行简易破产程序。（证监会、法制办按职责分工分别负责）简化和完善企业注销流程，试行对个体工商户、未开业企业以及无债权债务企业实行简易注销程序。（工商总局负责）严格执行金融、食品药品、安全生产、新闻出版等领域违法人员从业禁止规定。抓紧制订试行儿童老年用品及交通运输、建筑工程等领域违法人员从业禁止规定。（人民银行、银监会、证监会、保监会、食品药品监管总局、安全监管总局、新闻出版广电总局、质检总局、交通运输部、住房城乡建设部等部门按职责分工分别负责）

三、强化市场行为监管

依法规范生产、经营、交易等市场行为，创新监管方式，保障公平竞争，促进诚信守法，维护市场秩序。

（九）强化生产经营者主体责任。国务院有关部门要抓紧推动制修订有关条例，完善消费环节经营者首问和赔偿先付制度，建立企业产品和服务标准自我声明公开和监督制度，建立消费品生产经营企业产品安全事故强制报告制度，修订缺陷产品强制召回制度，建立生态环境损害责任制度，提请国务院审议。（工商总局、质检总局、食品药品监管总局、环境保护部、林业局、法制办按职责分工分别负责）试行扩大食品药品、生态环境、安全生产等领域的责任保险，形成风险分担的社会救济机制和专业组织评估、监控风险的市场监督机制。（保监会牵头负责）

（十）强化依据标准监管。加快推动修订标准化法，推进强制性标准体系改革，强化国家强制性标准管理。（质检总局牵头负责）强制性标准严格限定在保障人身健康和生命财产安全、国家安全、生态环境安全的范围。市场主体须严格执行强制性标准，市场监管部门须依据强制性标准严格监管执法。（各相关市场监管部门按职责分工分别负责）

（十一）严厉惩处垄断行为和不正当竞争行为。依照反垄断法、反不正当竞争法、价格法的有关规定，严肃查处损害竞争、损害消费者权益以及妨碍创新和技术进步的垄断协议、滥用市场支配地位行为；加大经营者集中反垄断审查力度，有效防范通过并购获取垄断地位并损害市场竞争的行为；改革自然垄断行业监管办法，强化垄断环节监管。严厉查处仿冒名牌、虚假宣传、价格欺诈、商业贿赂、违法有奖销售、商业诋毁、销售无合法进口证明商品等不正当竞争行为；依法保护各类知识产权，鼓励技术创新，打击侵犯知识产权和制售假冒伪劣商品的行为。（商务部、发展改革委、工商总局、知识产权局等部门按职责分工分别负责）

（十二）强化风险管理。加强对市场行为的风险监测分析，加快建立对高危行业、重点工程、重要商品及生产资料、重点领域的风险评估指标体系、风险监测预警和跟踪制度、风险管理防控联动机制。（各相关市场监管部门按职责分工分别负责）完善区域产品质量和生产安全风险警示制度。（质检总局、工商总局、安全监管总局按职责分工分别负责）依据风险程度，加强对发生事故概率高、损失重大的环节和领域的监管，防范区域性、行业性和系统性风险。（各相关市场监管部门按职责分工分别负责）

（十三）广泛运用科技手段实施监管。充分利用信息网络技术实现在线即时监督监测，加强非现场监管执法。充分运用移动执法、电子案卷等手段，提高执法效能。（工商总局、质检总局、安全监管总局、食品药品监管总局、环境保护部、文化部、海关总署等部门按职责分工分别负责）利用物联网建设重要产品等追溯体系，形成“来源可查、去向可追、责任可究”的信息链条。（商务部牵头负责）加快完善认定电子签名法律效力的机制。（工业和信息化部、法制办牵头负责）

四、夯实监管信用基础

运用信息公示、信息共享和信用约束等手段，营造诚实、自律、守信、互信的社会信用环境，促进各类市场主体守合同、重信用。

（十四）加快市场主体信用信息平台建设。完善市场主体信用信息记录，建立信用信息档案和交换共享机制。逐步建立包括金融、工商登记、税收缴纳、社保缴费、交通违章、统计等所有信用信息类别、覆盖全部信用主体的全国统一信用信息网络平台。推进信用标准化建设，建立以公民身份号码和组织机构代码为基础的统一社会信用代码制度，完善信用信息征集、存储、共享与应用等环节的制度，推动地方、行业信用信息系统建设及互联互通，构建市场主体信用信息公示系统，强化对市场主体的信用监管。（发展改革委、人民银行牵头负责）

（十五）建立健全守信激励和失信惩戒机制。将市场主体的信用信息作为实施行政管理的重要参考。根据市场主体信用状况实行分类分级、动态监管，建立健全经营异常名录制度，对违背市场竞争原则和侵犯消费者、劳动者合法权益的市场主体建立“黑名单”制度。（工商总局牵头负责）对守信主体予以支持和激励，对失信主体在经营、投融资、取得政府供应土地、进出口、出入境、注册新公司、工程招投标、政府采购、获得荣誉、安全许可、生产许可、从业任职资格、资质审核等方面依法予以限制或禁止，对严重违法失信主体实行市场禁入制度。（各相关市场监管部门按职责分工分别负责）

（十六）积极促进信用信息的社会运用。在保护涉及公共安全、商业秘密和个人隐私等信息的基础上，依法公开在行政管理中掌握的信用信息。拓宽信用信息查询渠道，为公众查询市场主体基础信用信息和违法违规信息提供便捷高效的服务。依法规范信用服务市场，培育和发展社会信用服务机构，推动建立个人信息和隐私保护的法律制度，加强对信用服务机构和人员的监督管理。（发展改革委、人民银行牵头负责）

五、改进市场监管执法

创新执法方式，强化执法监督和行政问责，确保依法执法、公正执法、文明执法。

（十七）严格依法履行职责。行政机关均须在宪法和法律范围内活动，依照法定权限和程序行使权力、履行职责。没有法律、法规、规章依据，市场监管部门不得作出影响市场主体权益或增加其义务的决定；市场监管部门参与民事活动，要依法行使权利、履行义务、承担责任。（各相关市场监管部门按职责分工分别负责）

（十八）规范市场执法行为。建立科学监管的规则和方法，完善以随机抽查为重点的日常监督检查制度，优化细化执法工作流程，确保程序正义，切实解决不执法、乱执法、执法扰民等问题。（工商总局、质检总局、安全监管总局、食品药品监管总局、环境保护部等部门按职责分工分别负责）完善行政执法程序和制度建设，健全市场监管部门内部案件调查与行政处罚决定相对分离制度，规范执法行为，落实行政执法责任制。建立行政执法自由裁量基准制度，细化、量化行政裁量权，公开裁量范围、种类和幅度，严格限定和合理规范裁量权的行使。行政执法过程中，要尊重公民合法权益，不得粗暴对待当事人，不得侵害其人格尊严，积极推行行政指导、行政合同、行政奖励及行政和解等非强制手段，维护当事人的合法权益。（各相关市场监管部门按职责分工分别负责）推进监管执法职能与技术检验检测职能相对分离，技术检验检测机构不再承担执法职能。（中央编办、质检总局牵头负责）

（十九）公开市场监管执法信息。推行地方各级政府及其市场监管部门权力清单制度，依法公开权力运行流程。公示行政审批事项目录，公开审批依据、程序、申报条件等。（中央编办牵头负责）依法公开监测、抽检和监管执法的依据、内容、标准、程序和结果。除法律法规另有规定外，市场监管部门适用一般程序作出行政处罚决定或者处罚决定变更之日起20个工作日内，公开执法案件主体信息、案由、处罚依据及处罚结果，提高执法透明度和公信力。建立健全信息公开内部审核机制、档案管理等制度。（各相关市场监管部门按职责分工分别负责）

（二十）强化执法考核和行政问责。加强执法评议考核，督促和约束各级政府及其市场监管部门切实履行职责。（县级以上地方各级人民政府负责）综合运用监察、审计、行政复议等方式，加强对行政机关不作为、乱作为、以罚代管等违法违规行为的监督。对市场监管部门及其工作人员未按强制性标准严格监管执法造成损失的，要依法追究责任；对市场监管部门没有及时发现、制止而引发系统性风险的，对地方政府长期不能制止而引发区域性风险的，要依法追究有关行政监管部门直至政府行政首长的责任。因过错导致监管不到位造成食品药品安全、生态环境安全、生产安全等领域事故的，要倒查追责，做到有案必查，有错必究，有责必追。不顾生态环境盲目决策，造成严重后果的领导干部，要终身追究责任。（监察部、审计署、法制办按职责分工分别负责）

六、改革监管执法体制

整合优化执法资源，减少执法层级，健全协作机制，提高监管效能。

（二十一）解决多头执法。整合规范市场监管执法主体，推进城市管理、文化等领域跨部门、跨行业综合执法，相对集中执法权。市场监管部门直接承担执法职责，原则上不另设具有独立法人资格的执法队伍。一个部门设有多支执法队伍的，业务相近的应当整合为一支队伍；不同部门下设的职责任务相近或相似的执法队伍，逐步整合为一支队伍。清理取消没有法律法规依据、违反机构编制管理规定的执法队伍。（中央编办牵头负责）

（二十二）消除多层重复执法。对反垄断、商品进出口、外资国家安全审查等关系全国统一市场规则和管理的事项，实行中央政府统一监管。对食品安全、商贸服务等实行分级管理的事项，要厘清不同层级政府及其部门的监管职责，原则上实行属地管理，由市县政府负责监管。要加强食品药品、安全生产、环境保护、劳动保障、海域海岛等重点领域基层执法力量。由基层监管的事项，中央政府和省、自治区政府市场监管部门，主要行使市场执法监督指导、协调跨区域执法和重大案件查处职责，原则上不设具有独立法人资格的执法队伍。设区的市，市级部门承担执法职责并设立执法队伍的，区本级不设执法队伍；区级部门承担执法职责并设立执法队伍的，市本级不设执法队伍。加快县级政府市场监管体制改革，探索综合设置市场监管机构，原则上不另设执法队伍。乡镇政府（街道）在没有市场执法权的领域，发现市场违法违规行为应及时向上级报告。经济发达、城镇化水平较高的乡镇，根据需要和条件可通过法定程序行使部分市场执法权。（中央编办牵头负责）

（二十三）规范和完善监管执法协作配合机制。完善市场监管部门间各司其职、各负其责、相互配合、齐抓共管的工作机制。制定部门间监管执法信息共享标准，打破“信息孤岛”，实现信息资源开放共享、互联互通。（商务部牵头负责）建立健全跨部门、跨区域执法协作联动机制。（各相关市场监管部门按职责分工分别负责）对未经依法许可的生产经营行为，工商行政管理部门和负责市场准入许可的部门要及时依法查处，直至吊销营业执照。（工商总局、负责市场准入许可的部门按职责分工分别负责）

（二十四）做好市场监管执法与司法的衔接。完善案件移送标准和程序，细化并严格执行执法协作相关规定。（各相关市场监管部门按职责分工分别负责）建立市场监管部门、公安机关、检察机关间案情通报机制。市场监管部门发现违法行为涉嫌犯罪的，应当依法移送公安机关并抄送同级检察机关，不得以罚代刑。公安机关作出立案决定的，应当书面通知移送案件的市场监管部门，不立案或者撤销案件决定的，应当书面说明理由，同时通报同级检察机关。公安机关发现违法行为，认为不需要追究刑事责任但依法应当作出行政处理的，要及时将案件移送市场监管部门。（公安部牵头负责）市场监管部门须履行人民法院的生效裁定和判决。对当事人不履行行政决定的，市场监管部门依法强制执行或者向人民法院申请强制执行。（各相关市场监管部门按职责分工分别负责）

七、健全社会监督机制

充分发挥社会力量在市场监管中的作用，调动一切积极因素，促进市场自我管理、自我规范、自我净化。

（二十五）发挥行业协会商会的自律作用。推动行业协会商会建立健全行业经营自律规范、自律公约和职业道德准则，规范会员行为。鼓励行业协会商会制定发布产品和服务标准，参与制定国家标准、行业规划和政策法规。支持有关组织依法提起公益诉讼，进行专业调解。加强行业协会商会自身建设，增强参与市场监管的能力。（民政部牵头负责）限期实现行政机关与行业协会商会在人员、财务资产、职能、办公场所等方面真正脱钩。探索一业多会，引入竞争机制。（发展改革委、民政部牵头负责）加快转移适合由行业协会商会承担的职能，同时加强管理，引导其依法开展活动。（民政部、中央编办牵头负责）

（二十六）发挥市场专业化服务组织的监督作用。支持会计师事务所、税务师事务所、律师事务所、资产评估机构等依法对企业财务、纳税情况、资本验资、交易行为等真实性合法性进行鉴证，依法对上市公司信息披露进行核查把关。（财政部牵头负责）推进检验检测认证机构与政府脱钩、转制为企业或社会组织的改革，推进检验检测认证机构整合，有序放开检验检测认证市场，促进第三方检验检测认证机构发展。（中央编办、质检总局牵头负责）推进公证管理体制改革。（司法部负责）加快发展市场中介组织，推进从事行政审批前置中介服务的市场中介组织在人、财、物等方面与行政机关或者挂靠事业单位脱钩改制。建立健全市场专业化服务机构监管制度。（发展改革委、财政部牵头负责）

（二十七）发挥公众和舆论的监督作用。健全公众参与监督的激励机制，完善有奖举报制度，依法为举报人保密。（各相关市场监管部门按职责分工分别负责）发挥消费者组织调处消费纠纷的作用，提升维权成效。（工商总局牵头负责）落实领导干部接待群众来访制度，健全信访举报工作机制，畅通信访渠道。（信访局牵头负责）整合优化各职能部门的投诉举报平台功能，逐步建设统一便民高效的消费投诉、经济违法行为举报和行政效能投诉平台，实现统一接听、按责转办、限时办结，统一督办，统一考核。（县级以上地方各级人民政府负责）强化舆论监督，曝光典型案件，震慑违法犯罪行为，提高公众认知和防范能力。新闻媒体要严守职业道德，把握正确导向，重视社会效果。严惩以有偿新闻恶意中伤生产经营者、欺骗消费者的行为。（新闻出版广电总局牵头负责）对群众举报投诉、新闻媒体反映的问题，市场监管部门要认真调查核实，及时依法作出处理，并向社会公布处理结果。（各相关市场监管部门按职责分工分别负责）

八、完善监管执法保障

加强制度建设，强化执法能力保障，确保市场监管有法可依、执法必严、清正廉洁、公正为民。

（二十八）及时完善相关法律规范。根据市场监管实际需要和市场变化情况，及时修订完善相关法律法规。梳理取消和下放行政审批项目、加强后续监管措施涉及的法律法规、规章和规范性文件，提出法律修改、废止建议，修改或者废止有关法规、规章和规范性文件。研究技术标准、信用信息和信用报告、备案报告等政府管理方式的适用规则。完善市场监管规范性文件合法性审查机制，健全法规、规章和规范性文件备案审查制度。健全行政复议案件审理机制，推动扩大行政诉讼受案范围。（法制办、各相关市场监管部门按职责分工分别负责）

（二十九）健全法律责任制度。调整食品药品、生态环境、安全生产、劳动保障等领域现行法律制度中罚款等法律责任的规定，探索按日计罚等法律责任形式。扩大市场监管法律制度中惩罚性赔偿的适用范围，依法大幅度提高赔偿倍数。强化专业化服务组织的连带责任。健全行政补偿和赔偿制度，当发生市场监管部门及其工作人员行使职权损害相对人合法权益时，须履行补偿或赔偿责任。（各相关市场监管部门、法制办按职责分工分别负责）

（三十）加强执法队伍建设。在财政供养人员总量不增加的前提下，盘活存量、优化结构，完善待遇、选拔任用等激励保障制度，推动执法力量向基层和一线倾斜。加强执法人员专业培训和业务考核，配备必要的执法装备，提高执法人员综合素质和能力水平。（财政部、人力资源社会保障部、中央编办按职责分工分别负责）全面落实财政保障执法经费制度，市场监管工作经费和能力建设经费全部纳入各级财政预算予以保障，确保监管执法人员工资足额发放。严格执行“收支两条线”制度，严禁下达罚款任务，严禁收费罚没收入按比例返还等与部门利益挂钩或者变相挂钩。（财政部牵头负责）

九、加强组织领导

促进市场公平竞争，完善市场监管体系是一项系统工程，各地区各部门要高度重视、统一思想、狠抓落实，力求取得实效。

（三十一）加强领导，明确分工。各地区各部门要深刻认识完善市场监管体系工作的重大意义，认真落实本意见提出的各项措施和要求。各级人民政府要建立健全市场监管体系建设的领导和协调机制，加强统筹协调、督促落实，明确部门分工任务。各地区各部门要按照职责分工，结合本地区本部门实际，研究出台具体方案和实施办法，细化实化监管措施，落实和强化监管责任。加强新闻宣传和舆论引导，确保市场运行平稳有序。

（三十二）联系实际，突出重点。要把人民群众反映强烈、关系人民群众身体健康和生命财产安全、对经济社会发展可能造成大的危害的问题放在突出位置，着力加强对重点区域、重点领域、重点环节和重点产品的监管，切实解决食品药品、生态环境、安全生产、金融服务、网络信息、电子商务、房地产等领域扰乱市场秩序、侵害消费者合法权益的问题。

（三十三）加强督查，务求实效。各地区各部门要加强对本意见落实工作的监督检查，推动市场监管体系建设，促进市场公平竞争，维护市场正常秩序。国务院办公厅负责对本意见落实工作的统筹协调、跟踪了解、督促检查，确保各项任务和措施落实到位。

国务院

2014 年 6 月 4 日

（此件公开发布）

国务院关于加快发展生产性服务业促进产业结构调整升级的指导意见

国发〔2014〕26号

各省、自治区、直辖市人民政府，国务院各部委、各直属机构：

国务院高度重视服务业发展。近年来陆续出台了家庭、养老、健康、文化创意等生活性服务业发展指导意见，服务供给规模和质量水平明显提高。与此同时，生产性服务业发展相对滞后、水平不高、结构不合理等问题突出，亟待加快发展。生产性服务业涉及农业、工业等产业的多个环节，具有专业性强、创新活跃、产业融合度高、带动作用显著等特点，是全球产业竞争的战略制高点。加快发展生产性服务业，是向结构调整要动力、促进经济稳定增长的重大措施，既可以有效激发内需潜力、带动扩大社会就业、持续改善人民生活，也有利于引领产业向价值链高端提升。为加快重点领域生产性服务业发展，进一步推动产业结构调整升级，现提出以下意见。

一、总体要求

（一）指导思想

以邓小平理论、“三个代表”重要思想、科学发展观为指导，深入贯彻党的十八大和十八届二中、三中全会精神，全面落实党中央、国务院各项决策部署，科学规划布局，放宽市场准入，完善行业标准，创造环境条件，加快生产性服务业创新发展，实现服务业与农业、工业等在更高水平上有机融合，推动我国产业结构优化调整，促进经济提质增效升级。

（二）基本原则

坚持市场主导。处理好政府和市场的关系，使市场在资源配置中起决定性作用和更好发挥政府作用，鼓励和支持各种所有制企业根据市场需求，积极发展生产性服务业。

坚持突出重点。以显著提升产业发展整体素质和产品附加值为重点，围绕全产业链的整合优化，充分发挥生产性服务业在研发设计、流程优化、市场营销、物流配送、节能降耗等方面的引领带动作用。

坚持创新驱动。建立与国际接轨的专业化生产性服务业体系，推动云计算、大数据、物联网等在生产性服务业的应用，鼓励企业开展科技创新、产品创新、管理创新、市场创新和商业模式创新，发展新兴生产性服务业态。

坚持集聚发展。适应中国特色新型工业化、信息化、城镇化、农业现代化发展趋势，深入实施区域发展总体战略和主体功能区战略，因地制宜引导生产性服务业在中心城市、制造业集中区域、现代农业产业基地以及有条件的城镇等区域集聚，实现规模效益和特色发展。

二、发展导向

以产业转型升级需求为导向，进一步加快生产性服务业发展，引导企业进一步打破“大而全”、“小而全”的格局，分离和外包非核心业务，向价值链高端延伸，促进我国产业逐步由生产制造型向生产服务型转变。

（一）鼓励企业向价值链高端发展

鼓励农业企业和涉农服务机构重点围绕提高科技创新和推广应用能力，加快推进现代种业发展，完善农副产品流通体系。鼓励有能力的工业企业重点围绕提高研发创新和系统集成能力，发展市场调研、产品设计、技术开发、工程总包和系统控制等业务。加快发展专业化设计及相关定制、加工服务，建立健全重大技术装备第三方认证制度。促进专利技术运用和创新成果转化，健全研发设计、试验验证、运行维护和技术产品标准等体系。重点围绕市场营销和品牌服务，发展现代销售体系，增强产业链上下游企业协同能力。强化期货、现货交易平台功能。鼓励分期付款等消费金融服务方式。推进仓储物流、维修维护和回收利用等专业服务的发展。

（二）推进农业生产和工业制造现代化

搭建各类农业生产服务平台，加强政策法律咨询、市场信息、病虫害防治、测土配方施肥、种养过程监控等服务。健全农业生产资料配送网络，鼓励开展农机跨区作业、承包作业、机具租赁和维修服务。推进面向产业集群和中小企业的基础工艺、基础材料、基础元器件研发和系统集成以及生产、检测、计量等专业化公共服务平台建设，鼓励开展工程项目、工业设计、产品技术研发和检验检测、工艺诊断、流程优化再造、技能培训等服务外包，整合优化生产服务系统。发展技术支持和设备监理、保养、维修、改造、备品备件等专业化服务，提高设备运行质量。鼓励制造业与相关产业协同处置工业“三废”及社会废弃物，发展节能减排投融资、清洁生产审核及咨询等节能环保服务。

（三）加快生产制造与信息技术服务融合

支持农业生产的信息技术服务创新和应用，发展农作物良种繁育、农业生产动态监测、环境监控等信息技术服务，建立健全农产品质量安全可追溯体系。鼓励将数字技术和智能制造技术广泛应用于产品设计和制造过程，丰富产品功能，提高产品性能。运用互联网、大数据等信息技术，积极发展定制生产，满足多样化、个性化消费需求。促进智能终端与应用服务相融合、数字产品与内容服务相结合，推动产品创新，拓展服务领域。发展服务于产业集群的电子商务、数字内容、数据托管、技术推广、管理咨询等服务平台，提高资源配置效率。

三、主要任务

现阶段，我国生产性服务业重点发展研发设计、第三方物流、融资租赁、信息技术服务、节能环保服务、检验检测认证、电子商务、商务咨询、服务外包、售后服务、人力资源服务和品牌建设。

（一）研发设计

积极开展研发设计服务，加强新材料、新产品、新工艺的研发和推广应用。大力发展工业设计，培育企业品牌、丰富产品品种、提高附加值。促进工业设计向高端综合设计服务转变。支持研发体现中国文化要素的设计产品。整合现有资源，发挥企业创新主体作用，推进产学研用合作，加快创新成果产业化步伐。鼓励建立专业化、开放型的工业设计企业和工业设计服务中心，促进工业企业与工业设计企业合作。完善知识产权交易和中介服务体系，发展研发设计交易市场。开展面向生产性服务业企业的知识产权培训、专利运营、分析评议、专利代理和专利预警等服务。建立主要由市场评价创新成果的机制，加快研发设计创新转化为现实生产力。

（二）第三方物流

优化物流企业供应链管理服务，提高物流企业配送的信息化、智能化、精准化水平，推广企业零库存管理等现代企业管理模式。加强核心技术开发，发展连锁配送等现代经营方式，重点推进云计算、物联网、北斗导航及地理信息等技术在物流智能化管理方面的应用。引导企业剥离物流业务，积极发展专业化、社会化的大型物流企业。完善物流建设和服务标准，引导物流设施资源集聚集约发展，培育一批具有较强服务能力的生产服务型物流园区和配送中心。加强综合性、专业性物流公共信息平台和货物配载中心建设，衔接货物信息，匹配运载工具，提高物流企业运输工具利用效率，降低运输车辆空驶率。提高物流行业标准化设施、设备和器具应用水平以及托盘标准化水平。继续推进制造业与物流业联动发展示范工作和快递服务制造业工作，加强仓储、冷链物流服务。大力发展铁水联运、江海直达、滚装运输、道路货物甩挂运输等运输方式，推进货运汽车（挂车）、列车标准国际化。优化城市配送网络，鼓励统一配送和共同配送。推动城市配送车辆标准化、标识化，建立健全配送车辆运力调控机制，完善配送车辆便利通行措施。在关系民生的农产品、药品、快速消费品等重点领域开展标准化托盘循环共用示范试点。完善农村物流服务体系，加强产销衔接，扩大农超对接规模，加快农产品批发和零售市场改造升级，拓展农产品加工服务。

（三）融资租赁

建立完善融资租赁业运营服务和管理信息系统，丰富租赁方式，提升专业水平，形成融资渠道多样、集约发展、监管有效、法律体系健全的融资租赁服务体系。大力推广大型制造设备、施工设备、运输工具、生产线等融资租赁服务，鼓励融资租赁企业支持中小微企业发展。引导企业利用融资租赁方式，进行设备更新和技术改造。鼓励采用融资租赁方式开拓国际市场。紧密联系产业需求，积极开展租赁业务创新和制度创新，拓展厂商租赁的业务范围。引导租赁服务企业加强与商业银行、保险、信托等金融机构合作，充分利用境外资金，多渠道拓展融资空间，实现规模化经营。建设程序标准化、管理规范化、运转高效的租赁物与二手设备流通市场，建立和完善租赁物公示、查询系统和融资租赁资产退出机制。加快研究制定融资租赁行业的法律法规。充分发挥行业协会作用，加强信用体系建设和行业自律。建立系统性行业风险防范机制，以及融资租赁业统计制度和评价指标体系。

（四）信息技术服务

发展涉及网络新应用的信息技术服务，积极运用云计算、物联网等信息技术，推动制造业的智能化、柔性化和服务化，促进定制生产等模式创新发展。加快面向工业重点行业的知识库建设，创新面向专业领域的信息服务方式，提升服务能力。加强相关软件研发，提高信息技术咨询设计、集成实施、运行维护、测试评估和信息安全服务水平，面向工业行业应用提供系统解决方案，促进工业生产业务流程再造和优化。推动工业企业与软件提供商、信息服务提供商联合提升企业生产经营管理全过程的数字化水平。支持工业企业所属信息服务机构面向行业和社会提供专业化服务。加快农村互联网基础设施建设，推进信息进村入户。

（五）节能环保服务

健全节能环保法规和标准体系，增强节能环保指标的刚性约束，严格落实奖惩措施。大力发展节能减排投融资、能源审计、清洁生产审核、工程咨询、节能环保产品认证、节能评估等第三方节能环保服务体系。规范引导建材、冶金、能源企业协同开展城市及产业废弃物的资源化处理，建立交易市场。鼓励结合改善环境质量和治理污染的需要，开展环保服务活动。发展系统设计、成套设备、工程施工、调试运行和维护管理等环保服务总承包。鼓励大型重点用能单位依托自身技术优势和管理经验，开展专业化节能环保服务。推广合同能源管理，建设“一站式”合同能源管理综合服务平台，积极探索节能量市场化交易。建设再生资源回收体系和废弃物逆向物流交易平台。积极发展再制造专业技术服务，建立再制造旧件回收、产品营销、溯源等信息化管理系统。推行环境污染第三方治理。

（六）检验检测认证

加快发展第三方检验检测认证服务，鼓励不同所有制检验检测认证机构平等参与市场竞争，不断增强权威性和公信力，为提高产品质量提供有力的支持保障服务。加强计量、检测技术、检测装备研发等基础能力建设，发展面向设计开发、生产制造、售后服务全过程的分析、测试、计量、检验等服务。建设一批国家产业计量测试中心，构建国家产业计量测试服务体系。加强先进重大装备、新材料、新能源汽车等领域的第三方检验检测服务，加快发展药品检验检测、医疗器械检验、进出口检验检疫、农产品质量安全检验检测、食品安全检验检测等服务，发展在线检测，完善检验检测认证服务体系。开拓电子商务等服务认证领域。优化资源配置，引导检验检测认证机构集聚发展，推进整合业务相同或相近的检验检测认证机构。积极参与制定国际检验检测标准，开展检验检测认证结果和技术能力国际互认。培育一批技术能力强、服务水平高、规模效益好、具有一定国际影响力的检验检测认证集团。加大生产性服务业标准的推广应用力度，深化国家级服务业标准化试点。

（七）电子商务

深化大中型企业电子商务应用，促进大宗原材料网上交易、工业产品网上定制、上下游关联企业业务协同发展，创新组织结构和经营模式。引导小微企业依托第三方电子商务服务平台开展业务。抓紧研究制定鼓励电子商务创新发展的意见。深化电子商务服务集成创新。加快并规范集交易、电子认证、在线支付、物流、信用评估等服务于一体的第三方电子商务综合服务平台发展。加快推进适应电子合同、电子发票和电子签名发展的制度建设。建设开放式电子商务快递配送信息平台和社会化仓储设施网络，加快布局、规范建设快件处理中心和航空、陆运集散中心。鼓励对现有商业设施、邮政便民服务设施等的整合利用，加强共同配送末端网点建设，推动社区商业电子商务发展。深入推进国家电子商务示范城市、示范基地和示范企业建设，发展电子商务可信交易保障、交易纠纷处理等服务。建立健全促进电子商务发展的工作保障机制。加强网络基础设施建设和电子商务信用体系、统计监测体系建设，不断完善电子商务标准体系和快递服务质量评价体系。推进农村电子商务发展，积极培育农产品电子商务，鼓励网上购销对接等多种交易方式。支持面向跨境贸易的多语种电子商务平台建设、服务创新和应用推广。积极发展移动电子商务，推动移动电子商务应用向工业生产经营和生产性服务业领域延伸。

（八）商务咨询

提升商务咨询服务专业化、规模化、网络化水平。引导商务咨询企业以促进产业转型升级为重点，大力发展战略规划、营销策划、市场调查、管理咨询等提升产业发展素质的咨询服务，积极发展资产评估、会计、审计、税务、勘察设计、工程咨询等专业咨询服务。发展信息技术咨询服务，开展咨询设计、集成实施、运行维护、测试评估、应用系统解决方案和信息安全服务。加强知识产权咨询服务，发展检索、分析、数据加工等基础服务，培育知识产权转化、投融资等市场化服务。重视培育品牌和商誉，发展无形资产、信用等评估服务。抓紧研究制定咨询服务业发展指导意见。依法健全商务咨询服务的职业评价制度和信用管理体系，加强执业培训和行业自律。开展多种形式的国际合作，推动商务咨询服务国际化发展。

（九）服务外包

把握全球服务外包发展新趋势，积极承接国际离岸服务外包业务，大力培育在岸服务外包市场。抓紧研究制定在岸与离岸服务外包协调发展政策。适应生产性服务业社会化、专业化发展要求，鼓励服务外包，促进企业突出核心业务、优化生产流程、创新组织结构、提高质量和效率。引导社会资本积极发展信息技术外包、业务流程外包和知识流程外包服务业务，为产业转型升级提供支撑。鼓励政府机构和事业单位购买专业化服务，加强管理创新。支持企业购买专业化服务，构建数字化服务平台，实现包括产品设计、工艺流程、生产规划、生产制造和售后服务在内的全过程管理。

（十）售后服务

鼓励企业将售后服务作为开拓市场、提高竞争力的重要途径，增强服务功能，健全服务网络，提升服务质量，完善服务体系。完善产品“三包”制度，推动发展产品配送、安装调试、以旧换新等售后服务，积极运用互联网、物联网、大数据等信息技术，发展远程检测诊断、运营维护、技术支持等售后服务新业态。大力发展专业维护维修服务，加快技术研发与应用，促进维护维修服务业务和服务模式创新，鼓励开展设备监理、维护、修理和运行等全生命周期服务。积极发展专业化、社会化的第三方维护维修服务，支持具备条件的工业企业内设机构向专业维护维修公司转变。完善售后服务标准，加强售后服务专业队伍建设，健全售后服务认证制度和质量监测体系，不断提高用户满意度。

（十一）人力资源服务和品牌建设

以产业引导、政策扶持和环境营造为重点，推进人力资源服务创新，大力开发能满足不同层次、不同群体需求的各类人力资源服务产品。提高人力资源服务水平，促进人力资源服务供求对接，引导各类企业通过专业化的人力资源服务提升人力资源管理开发和使用水平，提升劳动者素质和人力资源配置效率。加快形成一批具有国际竞争力的综合型、专业型人力资源服务机构。统筹利用高等院校、科研院所、职业院校、社会培训机构和企业等各种培训资源，强化生产性服务业所需的创新型、应用型、复合型、技术技能型人才开发培训。加快推广中关村科技园区股权激励试点经验，调动科研人员创新进取的积极性。营造尊重人才、有利于优秀人才脱颖而出和充分发挥作用的社会环境。鼓励具有自主知识产权的知识创新、技术创新和模式创新，积极创建知名品牌，增强独特文化特质，以品牌引领消费，带动生产制造，推动形成具有中国特色的品牌价值评价机制。

四、政策措施

从深化改革开放、完善财税政策、强化金融创新、有效供给土地、健全价格机制和加强基础工作等方面，为生产性服务业发展创造良好环境，最大限度地激发企业和市场活力。

（一）进一步扩大开放

进一步放开生产性服务业领域市场准入，营造公平竞争环境，不得对社会资本设置歧视性障碍，鼓励社会资本以多种方式发展生产性服务业。进一步减少生产性服务业重点领域前置审批和资质认定项目，由先证后照改为先照后证，加快落实注册资本认缴登记制。允许社会资本参与应用型技术研发机构市场化改革。鼓励社会资本参与国家服务业综合改革试点。

引导外资企业来华设立生产性服务业企业、各类功能性总部和分支机构、研发中心、营运基地等。统一内外资法律法规，推进生产性服务业领域有序开放，放开建筑设计、会计审计、商贸物流、电子商务等服务业领域外资准入限制。加快研究制定服务业进一步扩大开放的政策措施，对已经明确的扩大开放要求，要抓紧落实配套措施。探索对外商投资实行准入前国民待遇加负面清单的管理模式。发挥中国（上海）自由贸易试验区在服务业领域先行先试的作用。加强与香港、澳门、台湾地区的服务业合作，加快推进深圳前海、珠海横琴、广州南沙与港澳地区，福建厦门、平潭和江苏昆山与台湾地区的服务业合作试点。

鼓励有条件的企业依托现有产品贸易优势，在境外设立分支机构，大力拓展生产性服务业发展空间。简化境外投资审批程序，进一步提高生产性服务业境外投资的便利化程度。鼓励企业利用电子商务开拓国际营销渠道，积极研究为符合条件的电子商务企业、快递企业提供便利通关措施。加快跨境电子商务通关试点建设。鼓励设立境外投资贸易服务机构，做好境外投资需求的规模、领域和国别研究，提供对外投资准确信息，为企业“走出去”提供咨询服务。

（二）完善财税政策

尽快将营业税改征增值税试点扩大到服务业全领域。根据生产性服务业产业融合度高的特点，完善促进生产性服务业的税收政策。研发设计、检验检测认证、节能环保等科技型、创新型生产性服务业企业，可申请认定为高新技术企业，享受15%的企业所得税优惠税率。研究适时扩大生产性服务业服务产品出口退税政策范围，制定产品退税目录和具体管理办法。

中央财政和地方财政在各自事权和支出责任范围内，重点支持公共基础设施、市场诚信体系、标准体系建设以及公共服务平台等服务业发展薄弱环节建设，探索完善财政资金投入方式，提高资金使用效率，推动建立统一开放、规范竞争的服务业市场体系。鼓励开发区、产业集群、现代农业产业基地、服务业集聚区和发展示范区积极建设重大服务平台。积极研究自主创新产品首次应用政策，增加对研发设计成果应用的支持。完善政府采购办法，逐步加大政府向社会力量购买服务的力度，凡适合社会力量承担的，都可以通过委托、承包、采购等方式交给社会力量承担。研究制定政府向社会力量购买服务的指导性目录，明确政府购买的服务种类、性质和内容。

（三）创新金融服务

鼓励商业银行按照风险可控、商业可持续原则，开发适合生产性服务业特点的各类金融产品和服务，积极发展商圈融资、供应链融资等融资方式。支持节能环保服务项目以预期收益质押获得贷款。研究制定利用知识产权质押、仓单质押、信用保险保单质押、股权质押、商业保理等多种方式融资的可行措施。建立生产性服务业重点领域企业信贷风险补偿机制。完善动产抵（质）押登记公示体系，建立健全动产押品管理公司监管制度。支持符合条件的生产性服务业企业通过银行间债券市场发行非金融企业债券融资工具融资，拓宽企业融资渠道。支持商业银行发行专项金融债券，服务小微企业。根据研发、设计、应用的阶段特征和需求，建立完善相应的融资支持体系和产品。搭建方便快捷的融资平台，支持符合条件的生产性服务业企业上市融资、发行债券。对符合条件的中小企业信用担保机构提供担保服务实行免征营业税政策。鼓励融资性担保机构扩大生产性服务业企业担保业务规模。

（四）完善土地和价格政策

合理安排生产性服务业用地，促进节约集约发展。鼓励工业企业利用自有工业用地兴办促进企业转型升级的自营生产性服务业，经依法批准，对提高自有工业用地容积率用于自营生产性服务业的工业企业，可按新用途办理相关手续。选择具备条件的城市和国家服务业综合改革试点区域，鼓励通过对城镇低效用地的改造发展生产性服务业。加强对服务业发展示范区促进生产性服务业发展与土地利用工作的协同指导。

建立完善主要以市场决定价格的生产性服务业价格形成机制，规范服务价格。建立科学合理的生产性服务业企业贷款定价机制，加大对生产性服务业重点领域企业的支持力度。加快落实生产性服务业用电、用水、用气与工业同价。对工业企业分离出的非核心业务，在水、气方面实行与原企业相同的价格政策。符合条件的生产性服务业重点领域企业，可申请参与电力用户与发电企业直接交易试点。加强对生产性服务业重点领域违规收费项目的清理和监督检查。

（五）加强知识产权保护和人才队伍建设

鼓励生产性服务业企业创造自主知识产权，加强对服务模式、服务内容等创新的保护。加快数字版权保护技术研发，推进国家版权监管平台建设。扩大知识产权基础信息资源共享范围，促进知识产权协同创新。加强知识产权执法，加大对侵犯知识产权和制售假冒伪劣商品的打击力度，维护市场秩序，保护创新积极性。加强政府引导，及时发布各类人才需求导向等信息。支持生产性服务业创新团队培养，建立创新发展服务平台。研究促进设计、创意人才队伍建设的措施办法，鼓励创新型人才发展。建设大型专业人才服务平台，增强人才供需衔接。

（六）建立健全统计制度

以国民经济行业分类为基础，抓紧研究制定生产性服务业及重点领域统计分类，完善相关统计制度和指标体系，明确各有关部门相关统计任务。建立健全有关部门信息共享机制，逐步形成年度、季度信息发布机制。

各地区、各部门要充分认识发展生产性服务业的重大意义，把加快发展生产性服务业作为转变经济发展方式、调整产业结构的重要任务，采取有力措施，确保各项政策落到实处、见到实效。地方各级人民政府要加强组织领导，结合本地实际进一步研究制定扶持生产性服务业发展的政策措施。国务院各有关部门要密切协作配合，抓紧制定各项配套政策和落实政策措施分工的具体措施，营造促进生产性服务业发展的良好环境。发展改革委要加强统筹协调，会同有关部门对本意见落实情况进行督促检查和跟踪分析，每半年向国务院报告一次落实情况，重大问题及时报告。

在推进生产性服务业加快发展的同时，要围绕人民群众的迫切需要，继续大力发展生活性服务业，落实和完善生活性服务业支持政策，拓展新领域，不断丰富健康、家庭、养老等服务产品供给；发展新业态，不断提高网络购物、远程教育、旅游等服务层次水平；培育新热点，不断扩大文化创意、数字家庭、信息消费等消费市场规模，做到生产性服务业与生活性服务业并重、现代服务业与传统服务业并举，切实把服务业打造成经济社会可持续发展的新引擎。

附件：政策措施分工表。

国务院

2014 年 7 月 28 日

（此件公开发布）

附件

政策措施分工表

序号	工作任务	负责部门
1	进一步放开生产性服务业领域市场准入，营造公平竞争环境，不得对社会资本设置歧视性障碍，鼓励社会资本以多种方式发展生产性服务业	发展改革委、商务部会同有关部门
2	进一步减少生产性服务业重点领域前置审批和资质认定项目，由先证后照改为先照后证，加快落实注册资本认缴登记制	工商总局、中央编办会同有关部门
3	加快研究制定服务业进一步扩大开放的政策措施，对已经明确的扩大开放要求，要抓紧落实配套措施	发展改革委、商务部会同有关部门
4	进一步提高生产性服务业境外投资的便利化程度	发展改革委、商务部会同有关部门
5	加快跨境电子商务通关试点建设	海关总署、发展改革委、商务部、质检总局会同有关部门
6	尽快将营业税改征增值税试点扩大到服务业全领域。根据生产性服务业产业融合度高的特点，完善促进生产性服务业的税收政策	财政部、税务总局
7	研究适时扩大生产性服务业服务产品出口退税政策范围，制定产品退税目录和具体管理办法	财政部、税务总局、发展改革委
8	完善政府采购办法，逐步加大政府向社会力量购买服务的力度，凡适合社会力量承担的，都可以通过委托、承包、采购等方式交给社会力量承担。研究制定政府向社会力量购买服务的指导性目录，明确政府购买的服务种类、性质和内容	财政部
9	研究制定利用知识产权质押、仓单质押、信用保险保单质押、股权质押、商业保理等多种方式融资的可行措施	人民银行、银监会、财政部、保监会、知识产权局、版权局、商务部、工商总局等
10	支持符合条件的生产性服务业企业上市融资、发行债券	证监会、发展改革委、人民银行
11	鼓励融资性担保机构扩大生产性服务业企业担保业务规模	银监会、发展改革委、工业和信息化部、财政部等
12	鼓励工业企业利用自有工业用地兴办促进企业转型升级的自营生产性服务业，经依法批准，对提高自有工业用地容积率用于自营生产性服务业的工业企业，可按新用途办理相关手续	发展改革委、工业和信息化部、住房城乡建设部、国土资源部
13	选择具备条件的城市和国家服务业综合改革试点区域，鼓励通过对城镇低效用地的改造发展生产性服务业。加强对服务业发展示范区促进生产性服务业发展与土地利用工作的协同指导	国土资源部、住房城乡建设部、发展改革委
14	支持生产性服务业创新团队培养	发展改革委、人力资源社会保障部
15	抓紧研究制定生产性服务业及重点领域统计分类，完善相关统计制度和指标体系，明确各有关部门相关统计任务。建立健全有关部门信息共享机制，逐步形成年度、季度信息发布机制	统计局、发展改革委、工业和信息化部会同有关部门

国务院关于依托黄金水道推动长江经济带发展的指导意见

国发〔2014〕39号

各省、自治区、直辖市人民政府，国务院各部委、各直属机构：

长江是货运量位居全球内河第一的黄金水道，长江通道是我国国土空间开发最重要的东西轴线，在区域发展总体格局中具有重要战略地位。依托黄金水道推动长江经济带发展，打造中国经济新支撑带，是党中央、国务院审时度势，谋划中国经济新棋局作出的既利当前又惠长远的重大战略决策。为进一步开发长江黄金水道，加快推动长江经济带发展，现提出以下意见。

一、重大意义和总体要求

长江经济带覆盖上海、江苏、浙江、安徽、江西、湖北、湖南、重庆、四川、云南、贵州等11省市，面积约205万平方公里，人口和生产总值均超过全国的40%。长江经济带横跨我国东中西三大区域，具有独特优势和巨大发展潜力。改革开放以来，长江经济带已发展成为我国综合实力最强、战略支撑作用最大的区域之一。在国际环境发生深刻变化、国内发展面临诸多矛盾的背景下，依托黄金水道推动长江经济带发展，有利于挖掘中上游广阔腹地蕴含的巨大内需潜力，促进经济增长空间从沿海向沿江内陆拓展；有利于优化沿江产业结构和城镇化布局，推动我国经济提质增效升级；有利于形成上中下游优势互补、协作互动格局，缩小东中西部地区发展差距；有利于建设陆海双向对外开放新走廊，培育国际经济合作竞争新优势；有利于保护长江生态环境，引领全国生态文明建设，对于全面建成小康社会，实现中华民族伟大复兴的中国梦具有重要现实意义和深远战略意义。

（一）指导思想。以邓小平理论、“三个代表”重要思想、科学发展观为指导，深入贯彻党的十八大和十八届二中、三中全会精神，认真落实党中央和国务院的决策部署，充分发挥市场配置资源的决定性作用，更好发挥政府规划和政策的引导作用，以改革激发活力、以创新增强动力、以开放提升竞争力，依托长江黄金水道，高起点高水平建设综合交通运输体系，推动上中下游地区协调发展、沿海沿江沿边全面开放，构建横贯东西、辐射南北、通江达海、经济高效、生态良好的长江经济带。

（二）基本原则。改革引领、创新驱动。坚持制度创新、科技创新，推动重点领域改革先行先试。健全技术创新市场导向机制，增强市场主体创新能力，促进创新资源综合集成，建设统一开放、竞争有序的现代市场体系。

通道支撑、融合发展。以沿江综合运输大通道为支撑，促进上中下游要素合理流动、产业分工协作。着力推进信息化和工业化深度融合，积极引导沿江城镇布局与产业发展有机融合，持续增强区域现代农业、特色农业优势。

海陆统筹、双向开放。深化向东开放，加快向西开放，统筹沿海内陆开放，扩大沿边开放。更好推动“引进来”和“走出去”相结合，更好利用国际国内两个市场、两种资源，构建开放型经济新体制，形成全方位开放新格局。

江湖和谐、生态文明。建立健全最严格的生态环境保护和水资源管理制度，加强长江全流域生态环境监管和综合治理，尊重自然规律及河流演变规律，协调好江河湖泊、上中下游、干流支流关系，保护和改善流域生态服务功能，推动流域绿色循环低碳发展。

（三）战略定位。具有全球影响力的内河经济带。发挥长江黄金水道的独特作用，构建现代化综合交通运输体系，推动沿江产业结构优化升级，打造世界级产业集群，培育具有国际竞争力的城市群，使长江经济带成为充分体现国家综合经济实力、积极参与国际竞争与合作的内河经济带。

东中西互动合作的协调发展带。立足长江上中下游地区的比较优势，统筹人口分布、经济布局与资源环境承载能力，发挥长江三角洲地区的辐射引领作用，促进中上游地区有序承接产业转移，提高要素配置效率，激发内生发展活力，使长江经济带成为推动我国区域协调发展的示范带。

沿海沿江沿边全面推进的对内对外开放带。用好海陆双向开放的区位资源，创新开放模式，促进优势互补，培育内陆开放高地，加快同周边国家和地区基础设施互联互通，加强与丝绸之路经济带、海上丝绸之路的衔接互动，使长江经济带成为横贯东中西、连接南北方的开放合作走廊。

生态文明建设的先行示范带。统筹江河湖泊丰富多样的生态要素，推进长江经济带生态文明建设，构建以长江干支流为经脉、以山水林田湖为有机整体，江湖关系和谐、流域水质优良、生态流量充足、水土保持有效、生物种类多样的生态安全格局，使长江经济带成为水清地绿天蓝的生态廊道。

二、提升长江黄金水道功能

充分发挥长江运能大、成本低、能耗少等优势，加快推进长江干线航道系统治理，整治浚深下游航道，有效缓解中上游瓶颈，改善支流通航条件，优化港口功能布局，加强集疏运体系建设，发展江海联运和干支直达运输，打造畅通、高效、平安、绿色的黄金水道。

（四）增强干线航运能力。加快实施重大航道整治工程，下游重点实施12.5米深水航道延伸至南京工程；中游重点实施荆江河段航道整治工程，加强航道工程模型试验研究；上游重点研究实施重庆至宜宾段航道整治工程。加快推进内河船型标准化，研究推广三峡船型和江海直达船型，鼓励发展节能环保船舶。

（五）改善支流通航条件。积极推进航道整治和梯级渠化，提高支流航道等级，形成与长江干线有机衔接的支线网络。加快信江、赣江、江汉运河、汉江、沅水、湘江、乌江、岷江等高等级航道建设，研究论证合裕线、嘉陵江高等级航道建设和金沙江攀枝花至水富段航运资源开发。抓紧实施京杭运河航道建设和船闸扩能工程，系统建设长江三角洲地区高等级航道网络，统筹推进其他支流航道建设。

（六）优化港口功能布局。促进港口合理布局，加强分工合作，推进专业化、规模化和现代化建设，大力发展现代航运服务业。加快上海国际航运中心、武汉长江中游航运中心、重庆长江上游航运中心和南京区域性航运物流中心建设。提升上海港、宁波—舟山港、江苏沿江港口功能，加快芜湖、马鞍山、安庆、九江、黄石、荆州、宜昌、岳阳、泸州、宜宾等港口建设，完善集装箱、大宗散货、汽车滚装及江海中转运输系统。

（七）加强集疏运体系建设。以航运中心和主要港口为重点，加快铁路、高等级公路与重要港区的连接线建设，强化集疏运服务功能，提升货物中转能力和效率，有效解决“最后一公里”问题。推进港口与沿江开发区、物流园区的通道建设，拓展港口运输服务的辐射范围。

（八）扩大三峡枢纽通过能力。挖掘三峡及葛洲坝既有船闸潜力，完善公路翻坝转运系统，推进铁路联运系统建设，建设三峡枢纽货运分流的油气管道，积极实施货源地分流。加快三峡枢纽水运新通道和葛洲坝枢纽水运配套工程前期研究工作。

（九）健全智能服务和安全保障系统。完善长江航运等智能化信息系统，推进多种运输方式综合服务信息平台建设，实现运输信息系统互联互通。加强多部门信息共享，建设长江干线全方位覆盖、全天候运行、具备快速反应能力的水上安全监管和应急救助体系。

（十）合理布局过江通道。统筹规划建设过江通道，加强隧道桥梁方案比选论证工作，充分利用江上和水下空间，推进铁路、公路、城市交通合并过江；优化整合渡口渡线，加强渡运安全管理，促进过江通道与长江航运、防洪安全和生态环境的协调发展。

三、建设综合立体交通走廊

依托长江黄金水道，统筹铁路、公路、航空、管道建设，加强各种运输方式的衔接和综合交通枢纽建设，加快多式联运发展，建成安全便捷、绿色低碳的综合立体交通走廊，增强对长江经济带发展的战略支撑力。

（十一）形成快速大能力铁路通道。建设上海经南京、合肥、武汉、重庆至成都的沿江高速铁路和上海经杭州、南昌、长沙、贵阳至昆明的沪昆高速铁路，连通南北高速铁路和快速铁路，形成覆盖50万人口以上城市的快速铁路网。改扩建沿江大能力普通铁路，规划建设衢州至丽江铁路，提升沪昆铁路既有运能，形成覆盖20万人口以上城市客货共线的普通铁路网。

（十二）建设高等级广覆盖公路网。以上海至成都、上海至重庆、上海至昆明、杭州至瑞丽等国家高速公路为重点，建成连通重点区域、中心城市、主要港口和重要边境口岸的高速公路网络。提高国省干线公路技术等级和安全服务水平，普通国道二级及以上公路比重达到80%以上。加快县乡连通路、资源开发路、旅游景区路、山区扶贫路建设，实现具备条件的乡镇、建制村通沥青（水泥）路。

（十三）推进航空网络建设。加快上海国际航空枢纽建设，强化重庆、成都、昆明、贵阳、长沙、武汉、南京、杭州等机场的区域枢纽功能，发挥南昌、合肥、宁波、无锡等干线机场作用，推进支线机场建设，形成长江上、中、下游机场群。完善航线网络，提高主要城市间航班密度，增加国际运输航线。深化空域管理改革，大力发展通用航空。依托空港资源，发展临空经济。

（十四）完善油气管道布局。统筹油气运输通道和储备系统建设，合理布局沿江管网设施。加强长江三角洲向内陆地区、沿江地区向腹地辐射的原油和成品油输送管道建设，完善区域性油气管网，加快互联互通，形成以沿江干线管道为主轴，连接沿江城市群的油气供应保障体系。

（十五）建设综合交通枢纽。按照“零距离换乘、无缝化衔接”要求，加强水运、铁路、公路、航空和管道的有机衔接，建设和完善能力匹配的集疏运系统。加快建设上海、南京、连云港、徐州、合肥、杭州、宁波、武汉、长沙、南昌、重庆、成都、昆明、贵阳等14个全国性综合交通枢纽，有序发展区域性综合交通枢纽，提高综合交通运输体系的运行效率，增强对产业布局的引导和城镇发展的支撑作用。

（十六）加快发展多式联运。抓紧制定标准规范，培育多式联运经营人，鼓励发展铁水、公水、空铁等多式联运，提高集装箱和大宗散货铁水联运比重。加快智能物流网络建设，增强沿江物流园区综合服务功能，培育壮大现代物流企业，形成若干区域性物流中心，提高物流效率，降低物流成本。

四、创新驱动促进产业转型升级

顺应全球新一轮科技革命和产业变革趋势，推动沿江产业由要素驱动向创新驱动转变，大力发展战略性新兴产业，加快改造提升传统产业，大幅提高服务业比重，引导产业合理布局和有序转移，培育形成具有国际水平的产业集群，增强长江经济带产业竞争力。

（十七）增强自主创新能力。强化企业的技术创新主体地位，引导创新资源向企业集聚，培育若干领军企业。设立新兴产业创业投资基金，激发中小企业创新活力。深化产学研合作，鼓励发展产业技术创新战略联盟。在统筹考虑现状和优化整合科技资源的前提下，布局一批国家工程中心（实验室）和企业技术中心。运用市场化机制探索建立新型科研机构，推动设立知识产权法院。深化科技成果使用、处置和收益权改革。发挥上海张江、武汉东湖自主创新示范区和合芜蚌（合肥、芜湖、蚌埠）自主创新综合试验区的引领示范作用，推进长株潭自主创新示范区建设，推进攀西战略资源创新开发。研究制定长江经济带创新驱动产业转型升级方案。

（十八）推进信息化与产业融合发展。支持沿江地区加快新一代信息基础设施建设，完善上海、南京、武汉、重庆、成都等骨干节点，进一步加强网间互联互通，增加中上游地区光缆路由密度。大力推进有线和无线宽带接入网建设，扩大4G（第四代移动通信）网络覆盖范围。推进沿江下一代互联网示范城市建设，优化布局数据中心，继续完善上海、云南面向国际的陆海缆建设。充分利用互联网、物联网、大数据、云计算、人工智能等新一代信息技术改造提升传统产业，培育形成新兴产业，推动生产组织、企业管理、商业运营模式创新。推动沿江国家电子商务示范城市建设，加快农业、制造业和服务业的电子商务应用。

（十九）培育世界级产业集群。以沿江国家级、省级开发区为载体，以大型企业为骨干，打造电子信息、高端装备、汽车、家电、纺织服装等世界级制造业集群，建设具有国际先进水平的长江口造船基地和长江中游轨道交通装备、工程机械制造基地，突破核心关键技术，培育知名自主品牌。在沿江布局一批战略性新兴产业集聚区、国家高技术产业基地和国家新型工业化产业示范基地。推动石化、钢铁、有色金属等产业转型升级，促进沿江炼化一体化和园区化发展，提升油品质量，加快钢铁、有色金属产品结构调整，淘汰落后产能。

（二十）加快发展现代服务业。改革服务业发展体制，创新发展模式和业态，扩大服务业对内对外开放，放宽外资准入限制。围绕服务实体经济，优先发展金融保险、节能环保、现代物流、航运服务等生产性服务业；围绕满足居民需求，加快发展旅游休闲、健康养老、家庭服务、文化教育等生活性服务业。依托国家高技术服务业基地，发展信息技术、电子商务、研发设计、知识产权、检验检测、认证认可等服务产业。积极推动区域中心城市逐步形成以服务业为主的产业结构。充分发挥长江沿线各地独具特色的历史文化、自然山水和民俗风情等优势，打造旅游城市、精品线路、旅游景区、旅游度假休闲区和生态旅游目的地，大力发展特色旅游业，把长江沿线培育成为国际黄金旅游带。

（二十一）打造沿江绿色能源产业带。积极开发利用水电，在做好环境保护和移民安置的前提下，以金沙江、雅砻江、大渡河、澜沧江等为重点，加快水电基地和送出通道建设，扩大向下游地区送电规模。加快内蒙古西部至华中煤运通道建设，在中游地区适度规划布局大型高效清洁燃煤电站，增加电力、天然气等输入能力。研究制定新城镇新能源新生活行动计划，大力发展分布式能源、智能电网、绿色建筑和新能源汽车，推进能源生产和消费方式变革。立足资源优势，创新体制机制，推进页岩气勘查开发，通过竞争等方式出让页岩气探矿权，建设四川长宁-威远、滇黔北、重庆涪陵等国家级页岩气综合开发示范区。稳步推进沿海液化天然气接收站建设，统筹利用国内外天然气，提高居民用气水平。

（二十二）提升现代农业和特色农业发展水平。保护和利用好长江流域宝贵农业资源，推进农产品主产区特别是农业优势产业带和特色产业带建设，建设一批高水平现代农业示范区，推进国家有机食品生产基地建设，着力打造现代农业发展先行区。上游地区立足山多草多林多地少的资源条件，在稳定优势农产品生产的基础上，大力发展以草食畜牧业为代表的特色生态农业和以自然生态区、少数民族地区为代表的休闲农业与乡村旅游。中游地区立足农业生产条件较好、耕地资源丰富的基础，强化粮食、水产品等重要农产品供给保障能力，提高农业机械化水平，积极发展现代种业，打造粮食生产核心区和主要农产品优势区。下游地区立足人均耕地资源少、资本技术人才资源优势，在稳定粮食生产的同时，大力发展高效精品农业和都市农业，加快推进标准化生产和集约化品牌化经营。

（二十三）引导产业有序转移和分工协作。按照区域资源禀赋条件、生态环境容量和主体功能定位，促进产业布局调整和集聚发展。在着力推动下游地区产业转型升级的同时，依托中上游地区广阔腹地，增强基础设施和产业配套能力，引导具有成本优势的资源加工型、劳动密集型产业和具有市场需求的资本、技术密集型产业向中上游地区转移。支持和鼓励开展产业园区战略合作，建立产业转移跨区域合作机制，以中上游地区国家级、省级开发区为载体，建设承接产业转移示范区和加工贸易梯度转移承接地，推动产业协同合作、联动发展。借鉴负面清单管理模式，加强对产业转移的引导，促进中上游特别是三峡库区产业布局与区域资源生态环境相协调，防止出现污染转移和环境风险聚集，避免低水平重复建设。

五、全面推进新型城镇化

按照沿江集聚、组团发展、互动协作、因地制宜的思路，推进以人为核心的新型城镇化，优化城镇化布局和形态，增强城市可持续发展能力，创新城镇化发展体制机制，全面提高长江经济带城镇化质量。

（二十四）优化沿江城镇化格局。以沿江综合运输大通道为轴线，以长江三角洲、长江中游和成渝三大跨区域城市群为主体，以黔中和滇中两大区域性城市群为补充，以沿江大中小城市和小城镇为依托，促进城市群之间、城市群内部的分工协作，强化基础设施建设和联通，优化空间布局，推动产城融合，引导人口集聚，形成集约高效、绿色低碳的新型城镇化发展格局。

（二十五）提升长江三角洲城市群国际竞争力。促进长江三角洲一体化发展，打造具有国际竞争力的世界级城市群。充分发挥上海国际大都市的龙头作用，加快国际金融、航运、贸易中心建设。提升南京、杭州、合肥都市区的国际化水平。推进苏南现代化建设示范区、浙江舟山群岛新区、浙江海洋经济发展示范区、皖江承接产业转移示范区、皖南国际文化旅游示范区建设和通州湾江海联动开发。优化提升沪宁合（上海、南京、合肥）、沪杭（上海、杭州）主轴带功能，培育壮大沿江、沿海、杭湖宁（杭州、湖州、南京）、杭绍甬舟（杭州、绍兴、宁波、舟山）等发展轴带。合理划定中心城市边界，保护城郊农业用地和绿色开敞空间，控制特大城市过度蔓延扩张。

（二十六）培育发展长江中游城市群。增强武汉、长沙、南昌中心城市功能，促进三大城市组团之间的资源优势互补、产业分工协作、城市互动合作，把长江中游城市群建设成为引领中部地区崛起的核心增长极和资源节约型、环境友好型社会示范区。优化提升武汉城市圈辐射带动功能，开展武汉市国家创新型城市试点，建设中部地区现代服务业中心。加快推进环长株潭城市群建设，提升湘江新区和湘北湘南中心城市发展水平。培育壮大环鄱阳湖城市群，促进南昌、九江一体化和赣西城镇带发展。建设鄱阳湖、洞庭湖生态经济区。

（二十七）促进成渝城市群一体化发展。提升重庆、成都中心城市功能和国际化水平，发挥双引擎带动和支撑作用，推进资源整合与一体发展，把成渝城市群打造成为现代产业基地、西部地区重要经济中心和长江上游开放高地，建设深化内陆开放的试验区和统筹城乡发展的示范区。重点建设成渝主轴带和沿长江、成绵乐（成都、绵阳、乐山）等次轴带，加快重庆两江新区开发开放，推动成都天府新区创新发展。

（二十八）推动黔中和滇中区域性城市群发展。增强贵阳产业配套和要素集聚能力，重点建设遵义-贵阳-安顺主轴带，推动贵安新区成为内陆开放型经济示范区，重要的能源资源深加工、特色轻工业和民族文化旅游基地，推进大数据应用服务基地建设，打造西部地区新的经济增长极和生态文明建设先行区。提升昆明面向东南亚、南亚开放的中心城市功能，重点建设曲靖-昆明-楚雄、玉溪-昆明-武定发展轴，推动滇中产业集聚区发展，建设特色资源深加工基地和文化旅游基地，打造面向西南开放重要桥头堡的核心区和高原生态宜居城市群。

（二十九）科学引导沿江城市发展。依托近山傍水的自然生态环境，合理确定城市功能布局和空间形态，促进城市建设与山脉水系相互融合，建设富有江城特色的宜居城市。加强城区河湖水域岸线管理。集聚科技创新要素，节约集约利用资源，提升信息化水平。延续城市历史文脉，推进创新城市、绿色城市、智慧城市、人文城市建设。加强公共交通、防洪排涝等基础设施建设，提高教育、医疗等公共服务水平，提高承载能力。

（三十）强化城市群交通网络建设。充分利用区域运输通道资源，重点加快城际铁路建设，形成与新型城镇化布局相匹配的城际交通网络。长江三角洲城市群要建设以上海为中心，南京、杭州、合肥为副中心，“多三角、放射状”的城际交通网络；长江中游城市群要建设以武汉、长沙、南昌为中心的“三角形、放射状”城际交通网络；成渝城市群要建设以重庆、成都为中心的“一主轴、放射状”城际交通网络，实现城市群内中心城市之间、中心城市与节点城市之间1～2小时通达。建设黔中、滇中城际交通网络，实现省会城市与周边节点城市之间1～2小时通达。

（三十一）创新城镇化发展体制机制。根据上中下游城镇综合承载能力和发展潜力，实施差别化落户政策。下游地区要增强对农业转移人口的吸纳能力，有序推进外来人口市民化；中上游地区要增强产业集聚能力，更多吸纳农业转移人口。建立健全与居住年限等条件相挂钩的基本公共服务提供机制。探索实行城镇建设用地增加规模与农村建设用地减少挂钩、与吸纳农业转移人口落户数量挂钩政策。稳步推进农村宅基地制度改革。开展新型城镇化试点示范，探索建立农业转移人口市民化成本分担机制，构建多元化、可持续的城镇化投融资机制，建立有利于创新行政管理、降低行政成本的设市设区模式。选择具备条件的开发区进行城市功能区转型试点，引导产业和城市同步融合发展。

六、培育全方位对外开放新优势

发挥长江三角洲地区对外开放引领作用，建设向西开放的国际大通道，加强与东南亚、南亚、中亚等国家的经济合作，构建高水平对外开放平台，形成与国际投资、贸易通行规则相衔接的制度体系，全面提升长江经济带开放型经济水平。

（三十二）发挥上海对沿江开放的引领带动作用。加快建设中国（上海）自由贸易试验区，大力推进投资、贸易、金融、综合监管等领域制度创新，完善负面清单管理模式，打造国际化、法治化的营商环境，建立与国际投资、贸易通行规则相衔接的基本制度框架，形成可复制、可推广的成功经验。通过先行先试、经验推广和开放合作，充分发挥上海对外开放的辐射效应、枢纽功能和示范引领作用，带动长江经济带更高水平开放，增强国际竞争力。

（三十三）增强云南面向西南开放重要桥头堡功能。提升云南向东南亚、南亚开放的通道功能和门户作用。推进孟中印缅、中老泰等国际运输通道建设，实现基础设施互联互通。推动孟中印缅经济走廊合作，深化参与中国-东盟湄公河流域开发、大湄公河次区域经济合作，率先在口岸、边境城市、边境经济合作区和重点开发开放试验区实施人员往来、加工物流、旅游等方面的特殊政策。将云南建设成为面向西南周边国家开放的试验区和西部省份“走出去”的先行区，提升中上游地区向东南亚、南亚开放水平。

（三十四）加强与丝绸之路经济带的战略互动。发挥重庆长江经济带西部中心枢纽作用，增强对丝绸之路经济带的战略支撑。发挥成都战略支点作用，把四川培育成为连接丝绸之路经济带的重要纽带。构建多层次对外交通运输通道，加强各种运输方式的有效衔接，形成区域物流集聚效应，打造现代化综合交通枢纽。优化整合向西国际物流资源，提高连云港陆桥通道桥头堡水平，提升“渝新欧”、“蓉新欧”、“义新欧”等中欧班列国际运输功能，建立中欧铁路通道协调机制，增强对中亚、欧洲等地区进出口货物的吸引能力，着力解决双向运输不平衡问题。加强与沿线国家海关的合作，提高贸易便利化水平。提升江苏、浙江对海上丝绸之路的支撑能力。加快武汉、长沙、南昌、合肥、贵阳等中心城市内陆经济开放高地建设。推进中上游地区与俄罗斯伏尔加河沿岸联邦区合作。

（三十五）推动对外开放口岸和特殊区域建设。增强沿江沿边开放口岸和特殊区域功能，打造高水平对外开放平台。在中上游地区适当增设口岸及后续监管场所，在有条件的地方增设铁路、内河港口一类开放口岸，推动口岸信息系统互联共享。条件成熟时，在基本不突破原规划面积的前提下，逐步将沿江各类海关特殊监管区域整合为综合保税区，探索使用社会运输工具进行转关作业。在符合全国总量控制目标的前提下，支持具备条件的边境地区按程序申请设立综合保税区，支持符合条件的边境地区设立边境经济合作区和边境旅游合作区，研究完善人员免签、旅游签证等政策。推动境外经济贸易合作区和农业合作区发展，鼓励金融机构在境外开设分支机构并提供融资支持。

（三十六）构建长江大通关体制。加强内陆海关与沿海沿边口岸海关的协作配合，加强口岸与内陆检验检疫机构的合作，全面推进“一次申报、一次查验、一次放行”模式，实现长江经济带海关区域通关一体化和检验检疫一体化。在有效防控风险前提下，适时扩大启运港退税的启运地、承运企业和运输工具等范围。推进口岸执法部门信息互换、监管互认和执法互助。

七、建设绿色生态廊道

顺应自然，保育生态，强化长江水资源保护和合理利用，加大重点生态功能区保护力度，加强流域生态系统修复和环境综合治理，稳步提高长江流域水质，显著改善长江生态环境。

（三十七）切实保护和利用好长江水资源。落实最严格水资源管理制度，明确长江水资源开发利用红线、用水效率红线。加强流域水资源统一调度，保障生活、生产和生态用水安全。严格相关规划和建设项目的水资源论证。加强饮用水水源地保护，优化沿江取水口和排污口布局，取缔饮用水水源保护区内的排污口，鼓励各地区建设饮用水应急水源。建设水源地环境风险防控工程，确保城乡饮用水安全。严厉打击河道非法采砂。优化水资源配置格局，加快推进云贵川渝等地区大中型骨干水源工程及配套工程建设。建设沿江、沿河、环湖水资源保护带、生态隔离带，增强水源涵养和水土保持能力。

（三十八）严格控制和治理长江水污染。明确水功能区限制纳污红线，完善水功能区监督管理制度，科学核定水域纳污容量，严格控制入河（湖）排污总量。大幅削减化学需氧量、氨氮排放量，加大总磷、总氮排放等污染物控制力度。加大沿江化工、造纸、印染、有色等排污行业环境隐患排查和集中治理力度，实行长江干支流沿线城镇污水垃圾全收集全处理，加强农业畜禽、水产养殖污染物排放控制及农村污水垃圾治理，强化水上危险品运输安全环保监管、船舶溢油风险防范和船舶污水排放控制。完善应急救援体系，提高应急处置能力。建立环境风险大、涉及有毒有害污染物排放的产业园区退出或转型机制。加强三峡库区、丹江口库区、洞庭湖、鄱阳湖、长江口及长江源头等水体的水质监测和综合治理，强化重点水域保护，确保流域水质稳步改善。

（三十九）妥善处理江河湖泊关系。综合考虑防洪、生态、供水、航运和发电等需求，进一步开展以三峡水库为核心的长江上游水库群联合调度研究与实践。加强长江与洞庭湖、鄱阳湖演变与治理研究，论证洞庭湖、鄱阳湖水系整治工程，进行蓄滞洪区的分类和调整研究。完善防洪保障体系，实施长江河道崩岸治理及河道综合整治工程，尽快完成长江流域山洪灾害防治项目，推进长江中下游蓄滞洪区建设及中小河流治理。

（四十）加强流域环境综合治理。完善污染物排放总量控制制度，加强二氧化硫、氮氧化物、PM2.5（细颗粒物）等主要大气污染物综合防治，严格控制煤炭消费总量。加强挥发性有机物排放重点行业整治，扭转中下游地区、四川盆地等区域性雾霾、酸雨恶化态势，改善沿江城市空气质量。推进农村环境综合整治，降低农药和化肥使用强度，加大土壤污染防治力度，强化重点行业和重点区域重金属污染综合治理。大力推进工业园区污染集中治理和循环化改造，鼓励企业采用清洁生产技术。积极推进城镇污水处理设施和配套污水管网建设，提高现有污水处理设施处理效率。

（四十一）强化沿江生态保护和修复。坚定不移实施主体功能区制度，率先划定沿江生态保护红线，强化国土空间合理开发与保护，加大重点生态功能区建设和保护力度，构建中上游生态屏障。推进太湖、巢湖、滇池、草海等全流域湿地生态保护与修复工程，加强金沙江、乌江、嘉陵江、三峡库区、汉江、洞庭湖和鄱阳湖水系等重点区域水土流失治理和地质灾害防治，中上游重点实施山地丘陵地区坡耕地治理、退耕还林还草和岩溶地区石漠化治理，中下游重点实施生态清洁小流域综合治理及退田还草还湖还湿。加大沿江天然林草资源保护和长江防护林体系建设力度，加强沿江风景名胜资源保护和山地丘陵地区林草植被保护。加强长江物种及其栖息繁衍场所保护，强化自然保护区和水产种质资源保护区建设和管护。探索建立沿江国家公园。研究制定长江生态环境保护规划。

（四十二）促进长江岸线有序开发。建立健全长江岸线开发利用和保护协调机制，统筹规划长江岸线资源，严格分区管理和用途管制，合理安排沿江工业与港口岸线、过江通道岸线与取水口岸线，加大生态和生活岸线保护力度。严格河道管理范围内建设项目工程建设方案审查制度。统筹岸线与后方土地的使用和管理，提高岸线资源集约利用水平。依法建立岸线资源有偿使用制度。有效保护岸线原始风貌，利用沿江风景名胜和其他自然人文景观资源，为居民提供便捷舒适亲水空间。

八、创新区域协调发展体制机制

打破行政区划界限和壁垒，加强规划统筹和衔接，形成市场体系统一开放、基础设施共建共享、生态环境联防联治、流域管理统筹协调的区域协调发展新机制。

（四十三）建立区域互动合作机制。加强国家层面协调指导，统筹研究解决长江经济带发展中的重大问题，建立推动长江经济带发展部际联席会议制度。发挥水利部长江水利委员会、交通运输部长江航务管理局、农业部长江流域渔政监督管理办公室以及环境保护部华东、华南、西南环境保护督查中心等机构作用，协同推进长江防洪、航运、发电、生态环境保护等工作。建立健全地方政府之间协商合作机制，共同研究解决区域合作中的重大事项。充分调动社会力量，建立各类跨地区合作组织。

（四十四）推进一体化市场体系建设。进一步简政放权，清理阻碍要素合理流动的地方性政策法规，打破区域性市场壁垒，实施统一的市场准入制度和标准，推动劳动力、资本、技术等要素跨区域流动和优化配置。健全知识产权保护机制。推动社会信用体系建设，扩大信息资源开放共享，提高基础设施网络化、一体化服务水平。

（四十五）加大金融合作创新力度。适时推进符合条件的民间资本在中上游地区发起设立民营银行等中小金融机构。引导区域内符合条件的创新型、创业型、成长型中小企业到全国中小企业股份转让系统挂牌进行股权融资、债权融资、资产重组等。探索创新金融产品，鼓励开展融资租赁服务，支持长江船型标准化建设。鼓励大型港航企业以资本为纽带整合沿江港口和航运资源。鼓励政策性金融机构加大对沿江综合交通体系建设的支持力度。

（四十六）建立生态环境协同保护治理机制。完善长江环境污染联防联控机制和预警应急体系。鼓励和支持沿江省市共同设立长江水环境保护治理基金，加大对环境突出问题的联合治理力度。按照“谁受益谁补偿”的原则，探索上中下游开发地区、受益地区与生态保护地区试点横向生态补偿机制。依托重点生态功能区开展生态补偿示范区建设。推进水权、碳排放权、排污权交易，推行环境污染第三方治理。

（四十七）建立公共服务和社会治理协调机制。适应上中下游劳动力转移流动的趋势，加强跨区域职业教育合作和劳务对接，推进统一规范的劳动用工、资格认证和跨区域教育培训等就业服务制度。加大基本养老保险、基本医疗保险等社会保险关系转移接续政策的落实力度。应对长江事故灾难、环境污染、公共卫生等跨区域突发事件，构建协同联动的社会治理机制。建立区域协调配合的安全监管工作机制，加强跨区域重点工程项目的监管，有效预防和减少生产安全事故。完善集中连片特殊困难地区扶贫机制，加大政策支持力度。

附件：长江经济带综合立体交通走廊规划（2014～2020 年）。

国务院

2014 年 9 月 12 日

（此件公开发布）

附件

长江经济带综合立体交通走廊规划（2014～2020年）

为统筹长江经济带交通基础设施建设，加强各种运输方式有机衔接，完善综合交通运输体系，特编制长江经济带综合立体交通走廊规划。规划期为2014～2020年。

一、规划基础

（一）现实条件

改革开放以来，长江经济带交通基础设施建设成效显著，路网规模持续扩大，结构布局不断改善，技术水平明显提升，运输能力大幅增强，初步形成了以长江黄金水道为依托，水路、铁路、公路、民航、管道等多种运输方式协同发展的综合交通网络。

与推动长江经济带发展要求相比，综合交通网建设仍然存在较大差距，主要表现在：一是长江航运潜能尚未充分发挥，高等级航道比重不高，中上游航道梗阻问题突出，高效集疏运体系尚未形成。二是东西向铁路、公路运输能力不足，南北向通道能力紧张，向西开放的国际通道能力薄弱。三是网络结构不完善，覆盖广度不够，通达深度不足，技术等级偏低。四是各种运输方式衔接不畅，铁水、公水、空铁等尚未实现有效衔接。综合交通枢纽建设亟待加强。五是城际铁路建设滞后，城际交通网络功能不完善，不适应城镇化格局和城市群空间布局。

专栏1　改革开放以来长江经济带综合交通网建设情况

指　标	单　位	1978年	2013年	增长/倍
1. 内河航道里程	万公里	8.9	8.9	—
高等级航道里程	万公里	0.23	0.67	1.9
2. 铁路营业里程	万公里	1.4	2.96	1.1
高速铁路里程	万公里	0	0.4	—
复线率	%	11.9	49.8	—
电化率	%	2.7	69.7	—
3. 公路通车里程	万公里	35	188.8	4.4
国家高速公路里程	万公里	0	3.2	—
4. 输油（气）管道里程	万公里	0.06	4.4	72.3
5. 城市轨道交通营业里程	公里	0	1089	—
6. 民用运输机场数	个	20	74	2.7

（二）发展要求

依托黄金水道，推动长江经济带发展，对现代化综合交通运输体系建设提出新的更高要求。

1. 为内河经济带建设提供支撑。长江经济带建设将推动产业转型升级，提升整体实力和国际竞争力，深入推进新型城镇化，形成以城市群为主体形态的城镇化格局，要求加快构建综合运输大通道，打造高效快捷的交通走廊，加快完善城际交通网络，提高运输能力和服务水平。

2. 为东中西协调发展奠定基础。长江经济带横跨我国东中西三大地带，是实现区域协调发展的重要载体。促进长江经济带上中下游协调发展，要求提高东部地区交通网络畅通水平，扩大中西部地区交通网络覆盖范围，为引导要素合理流动和优化配置，缩小地区发展差距，形成优势互补、分工合作、协同发展的区域格局提供保障。

3. 为陆海双向开放创造条件。长江经济带建设充分发挥沿海沿江沿边的区位优势，深化向东开放，加快向西开放，培育开放型经济新格局，全面提升对外开放水平，要求统筹推进沿海沿江港口建设，充分发挥上海国际航运中心的引领作用，加快国际运输通道建设，实现与周边国家基础设施互联互通，为海陆双向开放创造交通先行条件。

4. 为生态文明建设做好示范。长江经济带是我国重要的人口密集区和产业承载区，随着经济社会快速发展，土地、能源、岸线等资源日益紧缺，生态环境压力持续增大。加强资源节约和环境保护，要求加快转变交通发展方式，节约集约利用交通运输资源，优化综合交通网络结构，发挥水运和铁路的节能环保优势，实现交通绿色低碳发展。

专栏2　2020年长江经济带交通运输量预测

指　　标	单　位	2013年	2020年	年均增长/%
客运量	亿人	181	310	8.0
旅客周转量	亿人公里	15867	26320	7.5
货运量	亿吨	179	270	6.0
货物周转量	亿吨公里	68203	103910	6.2

二、总体思路和发展目标

（一）总体思路

按照全面建成小康社会的总体部署和推动长江经济带发展的战略要求，加快打造长江黄金水道，扩大交通网络规模，优化交通运输结构，强化各种运输方式的衔接，提升综合运输能力，率先建成网络化、标准化、智能化的综合立体交通走廊，为建设中国经济新支撑带提供有力保障。

（二）基本原则

合理布局。区域间实现高效畅通，城市间实现快速通达，乡村实现便捷联通，城市体现公交优先，形成层次分明、覆盖广泛、功能完善的综合交通网络。

优化结构。统筹水路、铁路、公路、民航和管道发展，以提高主要通道运输能力为重点，加快水路和铁路建设，提升设施技术等级水平，强化综合交通枢纽功能，充分发挥各种运输方式的比较优势和组合效率。

适度超前。顺应经济转型升级、全面对外开放等趋势，在满足客货运输需求基础上，适当扩大运力余量，预留技术标准提升空间，加快基础设施建设，发挥交通运输基础保障和先行引导作用。

平安绿色。将安全第一、资源节约和环境保护贯穿于规划、设计、建设和运营全过程，着力提升安全性、可靠性和应急保障能力。节约集约利用土地、岸线、线位等资源，避让环境敏感区和生态脆弱区，实现安全、低碳、永续发展。

（三）发展目标

到2020年，建成横贯东西、沟通南北、通江达海、便捷高效的长江经济带综合立体交通走廊。

建成畅通的黄金水道。形成以上海国际航运中心为龙头、长江干线为骨干、干支流网络衔接、集疏运体系完善的长江黄金水道，高等级航道里程达到1.2万公里。

建成高效的铁路网络。形成以沿江、沪昆高速铁路为骨架的快速铁路网和以沿江、衢（州）丽（江）、沪昆铁路为骨架的普通铁路网。

建成便捷的公路网络。形成以沪蓉、沪渝、沪昆、杭瑞高速公路为骨架的国家高速公路网和覆盖所有县城的普通国道网，实现具备条件的乡镇、建制村通沥青（水泥）路。

建成发达的航空网络。形成以上海国际航空枢纽和重庆、成都、昆明、贵阳、长沙、武汉、南京、杭州等区域航空枢纽为核心的民用航空网。

基本建成区域相连的油气管网。形成以沿江干线管道为主轴，连接成渝城市群、长江中游城市群、长江三角洲城市群的油气管网。

基本建成一体发展的城际交通网。形成以快速铁路、高速公路等为骨干的城际交通网，实现中心城市之间以及中心城市与周边城市之间1～2小时交通圈。

专栏3　长江经济带综合交通网发展目标

指　标	单　位	2013年	2020年
1. 内河航道里程	万公里	8.9	8.9
高等级航道里程	万公里	0.67	1.2
2. 铁路营业里程	万公里	2.96	4
高速铁路里程	万公里	0.4	0.9
复线率	%	49.8	60.7
电化率	%	69.7	88.5
3. 公路通车里程	万公里	188.8	200
国家高速公路里程	万公里	3.2	4.2
乡镇通沥青（水泥）路率	%	97.9	100
建制村通沥青（水泥）路率	%	84.7	100
4. 输油（气）管道里程	万公里	4.4	7.0
5. 城市轨道交通营业里程	公里	1089	3600
6. 民用运输机场数	个	74	100
7. 长江干线过江桥梁（含隧道）数	座	89	180

三、打造长江黄金水道

充分发挥长江水运运能大、成本低、能耗少等优势，加快推进长江干线航道系统治理，整治浚深下游航道，有效缓解中上游瓶颈，改善支流通航条件，优化港口功能布局，加强集疏运体系建设，打造畅通、高效、平安、绿色的黄金水道。

（一）全面推进长江干线航道系统化治理。加快实施重大航道整治工程，充分利用航道自然水深条件和信息化技术，进一步提升干线航道通航能力。下游重点实施12.5米深水航道延伸至南京工程；中游重点实施荆江河段航道整治工程，抓紧开展宜昌至安庆段航道工程模型试验研究；上游重点实施重庆至宜宾段航道整治工程，研究论证宜宾至水富段航道整治工程。

专栏4　长江干线航道规划重点项目
实施九龙坡至朝天门航道、宜昌至昌门溪航道、昌门溪至熊家洲航道、赤壁至潘家湾航道、中游天兴洲航道、湖广至罗湖洲航道、牯牛沙水道航道二期、鲤鱼山水道航道、下游江心洲水道航道整治工程，南京以下12.5米深水航道建设工程，长江口深水航道减淤工程，长江口北港航道治理工程、长江口南支航道扁担沙守护工程等。

（二）统筹推进支线航道建设。积极推进航道整治和梯级渠化，提高支流航道等级，形成与长江干线有机衔接的支线网络。加快建设合裕线、信江、赣江、江汉运河、汉江、沅水、湘江、乌江、岷江等高等级航道，抓紧实施京杭运河航道建设和船闸扩能工程，系统建设长江三角洲地区高等级航道网络。研究论证金沙江攀枝花至水富、引江济淮通航和长江水系具有开发潜力航道升级改造的可能性。统筹推进其他支线航道建设。

专栏5　长江支线航道规划重点项目
实施连申线、芜申线、杭申线、苏申内港线、苏申外港线、长湖申线、通扬线、湖嘉申线、杭甬运河、杭平申线、钱塘江、大芦线等航道整治工程，岷江、乌江、湘江、汉江、赣江、合裕线等航道升级改造工程。研究建设岷江犍为、龙溪口、东风岩、嘉陵江利泽、汉江雅口、赣江新干、井冈山等航电枢纽。研究推进洞庭湖、鄱阳湖支线航道建设。实施京杭运河山东段、湖西段、苏南段、浙江段航道扩能改造。

（三）促进港口合理布局。优化港口功能，加强分工合作，积极推进专业化、规模化和现代化建设，大力发展现代航运服务业。加快上海国际航运中心、武汉长江中游航运中心、重庆长江上游航运中心和南京区域性航运物流中心建设。推进上海港、宁波—舟山港、江苏沿江港口功能提升，有序推进内河主要港口建设，完善集装箱、大宗散货、汽车滚装及江海中转运输系统。

专栏6　长江港口系统规划重点项目
海港
建设上海港、宁波-舟山港、苏州港、南京港集装箱码头，宁波-舟山港、连云港进口铁矿石码头，宁波-舟山港、苏州港、镇江港煤炭中转储运基地码头。
河港
加快无锡港、徐州港、嘉兴内河港、杭州港、湖州港、马鞍山港、芜湖港、安庆港、合肥港、蚌埠港、九江港、南昌港、武汉港、黄石港、荆州港、宜昌港、岳阳港、长沙港、重庆港、泸州港等主要港口集约化港区建设，提高现代化水平。

（四）加强集疏运体系建设。以航运中心和主要港口为重点，加快铁路、高等级公路等与重要港区的连接线建设，强化集疏运服务功能，提升货物中转能力和效率，有效解决“最后一公里”问题。推进港口与沿江开发区、物流园区的通道建设，扩大港口运输服务的覆盖范围。

（五）扩大三峡枢纽通过能力。挖掘既有船闸潜力，启动三峡及葛洲坝既有船闸扩能和三峡至葛洲坝两坝间航道整治工程。加快完善公路水路无缝衔接的翻坝转运系统，大力推进铁路水路有效连接的联运系统建设，抓紧建设三峡枢纽货运分流油气管道，积极实施货源地分流。加强三峡枢纽水运新通道和葛洲坝枢纽水运配套工程前期研究工作。

（六）增强长江干线过江能力。统筹规划、合理布局过江通道，做好隧道桥梁方案比选、洪水影响评价等论证工作，充分利用江上和水下空间，着力推进铁路、公路、城市交通合并过江，节约集约利用土地和岸线资源。优化整合渡口渡线，加强渡运安全管理。促进过江通道与长江航运、防洪安全和生态环境协调发展，实现长江两岸区域间、城市间以及城市组团间便捷顺畅连接，形成功能完善、安全可靠的过江通道系统。

专栏7　长江干线新建过江通道规划重点项目
江苏省（14座）：建设锦文路、南京第五、七乡河公路过江通道，汉中西路、和燕路、张靖城市道路过江通道，南京4号线城市轨道过江通道，上元门、宁仪城际铁路过江通道，五峰山、常泰、江阴第二、江阴第三、锡通公铁两用过江通道。
安徽省（17座）：建设池州、姑孰公路过江通道，横港、铜陵开发区、芜湖城南、泰山路、马鞍山龙山路城市道路过江通道，海口、安庆、池安、江口、梅龙、龙窝湖、弋矶山第二、九华路、湖北路、慈湖公铁两用过江通道。
江西省、安徽省（1座）：建设宿松公铁两用过江通道。
湖北省（19座）：建设红花套、枝江、荆州第二、石首、赤壁、嘉鱼、沌口、青山、棋盘洲、武穴公路过江通道，伍家岗、杨泗港、鄂黄第二城市道路过江通道，武汉11号线、武汉7号线、武汉8号线、武汉10号线城市轨道过江通道，陡山沱、宜昌轨道公铁两用过江通道。
重庆市（27座）：建设白沙、油溪、五举沱、珞璜、长寿第二、长寿第三、韩家沱、兴义、顺溪、西沱、万州绕城高速、故陵、安坪、奉节公路过江通道，小南海、黄桷坪、果园、新田城市道路过江通道，李家沱、鹅公岩城市轨道过江通道，白居寺、雷家坡、黄桷沱、郭家沱、铁路东南环线、新田港铁路、安张铁路公铁两用过江通道。
四川省（17座）：建设豆坝、普和金沙江、罗龙、南溪公路过江通道，白塔山、盐坪坝、安富第二、蓝田、沙茜、泰安第二、合江县城城市道路过江通道，绵遂内宜铁路、江安第二、纳溪、安富第一、合江新城、榕山公铁两用过江通道。
注：1. 公铁两用过江通道系指公路或城市道路与铁路或城市轨道交通合并过江形成的通道的统称。 2. 过江通道采用的建设方案（隧道或桥梁）在项目前期工作中研究论证后确定。

四、建设综合立体交通走廊

依托长江黄金水道，统筹发展水路、铁路、公路、航空、管道等各种运输方式，加快综合交通枢纽和国际通道建设，建成衔接高效、安全便捷、绿色低碳的综合立体交通走廊，增强对长江经济带发展的战略支撑力。

（一）强化铁路运输网络。加强快速铁路建设，重点建设上海经南京、合肥、武汉、重庆至成都的沿江高速铁路和上海经杭州、南昌、长沙、贵阳至昆明的沪昆高速铁路，建设商丘经合肥至杭州、重庆至贵阳等南北向高速铁路和快速铁路，形成覆盖50万人口以上城市的快速铁路网。

加快普通铁路新建和既有线路改扩建，改扩建沿长江普通铁路。新建衢州至丽江铁路，进一步提高沪昆铁路既有运能，加快南北向铁路、中西部干线建设，加强既有铁路扩能改造，形成覆盖20万人口以上城市客货共线的普通铁路网。

专栏8　铁路规划重点项目
快速铁路 建设上海至南通、上海经江阴至南京、连云港经扬州至镇江、徐州经淮安至盐城、杭州经长沙至昆明、杭州至黄山、商丘经合肥至杭州、郑州至合肥、合肥至九江、南昌至赣州、赣州至深圳、九江至武汉、武汉至西安、怀化经邵阳至衡阳、重庆至郑州、重庆至贵阳、重庆至昆明、成都至重庆、汉中经巴中至重庆、成都至贵阳、贵阳至南宁等铁路。
普通铁路 建设衢州经九江、岳阳、常德、黔江、遵义、昭通、攀枝花至丽江，上海至乍浦，南通至启东，庐江至铜陵，六安经安庆至景德镇，鹰潭至梅州，内蒙古西部至华中煤炭运输通道，成都至康定等铁路。实施皖赣、渝怀、成昆等铁路扩能改造。

（二）优化公路运输网络。积极推进国家高速公路建设。以上海至成都、上海至重庆、上海至昆明、杭州至瑞丽等国家高速公路为重点，统筹推进高速公路建设，消除省际间“断头路”，尽快形成连通20万人口以上城市、地级行政中心、重点经济区、主要港口和重要边境口岸的高速公路网络。在科学论证和规划基础上，建设必要的地方高速公路，作为国家高速公路网的延伸和补充。

加大普通国省道改造力度。加快普通国道建设，消除瓶颈路段制约，提高技术等级和安全水平，使东中部地区普通国道二级及以上公路比重达到90%

以上，西部地区普通国道二级及以上公路比重达到70%以上。配套完善道路安全防护设施和交通管理设施设备。加强省际通道和连接重要口岸、旅游景区、矿产资源基地等的公路建设，实现主要港口、民航机场、铁路枢纽、重要边境口岸、省级以上工业园区基本通二级及以上公路。

专栏9 公路规划重点项目
国家高速公路 新建桐庐至金华、景宁至泰顺、大丰港至盐城、苏浙界至嘉善、巢湖至庐江、桐城至岳西、利辛至祁门、广德至宁国、歙县至淳安、船顶隘至吉安、南昌至茅店、张家界至武冈、张家界至龙山、湘鄂界至慈利、来凤至咸丰、建始至恩施、黔江至石柱、涪陵至南川、雅安至康定、汶川至马尔康、绵阳至九寨沟、丽江至香格里拉、都匀经安顺至西昌、惠水至罗甸、弥勒至楚雄、新平至临沧等公路，启动井研经攀枝花至丽江公路前期研究。
普通国道 改扩建G104、G105、G106、G107、G108、G204、G205、G206、G207、G209、G210、G211、G212、G213、G214、G215、G220、G230、G240、G241、G242、G312、G316、G318、G319、G320、G346、G348等普通国道相关路段。

（三）拓展航空运输网络。加快上海国际航空枢纽建设，强化重庆、成都、昆明、贵阳、长沙、武汉、南京、杭州等机场的区域枢纽功能，发挥南昌、合肥、宁波、温州、无锡、丽江、西双版纳等干线机场作用，完善支线机场布局，形成长江上中下游机场群。优化航线网络，科学论证，提高主要城市间航班密度，增加国际运输航线。深化低空空域管理改革，发展通用航空。依托空港资源，发展临空经济。

专栏10 机场规划重点项目
长江下游机场群 实施上海浦东、南京、合肥、宁波、温州机场扩建工程，新建嘉兴、丽水、芜湖、蚌埠、亳州、宿州、滁州等机场。
长江中游机场群 实施武汉、长沙机场扩建工程，新建上饶、抚州、瑞金、神农架、十堰、荆州、黄冈、衡阳、岳阳、武冈、湘西、郴州、娄底等机场。
长江上游机场群 实施重庆、贵阳机场扩建工程，推进成都新机场建设，新建乐山、红原、甘孜、巴中、阆中、巫山、武隆、六盘水、仁怀、威宁、黔北、罗甸、泸沽湖、红河、沧源、澜沧、元阳、丘北、宣威等机场。

（四）完善油气管道布局。统筹规划、合理布局沿江油气管网，加快建设主干管道，配套建设输配体系和储备设施，提高原油、成品油管输比例，增加天然气供应能力。完善长江三角洲、长江中游、川渝云贵地区原油、成品油输送管道以及区域天然气管网，加快油气管道互联互通，形成以沿江干线管道为主轴，连接成渝城市群、长江中游城市群、长江三角洲城市群的油气供应保障体系。

专栏 11　油气管道规划重点项目
依托兰成原油管道、中卫-贵阳天然气管道，配套建设区域干支线、相国寺储气库等。加大西部天然气引入力度，建设西气东输三线、新疆煤制气外输管道等主干管道向长江中游城市群供气支线。建设仪征至长岭原油管道复线，长岭至重庆原油管道，荆门经宜昌至巴东成品油管道及配套设施，中俄东线南段（永清至上海）、青岛至南京、如东经海门至崇明岛等天然气管道及支线，浙江舟山 LNG（液化天然气）加注站和江苏金坛、刘庄、淮安储气库。优化布局长江三角洲地区 LNG 接收站及分销转运站。

（五）加强综合交通枢纽建设。按照“零距离换乘、无缝化衔接”要求，加快建设 14 个全国性综合交通枢纽（节点城市）和重要区域性综合交通枢纽（节点城市）。

加强客运枢纽一体化衔接。根据城市空间形态、旅客出行等特征，合理布局不同层次、不同功能的客运枢纽。实现城市轨道交通、地面公共交通、市郊铁路、私人交通等设施与干线铁路、城际铁路、干线公路、机场等紧密衔接。鼓励采取开放式、立体化方式建设交通枢纽，尽可能实现同站换乘。

完善货运枢纽集疏运功能。统筹货运枢纽与开发区、物流园区等的空间布局。按照“无缝化衔接”要求，建设能力匹配的公路、铁路连接线和换装设施，提高货物换装的便捷性、兼容性和安全性，降低物流成本。

加快综合交通枢纽规划工作，做好与省域城镇体系规划、城市总体规划、土地利用总体规划等的衔接与协调。统筹综合交通枢纽与产业布局、城市功能布局的关系，以综合交通枢纽为核心，协调枢纽与通道的发展。

专栏 12　综合交通枢纽（节点城市）
建设上海、南京、连云港、徐州、杭州、宁波、合肥、南昌、长沙、武汉、重庆、成都、贵阳、昆明等全国性综合交通枢纽（节点城市）以及南通、芜湖、九江、岳阳、宜昌、泸州等重要区域性综合交通枢纽（节点城市）。

（六）建设国际运输通道。建设孟中印缅通道、中老泰通道和中越通道，

加快基础设施互联互通。推进昆明至缅甸铁路、公路和油气管道建设，形成至南亚的国际运输通道。推进昆明至越南、老挝的铁路和公路建设，形成至东南亚的国际运输通道。开发利用国际河流航运资源，建设澜沧江、红河等水路国际运输通道。配套建设与国际通道相关的基础设施，完善口岸功能。

专栏13　国际通道规划重点项目
建设中缅铁路大理至瑞丽段，中老泰铁路玉溪至磨憨段，中越铁路玉溪至河口段，祥云经临沧至普洱铁路，杭瑞国家高速公路龙陵至瑞丽段，银昆国家高速公路景洪至磨憨段。与中缅油气管道相配套，建设区域干支线及安宁储气库，昆明炼厂成品油外输管道。

五、加快城市群交通网络建设

以快速铁路和高速公路为骨干，以国省干线公路为补充，建设长江三角洲、长江中游、成渝、滇中和黔中城市群城际交通网络，实现城市群内中心城市之间、中心城市与周边城市之间的快速通达，完善城市公共交通和乡村交通网络，促进新型城镇化有序发展。

（一）完善长江三角洲城市群城际交通网络。打造以上海为中心，南京、杭州、合肥为副中心，城际铁路为主通道的“多三角、放射状”城际交通网络。建设以上海为中心，南京、杭州、合肥、宁波、南通为节点的“多三角”城际交通网。建设以上海为中心，连通南通、苏州、嘉兴、宁波等城市的放射状城际交通网。建设以南京为中心，连通苏州、无锡、常州、镇江、南通、泰州、扬州等城市的放射状城际交通网。建设以杭州为中心，连通绍兴、宁波、舟山、台州、湖州、嘉兴等城市的放射状城际交通网。建设以合肥为中心，连通芜湖、马鞍山、宣城、铜陵、池州、安庆、淮南、蚌埠、滁州等城市的放射状城际交通网。实现城市群内中心城市之间以及中心城市与周边城市之间1～2小时通达。

（二）扩大长江中游城市群城际交通网络。打造长江中游城市群“三角形、放射状”城际交通网络。建设以武汉、长沙、南昌为中心，快速铁路为主通道的“三角形”城际交通网。建设以武汉为中心，连通黄石、鄂州、咸宁、宜昌、荆州、荆门、潜江、仙桃、天门、孝感、黄冈等城市的放射状城际交通网。建设以长沙为中心，连通株洲、湘潭、衡阳、娄底、岳阳、益阳、常德等城市的放射状城际交通网。建设以南昌为中心，连通九江、景德镇、鹰潭、抚州、新余、宜春、萍乡等城市的放射状城际交通网。实现武汉、长沙、南昌之间2小时通达，武汉、长沙、南昌与周边城市之间1～2小时通达。

（三）构建成渝城市群城际交通网络。打造以重庆、成都为中心的“一主轴、放射状”城际交通网络。建设以重庆至成都铁路客运专线为主通道的运输主轴，重庆中心城区连通万州、涪陵、江津、永川、合川等区（县）的放射状城际交通网，成都连通德阳、绵阳、遂宁、南充、广安、达州、资阳、内江、自贡、泸州、宜宾、乐山、眉山、雅安等城市的放射状城际交通网。实现重庆、成都之间以及与周边城市之间1～2小时通达。

（四）建设黔中、滇中城市群城际交通网络。建设以贵阳为中心，连通安顺、遵义、毕节、都匀、凯里的放射状城际交通网络，实现贵阳与周边城市之间1小时通达。建设以昆明为中心，连通曲靖、玉溪、楚雄等城市的放射状城际交通网，实现昆明与周边城市之间1小时通达。

（五）提升城市公共交通网络能力。贯彻落实公共交通优先政策，统筹城市发展与重大交通基础设施建设。有序发展城市轨道交通，上海、南京、武汉、重庆、成都等建成城市轨道交通网络，杭州、合肥、南昌、长沙、贵阳、昆明、宁波、苏州、无锡等建成城市轨道交通主骨架。充分利用现有铁路资源，积极推进市郊铁路建设。提升公共交通枢纽场站规划建设水平，基本实现大城市中心城区公共交通站点500米全覆盖，公共交通占机动化出行比例达到60%左右。强化城市主干道路建设，完善路网结构，改善微循环系统，优化交通组织，广泛应用智能交通技术，提高道路通行效率。加强静态交通管理。进一步推动城市步行和自行车交通系统建设。

（六）改善乡村交通条件。以满足农村交通需求为出发点，继续实施以通沥青（水泥）路为重点的通畅工程，加快集中连片特殊困难地区农村公路建设，形成以县城为中心，辐射乡镇，覆盖行政村的乡村公路网络，实现上中下游地区具备条件的乡镇、建制村通沥青（水泥）路率达到100%。实施县乡道改造和连通工程，提高乡村公路骨架网络质量。实施乡村公路的桥涵建设、危桥改造以及客运场站等公交配套工程，加强乡村公路的标识、标线、护栏等设施建设，提高乡村公路安全保障水平。大力发展农村客运，实现乡镇、建制村通客车率达到100%。

六、保障措施

（一）深化交通投融资体制改革。创新交通发展投融资方式，进一步完善国家投资、地方筹资、社会融资、利用外资的投融资机制。深化铁路投融资体制改革，扩大铁路发展基金募集规模，优化结构和投向。创新轨道交通导向型土地综合开发模式。完善普通公路投融资体制，建立以公共财政为基础，各级政府责任清晰、事权和支出责任相适应的投融资长效机制，加大财政性资金对普通公路建设的支持力度。继续加大中央资金对内河航道和中西部支线机场的投入。开展综合交通枢纽开发试点工作，并给予必要政策支持。

（二）拓宽交通建设融资渠道。抓紧制定鼓励包括民营资本在内的社会资本投资交通基础设施建设的政策措施，破解融资瓶颈。鼓励政策性金融机构加大对交通基础设施建设的支持力度，鼓励保险和各类融资性担保机构提供信用支持。推进经营性内河水运工程市场化融资，支持符合条件的企业通过发行债券满足城际铁路、普通公路、内河航道等建设资金需求。

（三）加快推进船型标准化。加大专项资金投入，创新金融业务和产品，鼓励开展融资租赁业务，大力推进长江干线船型标准化。积极推广应用节能环保、经济高效船舶，加快淘汰低效率高污染老旧船型；坚持安全第一，严格按照有关规定使用专业化船舶运输危险品。抓紧推广三峡船型，充分释放三峡船闸通航潜力。根据跨江桥梁净空高度、航道水深和运输需求等条件，积极发展江海直达船型，进一步提高运输效率和效益。

（四）大力发展多式联运。加快推进铁水、空铁、公水等联运发展，扩大辐射范围，提高联运比重。抓紧制定多式联运标准规范，完善运输装备技术标准体系，推广标准合同范本，统一多式联运单证。培育多式联运经营人，鼓励大型港航、铁路和公路运输企业以长江为依托开展多式联运业务，构筑长江黄金水道快捷高效的进出口货运大通道。充分发挥“渝新欧”、“蓉新欧”、“义新欧”等既有通道作用，优化整合中欧通道国际集装箱班列，打造具有国际影响力的运输平台。整合航空货运资源，加快发展现代航空物流。推动联运企业信息系统互联互通，提高联运效率。

（五）提升智能服务和安全保障水平。建立全面感知、广泛互联、深度融合、机制完善的智能航道技术体系，健全高速公路联网收费和不停车收费系统。全面推动铁路、公路、水运、民航、城市交通等客运综合服务信息平台建设，加快智能物流网络发展。提升交通行业安全监管和应急保障水平，加快建设长江干线全方位覆盖、全天候运行、具备快速反应能力的水上安全监管和应急救助体系。

（六）强化资源节约和环境保护。加强长江干线岸线管理和保护，严格水域岸线用途管制和河道管理范围内建设项目审批，探索以公开招标方式确定岸线使用人和港口岸线有偿使用办法。鼓励大型港航企业以资本为纽带整合沿江港口资源。对规划通航河流，水利水电梯级开发应同步建设或改造现有通航设施。进一步优化运输组织，改进船舶技术条件，推进节能减排。鼓励内河船舶使用液化天然气等清洁燃料。完善船舶污染防治标准，加强水上危险品运输监管、船舶溢油防治和污染物处理，严格控制船舶污染排放。确立公共交通在城市交通中的主体地位，加快新能源、清洁能源车辆在城市公共交通、出租运营和城市配送等方面的推广应用。

（七）科学组织项目实施。统筹规划，科学论证，突出重点，区分轻重缓急，有序推进项目实施，避免一哄而上。加快畅通长江黄金水道项目建设，优先实施消除铁路“卡脖子”和公路“断头路”、“瓶颈路段”工程。抓好铁路公路连接线建设，解决进港铁路、高等级公路“最后一公里”问题。加强过江通道研究论证，通道选址、过江方式（隧道或桥梁）和建设方案等均应满足通航、岸线利用、防洪等要求。

七、规划环评

（一）规划实施环境影响分析。本规划实施对环境的影响主要体现在资源占用、生态影响、污染排放和社会经济影响等四个方面。交通基础设施建设和运营会消耗土地和大量物资资源，并可能对局部地区地理生态环境产生影响。同时，运输装备运营和服务系统运行向周边环境排放废气、污水、噪声和固体废物等污染物，影响环境质量。规划期间，预计长江经济带将新增交通用地约50万公顷；新增能源消耗2600万吨标准煤，年均增速5%左右。

（二）规划实施环境影响评价。本规划与国家相关政策和发展战略规划保持一致，以建成横贯东西、沟通南北、通江达海、便捷高效的综合立体交通走廊为目标，发挥交通对长江经济带的重要引导和支撑作用。从与国家相关战略规划的协调性看，本规划较好地体现了与《全国主体功能区规划》、《国家新型城镇化规划（2014～2020年）》、《中华人民共和国国民经济和社会发展第十二个五年规划纲要》、《国家环境保护“十二五”规划》、《全国重要江河湖泊水功能区划（2011～2030年）》、《节能中长期专项规划》、《综合交通网中长期发展规划》、《中长期铁路网规划（2008年调整）》、《国家公路网规划（2013～2030年）》、《全国内河航道与港口布局规划》、《全国民用机场布局规划》以及沿江有关城市总体规划等的衔接。本规划提出的项目将在国家“十三五”时期有关建设规划中进一步落实，同时充分吸纳相关专项规划环评工作的成果，不突破相应环评结论，并将有关环评结论作为后续规划实施的依据。

（三）预防和降低环境不良影响的措施。优化交通运输结构，优先发展轨道交通、水路等资源节约型、环境友好型运输方式。鼓励轨道交通、公路等共用线位、桥位资源，减少土地占用。鼓励建设公用码头，提高岸线资源利用效率。发展先进适用的运输节能减排技术，采用新型节能的运输工具，推行更高的排放标准，鼓励使用清洁能源，逐步淘汰落后技术和高能耗、低效率的运输设备，提高铁路电气化水平，实施营运车船燃料排放消耗限制标准，推广清洁环保车辆。

积极开展生态环境恢复和污染治理。切实采取措施，防止水土流失，做好地形、地貌、生态环境恢复和土地复垦工作。合理设计项目线路走向和场站选址，避绕水源地、自然保护区、风景名胜等环境敏感区域，保护生态环境。注重景观修复，积极推动生态恢复工程和绿色通道建设，积极恢复和改善交通建设中遭破坏的生态环境和自然景观。大力推广采用环保新技术，促进废气、废水和固体废物的循环使用和综合利用。鼓励运输企业采用清洁生产工艺，加强交通运输领域工业“三废”和生活废物的资源化利用，积极开展烟气脱硫脱硝除尘、机动车尾气净化工作。

完善环境监控体系。严格执行《中华人民共和国环境保护法》和《中华人民共和国环境影响评价法》等法律法规，严格项目论证审核和土地、环保准入。规范管理制度和监测方法，强化建设项目全过程环境管理，建立完善、统一、高效的环境监控体系。

国务院关于发布政府核准的投资项目目录（2014年本）的通知

国发〔2014〕53号

各省、自治区、直辖市人民政府，国务院各部委、各直属机构：

为进一步深化投资体制改革和行政审批制度改革，加大简政放权力度，切实转变政府投资管理职能，使市场在资源配置中起决定性作用，确立企业投资主体地位，更好发挥政府作用，加强和改进宏观调控，现发布《政府核准的投资项目目录（2014年本）》，并就有关事项通知如下：

一、企业投资建设本目录内的固定资产投资项目，须按照规定报送有关项目核准机关核准。企业投资建设本目录外的项目，实行备案管理。事业单位、社会团体等投资建设的项目，按照本目录执行。

原油、天然气开发项目由具有开采权的企业自行决定，并报国务院行业管理部门备案。具有开采权的相关企业应依据相关法律法规，坚持统筹规划，合理开发利用资源，避免资源无序开采。

二、法律、行政法规和国家制定的发展规划、产业政策、总量控制目标、技术政策、准入标准、用地政策、环保政策、信贷政策等是企业开展项目前期工作的重要依据，是项目核准机关和国土资源、环境保护、城乡规划、行业管理等部门以及金融机构对项目进行审查的依据。环境保护部门应根据项目对环境的影响程度实行分级分类管理，对环境影响大、环境风险高的项目严格环评审批，并强化事中事后监管。

三、对于钢铁、电解铝、水泥、平板玻璃、船舶等产能严重过剩行业的项目，要严格执行《国务院关于化解产能严重过剩矛盾的指导意见》（国发〔2013〕41号），各地方、各部门不得以其他任何名义、任何方式备案新增产能项目，各相关部门和机构不得办理土地（海域）供应、能评、环评审批和新增授信支持等相关业务，并合力推进化解产能严重过剩矛盾各项工作。

四、项目核准机关要改进完善管理办法，切实提高行政效能，认真履行核准职责，严格按照规定权限、程序和时限等要求进行审查。监管重心要与核准、备案权限同步下移，地方政府要切实履行监管职责。有关部门要密切配合，按照职责分工，相应改进管理办法，依法加强对投资活动的监管。对不符合法律法规规定以及未按规定权限和程序核准或者备案的项目，有关部门不得办理相关手续，金融机构不得提供信贷支持。

五、按照规定由国务院核准的项目，由发展改革委审核后报国务院核准。按照规定报国务院备案的项目，由发展改革委核准后报国务院备案。核报国务院核准的项目、国务院投资主管部门核准的项目，事前须征求国务院行业管理部门的意见。由地方政府核准的项目，省级政府可以根据本地实际情况具体划分地方各级政府的核准权限。由省级政府核准的项目，核准权限不得下放。

六、法律、行政法规和国家有专门规定的，按照有关规定执行。商务主管部门按国家有关规定对外商投资企业的设立和变更、国内企业在境外投资开办企业（金融企业除外）进行审核或备案管理。

七、本目录自发布之日起执行，《政府核准的投资项目目录（2013 年本）》即行废止。

国务院

2014 年 10 月 31 日

（此件公开发布）

政府核准的投资项目目录（2014 年本）

一、农业水利

农业：涉及开荒的项目由省级政府核准。

水库：在跨界河流、跨省（区、市）河流上建设的项目由国务院投资主管部门核准，其中库容 10 亿立方米及以上或者涉及移民 1 万人及以上的项目由国务院核准。其余项目由地方政府核准。

其他水事工程：涉及跨界河流、跨省（区、市）水资源配置调整的项目由国务院投资主管部门核准，其余项目由地方政府核准。

二、能源

水电站：在跨界河流、跨省（区、市）河流上建设的单站总装机容量 50 万千瓦及以上项目由国务院投资主管部门核准，其中单站总装机容量 300 万千瓦及以上或者涉及移民1万人及以上的项目由国务院核准。其余项目由地方政府核准。

抽水蓄能电站：由省级政府核准。

火电站：由省级政府核准，其中燃煤火电项目应在国家依据总量控制制定的建设规划内核准。

热电站：由地方政府核准，其中抽凝式燃煤热电项目由省级政府在国家依据总量控制制定的建设规划内核准。

风电站：由地方政府在国家依据总量控制制定的建设规划及年度开发指导规模内核准。

核电站：由国务院核准。

电网工程：跨境、跨省（区、市）±500千伏及以上直流项目，跨境、跨省（区、市）500千伏、750千伏、1000千伏交流项目，由国务院投资主管部门核准，其中±800千伏及以上直流项目和1000千伏交流项目报国务院备案；其余项目由地方政府核准，其中±800千伏及以上直流项目和1000千伏交流项目应按照国家制定的规划核准。

煤矿：国家规划矿区内新增年生产能力120万吨及以上煤炭开发项目由国务院行业管理部门核准，其中新增年生产能力500万吨及以上的项目报国务院备案，国家规划矿区内的其余煤炭开发项目由省级政府核准；其余一般煤炭开发项目由地方政府核准。国家规定禁止新建的煤与瓦斯突出、高瓦斯和中小型煤炭开发项目，不得核准。

煤制燃料：年产超过20亿立方米的煤制天然气项目，年产超过100万吨的煤制油项目由国务院投资主管部门核准。

液化石油气接收、存储设施（不含油气田、炼油厂的配套项目）：由省级政府核准。

进口液化天然气接收、储运设施：新建（含异地扩建）项目由国务院行业管理部门核准，其中新建接收储运能力300万吨及以上的项目报国务院备案。其余项目由省级政府核准。

输油管网（不含油田集输管网）：跨境、跨省（区、市）干线管网项目由国务院投资主管部门核准，其中跨境项目报国务院备案。其余项目由省级政府核准。

输气管网（不含油气田集输管网）：跨境、跨省（区、市）干线管网项目由国务院投资主管部门核准，其中跨境项目报国务院备案。其余项目由省级政府核准。

炼油：新建炼油及扩建一次炼油项目由国务院投资主管部门核准，其中列入国务院批准的国家能源发展规划、石化产业规划布局方案的扩建项目由省级政府核准。

变性燃料乙醇：由省级政府核准。

三、交通运输

新建（含增建）铁路：跨省（区、市）项目和国家铁路网中的干线项目由国务院投资主管部门核准，国家铁路网中的其余项目由中国铁路总公司自行决定并报国务院投资主管部门备案；其余地方铁路项目由省级政府按照国家批准的规划核准。

公路：国家高速公路网项目由国务院投资主管部门核准，普通国道网项目由省级政府核准；地方高速公路项目由省级政府按照规划核准，其余项目由地方政府核准。

独立公（铁）路桥梁、隧道：跨境、跨10万吨级及以上航道海域、跨大江大河（现状或规划为一级及以上通航段）的项目由国务院投资主管部门核准，其中跨境项目报国务院备案；国家铁路网中的其余项目由中国铁路总公司自行决定并报国务院投资主管部门备案；其余项目由地方政府核准。

煤炭、矿石、油气专用泊位：在沿海（含长江南京及以下）新建年吞吐能力1000万吨及以上项目由国务院投资主管部门核准，其余项目由省级政府核准。

集装箱专用码头：在沿海（含长江南京及以下）建设的年吞吐能力100万标准箱及以上项目由国务院投资主管部门核准，其余项目由省级政府核准。

内河航运：跨省（区、市）高等级航道的千吨级及以上航电枢纽项目由国务院投资主管部门核准，其余项目由地方政府核准。

民航：新建运输机场项目由国务院核准，新建通用机场项目、扩建军民合用机场项目由省级政府核准。

四、信息产业

电信：国际通信基础设施项目由国务院投资主管部门核准；国内干线传输网（含广播电视网）以及其他涉及信息安全的电信基础设施项目，由国务院行业管理部门核准。

五、原材料

稀土、铁矿、有色矿山开发：稀土矿山开发项目，由国务院行业管理部门核准；其余项目由省级政府核准。

石化：新建乙烯项目由省级政府按照国务院批准的石化产业规划布局方案核准。

化工：年产超过50万吨的煤经甲醇制烯烃项目、年产超过100万吨的煤制甲醇项目，由国务院投资主管部门核准；新建对二甲苯（PX）项目、新建二苯基甲烷二异氰酸酯（MDI）项目由省级政府按照国务院批准的石化产业规划布局方案核准。

稀土：冶炼分离项目由国务院行业管理部门核准，稀土深加工项目由省级政府核准。

黄金：采选矿项目由省级政府核准。

六、机械制造

汽车：按照国务院批准的《汽车产业发展政策》执行。

七、轻工

烟草：卷烟、烟用二醋酸纤维素及丝束项目由国务院行业管理部门核准。

八、高新技术

民用航空航天：干线支线飞机、6吨/9座及以上通用飞机和3吨及以上直升机制造、民用卫星制造、民用遥感卫星地面站建设项目，由国务院投资主管部门核准；6吨/9座以下通用飞机和3吨以下直升机制造项目由省级政府核准。

九、城建

城市快速轨道交通项目：由省级政府按照国家批准的规划核准。

城市道路桥梁、隧道：跨10万吨级及以上航道海域、跨大江大河（现状或规划为一级及以上通航段）的项目由国务院投资主管部门核准。

其他城建项目：由地方政府自行确定实行核准或者备案。

十、社会事业

主题公园：特大型项目由国务院核准，大型项目由国务院投资主管部门核准，中小型项目由省级政府核准。

旅游：国家级风景名胜区、国家自然保护区、全国重点文物保护单位区域内总投资5000万元及以上旅游开发和资源保护项目，世界自然和文化遗产保护区内总投资3000万元及以上项目，由省级政府核准。

其他社会事业项目：除国务院已明确改为备案管理的项目外，按照隶属关系由国务院行业管理部门、地方政府自行确定实行核准或者备案。

十一、外商投资

《外商投资产业指导目录》中有中方控股（含相对控股）要求的总投资（含增资）10亿美元及以上鼓励类项目，总投资（含增资）1亿美元及以上限制类（不含房地产）项目，由国务院投资主管部门核准，其中总投资（含增资）20亿美元及以上项目报国务院备案。《外商投资产业指导目录》限制类中的房地产项目和总投资（含增资）小于1亿美元的其他限制类项目，由省级政府核准。《外商投资产业指导目录》中有中方控股（含相对控股）要求的总投资（含增资）小于10亿美元的鼓励类项目，由地方政府核准。

前款规定之外的属于本目录第一至十条所列项目，按照本目录第一至十条的规定核准。

十二、境外投资

涉及敏感国家和地区、敏感行业的项目，由国务院投资主管部门核准。

前款规定之外的中央管理企业投资项目和地方企业投资3亿美元及以上项目报国务院投资主管部门备案。

国务院关于加快科技服务业发展的若干意见

国发〔2014〕49号

各省、自治区、直辖市人民政府，国务院各部委、各直属机构：

科技服务业是现代服务业的重要组成部分，具有人才智力密集、科技含量高、产业附加值大、辐射带动作用强等特点。近年来，我国科技服务业发展势头良好，服务内容不断丰富，服务模式不断创新，新型科技服务组织和服务业态不断涌现，服务质量和能力稳步提升。但总体上我国科技服务业仍处于发展初期，存在着市场主体发育不健全、服务机构专业化程度不高、高端服务业态较少、缺乏知名品牌、发展环境不完善、复合型人才缺乏等问题。加快科技服务业发展，是推动科技创新和科技成果转化、促进科技经济深度融合的客观要求，是调整优化产业结构、培育新经济增长点的重要举措，是实现科技创新引领产业升级、推动经济向中高端水平迈进的关键一环，对于深入实施创新驱动发展战略、推动经济提质增效升级具有重要意义。为加快推动科技服务业发展，现提出以下意见。

一、总体要求

（一）指导思想

以邓小平理论、“三个代表”重要思想、科学发展观为指导，深入贯彻落实党的十八大、十八届二中、三中全会精神和国务院决策部署，充分发挥市场在资源配置中的决定性作用，以支撑创新驱动发展战略实施为目标，以满足科技创新需求和提升产业创新能力为导向，深化科技体制改革，加快政府职能转变，完善政策环境，培育和壮大科技服务市场主体，创新科技服务模式，延展科技创新服务链，促进科技服务业专业化、网络化、规模化、国际化发展，为建设创新型国家、打造中国经济升级版提供重要保障。

（二）基本原则

坚持深化改革。推进科技体制改革，加快政府职能转变和简政放权，有序放开科技服务市场准入，建立符合国情、持续发展的体制机制，营造平等参与、公平竞争的发展环境，激发各类科技服务主体活力。

坚持创新驱动。充分应用现代信息和网络技术，依托各类科技创新载体，整合开放公共科技服务资源，推动技术集成创新和商业模式创新，积极发展新型科技服务业态。

坚持市场导向。充分发挥市场在资源配置中的决定性作用，区分公共服务和市场化服务，综合运用财税、金融、产业等政策支持科技服务机构市场化发展，加强专业化分工，拓展市场空间，实现科技服务业集聚发展。

坚持开放合作。鼓励科技服务机构加强区域协作，推动科技服务业协同发展，加强国际交流与合作，培育具有全球影响力的服务品牌。

（三）发展目标

到2020年，基本形成覆盖科技创新全链条的科技服务体系，服务科技创新能力大幅增强，科技服务市场化水平和国际竞争力明显提升，培育一批拥有知名品牌的科技服务机构和龙头企业，涌现一批新型科技服务业态，形成一批科技服务产业集群，科技服务业产业规模达到8万亿元，成为促进科技经济结合的关键环节和经济提质增效升级的重要引擎。

二、重点任务

重点发展研究开发、技术转移、检验检测认证、创业孵化、知识产权、科技咨询、科技金融、科学技术普及等专业科技服务和综合科技服务，提升科技服务业对科技创新和产业发展的支撑能力。

（一）研究开发及其服务

加大对基础研究的投入力度，支持开展多种形式的应用研究和试验发展活动。支持高校、科研院所整合科研资源，面向市场提供专业化的研发服务。鼓励研发类企业专业化发展，积极培育市场化新型研发组织、研发中介和研发服务外包新业态。支持产业联盟开展协同创新，推动产业技术研发机构面向产业集群开展共性技术研发。支持发展产品研发设计服务，促进研发设计服务企业积极应用新技术提高设计服务能力。加强科技资源开放服务，建立健全高校、科研院所的科研设施和仪器设备开放运行机制，引导国家重点实验室、国家工程实验室、国家工程（技术）研究中心、大型科学仪器中心、分析测试中心等向社会开放服务。

（二）技术转移服务

发展多层次的技术（产权）交易市场体系，支持技术交易机构探索基于互联网的在线技术交易模式，推动技术交易市场做大做强。鼓励技术转移机构创新服务模式，为企业提供跨领域、跨区域、全过程的技术转移集成服务，促进科技成果加速转移转化。依法保障为科技成果转移转化作出重要贡献的人员、技术转移机构等相关方的收入或股权比例。充分发挥技术进出口交易会、高新技术成果交易会等展会在推动技术转移中的作用。推动高校、科研院所、产业联盟、工程中心等面向市场开展中试和技术熟化等集成服务。建立企业、科研院所、高校良性互动机制，促进技术转移转化。

（三）检验检测认证服务

加快发展第三方检验检测认证服务，鼓励不同所有制检验检测认证机构平等参与市场竞争。加强计量、检测技术、检测装备研发等基础能力建设，发展面向设计开发、生产制造、售后服务全过程的观测、分析、测试、检验、标准、认证等服务。支持具备条件的检验检测认证机构与行政部门脱钩、转企改制，加快推进跨部门、跨行业、跨层级整合与并购重组，培育一批技术能力强、服务水平高、规模效益好的检验检测认证集团。完善检验检测认证机构规划布局，加强国家质检中心和检测实验室建设。构建产业计量测试服务体系，加强国家产业计量测试中心建设，建立计量科技创新联盟。构建统一的检验检测认证监管制度，完善检验检测认证机构资质认定办法，开展检验检测认证结果和技术能力国际互认。加强技术标准研制与应用，支持标准研发、信息咨询等服务发展，构建技术标准全程服务体系。

（四）创业孵化服务

构建以专业孵化器和创新型孵化器为重点、综合孵化器为支撑的创业孵化生态体系。加强创业教育，营造创业文化，办好创新创业大赛，充分发挥大学科技园在大学生创业就业和高校科技成果转化中的载体作用。引导企业、社会资本参与投资建设孵化器，促进天使投资与创业孵化紧密结合，推广“孵化＋创投”等孵化模式，积极探索基于互联网的新型孵化方式，提升孵化器专业服务能力。整合创新创业服务资源，支持建设“创业苗圃＋孵化器＋加速器”的创业孵化服务链条，为培育新兴产业提供源头支撑。

（五）知识产权服务

以科技创新需求为导向，大力发展知识产权代理、法律、信息、咨询、培训等服务，提升知识产权分析评议、运营实施、评估交易、保护维权、投融资等服务水平，构建全链条的知识产权服务体系。支持成立知识产权服务联盟，开发高端检索分析工具。推动知识产权基础信息资源免费或低成本向社会开放，基本检索工具免费供社会公众使用。支持相关科技服务机构面向重点产业领域，建立知识产权信息服务平台，提升产业创新服务能力。

（六）科技咨询服务

鼓励发展科技战略研究、科技评估、科技招投标、管理咨询等科技咨询服务业，积极培育管理服务外包、项目管理外包等新业态。支持科技咨询机构、知识服务机构、生产力促进中心等积极应用大数据、云计算、移动互联网等现代信息技术，创新服务模式，开展网络化、集成化的科技咨询和知识服务。加强科技信息资源的市场化开发利用，支持发展竞争情报分析、科技查新和文献检索等科技信息服务。发展工程技术咨询服务，为企业提供集成化的工程技术解决方案。

（七）科技金融服务

深化促进科技和金融结合试点，探索发展新型科技金融服务组织和服务模式，建立适应创新链需求的科技金融服务体系。鼓励金融机构在科技金融服务的组织体系、金融产品和服务机制方面进行创新，建立融资风险与收益相匹配的激励机制，开展科技保险、科技担保、知识产权质押等科技金融服务。支持天使投资、创业投资等股权投资对科技企业进行投资和增值服务，探索投贷结合的融资模式。利用互联网金融平台服务科技创新，完善投融资担保机制，破解科技型中小微企业融资难问题。

（八）科学技术普及服务

加强科普能力建设，支持有条件的科技馆、博物馆、图书馆等公共场所免费开放，开展公益性科普服务。引导科普服务机构采取市场运作方式，加强产品研发，拓展传播渠道，开展增值服务，带动模型、教具、展品等相关衍生产业发展。推动科研机构、高校向社会开放科研设施，鼓励企业、社会组织和个人捐助或投资建设科普设施。整合科普资源，建立区域合作机制，逐步形成全国范围内科普资源互通共享的格局。支持各类出版机构、新闻媒体开展科普服务，积极开展青少年科普阅读活动，加大科技传播力度，提供科普服务新平台。

（九）综合科技服务

鼓励科技服务机构的跨领域融合、跨区域合作，以市场化方式整合现有科技服务资源，创新服务模式和商业模式，发展全链条的科技服务，形成集成化总包、专业化分包的综合科技服务模式。鼓励科技服务机构面向产业集群和区域发展需求，开展专业化的综合科技服务，培育发展壮大若干科技集成服务商。支持科技服务机构面向军民科技融合开展综合服务，推进军民融合深度发展。

三、政策措施

（一）健全市场机制

进一步完善科技服务业市场法规和监管体制，有序放开科技服务市场准入，规范市场秩序，加强科技服务企业信用体系建设，构建统一开放、竞争有序的市场体系，为各类科技服务主体营造公平竞争的环境。推动国有科技服务企业建立现代企业制度，引导社会资本参与国有科技服务企业改制，促进股权多元化改造。鼓励科技人员创办科技服务企业，积极支持合伙制科技服务企业发展。加快推进具备条件的科技服务事业单位转制，开展市场化经营。加快转变政府职能，充分发挥产业技术联盟、行业协会等社会组织在推动科技服务业发展中的作用。

（二）强化基础支撑

加快建立国家科技报告制度，建设统一的国家科技管理信息系统，逐步加大信息开放和共享力度。积极推进科技服务公共技术平台建设，提升科技服务技术支撑能力。建立健全科技服务的标准体系，加强分类指导，促进科技服务业规范化发展。完善科技服务业统计调查制度，充分利用并整合各有关部门科技服务业统计数据，定期发布科技服务业发展情况。研究实行有利于科技服务业发展的土地政策，完善价格政策，逐步实现科技服务企业用水、用电、用气与工业企业同价。

（三）加大财税支持

建立健全事业单位大型科研仪器设备对外开放共享机制，加强对国家超级计算中心等公共科研基础设施的支持。完善高新技术企业认定管理办法，充分考虑科技服务业特点，将科技服务内容及其支撑技术纳入国家重点支持的高新技术领域，对认定为高新技术企业的科技服务企业，减按15%的税率征收企业所得税。符合条件的科技服务企业发生的职工教育经费支出，不超过工资薪金总额8%的部分，准予在计算应纳税所得额时据实扣除。结合完善企业研发费用计核方法，统筹研究科技服务费用税前加计扣除范围。加快推进营业税改征增值税试点，扩大科技服务企业增值税进项税额抵扣范围，消除重复征税。落实国家大学科技园、科技企业孵化器相关税收优惠政策，对其自用以及提供给孵化企业使用的房产、土地，免征房产税和城镇土地使用税；对其向孵化企业出租场地、房屋以及提供孵化服务的收入，免征营业税。

（四）拓宽资金渠道

建立多元化的资金投入体系，拓展科技服务企业融资渠道，引导银行信贷、创业投资、资本市场等加大对科技服务企业的支持，支持科技服务企业上市融资和再融资以及到全国中小企业股份转让系统挂牌，鼓励外资投入科技服务业。积极发挥财政资金的杠杆作用，利用中小企业发展专项资金、国家科技成果转化引导基金等渠道加大对科技服务企业的支持力度；鼓励地方通过科技服务业发展专项资金等方式，支持科技服务机构提升专业服务能力、搭建公共服务平台、创新服务模式等。创新财政支持方式，积极探索以政府购买服务、“后补助”等方式支持公共科技服务发展。

（五）加强人才培养

面向科技服务业发展需求，完善学历教育和职业培训体系，支持高校调整相关专业设置，加强对科技服务业从业人员的培养培训。积极利用各类人才计划，引进和培养一批懂技术、懂市场、懂管理的复合型科技服务高端人才。依托科协组织、行业协会，开展科技服务人才专业技术培训，提高从业人员的专业素质和能力水平。完善科技服务业人才评价体系，健全职业资格制度，调动高校、科研院所、企业等各类人才在科技服务领域创业创新的积极性。

（六）深化开放合作

支持科技服务企业“走出去”，通过海外并购、联合经营、设立分支机构等方式开拓国际市场，扶持科技服务企业到境外上市。推动科技服务企业牵头组建以技术、专利、标准为纽带的科技服务联盟，开展协同创新。支持科技服务机构开展技术、人才等方面的国际交流合作。鼓励国外知名科技服务机构在我国设立分支机构或开展科技服务合作。

（七）推动示范应用

开展科技服务业区域和行业试点示范，打造一批特色鲜明、功能完善、布局合理的科技服务业集聚区，形成一批具有国际竞争力的科技服务业集群。深入推动重点行业的科技服务应用，围绕战略性新兴产业和现代制造业的创新需求，建设公共科技服务平台。鼓励开展面向农业技术推广、农业产业化、人口健康、生态环境、社会治理、公共安全、防灾减灾等惠民科技服务。

各地区、各部门要充分认识加快科技服务业发展的重大意义，加强组织领导，健全工作机制，强化部门协同和上下联动，协调推动科技服务业改革发展。各地区要根据本意见，结合地方实际研究制定具体实施方案，细化政策措施，确保各项任务落到实处。各有关部门要抓紧研究制定配套政策和落实分工任务的具体措施，为科技服务业发展营造良好环境。科技部要会同相关部门对本意见的落实情况进行跟踪分析和督促指导，重大事项及时向国务院报告。

国务院

2014 年 10 月 9 日

（本文有删减）

国务院印发关于深化中央财政科技计划（专项、基金等）管理改革方案的通知

国发〔2014〕64号

各省、自治区、直辖市人民政府，国务院各部委、各直属机构：

《关于深化中央财政科技计划（专项、基金等）管理改革的方案》已经党中央、国务院同意，现印发给你们，请认真贯彻执行。

国务院

2014年12月3日

（此件公开发布）

国务院关于深化中央财政科技计划（专项、基金等）管理改革的方案

科技计划（专项、基金等）是政府支持科技创新活动的重要方式。改革开放以来，我国先后设立了一批科技计划（专项、基金等），为增强国家科技实力、提高综合竞争力、支撑引领经济社会发展发挥了重要作用。但是，由于顶层设计、统筹协调、分类资助方式不够完善，现有各类科技计划（专项、基金等）存在着重复、分散、封闭、低效等现象，多头申报项目、资源配置“碎片化”等问题突出，不能完全适应实施创新驱动发展战略的要求。当前，全球科技革命和产业变革日益兴起，世界各主要国家都在调整完善科技创新战略和政策，我们必须立足国情，借鉴发达国家经验，通过深化改革着力解决存在的突出问题，推动以科技创新为核心的全面创新，尽快缩小我国与发达国家之间的差距。

为深入贯彻党的十八大和十八届二中、三中、四中全会精神，落实党中央、国务院决策部署，加快实施创新驱动发展战略，按照深化科技体制改革、财税体制改革的总体要求和《中共中央国务院关于深化科技体制改革加快国家创新体系建设的意见》、《国务院关于改进加强中央财政科研项目和资金管理的若干意见》（国发〔2014〕11号）精神，制定本方案。

一、总体目标和基本原则

（一）总体目标

强化顶层设计，打破条块分割，改革管理体制，统筹科技资源，加强部门功能性分工，建立公开统一的国家科技管理平台，构建总体布局合理、功能定位清晰、具有中国特色的科技计划（专项、基金等）体系，建立目标明确和绩效导向的管理制度，形成职责规范、科学高效、公开透明的组织管理机制，更加聚焦国家目标，更加符合科技创新规律，更加高效配置科技资源，更加强化科技与经济紧密结合，最大限度激发科研人员创新热情，充分发挥科技计划（专项、基金等）在提高社会生产力、增强综合国力、提升国际竞争力和保障国家安全中的战略支撑作用。

（二）基本原则

转变政府科技管理职能。政府各部门要简政放权，主要负责科技发展战略、规划、政策、布局、评估、监管，对中央财政各类科技计划（专项、基金等）实行统一管理，建立统一的评估监管体系，加强事中、事后的监督检查和责任倒查。政府各部门不再直接管理具体项目，充分发挥专家和专业机构在科技计划（专项、基金等）具体项目管理中的作用。

聚焦国家重大战略任务。面向世界科技前沿、面向国家重大需求、面向国民经济主战场，科学布局中央财政科技计划（专项、基金等），完善项目形成机制，优化资源配置，需求导向，分类指导，超前部署，瞄准突破口和主攻方向，加大财政投入，建立围绕重大任务推动科技创新的新机制。

促进科技与经济深度融合。加强科技与经济在规划、政策等方面的相互衔接。科技计划（专项、基金等）要围绕产业链部署创新链，围绕创新链完善资金链，统筹衔接基础研究、应用开发、成果转化、产业发展等各环节工作，更加主动有效地服务于经济结构调整和提质增效升级，建设具有核心竞争力的创新型经济。

明晰政府与市场的关系。政府重点支持市场不能有效配置资源的基础前沿、社会公益、重大共性关键技术研究等公共科技活动，积极营造激励创新的环境，解决好“越位”和“缺位”问题。发挥好市场配置技术创新资源的决定性作用和企业技术创新主体作用，突出成果导向，以税收优惠、政府采购等普惠性政策和引导性为主的方式支持企业技术创新和科技成果转化活动。

坚持公开透明和社会监督。科技计划（专项、基金等）项目全部纳入统一的国家科技管理信息系统和国家科技报告系统，加强项目实施全过程的信息公开和痕迹管理。除涉密项目外，所有信息向社会公开，接受社会监督。营造遵循科学规律、鼓励探索、宽容失败的氛围。

二、建立公开统一的国家科技管理平台

（一）建立部际联席会议制度

建立由科技部牵头，财政部、发展改革委等相关部门参加的科技计划（专项、基金等）管理部际联席会议（以下简称联席会议）制度，制定议事规则，负责审议科技发展战略规划、科技计划（专项、基金等）的布局与设置、重点任务和指南、战略咨询与综合评审委员会的组成、专业机构的遴选择优等事项。在此基础上，财政部按照预算管理的有关规定统筹配置科技计划（专项、基金等）预算。各相关部门做好产业和行业政策、规划、标准与科研工作的衔接，充分发挥在提出基础前沿、社会公益、重大共性关键技术需求，以及任务组织实施和科技成果转化推广应用中的积极作用。科技发展战略规划、科技计划（专项、基金等）布局和重点专项设置等重大事项，经国家科技体制改革和创新体系建设领导小组审议后，按程序报国务院，特别重大事项报党中央。

（二）依托专业机构管理项目

将现有具备条件的科研管理类事业单位等改造成规范化的项目管理专业机构，由专业机构通过统一的国家科技管理信息系统受理各方面提出的项目申请，组织项目评审、立项、过程管理和结题验收等，对实现任务目标负责。加快制定专业机构管理制度和标准，明确规定专业机构应当具备相关科技领域的项目管理能力，建立完善的法人治理结构，设立理事会、监事会，制定章程，按照联席会议确定的任务，接受委托，开展工作。加强对专业机构的监督、评价和动态调整，确保其按照委托协议的要求和相关制度的规定进行项目管理工作。项目评审专家应当从国家科技项目评审专家库中选取。鼓励具备条件的社会化科技服务机构参与竞争，推进专业机构的市场化和社会化。

（三）发挥战略咨询与综合评审委员会的作用

战略咨询与综合评审委员会由科技界、产业界和经济界的高层次专家组成，对科技发展战略规划、科技计划（专项、基金等）布局、重点专项设置和

任务分解等提出咨询意见，为联席会议提供决策参考；对制定统一的项目评审规则、建设国家科技项目评审专家库、规范专业机构的项目评审等工作，提出意见和建议；接受联席会议委托，对特别重大的科技项目组织开展评审。战略咨询与综合评审委员会要与学术咨询机构、协会、学会等开展有效合作，不断提高咨询意见的质量。

（四）建立统一的评估和监管机制

科技部、财政部要对科技计划（专项、基金等）的实施绩效、战略咨询与综合评审委员会和专业机构的履职尽责情况等统一组织评估评价和监督检查，进一步完善科研信用体系建设，实行“黑名单”制度和责任倒查机制。对科技计划（专项、基金等）的绩效评估通过公开竞争等方式择优委托第三方机构开展，评估结果作为中央财政予以支持的重要依据。各有关部门要加强对所属单位承担科技计划（专项、基金等）任务和资金使用情况的日常管理和监督。建立科研成果评价监督制度，强化责任；加强对财政科技资金管理使用的审计监督，对发现的违法违规行为要坚决予以查处，查处结果向社会公开，发挥警示教育作用。

（五）建立动态调整机制

科技部、财政部要根据绩效评估和监督检查结果以及相关部门的建议，提出科技计划（专项、基金等）动态调整意见。完成预期目标或达到设定时限的，应当自动终止；确有必要延续实施的，或新设立科技计划（专项、基金等）以及重点专项的，由科技部、财政部会同有关部门组织论证，提出建议。上述意见和建议经联席会议审议后，按程序报批。

（六）完善国家科技管理信息系统

要通过统一的信息系统，对科技计划（专项、基金等）的需求征集、指南发布、项目申报、立项和预算安排、监督检查、结题验收等全过程进行信息管理，并主动向社会公开非涉密信息，接受公众监督。分散在各相关部门、尚未纳入国家科技管理信息系统的项目信息要尽快纳入，已结题的项目要及时纳入统一的国家科技报告系统。未按规定提交并纳入的，不得申请中央财政资助的科技计划（专项、基金等）项目。

三、优化科技计划（专项、基金等）布局

根据国家战略需求、政府科技管理职能和科技创新规律，将中央各部门管理的科技计划（专项、基金等）整合形成五类科技计划（专项、基金等）。

（一）国家自然科学基金

资助基础研究和科学前沿探索，支持人才和团队建设，增强源头创新

能力。

（二）国家科技重大专项

聚焦国家重大战略产品和重大产业化目标，发挥举国体制的优势，在设定时限内进行集成式协同攻关。

（三）国家重点研发计划

针对事关国计民生的农业、能源资源、生态环境、健康等领域中需要长期演进的重大社会公益性研究，以及事关产业核心竞争力、整体自主创新能力和国家安全的战略性、基础性、前瞻性重大科学问题、重大共性关键技术和产品、重大国际科技合作，按照重点专项组织实施，加强跨部门、跨行业、跨区域研发布局和协同创新，为国民经济和社会发展主要领域提供持续性的支撑和引领。

（四）技术创新引导专项（基金）

通过风险补偿、后补助、创投引导等方式发挥财政资金的杠杆作用，运用市场机制引导和支持技术创新活动，促进科技成果转移转化和资本化、产业化。

（五）基地和人才专项

优化布局，支持科技创新基地建设和能力提升，促进科技资源开放共享，支持创新人才和优秀团队的科研工作，提高我国科技创新的条件保障能力。

上述五类科技计划（专项、基金等）要全部纳入统一的国家科技管理平台管理，加强项目查重，避免重复申报和重复资助。中央财政要加大对科技计划（专项、基金等）的支持力度，加强对中央级科研机构和高校自主开展科研活动的稳定支持。

四、整合现有科技计划（专项、基金等）

本次优化整合工作针对所有实行公开竞争方式的科技计划（专项、基金等），不包括对中央级科研机构和高校实行稳定支持的专项资金。通过撤、并、转等方式按照新的五个类别对现有科技计划（专项、基金等）进行整合，大幅减少科技计划（专项、基金等）数量。

（一）整合形成国家重点研发计划

聚焦国家重大战略任务，遵循研发和创新活动的规律和特点，将科技部管理的国家重点基础研究发展计划、国家高技术研究发展计划、国家科技支撑计划、国际科技合作与交流专项，发展改革委、工业和信息化部管理的产业技术研究与开发资金，有关部门管理的公益性行业科研专项等，进行整合归并，形成一个国家重点研发计划。该计划根据国民经济和社会发展重大需求及科技发展优先领域，凝练形成若干目标明确、边界清晰的重点专项，从基础前沿、重大共性关键技术到应用示范进行全链条创新设计，一体化组织实施。

（二）分类整合技术创新引导专项（基金）

按照企业技术创新活动不同阶段的需求，对发展改革委、财政部管理的新兴产业创投基金，科技部管理的政策引导类计划、科技成果转化引导基金，财政部、科技部、工业和信息化部、商务部共同管理的中小企业发展专项资金中支持科技创新的部分，以及其他引导支持企业技术创新的专项资金（基金），进一步明确功能定位并进行分类整合，避免交叉重复，并切实发挥杠杆作用，通过市场机制引导社会资金和金融资本进入技术创新领域，形成天使投资、创业投资、风险补偿等政府引导的支持方式。政府要通过间接措施加大支持力度，落实和完善税收优惠、政府采购等支持科技创新的普惠性政策，激励企业加大自身的科技投入，真正发展成为技术创新的主体。

（三）调整优化基地和人才专项

对科技部管理的国家（重点）实验室、国家工程技术研究中心、科技基础条件平台，发展改革委管理的国家工程实验室、国家工程研究中心等合理归并，进一步优化布局，按功能定位分类整合，完善评价机制，加强与国家重大科技基础设施的相互衔接。提高高校、科研院所科研设施开放共享程度，盘活存量资源，鼓励国家科技基础条件平台对外开放共享和提供技术服务，促进国家重大科研基础设施和大型科研仪器向社会开放，实现跨机构、跨地区的开放运行和共享。相关人才计划要加强顶层设计和相互之间的衔接。在此基础上调整相关财政专项资金。

（四）国家科技重大专项

要坚持有所为有所不为，加大聚焦调整力度，准确把握技术路线和方向，更加聚焦产品目标和产业化目标，进一步改进和强化组织推进机制，控制专项数量，集中力量办大事。更加注重与其他科技计划（专项、基金等）的分工与衔接，避免重复部署、重复投入。

（五）国家自然科学基金

要聚焦基础研究和科学前沿，注重交叉学科，培育优秀科研人才和团队，加大资助力度，向国家重点研究领域输送创新知识和人才团队。

（六）支持某一产业或领域发展的专项资金

要进一步聚焦产业和领域发展，其中有关支持技术研发的内容，要纳入优化整合后的国家科技计划（专项、基金等）体系，根据产业和领域发展需求，由中央财政科技预算统筹支持。

通过国有资本经营预算、政府性基金预算安排的支持科技创新的资金，要逐步纳入中央公共财政预算统筹安排，支持科技创新。

五、方案实施进度和工作要求

（一）明确时间节点，积极稳妥推进实施

优化整合工作按照整体设计、试点先行、逐步推进的原则开展。

2014年，启动国家科技管理平台建设，初步建成中央财政科研项目数据库，基本建成国家科技报告系统，在完善跨部门查重机制的基础上，选择若干具备条件的科技计划（专项、基金等）按照新的五个类别进行优化整合，并在关系国计民生和未来发展的重点领域先行组织5～10个重点专项进行试点，在2015年财政预算中体现。

2015～2016年，按照创新驱动发展战略顶层设计的要求和“十三五”科技发展的重点任务，推进各类科技计划（专项、基金等）的优化整合，对原由国务院批准设立的科技计划（专项、资金等），报经国务院批准后实施，基本完成科技计划（专项、基金等）按照新的五个类别进行优化整合的工作，改革形成新的管理机制和组织实施方式；基本建成公开统一的国家科技管理平台，实现科技计划（专项、基金等）安排和预算配置的统筹协调，建成统一的国家科技管理信息系统，向社会开放。

2017年，经过三年的改革过渡期，全面按照优化整合后的五类科技计划（专项、基金等）运行，不再保留优化整合之前的科技计划（专项、基金等）经费渠道，并在实践中不断深化改革，修订或制定科技计划（专项、基金等）和资金管理制度，营造良好的创新环境。各项目承担单位和专业机构建立健全内控制度，依法合规开展科研活动和管理业务。

（二）统一思想，狠抓落实，确保改革取得实效

科技计划（专项、基金等）管理改革工作是实施创新驱动发展战略、深化科技体制改革的突破口，任务重，难度大。科技部、财政部要发挥好统筹协调作用，率先改革，作出表率，加强与有关部门的沟通协商。各有关部门要统一思想，强化大局意识、责任意识，积极配合，主动改革，以“钉钉子”的精神共同做好本方案的落实工作。

（三）协同推进相关工作

加快事业单位科技成果使用、处置和收益管理改革，推进促进科技成果转

化法修订，完善科技成果转化激励机制；加强科技政策与财税、金融、经济、政府采购、考核等政策的相互衔接，落实好研发费用加计扣除等激励创新的普惠性税收政策；加快推进科研事业单位分类改革和收入分配制度改革，完善科研人员评价制度，创造鼓励潜心科研的环境条件；促进科技和金融结合，推动符合科技创新特点的金融产品创新；将技术标准纳入产业和经济政策中，对产业结构调整和经济转型升级形成创新的倒逼机制；将科技创新活动政府采购纳入科技计划，积极利用首购、订购等政府采购政策扶持科技创新产品的推广应用；积极推动军工和民口科技资源的互动共享，促进军民融合式发展。

各省（区、市）要按照本方案精神，统筹考虑国家科技发展战略和本地实际，深化地方科技计划（专项、基金等）管理改革，优化整合资源，提高资金使用效益，为地方经济和社会发展提供强大的科技支撑。

国务院办公厅关于推进城区老工业区搬迁改造的指导意见

国办发〔2014〕9号

各省、自治区、直辖市人民政府，国务院各部委、各直属机构：

为深入实施东北地区等老工业基地振兴战略，积极有序推进城区老工业区搬迁改造工作，经国务院同意，现提出以下指导意见。

一、充分认识推进城区老工业区搬迁改造的重要性

城区老工业区是指依托“一五”、“二五”和“三线”建设时期国家重点工业项目形成的、工业企业较为集中的城市特定区域，为我国建立独立完整的工业体系、为老工业城市的形成发展作出了突出贡献，目前仍是当地经济社会发展的重要支撑。但是在长期发展过程中，城区老工业区也出现了落后产能集中、基础设施老化、环境污染较为严重、安全隐患突出、棚户区改造任务重、困难群体较多等问题。近年来，许多城市采取多种方式组织开展城区老工业区搬迁改造，发展改革委也组织开展了相关试点工作，取得了一定成效。但是部分城区老工业区搬迁改造发展定位不合理、搬迁企业承接地选择不科学、污染土地治理不彻底、土地利用方式粗放、大拆大建、融资渠道单一等问题比较突出，亟待加强规范引导。科学实施城区老工业区搬迁改造，对于老工业城市推进产业结构调整、再造产业竞争新优势，完善城市综合服务功能、提高城镇化发展质量，保障和改善民生、维护社会和谐稳定具有重要意义。

二、总体要求

（一）指导思想。以邓小平理论、“三个代表”重要思想、科学发展观为指导，贯彻落实党的十八大和十八届二中、三中全会精神，按照党中央、国务院的决策部署，以加快转变经济发展方式为主线，以新型工业化和新型城镇化为引领，以改革创新为动力，以城区老工业区产业重构、城市功能完善、生态环境修复和民生改善为着力点，与加快棚户区改造和加强城市基础设施建设相结

合，统筹推进企业搬迁改造和新产业培育发展，破解城市内部二元结构，力争到2022年基本完成城区老工业区搬迁改造任务，把城区老工业区建设成为经济繁荣、功能完善、生态宜居的现代化城区。

（二）基本原则。

政府推动、市场运作。城区老工业区所在城市人民政府要正确引导，精心组织，国务院有关部门和各省级人民政府给予必要的指导和支持。要进一步简政放权，支持社会力量参与搬迁改造，凡利用市场机制能够解决的交由市场解决。

因地制宜、科学规划。各地要充分考虑区位条件、资源禀赋、发展基础和环境承载能力，结合城市总体发展布局，合理确定搬迁改造的方向和目标，统筹安排规模和时序，努力探索各具特色的搬迁改造方式。

创新模式、增强动力。创新城区老工业区搬迁改造的组织模式、资金筹措模式、公共服务设施建设与运营模式、土地治理与开发利用模式，调动各方面积极性，增强搬迁改造的动力。

注重实效、稳妥推进。企业搬迁要注重与技术改造、改制重组相结合，注重扩大就业和增加居民收入，提高基本公共服务水平，保障和改善民生。要做好沟通协调、宣传引导和善后补偿工作，营造良好工作氛围，把好事办好。

三、主要任务

（一）科学编制搬迁改造实施方案。城区老工业区所在城市人民政府负责组织编制搬迁改造实施方案（以下简称实施方案），明确城区老工业区的搬迁改造范围及目标、功能布局、主要任务、重点项目、组织模式、实施进度、保障措施等。实施方案编制过程中要广泛征求意见，特别是相关企业意见，凝聚各方共识，认真开展社会稳定风险评估，做好与地方国民经济和社会发展规划、城市总体规划、土地利用总体规划、环境保护规划等相关规划的衔接。城区老工业区的功能、土地利用类型等因实施搬迁改造而发生重大变化的，所在城市人民政府要依法组织修订相关规划，有关部门要及时按程序办理。相关中央和省属国有企业要加强对城区老工业区内所属企业的指导，积极配合制定实施方案。

（二）推进企业搬迁改造。对城区老工业区企业视情况分别实施就地改造、异地迁建和依法关停等。符合城市功能定位的企业要就地加强技术改造，提高清洁生产、安全生产和环境保护水平，所在城市人民政府按照相关法律法规要求，搬迁安置安全、卫生及环境防护距离范围内的居民。对环境污染严重，环境风险及安全隐患突出，难以通过就地改造达到安全、卫生及环境保护等法律法规要求和相关国家标准的企业，要异地迁建或依法关停。对异地迁建企业，要注重发挥行业规划和产业政策的引导作用，支持企业同步进行技术改造和改制重组，促进产品技术提档升级。加快淘汰落后产能和落后工艺设备，严格实施落后产能等量或减量置换，防止异地简单复制和落后产能转移。对符合产业升级方向，尤其是同步实施兼并重组、压减过剩产能的项目，有关部门要依法依规加快办理相关手续。符合条件的搬迁改造企业淘汰落后产能的，根据中央财政淘汰落后产能奖励资金管理办法予以支持。对已关停企业，要注重盘活企业用地和生产设施，妥善做好善后工作。所在城市人民政府和相关企业要妥善解决历史遗留问题，做好分离企业办社会职能工作；对企业富余人员采取免费培训、优先提供公益性岗位等措施，积极帮助实现再就业。

（三）合理选择搬迁企业承接地。根据搬迁企业的产业类型、发展方向等条件，引导企业向具备条件的经济技术开发区、高新技术产业开发区等园区搬迁，推动产业集聚发展。冶金、化工、造纸、危险品生产和储运等环境风险较大的搬迁企业，必须迁入依法设立、环境保护基础设施齐全并经规划环境影响评价的产业园区。支持有条件的园区开展循环化改造。对位于远郊区县的搬迁企业承接地，所在城市人民政府要完善市政基础设施和公共服务设施，加强生活配套设施建设，方便职工生活。支持打破行政区划选择搬迁企业承接地，原则上不再为承接搬迁企业新设产业园区。鼓励建立兼顾企业原址所在地和搬迁企业承接地利益的税收分成及绩效考核机制。

（四）培育发展新产业。以提升城市服务功能为导向，充分利用腾退土地，重点发展现代服务业。依托城区老工业区产业基础，积极发展设计咨询、科技、金融、电子商务、现代物流、节能环保等生产性服务业。鼓励改造利用老厂区老厂房老设施，积极发展文化创意、工业旅游、演艺、会展等产业。大力发展商贸、健康、家庭、养老服务等生活性服务业，满足居民日益提高的生活需求。培育专业化服务机构，提供社会化服务。发挥城区老工业区的产业配套、科技人才及技术研发等优势，积极发展战略性新兴产业和先进制造业。根据城区老工业区发展定位和功能分区，适度进行商品房开发。

（五）完善城市基础设施和公共服务设施。坚持先地下、后地上的原则，加强供水、燃气、供热管网建设和老旧管网改造，建设雨污分流排水系统，完善污水和垃圾收集处理设施，有条件的地区要建设地下综合管廊。优化城市道路交通系统，加强路网衔接连通。加大消防、防洪、排水防涝等基础设施建设和改造力度，提高防灾减灾和应对突发事件能力。完善信息基础设施，应用先进信息技术提高城市管理水平，积极稳妥推进智慧城市建设。根据常住人口数量与结构变化，优化中小学、幼儿园、图书馆、博物馆、体育场馆、医疗卫生机构等公共服务设施布局。大力发展绿色建筑，对既有建筑加强节能改造，对新建建筑严格按照节能建筑要求进行设计、施工和验收。保障政府投入，加强非经营性基础设施建设。允许社会资本通过特许经营等方式参与城市基础设施投资和运营。

（六）治理修复生态环境。大力推进城区老工业区环境整治和生态系统修复，因地制宜加强绿地、公园建设，结合城市河湖水系和传统街区改造构筑特色生态景观。高度重视环境污染治理，落实场地污染者或使用者治理修复责任。对于土壤、水体污染严重的区域，采取工程技术、生物修复等措施进行专项治理，防止污染扩散。在企业异地迁建或依法关停前，企业应制定搬迁过程中产生的废物和企业生产、存储设施处理处置方案并认真实施，落实企业污染防治责任，防止发生二次污染和次生突发环境事件。地方环境保护部门要会同有关部门组织相关责任方开展场地环境调查和风险评估，确定污染源、污染范围和污染程度。对于保留的工业建筑物，应调查其污染状况并评估其再利用的环境和健康风险，对确认已污染的建筑物应编制清洁方案，治理后方能利用。鼓励采用先进适用技术，引入社会资本，积极探索污染治理市场化新模式。中央重金属污染防治专项资金积极支持列入《重金属污染综合防治“十二五”规划》的城区老工业区污染土地治理。加大对腾退土地有机物污染治理的资金投入力度。

（七）推进城区老工业区棚户区改造。把城区老工业区搬迁改造与加快棚户区改造紧密结合起来，大力推进城区老工业区棚户区改造。地方各级人民政府上报年度棚户区改造计划时，优先安排城区老工业区的棚户区改造项目。要积极引入市场机制，吸引社会力量参与棚户区改造。鼓励国家开发银行及有关大型商业银行为城区老工业区棚户区改造提供资金支持。支持对搬迁改造企业老家属区进行房屋修缮和环境综合整治，完善配套设施，着力改善老职工、困难家庭的居住条件。

（八）加强工业遗产保护再利用。高度重视城区老工业区工业遗产的历史价值，把工业遗产保护再利用作为搬迁改造重要内容。在实施企业搬迁改造前，全面核查认定城区老工业区内的工业遗产，出台严格的保护政策。支持将具有重要价值的工业遗产及时公布为相应级别的文物保护单位和历史建筑。合理开发利用工业遗产资源，建设科普基地、爱国主义教育基地等。

四、保障措施

（一）加强组织领导。城区老工业区所在城市人民政府对搬迁改造负总责，要加强组织领导，完善工作机制，落实工作责任，制定切实可行的实施方案，做好社会稳定风险评估和环境影响评价，强化风险防控，扎实推进各项工作。各省级人民政府要加强对城区老工业区搬迁改造工作的指导和支持，组织评估实施方案；搬迁改造任务较重的省（区、市），要出台专门政策措施，加大支持力度。发展改革委要加强综合协调，继续组织做好2013年启动的城区老工业区搬迁改造试点工作，不断总结经验，完善政策措施。国务院有关部门要结合各自职能，尽快落实政策。国有资产监管部门要协调相关国有企业积极配合城区老工业区搬迁改造工作。

（二）拓宽资金筹措渠道。鼓励银行业金融机构根据搬迁改造项目特点，完善金融服务。支持将城区老工业区符合要求的搬迁企业经营服务收入、应收账款以及搬迁改造项目贷款等作为基础资产，开展资产证券化工作。支持符合条件的企业通过发行企业债、中期票据和短期融资券等募集资金，用于城区老工业区搬迁改造。鼓励社会资本参与搬迁企业改制重组和城区老工业区市政基础设施建设。合理引导金融租赁公司和融资租赁公司按照商业可持续原则依法依规参与企业搬迁改造。国务院有关部门安排产业发展、市政基础设施和公共服务设施建设、污染治理等专项资金时，要加强协调，合力支持城区老工业区搬迁改造。继续安排城区老工业区搬迁改造专项资金，重点支持改造再利用老厂区老厂房发展新兴产业和企业搬迁改造等。适当安排中央和地方国有资本经营预算资金，支持城区老工业区搬迁改造中的国有企业棚户区改造。发展滞缓或主导产业衰退比较明显的老工业城市可将中央财政安排的相关转移支付资金重点用于城区老工业区搬迁改造。对列入实施方案的搬迁企业，按企业政策性搬迁所得税管理办法执行。

（三）加大土地政策支持力度。对因搬迁改造被收回原国有土地使用权的企业，经批准可采取协议出让方式，按土地使用标准为其安排同类用途用地。改造利用老厂区老厂房发展符合规划的服务业，涉及原划拨土地使用权转让或改变用途的，经批准可采取协议出让方式供地。各级国土资源管理部门下达年度新增建设用地计划指标时，要根据实施方案确定的规模和时序，向搬迁企业承接地倾斜。中央企业所属企业搬迁，一次性用地数量较大、地方政府确实难以平衡解决的，可报请有关部门在安排下一年度用地计划指标时研究解决。对在搬迁企业原址发现地下文物或工业遗产被认定为文物的老工业区，所在市辖区因保护文物需要新增建设用地的，所在省级、市级人民政府优先安排用地计划指标。将已确定的城区老工业区搬迁改造试点所在市辖区纳入城镇低效用地再开发试点范围。

推进城区老工业区搬迁改造任务艰巨，责任重大。各有关地区和部门要按照本意见要求，结合实际，扎实做好各项工作，确保各项政策措施落到实处，见到实效。

附件：重点任务部门分工表。

国务院办公厅
2014 年 3 月 3 日

（此件公开发布）

附件

重点任务部门分工表

序号	工作任务	负责部门
1	城区老工业区的功能、土地利用类型等因实施搬迁改造而发生重大变化的，所在城市人民政府要依法组织修订相关规划，有关部门要及时按程序办理	住房城乡建设部、国土资源部
2	对符合产业升级方向，尤其是同步实施兼并重组、压减过剩产能的项目，有关部门要依法依规加快办理相关手续	发展改革委、工业和信息化部
3	符合条件的搬迁改造企业淘汰落后产能的，根据中央财政淘汰落后产能奖励资金管理办法予以支持	财政部、工业和信息化部、发展改革委、能源局
4	支持有条件的园区开展循环化改造	发展改革委
5	中央重金属污染防治专项资金积极支持列入《重金属污染综合防治“十二五”规划》的城区老工业区污染土地治理。加大对腾退土地有机物污染治理的资金投入力度	财政部、环境保护部
6	把城区老工业区搬迁改造与加快棚户区改造紧密结合起来，大力推进城区老工业区棚户区改造	住房城乡建设部、发展改革委、财政部、国资委
7	支持将具有重要价值的工业遗产及时公布为相应级别的文物保护单位	文物局
8	继续组织做好2013年启动的城区老工业区搬迁改造试点工作。继续安排城区老工业区搬迁改造专项资金	发展改革委
9	国有资产监管部门要协调相关国有企业积极配合城区老工业区搬迁改造工作	国资委
10	支持将城区老工业区内符合要求的搬迁企业经营服务收入、应收账款等作为基础资产，开展资产证券化工作	证监会
11	支持将城区老工业区内符合要求的搬迁改造项目贷款作为基础资产，开展信贷资产证券化工作	人民银行、银监会
12	支持符合条件的企业通过发行企业债、中期票据和短期融资券等募集资金，用于城区老工业区搬迁改造	发展改革委、人民银行
13	国务院有关部门安排产业发展、市政基础设施和公共服务设施建设、污染治理等专项资金时，要加强协调，合力支持城区老工业区搬迁改造	发展改革委、财政部、工业和信息化部、环境保护部、住房城乡建设部等
14	适当安排中央和地方国有资本经营预算资金，支持城区老工业区搬迁改造中的国有企业棚户区改造	财政部、国资委
15	各级国土资源管理部门下达年度新增建设用地计划指标时，要根据实施方案确定的规模和时序，向搬迁企业承接地倾斜。中央企业所属企业搬迁，一次性用地数量较大、地方政府确实难以平衡解决的，可报请有关部门在安排下一年度用地计划指标时研究解决	国土资源部
16	将已确定的城区老工业区搬迁改造试点所在市辖区纳入城镇低效用地再开发试点范围	国土资源部

国务院办公厅关于印发 2014～2015 年节能减排低碳发展行动方案的通知

国办发〔2014〕23 号

各省、自治区、直辖市人民政府，国务院各部委、各直属机构：

《2014～2015 年节能减排低碳发展行动方案》已经国务院同意，现印发给你们，请结合本地区、本部门实际，认真贯彻落实。

国务院办公厅

2014 年 5 月 15 日

（本文有删减）

2014～2015 年节能减排低碳发展行动方案

加强节能减排，实现低碳发展，是生态文明建设的重要内容，是促进经济提质增效升级的必由之路。“十二五”规划纲要明确提出了单位国内生产总值（GDP）能耗和二氧化碳排放量降低、主要污染物排放总量减少的约束性目标，但 2011～2013 年部分指标完成情况落后于时间进度要求，形势十分严峻。为确保全面完成“十二五”节能减排降碳目标，制定本行动方案。

工作目标：2014～2015 年，单位 GDP 能耗、化学需氧量、二氧化硫、氨氮、氮氧化物排放量分别逐年下降 3.9%、2%、2%、2%、5%以上，单位 GDP 二氧化碳排放量两年分别下降 4%、3.5%以上。

一、大力推进产业结构调整

（一）积极化解产能严重过剩矛盾。认真贯彻落实《国务院关于化解产能严重过剩矛盾的指导意见》（国发〔2013〕41 号），严格项目管理，各地区、各有关部门不得以任何名义、任何方式核准或备案产能严重过剩行业新增产能项目，依法依规全面清理违规在建和建成项目。加大淘汰落后产能力度，在提前一年完成钢铁、电解铝、水泥、平板玻璃等重点行业“十二五”淘汰落后产能任务的基础上，2015年年底前再淘汰落后炼铁产能1500万吨、炼钢1500万吨、水泥（熟料及粉磨能力）1亿吨、平板玻璃2000万重量箱。

（二）加快发展低能耗低排放产业。加强对服务业和战略性新兴产业相关政策措施落实情况的督促检查，力争到2015年服务业和战略性新兴产业增加值占GDP的比重分别达到47%和8%左右。加快落实《国务院关于加快发展节能环保产业的意见》（国发〔2013〕30号），组织实施一批节能环保和资源循环利用重大技术装备产业化工程，完善节能服务公司扶持政策准入条件，实行节能服务产业负面清单管理，积极培育“节能医生”、节能量审核、节能低碳认证、碳排放核查等第三方机构，在污染减排重点领域加快推行环境污染第三方治理。到2015年，节能环保产业总产值达到4.5万亿元。

（三）调整优化能源消费结构。实行煤炭消费目标责任管理，严控煤炭消费总量，降低煤炭消费比重。京津冀及周边、长三角、珠三角等区域及产能严重过剩行业新上耗煤项目，要严格实行煤炭消耗等量或减量替代政策，京津冀地区2015年煤炭消费总量力争实现比2012年负增长。加快推进煤炭清洁高效利用，在大气污染防治重点区域地级以上城市大力推广使用型煤、清洁优质煤及清洁能源，限制销售灰分高于16%、硫分高于1%的散煤。增加天然气供应，优化天然气使用方式，新增天然气优先用于居民生活或替代燃煤。大力发展非化石能源，到2015年非化石能源占一次能源消费量的比重提高到11.4%。

（四）强化能评环评约束作用。严格实施项目能评和环评制度，新建高耗能、高排放项目能效水平和排污强度必须达到国内先进水平，把主要污染物排放总量指标作为环评审批的前置条件，对钢铁、有色、建材、石油石化、化工等高耗能行业新增产能实行能耗等量或减量置换。对未完成节能减排目标的地区，暂停该地区新建高耗能项目的能评审查和新增主要污染物排放项目的环评审批。完善能评管理制度，规范评估机构，优化审查流程。

二、加快建设节能减排降碳工程

（五）推进实施重点工程。大力实施节能技术改造工程，运用余热余压利用、能量系统优化、电机系统节能等成熟技术改造工程设备，形成节能能力3200万吨标准煤。加快实施节能技术装备产业化示范工程，推广应用低品位余热利用、半导体照明、稀土永磁电机等先进技术装备，形成节能能力1100万吨标准煤。实施能效领跑者计划和合同能源管理工程，形成节能能力2200

万吨标准煤。推进脱硫脱硝工程建设（具体任务附后），完成3亿千瓦燃煤机组脱硝改造，2.5亿千瓦燃煤机组拆除烟气旁路，4万平方米钢铁烧结机安装脱硫设施，6亿吨熟料产能的新型干法水泥生产线安装脱硝设施，到2015年年底分别新增二氧化硫、氮氧化物减排能力230万吨、260万吨以上。新建日处理能力1600万吨的城镇污水处理设施，规模化畜禽养殖场和养殖小区配套建设废弃物处理设施，到2015年年底分别新增化学需氧量、氨氮减排能力200万吨、30万吨。加强对氢氟碳化物（HFCs）排放的管理，加快氢氟碳化物销毁和替代，“十二五”期间累计减排2.8亿吨二氧化碳当量。

（六）加快更新改造燃煤锅炉。开展锅炉能源消耗和污染排放调查。实施燃煤锅炉节能环保综合提升工程，2014年淘汰5万台小锅炉，到2015年年底淘汰落后锅炉20万蒸吨（具体任务附后），推广高效节能环保锅炉25万蒸吨，全面推进燃煤锅炉除尘升级改造，对容量20蒸吨/小时及以上燃煤锅炉全面实施脱硫改造，形成2300万吨标准煤节能能力、40万吨二氧化硫减排能力和10万吨氮氧化物减排能力。

（七）加大机动车减排力度。2014年年底前，在全国供应国四标准车用柴油，淘汰黄标车和老旧车600万辆（具体任务附后）。到2015年年底，京津冀、长三角、珠三角等区域内重点城市全面供应国五标准车用汽油和柴油；全国淘汰2005年前注册营运的黄标车，基本淘汰京津冀、长三角、珠三角等区域内的500万辆黄标车。加强机动车环保管理，强化新生产车辆环保监管。加快柴油车车用尿素供应体系建设。

（八）强化水污染防治。落实最严格水资源管理制度。编制实施水污染防治行动计划，重点保护饮用水水源地、水质较好湖泊，重点治理劣五类等污染严重水体。继续推进重点流域水污染防治，严格水功能区管理。加强地下水污染防治，加大农村、农业面源污染防治力度，严格控制污水灌溉。强化造纸、印染等重点行业污染物排放控制。到2015年，重点行业单位工业增加值主要水污染物排放量下降30%以上。

三、狠抓重点领域节能降碳

（九）加强工业节能降碳。实施工业能效提升计划，在重点耗能行业全面推行能效对标，推动工业企业能源管控中心建设；开展工业绿色发展专项行动，实施低碳工业园区试点，到2015年，规模以上工业企业单位增加值能耗比2010年降低21%以上。持续开展万家企业节能低碳行动，推动建立能源管理体系；制定重点行业企业温室气体排放核算与报告指南，推动建立企事业单位碳排放报告制度；强化节能降碳目标责任评价考核，落实奖惩制度。到2015年年底，万家企业实现节能量2.5亿吨标准煤以上。

（十）推进建筑节能降碳。深入开展绿色建筑行动，政府投资的公益性建筑、大型公共建筑以及各直辖市、计划单列市及省会城市的保障性住房全面执行绿色建筑标准。到2015年，城镇新建建筑绿色建筑标准执行率达到20%，新增绿色建筑3亿平方米，完成北方采暖地区既有居住建筑供热计量及节能改造3亿平方米。以住宅为重点，以建筑工业化为核心，加大对建筑部品生产的扶持力度，推进建筑产业现代化。

（十一）强化交通运输节能降碳。加快推进综合交通运输体系建设，开展绿色循环低碳交通运输体系建设试点，深化“车船路港”千家企业低碳交通运输专项行动。实施高速公路不停车自动交费系统全国联网工程。加大新能源汽车推广应用力度。继续推行甩挂运输，开展城市绿色货运配送示范行动。积极发展现代物流业，加快物流公共信息平台建设。大力发展公共交通，推进“公交都市”创建活动。公路、水路运输和港口形成节能能力1400万吨标准煤以上，到2015年，营运货车单位运输周转量能耗比2013年降低4%以上。

（十二）抓好公共机构节能降碳。完善公共机构能源审计及考核办法。推进公共机构实施合同能源管理项目，将公共机构合同能源管理服务纳入政府采购范围。开展节约型公共机构示范单位建设，将40%以上的中央国家机关本级办公区建成节约型办公区。2014～2015年，全国公共机构单位建筑面积能耗年均降低2.2%，力争超额完成“十二五”时期降低12%的目标。

四、强化技术支撑

（十三）加强技术创新。实施节能减排科技专项行动和重点行业低碳技术创新示范工程，以电力、钢铁、石油石化、化工、建材等行业和交通运输等领域为重点，加快节能减排共性关键技术及成套装备研发生产。在能耗高、节能减排潜力大的地区，实施一批能源分质梯级利用、污染物防治和安全处置等综合示范科技研发项目。实施水体污染治理与控制重大科技专项，突破化工、印染、医药等行业源头控制及清洁生产关键技术瓶颈。鼓励建立以企业为主体、市场为导向、多种形式的产学研战略联盟，引导企业加大节能减排技术研发投入。

（十四）加快先进技术推广应用。完善节能低碳技术遴选、评定及推广机制，以发布目录、召开推广会等方式向社会推广一批重大节能低碳技术及装备，鼓励企业积极采用先进适用技术进行节能改造，实现新增节能能力1350

万吨标准煤。在钢铁烧结机脱硫、水泥脱硝和畜禽规模养殖等领域，加快推广应用成熟的污染治理技术。实施碳捕集、利用和封存示范工程。

五、进一步加强政策扶持

（十五）完善价格政策。严格清理地方违规出台的高耗能企业优惠电价政策。落实差别电价和惩罚性电价政策，节能目标完成进度滞后地区要进一步加大差别电价和惩罚性电价执行力度。对电解铝企业实行阶梯电价政策，并逐步扩大到其他高耗能行业和产能过剩行业。落实燃煤机组环保电价政策。完善污水处理费政策，研究将污泥处理费用纳入污水处理成本。完善垃圾处理收费方式，提高收缴率。

（十六）强化财税支持。各级人民政府要加大对节能减排的资金支持力度，整合各领域节能减排资金，加强统筹安排，提高使用效率，努力促进资金投入与节能减排工作成效相匹配。严格落实合同能源管理项目所得税减免政策。实施煤炭等资源税从价计征改革，清理取消有关收费基金。开展环境保护税立法工作，加快推进环境保护费改税。

（十七）推进绿色融资。银行业金融机构要加快金融产品和业务创新，加大对节能减排降碳项目的支持力度。支持符合条件的企业上市、发行非金融企业债务融资工具、企业债券等，拓宽融资渠道。建立节能减排与金融监管部门及金融机构信息共享联动机制，促进节能减排信息在金融机构中实现共享，作为综合授信和融资支持的重要依据。积极引导多元投资主体和各类社会资金进入节能减排降碳领域。

六、积极推行市场化节能减排机制

（十八）实施能效领跑者制度。定期公布能源利用效率最高的空调、冰箱等量大面广终端用能产品目录，单位产品能耗最低的乙烯、粗钢、电解铝、平板玻璃等高耗能产品生产企业名单，以及能源利用效率最高的机关、学校、医院等公共机构名单，对能效领跑者给予政策扶持，引导生产、购买、使用高效节能产品。适时将能效领跑者指标纳入强制性国家标准。

（十九）建立碳排放权、节能量和排污权交易制度。推进碳排放权交易试点，研究建立全国碳排放权交易市场。加快制定节能量交易工作实施方案，依托现有交易平台启动项目节能量交易。继续推进排污权有偿使用和交易试点。

（二十）推行能效标识和节能低碳产品认证。修订能效标识管理办法，将实施能效标识的产品由28类扩大到35类。整合节能和低碳产品认证制度，制定节能低碳产品认证管理办法，将实施节能认证的产品由117类扩大到139类，强化对认证结果的采信。将产品能效作为质量监管的重点，严厉打击能效虚标行为。

（二十一）强化电力需求侧管理。落实电力需求侧管理办法，完善配套政策，严格目标责任考核。建设国家电力需求侧管理平台，推广电能服务，继续实施电力需求侧管理城市综合试点。电网企业要确保完成年度电力电量节约指标，并对平台建设及试点工作给予支持和配合。电力用户要积极采用节电技术产品，优化用电方式，提高电能利用效率。通过推行电力需求侧管理机制，2014～2015年节约电量400亿千瓦时，节约电力900万千瓦。

七、加强监测预警和监督检查

（二十二）强化统计预警。加强能源消耗、温室气体排放和污染物排放计量与统计能力建设，进一步完善节能减排降碳的计量、统计、监测、核查体系，确保相关指标数据准确一致。加强分析预警，定期发布节能目标完成情况晴雨表和主要污染物排放数据公告。各地区要研究制定确保完成节能减排降碳目标的预警调控方案，根据形势适时启动。

（二十三）加强运行监测。加快推进重点用能单位能耗在线监测系统建设，2014年完成试点，2015年基本建成。进一步完善主要污染物排放在线监测系统，确保监测系统连续稳定运行，到2015年年底，污染源自动监控数据有效传输率达到75%，企业自行监测结果公布率达到80%，污染源监督性监测结果公布率达到95%。

（二十四）完善法规标准。推进节约能源法、大气污染防治法、建设项目环境保护管理条例的修订工作，推动开展节能评估审查、应对气候变化立法等工作，加快制定排污许可证管理条例、机动车污染防治条例等法规，研究制定节能监察办法。实施百项能效标准推进工程，制（修）订一批重要节能标准、重点行业污染物排放标准，落实重点区域大气污染物排放特别限值要求。

（二十五）强化执法监察。加强节能监察能力建设，到2015年基本建成省、市、县三级节能监察体系。发挥能源监管派出机构的作用，加强能源消费监管。2014年下半年，各地区节能主管部门要针对万家重点用能企业开展专项监察。环保部门要持续开展专项执法，公布违法排污企业名单，发布重点企业污染物排放信息，对违法违规行为进行公开通报或挂牌督办。依法查处违法用能排污单位和相关责任人。实行节能减排执法责任制，对行政不作为、执法不严等行为，严肃追究有关主管部门和执法机构负责人的责任。

八、落实目标责任

（二十六）强化地方政府责任。各省（区、市）要严格控制本地区能源消费增长。严格实施单位GDP能耗和二氧化碳排放强度降低目标责任考核，减排重点考核污染物控制目标、责任书项目落实、监测监控体系建设运行等情况。地方各级人民政府对本行政区域内节能减排降碳工作负总责，主要领导是第一责任人。对未完成年度目标任务的地区，必要时请国务院领导同志约谈省级政府主要负责人，有关部门按规定进行问责，相关负责人在考核结果公布后的一年内不得评选优秀和提拔重用，考核结果向社会公布。对超额完成“十二五”目标任务的地区，按照国家有关规定，根据贡献大小给予适当奖励。

（二十七）落实重点地区责任。海南、甘肃、青海、宁夏、新疆等节能降碳目标完成进度滞后的地区，要抓紧制定具体方案，采取综合性措施，确保完成节能降碳目标任务。云南、贵州、广西、新疆等减排工作进展缓慢地区，要进一步挖掘潜力，确保完成减排目标。强化京津冀及周边、长三角、珠三角等重点区域污染减排，尽可能多削减氮氧化物，力争2014～2015年实现氮氧化物减排12%，高出全国平均水平2个百分点。年能源消费量2亿吨标准煤以上的重点用能地区和东中部排放量较大地区，在确保完成目标任务前提下要多作贡献。各省级人民政府要对年能源消费量300万吨标准煤以上的市县实行重点管理，出台措施推动多完成节能任务。18个节能减排财政政策综合示范城市要争取提前一年完成“十二五”节能目标，或到2015年超额完成目标的20%以上。低碳试点省（区）和城市要提前完成“十二五”降碳目标。

（二十八）明确相关部门工作责任。国务院各有关部门要按照职责分工，加强协调配合，多方齐抓共管，形成工作合力。发展改革委要履行好国家应对气候变化及节能减排工作领导小组办公室的职责，会同环境保护部等有关部门加强对地方和企业的监督指导，抓紧制定出台对进度滞后地区的帮扶督办方案，密切跟踪工作进展，督促行动方案各项措施落到实处。环境保护部等要全面加强监管，其他各相关部门也要抓紧行动，共同做好节能减排降碳工作。

（二十九）强化企业主体责任。企业要严格遵守节能环保法律法规及标准，加强内部管理，增加资金投入，及时公开节能环保信息，确保完成目标任务。中央企业要积极发挥表率作用，把节能减排任务完成情况作为企业绩效和负责人业绩考核的重要内容。国有企业要力争提前完成“十二五”节能目标。充分发挥行业协会在加强企业自律、树立行业标杆、制定技术规范、推广先进典型等方面的作用。

（三十）动员公众积极参与。采取形式多样的宣传教育活动，调动社会公众参与节能减排的积极性。鼓励对政府和企业落实节能减排降碳责任进行社会监督。

附件：1. 2014～2015 年各地区燃煤锅炉淘汰任务

2. 2014～2015 年各地区主要大气污染物减排工程任务

3. 2014 年各地区黄标车及老旧车辆淘汰任务

附件 1

2014～2015 年各地区燃煤锅炉淘汰任务

地　区	淘汰任务/万蒸吨
北　京	0.9
天　津	1.2
河　北	2.2
山　西	1.0
内蒙古	0.9
辽　宁	1.0
吉　林	0.5
黑龙江	1.0
上　海	0.5
江　苏	1.1
浙　江	1.4
安　徽	0.6
福　建	0.3
江　西	0.2
山　东	2.3
河　南	1.0
湖　北	0.4
湖　南	0.3
广　东	0.5
广　西	0.1
海　南	0
重　庆	0.1
四　川	0.2
贵　州	0.1
云　南	0.4
西　藏	0
陕　西	0.8
甘　肃	0.3
青　海	0.1
宁　夏	0.2
新　疆	0.4
合　计	20

注：分配淘汰任务参考了各地区现有的中小锅炉容量，并加大了大气污染防治重点地区的淘汰力度。

附件 2

2014～2015 年各地区主要大气污染物减排工程任务

地　区	火电脱硝/万千瓦	钢铁烧结机脱硫/平方米	水泥脱硝/万吨
北　京	0	0	210
天　津	596	1430	0
河　北	1500	11010	2160
山　西	1134	2531	1650
内蒙古	3369	1777	3300
辽　宁	1293	4764	3450
吉　林	1119	560	270
黑龙江	1092	270	630
上　海	344	264	75
江　苏	1313	3692	4080
浙　江	892	480	1860
安　徽	1051	910	3600
福　建	157	0	0
江　西	541	641	2610
山　东	3140	1973	5040
河　南	2243	492	5400
湖　北	1100	1388	4410
湖　南	766	710	660
广　东	602	0	5820
广　西	506	360	750
海　南	167	0	270
重　庆	466	0	1530
四　川	642	740	3450
贵　州	1200	684	1200
云　南	862	2575	2400
陕　西	955	0	300
甘　肃	539	646	1050
青　海	90	0	480
宁　夏	643	132	750
新疆（不含新疆生产建设兵团）	818	1410	2700
新疆生产建设兵团	330	352	1200

注：西藏自治区数据暂缺。

附件 3

2014年各地区黄标车及老旧车辆淘汰任务

地　区	淘汰任务/万辆
北　京	39.1
天　津	14.3
河　北	66
山　西	21.6
内蒙古	16.8
辽　宁	34.9
吉　林	17
黑龙江	20.5
上　海	16
江　苏	30.7
浙　江	28.1
安　徽	25.8
福　建	9.9
江　西	14.6
山　东	42.8
河　南	28.2
湖　北	18.5
湖　南	15.2
广　东	49.3
广　西	10
海　南	2
重　庆	5.7
四　川	17.6
贵　州	6.9
云　南	14.7
西　藏	0.38
陕　西	13.4
甘　肃	7.2
青　海	2
宁　夏	4.4
新　疆	7.5

国务院办公厅关于印发能源发展战略行动计划（2014～2020年）的通知

国办发〔2014〕31号

各省、自治区、直辖市人民政府，国务院各部委、各直属机构：

《能源发展战略行动计划（2014～2020年）》已经国务院同意，现印发给你们，请认真贯彻落实。

国务院办公厅

2014年6月7日

（本文有删减，个别表述有调整）

能源发展战略行动计划（2014～2020年）

能源是现代化的基础和动力。能源供应和安全事关我国现代化建设全局。新世纪以来，我国能源发展成就显著，供应能力稳步增长，能源结构不断优化，节能减排取得成效，科技进步迈出新步伐，国际合作取得新突破，建成世界最大的能源供应体系，有效保障了经济社会持续发展。

当前，世界政治、经济格局深刻调整，能源供求关系深刻变化。我国能源资源约束日益加剧，生态环境问题突出，调整结构、提高能效和保障能源安全的压力进一步加大，能源发展面临一系列新问题新挑战。同时，我国可再生能源、非常规油气和深海油气资源开发潜力很大，能源科技创新取得新突破，能源国际合作不断深化，能源发展面临着难得的机遇。

从现在到2020年，是我国全面建成小康社会的关键时期，是能源发展转型的重要战略机遇期。为贯彻落实党的十八大精神，推动能源生产和消费革命，打造中国能源升级版，必须加强全局谋划，明确今后一段时期我国能源发展的总体方略和行动纲领，推动能源创新发展、安全发展、科学发展，特制定本行动计划。

一、总体战略

（一）指导思想

高举中国特色社会主义伟大旗帜，以邓小平理论、“三个代表”重要思想、科学发展观为指导，深入贯彻党的十八大和十八届二中、三中全会精神，全面落实党中央、国务院的各项决策部署，以开源、节流、减排为重点，确保能源安全供应，转变能源发展方式，调整优化能源结构，创新能源体制机制，着力提高能源效率，严格控制能源消费过快增长，着力发展清洁能源，推进能源绿色发展，着力推动科技进步，切实提高能源产业核心竞争力，打造中国能源升级版，为实现中华民族伟大复兴的中国梦提供安全可靠的能源保障。

（二）战略方针与目标

坚持“节约、清洁、安全”的战略方针，加快构建清洁、高效、安全、可持续的现代能源体系。重点实施四大战略：

（1）节约优先战略。把节约优先贯穿于经济社会及能源发展的全过程，集约高效开发能源，科学合理使用能源，大力提高能源效率，加快调整和优化经济结构，推进重点领域和关键环节节能，合理控制能源消费总量，以较少的能源消费支撑经济社会较快发展。

到2020年，一次能源消费总量控制在48亿吨标准煤左右，煤炭消费总量控制在42亿吨左右。

（2）立足国内战略。坚持立足国内，将国内供应作为保障能源安全的主渠道，牢牢掌握能源安全主动权。发挥国内资源、技术、装备和人才优势，加强国内能源资源勘探开发，完善能源替代和储备应急体系，着力增强能源供应能力。加强国际合作，提高优质能源保障水平，加快推进油气战略进口通道建设，在开放格局中维护能源安全。

到2020年，基本形成比较完善的能源安全保障体系。国内一次能源生产总量达到42亿吨标准煤，能源自给能力保持在85%左右，石油储采比提高到14～15，能源储备应急体系基本建成。

（3）绿色低碳战略。着力优化能源结构，把发展清洁低碳能源作为调整能源结构的主攻方向。坚持发展非化石能源与化石能源高效清洁利用并举，逐步降低煤炭消费比重，提高天然气消费比重，大幅增加风电、太阳能、地热能等可再生能源和核电消费比重，形成与我国国情相适应、科学合理的能源消费结构，大幅减少能源消费排放，促进生态文明建设。

到2020年，非化石能源占一次能源消费比重达到15%，天然气比重达到10%以上，煤炭消费比重控制在62%以内。

(4) 创新驱动战略。深化能源体制改革，加快重点领域和关键环节改革步伐，完善能源科学发展体制机制，充分发挥市场在能源资源配置中的决定性作用。树立科技决定能源未来、科技创造未来能源的理念，坚持追赶与跨越并重，加强能源科技创新体系建设，依托重大工程推进科技自主创新，建设能源科技强国，能源科技总体接近世界先进水平。

到2020年，基本形成统一开放竞争有序的现代能源市场体系。

二、主要任务

(一) 增强能源自主保障能力

立足国内，加强能源供应能力建设，不断提高自主控制能源对外依存度的能力。

1. 推进煤炭清洁高效开发利用

按照安全、绿色、集约、高效的原则，加快发展煤炭清洁开发利用技术，不断提高煤炭清洁高效开发利用水平。

清洁高效发展煤电。转变煤炭使用方式，着力提高煤炭集中高效发电比例。提高煤电机组准入标准，新建燃煤发电机组供电煤耗低于每千瓦时300克标准煤，污染物排放接近燃气机组排放水平。

推进煤电大基地大通道建设。依据区域水资源分布特点和生态环境承载能力，严格煤矿环保和安全准入标准，推广充填、保水等绿色开采技术，重点建设晋北、晋中、晋东、神东、陕北、黄陇、宁东、鲁西、两淮、云贵、冀中、河南、内蒙古东部、新疆等14个亿吨级大型煤炭基地。到2020年，基地产量占全国的95%。采用最先进节能节水环保发电技术，重点建设锡林郭勒、鄂尔多斯、晋北、晋中、晋东、陕北、哈密、准东、宁东等9个千万千瓦级大型煤电基地。发展远距离大容量输电技术，扩大西电东送规模，实施北电南送工程。加强煤炭铁路运输通道建设，重点建设内蒙古西部至华中地区的铁路煤运通道，完善西煤东运通道。到2020年，全国煤炭铁路运输能力达到30亿吨。

提高煤炭清洁利用水平。制定和实施煤炭清洁高效利用规划，积极推进煤炭分级分质梯级利用，加大煤炭洗选比重，鼓励煤矸石等低热值煤和劣质煤就地清洁转化利用。建立健全煤炭质量管理体系，加强对煤炭开发、加工转化和使用过程的监督管理。加强进口煤炭质量监管。大幅减少煤炭分散直接燃烧，鼓励农村地区使用洁净煤和型煤。

2. 稳步提高国内石油产量

坚持陆上和海上并重，巩固老油田，开发新油田，突破海上油田，大力支持低品位资源开发，建设大庆、辽河、新疆、塔里木、胜利、长庆、渤海、南海、延长等9个千万吨级大油田。

稳定东部老油田产量。以松辽盆地、渤海湾盆地为重点，深化精细勘探开发，积极发展先进采油技术，努力增储挖潜，提高原油采收率，保持产量基本稳定。

实现西部增储上产。以塔里木盆地、鄂尔多斯盆地、准噶尔盆地、柴达木盆地为重点，加大油气资源勘探开发力度，推广应用先进技术，努力探明更多优质储量，提高石油产量。加大羌塘盆地等新区油气地质调查研究和勘探开发技术攻关力度，拓展新的储量和产量增长区域。

加快海洋石油开发。按照以近养远、远近结合，自主开发与对外合作并举的方针，加强渤海、东海和南海等海域近海油气勘探开发，加强南海深水油气勘探开发形势跟踪分析，积极推进深海对外招标和合作，尽快突破深海采油技术和装备自主制造能力，大力提升海洋油气产量。

大力支持低品位资源开发。开展低品位资源开发示范工程建设，鼓励难动用储量和濒临枯竭油田的开发及市场化转让，支持采用技术服务、工程总承包等方式开发低品位资源。

3. 大力发展天然气

按照陆地与海域并举、常规与非常规并重的原则，加快常规天然气增储上产，尽快突破非常规天然气发展瓶颈，促进天然气储量产量快速增长。

加快常规天然气勘探开发。以四川盆地、鄂尔多斯盆地、塔里木盆地和南海为重点，加强西部低品位、东部深层、海域深水三大领域科技攻关，加大勘探开发力度，力争获得大突破、大发现，努力建设8个年产量百亿立方米级以上的大型天然气生产基地。到2020年，累计新增常规天然气探明地质储量5.5万亿立方米，年产常规天然气1850亿立方米。

重点突破页岩气和煤层气开发。加强页岩气地质调查研究，加快“工厂化”、“成套化”技术研发和应用，探索形成先进适用的页岩气勘探开发技术模式和商业模式，培育自主创新和装备制造能力。着力提高四川长宁—威远、重庆涪陵、云南昭通、陕西延安等国家级示范区储量和产量规模，同时争取在湘鄂、云贵和苏皖等地区实现突破。到2020年，页岩气产量力争超过300亿立方米。以沁水盆地、鄂尔多斯盆地东缘为重点，加大支持力度，加快煤层气勘探开采步伐。到2020年，煤层气产量力争达到300亿立方米。

积极推进天然气水合物资源勘查与评价。加大天然气水合物勘探开发技术攻关力度，培育具有自主知识产权的核心技术，积极推进试采工程。

4. 积极发展能源替代

坚持煤基替代、生物质替代和交通替代并举的方针，科学发展石油替代。到 2020 年，形成石油替代能力 4000 万吨以上。

稳妥实施煤制油、煤制气示范工程。按照清洁高效、量水而行、科学布局、突出示范、自主创新的原则，以新疆、内蒙古、陕西、山西等地为重点，稳妥推进煤制油、煤制气技术研发和产业化升级示范工程，掌握核心技术，严格控制能耗、水耗和污染物排放，形成适度规模的煤基燃料替代能力。

积极发展交通燃油替代。加强先进生物质能技术攻关和示范，重点发展新一代非粮燃料乙醇和生物柴油，超前部署微藻制油技术研发和示范。加快发展纯电动汽车、混合动力汽车和船舶、天然气汽车和船舶，扩大交通燃油替代规模。

5. 加强储备应急能力建设

完善能源储备制度，建立国家储备与企业储备相结合、战略储备与生产运行储备并举的储备体系，建立健全国家能源应急保障体系，提高能源安全保障能力。

扩大石油储备规模。建成国家石油储备二期工程，启动三期工程，鼓励民间资本参与储备建设，建立企业义务储备，鼓励发展商业储备。

提高天然气储备能力。加快天然气储气库建设，鼓励发展企业商业储备，支持天然气生产企业参与调峰，提高储气规模和应急调峰能力。

建立煤炭稀缺品种资源储备。鼓励优质、稀缺煤炭资源进口，支持企业在缺煤地区和煤炭集散地建设中转储运设施，完善煤炭应急储备体系。

完善能源应急体系。加强能源安全信息化保障和决策支持能力建设，逐步建立重点能源品种和能源通道应急指挥和综合管理系统，提升预测预警和防范应对水平。

（二）推进能源消费革命

调整优化经济结构，转变能源消费理念，强化工业、交通、建筑节能和需求侧管理，重视生活节能，严格控制能源消费总量过快增长，切实扭转粗放用能方式，不断提高能源使用效率。

1. 严格控制能源消费过快增长

按照差别化原则，结合区域和行业用能特点，严格控制能源消费过快增长，切实转变能源开发和利用方式。

推行“一挂双控”措施。将能源消费与经济增长挂钩，对高耗能产业和产能过剩行业实行能源消费总量控制强约束，其他产业按先进能效标准实行强约束，现有产能能效要限期达标，新增产能必须符合国内先进能效标准。

推行区域差别化能源政策。在能源资源丰富的西部地区，根据水资源和生态环境承载能力，在节水节能环保、技术先进的前提下，合理加大能源开发力度，增强跨区调出能力。合理控制中部地区能源开发强度。大力优化东部地区能源结构，鼓励发展有竞争力的新能源和可再生能源。

控制煤炭消费总量。制定国家煤炭消费总量中长期控制目标，实施煤炭消费减量替代，降低煤炭消费比重。

2. 着力实施能效提升计划

坚持节能优先，以工业、建筑和交通领域为重点，创新发展方式，形成节能型生产和消费模式。

实施煤电升级改造行动计划。实施老旧煤电机组节能减排升级改造工程，现役 60 万千瓦（风冷机组除外）及以上机组力争 5 年内供电煤耗降至每千瓦时 300 克标准煤左右。

实施工业节能行动计划。严格限制高耗能产业和过剩产业扩张，加快淘汰落后产能，实施十大重点节能工程，深入开展万家企业节能低碳行动。实施电机、内燃机、锅炉等重点用能设备能效提升计划，推进工业企业余热余压利用。深入推进工业领域需求侧管理，积极发展高效锅炉和高效电机，推进终端用能产品能效提升和重点用能行业能效水平对标达标。认真开展新建项目环境影响评价和节能评估审查。

实施绿色建筑行动计划。加强建筑用能规划，实施建筑能效提升工程，尽快推行 75％的居住建筑节能设计标准，加快绿色建筑建设和既有建筑改造，推行公共建筑能耗限额和绿色建筑评级与标识制度，大力推广节能电器和绿色照明，积极推进新能源城市建设。大力发展低碳生态城市和绿色生态城区，到 2020 年，城镇绿色建筑占新建建筑的比例达到 50％。加快推进供热计量改革，新建建筑和经供热计量改造的既有建筑实行供热计量收费。

实行绿色交通行动计划。完善综合交通运输体系规划，加快推进综合交通运输体系建设。积极推进清洁能源汽车和船舶产业化步伐，提高车用燃油经济性标准和环保标准。加快发展轨道交通和水运等资源节约型、环境友好型运输方式，推进主要城市群内城际铁路建设。大力发展城市公共交通，加强城市步行和自行车交通系统建设，提高公共出行和非机动出行比例。

3. 推动城乡用能方式变革

按照城乡发展一体化和新型城镇化的总体要求，坚持集中与分散供能相结合，因地制宜建设城乡供能设施，推进城乡用能方式转变，提高城乡用能水平和效率。

实施新城镇、新能源、新生活行动计划。科学编制城镇规划，优化城镇空间布局，推动信息化、低碳化与城镇化的深度融合，建设低碳智能城镇。制定城镇综合能源规划，大力发展分布式能源，科学发展热电联产，鼓励有条件的地区发展热电冷联供，发展风能、太阳能、生物质能、地热能供暖。

加快农村用能方式变革。抓紧研究制定长效政策措施，推进绿色能源县、乡、村建设，大力发展农村小水电，加强水电新农村电气化县和小水电代燃料生态保护工程建设，因地制宜发展农村可再生能源，推动非商品能源的清洁高效利用，加强农村节能工作。

开展全民节能行动。实施全民节能行动计划，加强宣传教育，普及节能知识，推广节能新技术、新产品，大力提倡绿色生活方式，引导居民科学合理用能，使节约用能成为全社会的自觉行动。

（三）优化能源结构

积极发展天然气、核电、可再生能源等清洁能源，降低煤炭消费比重，推动能源结构持续优化。

1. 降低煤炭消费比重

加快清洁能源供应，控制重点地区、重点领域煤炭消费总量，推进减量替代，压减煤炭消费，到2020年，全国煤炭消费比重降至62%以内。

削减京津冀鲁、长三角和珠三角等区域煤炭消费总量。加大高耗能产业落后产能淘汰力度，扩大外来电、天然气及非化石能源供应规模，耗煤项目实现煤炭减量替代。到2020年，京津冀鲁四省市煤炭消费比2012年净削减1亿吨，长三角和珠三角地区煤炭消费总量负增长。

控制重点用煤领域煤炭消费。以经济发达地区和大中城市为重点，有序推进重点用煤领域“煤改气”工程，加强余热、余压利用，加快淘汰分散燃煤小锅炉，到2017年，基本完成重点地区燃煤锅炉、工业窑炉等天然气替代改造任务。结合城中村、城乡结合部、棚户区改造，扩大城市无煤区范围，逐步由城市建成区扩展到近郊，大幅减少城市煤炭分散使用。

2. 提高天然气消费比重

坚持增加供应与提高能效相结合，加强供气设施建设，扩大天然气进口，有序拓展天然气城镇燃气应用。到2020年，天然气在一次能源消费中的比重提高到10%以上。

实施气化城市民生工程。新增天然气应优先保障居民生活和替代分散燃煤，组织实施城镇居民用能清洁化计划，到2020年，城镇居民基本用上天然气。

稳步发展天然气交通运输。结合国家天然气发展规划布局，制定天然气交通发展中长期规划，加快天然气加气站设施建设，以城市出租车、公交车为重点，积极有序发展液化天然气汽车和压缩天然气汽车，稳妥发展天然气家庭轿车、城际客车、重型卡车和轮船。

适度发展天然气发电。在京津冀鲁、长三角、珠三角等大气污染重点防控区，有序发展天然气调峰电站，结合热负荷需求适度发展燃气-蒸汽联合循环热电联产。

加快天然气管网和储气设施建设。按照西气东输、北气南下、海气登陆的供气格局，加快天然气管道及储气设施建设，形成进口通道、主要生产区和消费区相连接的全国天然气主干管网。到2020年，天然气主干管道里程达到12万公里以上。

扩大天然气进口规模。加大液化天然气和管道天然气进口力度。

3. 安全发展核电

在采用国际最高安全标准、确保安全的前提下，适时在东部沿海地区启动新的核电项目建设，研究论证内陆核电建设。坚持引进消化吸收再创新，重点推进AP1000、CAP1400、高温气冷堆、快堆及后处理技术攻关。加快国内自主技术工程验证，重点建设大型先进压水堆、高温气冷堆重大专项示范工程。积极推进核电基础理论研究、核安全技术研究开发设计和工程建设，完善核燃料循环体系。积极推进核电“走出去”。加强核电科普和核安全知识宣传。到2020年，核电装机容量达到5800万千瓦，在建容量达到3000万千瓦以上。

4. 大力发展可再生能源

按照输出与就地消纳利用并重、集中式与分布式发展并举的原则，加快发展可再生能源。到2020年，非化石能源占一次能源消费比重达到15%。

积极开发水电。在做好生态环境保护和移民安置的前提下，以西南地区金沙江、雅砻江、大渡河、澜沧江等河流为重点，积极有序推进大型水电基地建设。因地制宜发展中小型电站，开展抽水蓄能电站规划和建设，加强水资源综合利用。到2020年，力争常规水电装机达到3.5亿千瓦左右。

大力发展风电。重点规划建设酒泉、内蒙古西部、内蒙古东部、冀北、吉林、黑龙江、山东、哈密、江苏等9个大型现代风电基地以及配套送出工程。以南方和中东部地区为重点，大力发展分散式风电，稳步发展海上风电。到

2020年，风电装机达到2亿千瓦，风电与煤电上网电价相当。

加快发展太阳能发电。有序推进光伏基地建设，同步做好就地消纳利用和集中送出通道建设。加快建设分布式光伏发电应用示范区，稳步实施太阳能热发电示范工程。加强太阳能发电并网服务。鼓励大型公共建筑及公用设施、工业园区等建设屋顶分布式光伏发电。到2020年，光伏装机达到1亿千瓦左右，光伏发电与电网销售电价相当。

积极发展地热能、生物质能和海洋能。坚持统筹兼顾、因地制宜、多元发展的方针，有序开展地热能、海洋能资源普查，制定生物质能和地热能开发利用规划，积极推动地热能、生物质和海洋能清洁高效利用，推广生物质能和地热供热，开展地热发电和海洋能发电示范工程。到2020年，地热能利用规模达到5000万吨标准煤。

提高可再生能源利用水平。加强电源与电网统筹规划，科学安排调峰、调频、储能配套能力，切实解决弃风、弃水、弃光问题。

（四）拓展能源国际合作

统筹利用国内国际两种资源、两个市场，坚持投资与贸易并举、陆海通道并举，加快制定利用海外能源资源中长期规划，着力拓展进口通道，着力建设丝绸之路经济带、21世纪海上丝绸之路、孟中印缅经济走廊和中巴经济走廊，积极支持能源技术、装备和工程队伍“走出去”。

加强俄罗斯中亚、中东、非洲、美洲和亚太五大重点能源合作区域建设，深化国际能源双边多边合作，建立区域性能源交易市场。积极参与全球能源治理。加强统筹协调，支持企业“走出去”。

（五）推进能源科技创新

按照创新机制、夯实基础、超前部署、重点跨越的原则，加强科技自主创新，鼓励引进消化吸收再创新，打造能源科技创新升级版，建设能源科技强国。

1. 明确能源科技创新战略方向和重点

抓住能源绿色、低碳、智能发展的战略方向，围绕保障安全、优化结构和节能减排等长期目标，确立非常规油气及深海油气勘探开发、煤炭清洁高效利用、分布式能源、智能电网、新一代核电、先进可再生能源、节能节水、储能、基础材料等9个重点创新领域，明确页岩气、煤层气、页岩油、深海油气、煤炭深加工、高参数节能环保燃煤发电、整体煤气化联合循环发电、燃气轮机、现代电网、先进核电、光伏、太阳能热发电、风电、生物燃料、地热能利用、海洋能发电、天然气水合物、大容量储能、氢能与燃料电池、能源基础材料等 20 个重点创新方向，相应开展页岩气、煤层气、深水油气开发等重大示范工程。

2. 抓好科技重大专项

加快实施大型油气田及煤层气开发国家科技重大专项。加强大型先进压水堆及高温气冷堆核电站国家科技重大专项。加强技术攻关，力争页岩气、深海油气、天然气水合物、新一代核电等核心技术取得重大突破。

3. 依托重大工程带动自主创新

依托海洋油气和非常规油气勘探开发、煤炭高效清洁利用、先进核电、可再生能源开发、智能电网等重大能源工程，加快科技成果转化，加快能源装备制造创新平台建设，支持先进能源技术装备“走出去”，形成有国际竞争力的能源装备工业体系。

4. 加快能源科技创新体系建设

制定国家能源科技创新及能源装备发展战略。建立以企业为主体、市场为导向、政产学研用相结合的创新体系。鼓励建立多元化的能源科技风险投资基金。加强能源人才队伍建设，鼓励引进高端人才，培育一批能源科技领军人才。

三、保障措施

（一）深化能源体制改革

坚持社会主义市场经济改革方向，使市场在资源配置中起决定性作用和更好发挥政府作用，深化能源体制改革，为建立现代能源体系、保障国家能源安全营造良好的制度环境。

完善现代能源市场体系。建立统一开放、竞争有序的现代能源市场体系。深入推进政企分开，分离自然垄断业务和竞争性业务，放开竞争性领域和环节。实行统一的市场准入制度，在制定负面清单基础上，鼓励和引导各类市场主体依法平等进入负面清单以外的领域，推动能源投资主体多元化。深化国有能源企业改革，完善激励和考核机制，提高企业竞争力。鼓励利用期货市场套期保值，推进原油期货市场建设。

推进能源价格改革。推进石油、天然气、电力等领域价格改革，有序放开竞争性环节价格，天然气井口价格及销售价格、上网电价和销售电价由市场形成，输配电价和油气管输价格由政府定价。

深化重点领域和关键环节改革。重点推进电网、油气管网建设运营体制改革，明确电网和油气管网功能定位，逐步建立公平接入、供需导向、可靠灵活的电力和油气输送网络。加快电力体制改革步伐，推动供求双方直接交易，构建竞争性电力交易市场。

健全能源法律法规。加快推动能源法制定和电力法、煤炭法修订工作。积极推进海洋石油天然气管道保护、核电管理、能源储备等行政法规制定或修订工作。

进一步转变政府职能，健全能源监管体系。加强能源发展战略、规划、政策、标准等制定和实施，加快简政放权，继续取消和下放行政审批事项。强化能源监管，健全监管组织体系和法规体系，创新监管方式，提高监管效能，维护公平公正的市场秩序，为能源产业健康发展创造良好环境。

（二）健全和完善能源政策

完善能源税费政策。加快资源税费改革，积极推进清费立税，逐步扩大资源税从价计征范围。研究调整能源消费税征税环节和税率，将部分高耗能、高污染产品纳入征收范围。完善节能减排税收政策，建立和完善生态补偿机制，加快推进环境保护税立法工作，探索建立绿色税收体系。

完善能源投资和产业政策。在充分发挥市场作用的基础上，扩大地质勘探基金规模，重点支持和引导非常规油气及深海油气资源开发和国际合作，完善政府对基础性、战略性、前沿性科学研究和共性技术研究及重大装备的支持机制。完善调峰调频备用补偿政策，实施可再生能源电力配额制和全额保障性收购政策及配套措施。鼓励银行业金融机构按照风险可控、商业可持续的原则，加大对节能提效、能源资源综合利用和清洁能源项目的支持。研究制定推动绿色信贷发展的激励政策。

完善能源消费政策。实行差别化能源价格政策。加强能源需求侧管理，推行合同能源管理，培育节能服务机构和能源服务公司，实施能源审计制度。健全固定资产投资项目节能评估审查制度，落实能效“领跑者”制度。

（三）做好组织实施

加强组织领导。充分发挥国家能源委员会的领导作用，加强对能源重大战略问题的研究和审议，指导推动本行动计划的实施。能源局要切实履行国家能源委员会办公室职责，组织协调各部门制定实施细则。

细化任务落实。国务院有关部门、各省（区、市）和重点能源企业要将贯彻落实本行动计划列入本部门、本地区、本企业的重要议事日程，做好各类规划计划与本行动计划的衔接。国家能源委员会办公室要制定实施方案，分解落实目标任务，明确进度安排和协调机制，精心组织实施。

加强督促检查。国家能源委员会办公室要密切跟踪工作进展，掌握目标任务完成情况，督促各项措施落到实处、见到实效。在实施过程中，要定期组织开展评估检查和考核评价，重大情况及时报告国务院。

国务院办公厅关于推行环境污染第三方治理的意见

国办发〔2014〕69号

各省、自治区、直辖市人民政府，国务院各部委、各直属机构：

环境污染第三方治理（以下简称第三方治理）是排污者通过缴纳或按合同约定支付费用，委托环境服务公司进行污染治理的新模式。第三方治理是推进环保设施建设和运营专业化、产业化的重要途径，是促进环境服务业发展的有效措施。近年来，各地区、有关部门在第三方治理方面进行了积极探索，取得初步成效，但还存在体制机制不健全，法律、政策有待完善等问题。为推行第三方治理，经国务院同意，现提出以下意见。

一、总体要求

（一）指导思想。全面贯彻落实党的十八大和十八届二中、三中、四中全会精神，坚持社会主义市场经济改革方向，按照党中央、国务院的决策部署，以环境公用设施、工业园区等领域为重点，以市场化、专业化、产业化为导向，营造有利的市场和政策环境，改进政府管理和服务，健全统一规范、竞争有序、监管有力的第三方治理市场，吸引和扩大社会资本投入，推动建立排污者付费、第三方治理的治污新机制，不断提升我国污染治理水平。

（二）基本原则。

1. 坚持排污者付费。根据污染物种类、数量和浓度，排污者承担治理费用，受委托的第三方治理企业按照合同约定进行专业化治理。

2. 坚持市场化运作。充分发挥市场配置资源的决定性作用，尊重企业主体地位，营造良好的市场环境，积极培育可持续的商业模式，避免违背企业意愿的“拉郎配”。

3. 坚持政府引导推动。更好地发挥政府作用，创新投资运营机制，加强政策扶持和激励，强化市场监管和环保执法，为社会资本进入创造平等机会。

（三）主要目标。到2020年，环境公用设施、工业园区等重点领域第三方治理取得显著进展，污染治理效率和专业化水平明显提高，社会资本进入污染治理市场的活力进一步激发。环境公用设施投资运营体制改革基本完成，高效、优质、可持续的环境公共服务市场化供给体系基本形成；第三方治理业态和模式趋于成熟，涌现一批技术能力强、运营管理水平高、综合信用好、具有国际竞争力的环境服务公司。

二、推进环境公用设施投资运营市场化

（四）改革投资运营模式。推动环境公用设施管理向独立核算、自主经营的企业化模式转变，实行投资、建设、运营和监管分开，形成权责明确、制约有效、管理专业的市场化运行机制。对可经营性好的城市污水、垃圾处理设施，采取特许经营、委托运营等方式引入社会资本，通过资产租赁、转让产权、资产证券化等方式盘活存量资产。鼓励打破以项目为单位的分散运营模式，采取打捆方式引入第三方进行整体式设计、模块化建设、一体化运营。对以政府为责任主体的城镇污染场地治理和区域性环境整治等，采用环境绩效合同服务等方式引入第三方治理。鼓励地方政府引入环境服务公司开展综合环境服务。

（五）推进审批便利化。对政府和社会资本合作开展的第三方治理项目，要认真编制实施方案，从项目可行性、财政负担能力、公众意愿和接受程度等方面进行科学评估和充分论证，相关部门要依法依规加快规划选址、土地利用、节能、环评等前期建设条件的审查。各地区要改进审批方式，提高审批效率。有条件的地区要建立联合审查制度，在政府统一的政务审批平台上实行并联审批。

（六）合理确定收益。对特许经营、委托运营类项目，要参考本行业平均利润、银行存贷款利率等因素，科学确定投资收益水平，并逐步向约定公共服务质量下的风险收益转变，政府不得承诺不合理的高额固定收益回报。对环境绩效合同服务类项目，要建立公平、合理的绩效考核和评价机制，公共财政支付水平与治理绩效挂钩。完善价格调整机制，明确约定中标价的调整周期、调整因素和启动条件等。

（七）保障公共环境权益。统筹好公益性和经营性关系，对项目经营者处置相关的特许经营权、土地使用权、设施和企业股权等资产及其权益作出限制性约定，不得随意转让。建立退出机制，制定临时接管预案，在项目经营者发生危害公共利益和公共安全情形时，及时启动临时接管预案。

三、创新企业第三方治理机制

（八）明确相关方责任。排污企业承担污染治理的主体责任，第三方治理企业按照有关法律法规和标准以及排污企业的委托要求，承担约定的污染治理责任。抓紧出台第三方治理的规章制度，对相关方的责任边界、处罚对象、处罚措施等作出规定。

（九）规范合作关系。研究制定第三方治理管理办法，发布标准合同范本，保障相关方合法权益。排污企业和第三方治理企业应按照有关法律法规和市场规则，签订委托治理合同，约定治理标准、内容、费用；通过履约保证金（保函）、担保、调解、仲裁等方式，建立健全履约保障和监督机制。

（十）培育企业污染治理新模式。在工业园区等工业集聚区，引入环境服务公司，对园区企业污染进行集中式、专业化治理，开展环境诊断、生态设计、清洁生产审核和技术改造等；组织实施园区循环化改造，合理构建企业间产业链，提高资源利用效率，降低污染治理综合成本。在电力、钢铁等行业和中小企业，鼓励推行环境绩效合同服务等方式引入第三方治理。

（十一）探索实施限期第三方治理。选择若干有条件地区的高污染、高环境风险行业，对因污染物超过排放标准或总量控制要求，被环境保护主管部门责令限制生产、停产整治且拒不自行治理污染的企业，列出企业清单向社会公布，督促相关企业在规定期限内委托环境服务公司进行污染治理。

四、健全第三方治理市场

（十二）扩大市场规模。各级政府要增加环境基本公共服务有效供给，加大环保投入，大力推动环保产业发展；严格执行环保法律法规和标准，强化环保执法，增强排污企业委托第三方治理的内生动力。鼓励政府投融资平台和社会资本建立混合所有制企业，参与第三方治理。第三方治理取得的污染物减排量，计入排污企业的排污权账户，由排污企业作为排污权的交易和收益主体。

（十三）加快创新发展。支持第三方治理企业加强科技创新、服务创新、商业模式创新，通过兼并、联合、重组等方式，实行规模化、品牌化、网络化经营。以国家级环保产业园区、骨干环境服务公司等为载体，建设一批产学研用紧密结合的环保技术创新和成果转化平台。

（十四）发挥行业组织作用。相关行业组织要积极借鉴国内外先进经验和做法，加强对第三方治理的跟踪研究；开展业务培训和案例分析，及时总结推广成功的商业模式；组织开展技术咨询、绩效评估等。建立健全行业自律机制，提高行业整体素质。

（十五）规范市场秩序。对环境公用设施，一律采用公开招标或竞争性谈判方式确定特许经营方或委托运营方。实施综合评标制度，将服务能力与质量、运营方案、业绩信用等列为招投标条件，不得设定地域歧视性条件，避免低价低质中标。推动建立企业诚信档案和信用累积制度，第三方治理企业要如实向社会公开污染治理设施建设、运行和污染排放情况。

（十六）完善监管体系。健全政府、投资者、公众等共同参与的监督机制，实行准入、运营、退出全过程监管，探索综合监管模式。探索实施黑名单制度，将技术服务能力弱、运营管理水平低、综合信用差的环境服务公司列入黑名单，定期向社会公布。依法公开第三方治理项目环境监管信息。

五、强化政策引导和支持

（十七）完善价格和收费政策。加大差别电价、水价实施力度。提高排污费征收标准，实行差别化排污收费。完善污水、垃圾处理收费政策，适当提高收费标准，逐步覆盖全处理成本。严格落实垃圾发电价格政策。建立健全鼓励使用再生水、促进垃圾资源化的价格机制。全面落实燃煤发电机组脱硫、脱硝、除尘等环保电价政策。

（十八）加大财税支持力度。对符合条件的第三方治理项目给予中央资金支持，有条件的地区也要对第三方治理项目投资和运营给予补贴或奖励。积极探索以市场化的基金运作等方式引导社会资本投入，健全多元化投入机制。研究明确第三方治理税收优惠政策。

（十九）创新金融服务模式。鼓励银行业金融机构创新金融产品和服务，开展节能环保信贷资产证券化，研究推进能效贷款、绿色金融租赁、碳金融产品、节能减排收益权和排污权质押融资；对国家鼓励发展的第三方治理重大项目，在贷款额度、贷款利率、还贷条件等方面给予优惠。加快推行绿色银行评级制度。鼓励保险公司开发相关环境保险产品，引导高污染、高环境风险企业投保。

（二十）发展环保资本市场。对符合条件的第三方治理企业，上市融资、发行企业债券实行优先审批；支持发行中小企业集合债券、公司债、中期票据等债务融资工具；支持适度发展融资租赁业务，引入低成本外资。选择综合信用好的环境服务公司，开展非公开发行企业债券试点。探索发展债券信用保险。

六、加强组织实施

（二十一）强化组织协调。发展改革委、财政部要加强统筹协调，制定推进第三方治理的投融资、财税等政策。环境保护部要健全环保标准和政策，强化执法监督。住房城乡建设部要深化城镇环境公共基础设施领域改革，加强建设和运营管理。人民银行、银监会、证监会、保监会要会同有关部门研究支持环境服务业发展的金融政策。各省（区、市）政府要加强组织领导，健全工作机制，结合本地区实际，制定推行第三方治理的实施细则。

（二十二）总结推广经验。选择有条件的地区和行业，就第三方治理制度和模式进行改革示范。发展改革委、财政部要会同环境保护部、住房城乡建设部等部门，密切跟踪改革进展情况，协调解决工作中的困难和问题，及时总结推广各地成熟的经验和做法，重大情况向国务院报告。

国务院办公厅

2014 年 12 月 27 日

（此件公开发布）

· 工业和信息化部 ·

符合《钢铁行业规范条件（2012年修订）》企业名单（第一批）

中华人民共和国工业和信息化部
公　告
2013 年第 24 号

依据《钢铁行业规范条件（2012 年修订）》，经钢铁企业申报，地方工业主管部门预审，我部组织专家评审以及网上公示，现将第一批符合《钢铁行业规范条件（2012 年修订）》的钢铁企业予以公告。

附件：符合《钢铁行业规范条件（2012 年修订）》企业名单（第一批）

工业和信息化部
2013 年 4 月 28 日

附件

符合《钢铁行业规范条件(2012年修订)》企业名单(第一批)

序号	企业名称	粗钢产量/万吨		企业主要装备	
		2010年	2012年	炼铁	炼钢
1	鞍钢股份有限公司	2165.7	2023.0	本部:4×2580m^3、3×3200m^3;鲅鱼圈:2×4038m^3	本部:6×100t、2×150t、1×180t、3×260t转炉;鲅鱼圈:3×260t转炉
2	攀钢集团攀枝花钢钒有限公司	547.0	554.0	3×1200m^3、1×1350m^3、1×2000m^3	5×120t转炉、2×120t提钒转炉
3	武汉钢铁股份有限公司	1662.0	1690.1	1×1536m^3、1×2200m^3、1×2600m^3、3×3200m^3、1×3800m^3	3×90t、2×120t、2×150t、2×180t、3×250t转炉
4	武钢集团昆明钢铁股份有限公司	602.6	654.8	安宁分公司:2×510m^3、1×1080m^3、1×2000m^3;红钢:2×1080m^3、1×1350m^3;玉钢:3×1080m^3;新区:1×2500m^3	安宁:3×32t、3×50t转炉;红钢:2×50t转炉、1×50t提钒转炉;玉钢:2×50t转炉,1×50t、1×120t提钒转炉;新区:2×120t转炉
5	广西柳州钢铁(集团)公司	1001.0	950.1	2×1500m^3、2×2000m^3、1×2650m^3、1×2750m^3	3×40t、3×120t、5×150t转炉
6	宝钢集团宝山钢铁股份有限公司(本部)	1600.0	1600.0	本部:2×COREX-3000;1×4350m^3、1×4706m^3、1×4747m^3、1×4966m^3	本部:3×150t、3×250t、3×300t转炉
7	宝钢集团新疆八一钢铁有限公司	671.3	754.9	5×430m^3、3×2500m^3	1×70t、1×110t电炉;3×40t、3×120t转炉

续表

序号	企业名称	粗钢产量/万吨		企业主要装备	
		2010年	2012年	炼铁	炼钢
8	宝钢集团广东韶关钢铁有限公司	503.6	550.5	1×420m^3、1×450m^3、1×750m^3、1×2200m^3、1×3200m^3	1×90t电炉;3×120t、2×130t转炉
9	天津天铁冶金集团有限公司	501.0	424.3	1×450m^3、4×700m^3、1×2500m^3	3×45t、2×180t转炉
10	天津钢铁集团有限公司	435.6	602.6	1×1080m^3、1×2000m^3、1×3200m^3	2×110t电炉;3×120t转炉
11	天津钢管集团股份有限公司	270.4	259.2	1×1000m^3	1×90t、1×100t、1×150t电炉
12	太原钢铁(集团)有限公司	834.3	1012.7	1×1650m^3、1×1800m^3、1×4350m^3	1×50t、1×90t、2×160t电炉;2×85t、1×90t、2×180t转炉
13	包头钢铁(集团)有限责任公司	1011.0	1018.5	1×1500m^3、1×1780m^3、1×2500m^3、3×2200m^3	4×80t、2×120t、2×210t转炉
14	本钢板材股份有限公司	1005.0	994.0	3×2600m^3、1×4747m^3	2×50t电炉;3×150t、4×180t转炉
15	凌源钢铁集团有限责任公司	344.1	356.3	2×450m^3、2×1000m^3、1×2300m^3	3×35t、3×120t转炉
16	抚顺新钢铁有限责任公司	310.0	314.8	2×420m^3、2×450m^3、1×580m^3	3×35t、1×40t转炉
17	西林钢铁集团有限公司	220.0	325.9	1×550m^3、1×1080m^3、2×1260m^3	2×50t电炉;4×120t转炉
18	黑龙江建龙钢铁有限公司	200.4	189.3	3×530m^3	2×60t转炉
19	南京钢铁集团有限公司	677.0	717.6	2×2000m^3、1×2550m^3	1×100t电炉;3×150t转炉

续表

序号	企业名称	粗钢产量/万吨		企业主要装备	
		2010年	2012年	炼铁	炼钢
20	江阴兴澄特种钢铁有限公司	512.0	453.1	2×450m³、1×530m³、1×3200m³	2×40t、1×100t电炉；2×120t、2×150t转炉
21	江苏沙钢集团有限公司	1883.0	1980.4	4×480m³、4×580m³、1×1580m³、3×2680m³、1×5800m³	1×75t、1×90t、3×100t、1×110t电炉；3×50t、6×180t转炉
22	江苏沙钢集团淮钢特钢股份有限公司	293.0	296.0	2×450m³、2×580m³	1×70t电炉；2×80t转炉
23	江苏永钢集团有限公司	650.0	723.4	4×450m³、2×600m³、1×700m³、2×1080m³	5×50t、2×120t转炉
24	中天钢铁集团有限公司	631.0	756.5	2×510m³、2×550m³、1×660m³、2×850m³、1×1000m³、2×1250m³	1×90t电炉；2×45t、1×65t、2×80t、3×120t转炉
25	常熟市龙腾特种钢有限公司	155.0	170.0	1×1080m³	2×45t电炉、1×120t转炉
26	江苏申特钢铁有限公司	151.0	230.5	2×450m³、1×1250m³	2×120t转炉
27	杭州钢铁集团公司	349.4	324.9	2×750m³、1×1250m³	1×80t电炉；4×40t转炉
28	衢州元立金属制品有限公司	311.0	348.5	2×450m³、2×1080m³、1×1068m³	5×70t转炉
29	马鞍山钢铁股份有限公司	1403.0	1733.9	2×420m³、2×500m³、1×1000m³、2×2500m³、2×4000m³	1×110t电炉；4×40t、3×50t、1×60t、3×120t、2×300t转炉
30	福建省三钢(集团)有限责任公司	431.7	694.8	3×420m³、2×1050m³、1×1800m³	2×100t、3×120t转炉
31	方大特钢科技股份有限公司	257.0	328.3	1×510m³、2×1050m³	2×65t、1×80t转炉
32	济钢集团有限公司	957.0	692.5	3×1750m³、1×3200m³	3×45t、3×120t、1×210t转炉

续表

序号	企业名称	粗钢产量/万吨		企业主要装备	
		2010年	2012年	炼铁	炼钢
33	莱芜钢铁集团有限公司	1251.0	1447.6	股份：6×1080m^3；银山型钢：2×1880m^3、1×3200m^3；永锋：2×530m^3、2×1080m^3	股份：1×50t电炉，3×50t、1×60t、2×120t转炉；银山型钢：3×120t转炉；永锋：2×60t、2×120t转炉
34	青岛钢铁有限公司	300.0	252.8	5×500m^3、1×625m^3	4×35t、2×80t转炉
35	安阳钢铁股份有限公司	792.0	544.6	4×450m^3、2×2000m^3	1×100t电炉；3×35t、1×100t、3×150t转炉
36	安钢集团信阳钢铁有限责任公司	210.0	229.6	4×600m^3	3×100t转炉
37	河南济源钢铁(集团)有限公司	260.0	325.2	4×508m^3、1×1200m^3	1×50t、1×60t、2×120t转炉
38	南阳汉冶特钢有限公司	268	202.6	2×450m^3、1×1260m^3	3×80t
39	湖北新冶钢有限公司	214.6	209.0	2×520m^3、1×1780m^3	2×70t电炉、2×20t高合金钢电炉；2×120t转炉
40	湖南华菱湘潭钢铁有限公司	720.0	649.7	1×1080m^3、1×1800m^3、2×2580m^3	3×80t、4×120t转炉
41	湖南华菱涟源钢铁有限公司	644.0	626.7	1×2200m^3、1×2800m^3、1×3200m^3	3×100t、2×210t转炉
42	衡阳华菱钢管有限公司	121.1	125.4	1×1080m^3	2×45t、1×90t电炉
43	重庆钢铁股份有限公司	451.5	522.3	3×2500m^3	3×210t转炉
44	四川省达州钢铁集团有限责任公司	235.0	303.0	1×430m^3、2×480m^3、1×1260m^3	3×120t转炉
45	首钢水城钢铁(集团)有限责任公司	328.2	501.5	1×788m^3、1×1200m^3、1×1350m^3、1×2380m^3	3×35t、3×100t转炉

符合《钢铁行业规范条件（2012 年修订）》企业名单（第二批）

中华人民共和国工业和信息化部

公　告

2014 年第 1 号

依照《钢铁行业规范条件（2012 年修订）》，经钢铁企业申报，地方工业和信息化主管部门预审，我部组织专家评审、现场核查以及网上公示，现将第二批符合《钢铁行业规范条件》的企业予以公告。

附件：符合《钢铁行业规范条件（2012 年修订）》企业名单（第二批）

工业和信息化部
2014 年 1 月 2 日

附件

符合《钢铁行业规范条件(2012年修订)》企业名单(第二批)

序号	申报央企、地方	企业名称	主要装备	
			炼铁	炼钢
1	宝钢集团有限公司	宁波钢铁有限公司	2×2500m³	3×180t转炉
2		宝钢特钢有限公司		4×40t、1×60t电炉
3		宝钢不锈钢有限公司	1×750m³、1×2500m³	2×100t电炉;2×120t、2×150t转炉
4		宝钢德盛不锈钢有限公司	3×600m³	1×70t、3×80t转炉
5		上海梅山钢铁股份有限公司	1×1280m³、1×3200m³、1×4070m³	3×150t、2×250t转炉
6		南通宝钢钢铁有限公司	1×420m³	2×50t、1×100t电炉
7	鞍钢集团公司	攀钢集团西昌钢钒有限公司	2×1750m³	2×200t转炉;1×200t提钒转炉
8		鞍钢集团朝阳鞍凌钢铁有限公司	1×2600m³	2×120t转炉
9	武汉钢铁(集团)公司	武汉钢铁集团鄂城钢铁有限责任公司	1×544m³、1×620m³、1×1080m³、1×1800m³、1×2600m³	1×70t电炉;2×35t、2×130t转炉
10	中国五矿集团公司	五矿营口中板有限责任公司	4×450m³、2×2300m³	3×100t转炉
11	新兴际华集团有限公司	新兴铸管股份有限公司(武安本部)	1×420m³、1×460m³、1×560m³	2×80t转炉
12		新疆金特钢铁股份有限公司	1×588m³、1×1080m³	3×40t转炉
13		芜湖新兴铸管有限责任公司	2×620m³	1×70t电炉;2×50t转炉

续表

序号	申报央企、地方	企业名称	主要装备	
			炼铁	炼钢
14	天津市	天津荣程联合钢铁集团有限公司	$1\times410m^3$、$2\times588m^3$、$1\times1200m^3$、$1\times1380m^3$	3×120t 转炉
15		天津天钢联合特钢有限公司	$2\times500m^3$、$3\times1080m^3$	3×120t 转炉
16		迁安轧一钢铁集团有限公司	$3\times450m^3$、$2\times580m^3$	2×40t、2×160t 转炉
17		天津天丰钢铁有限公司	$1\times580m^3$、$1\times630m^3$	3×40t 转炉
18		崇利制钢有限公司	$3\times505m^3$	2×35t 转炉
19	河北省	唐山钢铁集团有限责任公司	$2\times2000m^3$、$2\times3200m^3$	4×55t、3×150t 转炉
20		邯郸钢铁集团有限责任公司	$1\times1000m^3$、$2\times2000m^3$、$3\times3200m^3$	4×100t、2×120t、2×260t 转炉
21		石家庄钢铁有限责任公司	$1\times480m^3$、$1\times580m^3$、$1\times1080m^3$	1×60t 电炉；2×60t 转炉
22		宣化钢铁集团有限责任公司	$1\times450m^3$、$1\times1800m^3$、$1\times2000m^3$、$2\times2500m^3$	3×120t、2×150t 转炉
23		承德钢铁集团有限公司	$3\times450m^3$、$1\times1260m^3$、$3\times2500m^3$	4×40t、2×100t、2×120t、2×150t 转炉；1×80t、2×120t、1×150t 提钒转炉
24		首钢京唐钢铁联合有限责任公司	$2\times5500m^3$	5×300t 转炉
25		河北省首钢迁安钢铁有限责任公司	$2\times2650m^3$、$1\times4000m^3$	5×210t 转炉
26		秦皇岛首秦金属材料有限公司	$1\times1200m^3$、$1\times1780m^3$	3×100t 转炉
27		唐山国丰钢铁有限公司	$8\times450m^3$、$2\times1780m^3$	1×40t、2×50t、3×80t、2×120t 转炉
28		唐山东华钢铁企业集团有限公司	$1\times550m^3$、$1\times680m^3$、$1\times1080m^3$	1×120t、1×150t 转炉
29		唐山瑞丰钢铁(集团)有限公司	$1\times450m^3$、$2\times680m^3$、$2\times1080m^3$、$1\times1350m^3$	3×80t 转炉
30		迁安市九江线材有限责任公司	$6\times480m^3$、$6\times1080m^3$	5×50t、2×80t、3×100t 转炉

续表

序号	申报央企、地方	企业名称	主要装备	
			炼铁	炼钢
31	河北省	河北钢铁集团燕山钢铁有限公司	6×450m^3、2×1080m^3、2×2560m^3	2×35t、2×50t、4×180t转炉
32		河北钢铁集团松汀钢铁有限公司	2×450m^3、2×580m^3、2×1080m^3	2×100t、2×120t转炉
33		河北普阳钢铁有限公司	3×1050m^3	2×120t转炉
34		武安市裕华钢铁有限公司	3×600m^3、2×1080m^3	2×50t、2×120t转炉
35		河北文丰钢铁有限公司	2×460m^3、2×480m^3、1×550m^3	4×35t、1×120t转炉
36		邢台钢铁有限责任公司	2×420m^3、1×450m^3、1×1050m^3	3×50t、1×80t转炉
37		河北津西钢铁集团股份有限公司	8×550m^3、4×1280m^3	6×50t、2×100t转炉
38		唐山港陆钢铁有限公司	2×650m^3、4×1080m^3	3×75t、2×150t转炉
39		唐山东海钢铁集团特钢有限公司	1×680m^3、1×1080m^3、3×1350m^3	4×120t、1×130t转炉
40		河北敬业集团有限责任公司	3×450m^3、2×588m^3、3×1080m^3、6×1260m^3	4×50t、3×150t转炉
41		德龙钢铁有限公司	3×1080m^3	2×120t转炉
42		唐山市德龙钢铁有限公司	2×1080m^3	2×80t转炉
43		承德建龙特殊钢有限公司	1×650m^3、1×1350m^3	1×70t、1×120t转炉；1×70t提钒转炉
44		唐山建龙实业有限公司	3×450m^3	2×60t转炉
45		河北前进钢铁集团有限公司	3×450m^3、2×1080m^3	4×60t转炉
46		沧州中铁装备制造材料有限公司	3×2500m^3、1×1350m^3	3×180t转炉
47		涞源县奥宇钢铁有限公司	2×480m^3	2×45t转炉
48		唐山不锈钢有限责任公司	2×450m^3、2×550m^3	1×80t、2×100t转炉
49		唐山中厚板材有限公司	1×1580m^3、1×1780m^3	3×120t转炉
50		唐山市丰南区经安钢铁有限公司	2×1080m^3、1×1280m^3	1×60t、2×120t转炉

续表

序号	申报央企、地方	企业名称	主要装备	
			炼铁	炼钢
51	山西省	山西中阳钢铁有限公司	$2\times1080m^3$、$1\times1780m^3$	3×50t、2×120t 转炉
52		文水海威钢铁有限公司	$6\times450m^3$、$1\times1800m^3$	2×60t、1×120t 转炉
53		山西新泰钢铁有限公司	$1\times450m^3$、$1\times1080m^3$	2×90t 转炉
54		山西立恒钢铁股份有限公司	$2\times550m^3$	2×65t 转炉
55		襄汾县星原钢铁集团有限公司	$1\times450m^3$、$2\times550m^3$	2×65t 转炉
56		山西通才工贸有限公司	$1\times450m^3$、$1\times550m^3$、$1\times1860m^3$	2×65t、1×80t 转炉
57		海鑫钢铁集团有限公司	$4\times630m^3$、$1\times1080m^3$、$1\times1380m^3$	1×80t、1×90t、2×120t 转炉
58		潞城市兴宝钢铁有限责任公司	$2\times550m^3$	2×60t 转炉
59		山西宏达钢铁有限公司	$1\times450m^3$、$1\times580m^3$	2×40t 转炉
60	内蒙古自治区	赤峰远联钢铁有限责任公司	$1\times450m^3$、$1\times500m^3$、$1\times1280m^3$	3×50t 转炉
61	辽宁省	东北特钢集团大连特殊钢有限责任公司	$1\times1260m^3$	1×40t、1×50t、1×110t 电炉；1×110t 转炉
62		东北特钢集团抚顺特殊钢股份有限公司		2×30t、1×50t、1×60t 电炉
63		后英集团海城钢铁有限公司	$2\times450m^3$、$2\times580m^3$	2×80t 转炉
64	吉林省	吉林建龙钢铁有限责任公司	$2\times1800m^3$	2×120t 转炉
65	黑龙江省	西林钢铁集团阿城钢铁有限公司	$1\times450m^3$、$1\times1260m^3$	2×65t 电炉；1×120t 转炉
66		东北特钢集团北满特殊钢有限责任公司	$2\times450m^3$	2×40t、1×45t、1×90t 电炉；2×120t 转炉

续表

序号	申报央企、地方	企业名称	主要装备	
			炼铁	炼钢
67	江苏省	江苏省镔鑫特钢材料有限公司	2×1080m^3	2×120t转炉
68		连云港兴鑫钢铁有限公司	3×1080m^3	2×120t转炉
69		徐州东南钢铁工业有限公司	2×550m^3、1×1280m^3	2×60t、1×150t转炉
70		盐城市联鑫钢铁有限公司	2×1080m^3	1×70t电炉；2×120t转炉
71		江苏新长江实业集团有限公司	2×500m^3	2×50t转炉
72		徐州宝丰特钢有限公司	2×630m^3	2×60t转炉
73		常州东方特钢有限公司	3×550m^3	4×40t转炉
74		丹阳龙江钢铁有限公司	1×630m^3、1×850m^3	3×40t转炉
75		徐州东亚钢铁有限公司	1×450m^3、1×550m^3	2×60t转炉
76		扬州市秦邮特种金属材料有限公司	2×1080m^3	2×120t转炉
77		无锡新三洲特钢有限公司	1×450m^3、1×660m^3	1×50t电炉；2×50t转炉
78		江苏西城三联控股集团有限公司		2×50t、1×90t电炉
79		江阴华西钢铁有限公司	2×450m^3	2×40t转炉
80		江苏鸿泰钢铁有限公司		2×60t、2×80t电炉
81		张家港浦项不锈钢有限公司		1×60t、1×140t电炉
82		江苏苏钢集团有限公司	1×450m^3	1×100t电炉
83		江苏华菱锡钢特钢有限公司		1×90t电炉

续表

序号	申报央企、地方	企业名称	主要装备	
			炼铁	炼钢
84	浙江省	振石集团东方特钢股份有限公司		1×75t电炉
85	福建省	福建三安钢铁有限责任公司	2×550m³、1×1250m³	3×50t转炉
86	福建省	福建三宝钢铁有限公司	1×620m³、1×1080m³	1×70t、1×90t电炉；2×100t转炉
87	江西省	萍乡萍钢安源钢铁有限公司	3×450m³、1×1080m³	2×50t、1×60t转炉
88	江西省	萍乡萍钢钢铁有限公司	2×420m³、1×422m³、1×450m³	4×35t转炉
89	江西省	九江萍钢钢铁有限公司	1×450m³、1×1080m³、2×1780m³	2×60t、2×120t转炉
90	江西省	新余钢铁集团有限公司	3×1050m³、2×2500m³	3×100t、2×210t转炉
91	山东省	日照钢铁控股集团有限公司	2×450m³、2×530m³、2×580m³、10×1080m³	4×60t、4×120t转炉
92	山东省	山东广富集团有限公司	2×450m³、3×750m³	1×50t、1×100t电炉；2×60t、2×80t转炉
93	山东省	山东西王特钢有限公司	2×1080m³	2×80t电炉；2×100t转炉
94	山东省	山东传洋集团有限公司	3×630m³	2×120t转炉
95	河南省	舞阳钢铁有限责任公司		2×90t、1×100t电炉；1×120t转炉
96	河南省	沙钢集团安阳永兴钢铁有限公司	2×450m³、2×580m³	2×120t转炉
97	河南省	安钢集团新普有限公司	2×600m³	2×80t转炉
98	河南省	安钢集团河南凤宝特钢有限公司	1×420m³、1×450m³、1×1080m³	2×50t转炉
99	河南省	河南亚新钢铁集团有限公司	3×630m³	2×65t转炉

续表

序号	申报央企、地方	企业名称	主要装备	
			炼铁	炼钢
100	湖北省	武汉顺乐不锈钢有限公司		4×50t 电炉
101	广东省	广东国鑫实业股份有限公司	2×1080m^3	2×100t 转炉
102		广东泰都钢铁实业股份有限公司	2×1080m^3	2×90t 转炉
103		珠海粤裕丰钢铁有限公司	4×450m^3	2×65t、1×70t 转炉
104		广东广青金属科技有限公司		2×75t 电炉
105		广东世纪青山镍业有限公司		1×120t 电炉
106	四川省	成渝钒钛科技有限公司	1×420m^3、4×460m^3、2×1250m^3	2×80t、3×120t 转炉；1×120t 提钒转炉
107		四川德胜集团钒钛有限公司	2×420m^3、1×1250m^3	1×50t、1×80t 转炉；1×50t 提钒转炉
108		四川西南不锈钢有限责任公司		2×70t 电炉
109	云南省	云南曲靖钢铁集团有限公司	5×450m^3、1×600m^3、1×630m^3、2×1080m^3	2×50t、1×120t 电炉；4×60t、1×80t 转炉
110	陕西省	陕西龙门钢铁（集团）有限责任公司	1×450m^3、4×1280m^3	4×60t、2×120t 转炉
111	甘肃省	酒泉钢铁（集团）有限责任公司	4×450m^3、1×1000m^3、2×1800m^3	1×100t 电炉；3×60t、3×120t 转炉
112		酒钢榆中钢铁有限责任公司	2×420m^3、1×2800m^3	2×40t、2×120t 转炉
113	青海省	西宁特殊钢股份有限公司	2×450m^3	2×35t、1×40t、1×60t 电炉；1×65t 转炉

符合《钢铁行业规范条件（2012 年修订）》企业名单（第三批）

中华人民共和国工业和信息化部

公　告

2014 年　第 65 号

依照《钢铁行业规范条件（2012 年修订）》，经钢铁企业申报，地方工业主管部门预审，我部组织专家评审、现场核查以及网上公示，确定第三批符合《钢铁行业规范条件》企业 147 家。现予以公告。

附件：符合《钢铁行业规范条件（2012 年修订）》企业名单（第三批）

工业和信息化部

2014 年 11 月 25 日

附件

符合《钢铁行业规范条件（2012年修订）》企业名单（第三批）

序号	省份	企业名称	装备情况	
			炼铁	炼钢
1	鞍钢集团	攀钢集团成都钢钒有限公司	4×405m³ 高炉	1×70t 电炉；1×80t 转炉；1×100t 提钒转炉
2		攀钢集团江油长城特殊钢有限公司		4×40t 电炉
3	天津市	天津冶金集团轧三钢铁有限公司	2×1260m³ 高炉	2×120t 转炉
4		天津荣程集团唐山特种钢有限公司	1×1080m³ 高炉	2×100t 转炉
5		天津市天重江天重工有限公司	1×820m³ 高炉	1×100t 电炉；1×120t 转炉
6	河北省	中普（邯郸）钢铁有限公司	1×600m³、2×1260m³ 高炉	2×50t、2×100t 转炉
7		河北新武安钢铁集团鑫汇冶金有限公司	1×460m³、1×1080m³ 高炉	2×55t 转炉
8		河北永洋特钢集团有限公司	1×450m³ 高炉	1×70t 电炉
9		金鼎重工有限公司	3×1080m³ 高炉	2×120t 转炉
10		武安市广耀铸业有限公司	1×460m³、1×800m³ 高炉	2×50t 转炉
11		河北新武安钢铁集团文安钢铁有限公司	1×420m³、2×510m³、1×1080m³ 高炉	2×35t、2×60t 转炉
12		河北新武安钢铁集团明芳钢铁有限公司	1×460m³、2×1080m³ 高炉	2×50t、1×80t 转炉

续表

序号	省份	企业名称	装备情况	
			炼铁	炼钢
13	河北省	河北宝信钢铁集团有限公司	1×420m³、2×630m³ 高炉	2×50t 转炉
14		武安市永诚铸业有限责任公司	2×460m³ 高炉	2×55t 转炉
15		河北新武安钢铁集团烘熔钢铁有限公司	2×620m³、1×1260³ 高炉	3×60t 转炉
16		武安市运丰冶金工业有限公司	1×500m³ 高炉	1×50t 转炉
17		河北新金钢铁有限公司	2×450m³、1×600m³、2×1080m³ 高炉	2×40t、2×120t 转炉
18		河北兴华钢铁有限公司	2×550m³ 高炉	2×50t 转炉
19		河北纵横钢铁集团有限公司	4×580m³ 高炉	2×85t 转炉
20		唐山新宝泰钢铁有限公司	2×450m³、1×630m³、1×1080m³ 高炉	3×60t 转炉
21		唐山安泰钢铁有限公司	1×450m³、1×1080m³ 高炉	1×32t、2×35t 转炉
22		唐山兴隆钢铁有限公司	1×450m³、1×530m³、1×1080m³ 高炉	3×50t 转炉
23		河北津西钢铁集团正达钢铁有限公司	2×500m³ 高炉	2×60t 转炉
24		滦县金马工业有限公司	1×500m³、1×550m³、1×1080m³、1×1350m³ 高炉	2×40t、2×120t 转炉
25		河北鑫达钢铁有限公司	2×450m³、2×580m³、4×1080m³ 高炉	1×60t、2×80t、2×120t 转炉
26		唐山市丰南区凯恒钢铁有限公司	1×1080m³、1×1580m³ 高炉	1×120t 转炉
27		唐山国义特种钢铁有限公司	2×600m³、2×1080m³ 高炉	3×120t 转炉
28		河北荣信钢铁有限公司	1×450m³、1×488m³、2×1080m³ 高炉	3×50t、2×60t 转炉
29		唐山贝氏体钢铁（集团）福丰钢铁有限公司	2×600m³ 高炉	2×55t 转炉

续表

序号	省份	企业名称	装备情况	
			炼铁	炼钢
30	河北省	唐山东海钢铁集团有限公司	1×450m³、1×600m³、1×680m³、2×1080m³ 高炉	4×40t、2×120t 转炉
31		唐山市春兴特种钢有限公司	2×1080m³ 高炉	2×120t 转炉
32		唐山文丰山川轮毂有限公司	2×1080m³ 高炉	1×100t 电炉；1×120t 转炉
33		唐山市玉田建邦实业有限公司	1×450m³、1×520m³ 高炉	2×40t、1×45t 转炉
34		河北天柱钢铁集团有限公司	1×530m³、2×800m³、1×1080m³ 高炉	2×50t、2×70t 转炉
35		河北唐银钢铁有限公司	1×450m³、1×550m³、1×750m³、1×1080m³ 高炉	2×120t 转炉
36		河北华西钢铁有限公司	2×450m³、1×1080m³ 高炉	3×50t 转炉
37		唐山瑞丰钢铁（集团）粤丰钢铁有限公司	1×680m³ 高炉	1×60t 转炉
38		秦皇岛安丰钢铁有限公司	6×550m³、4×1260m³ 高炉	3×50t、2×65t、3×150t 转炉
39		昌黎县宏兴实业有限公司	5×580m³、1×1260m³ 高炉	4×65t 转炉
40		青龙满族自治县德龙铸业开发有限公司	1×1080m³ 高炉	1×120t 转炉
41		昌黎县顺先实业有限公司	2×580m³、2×600m³ 高炉	2×125t 转炉
42		秦皇岛佰工钢铁有限公司	2×1080m³ 高炉	3×60t 转炉
43		承德兆丰钢铁集团有限公司	2×650m³ 高炉	2×50t 转炉
44		承德盛丰钢铁有限公司	2×650m³ 高炉	2×35t、1×40t 转炉

续表

序号	省份	企业名称	装备情况	
			炼铁	炼钢
45	河北省	辛集市澳森钢铁有限公司	1×420m³、2×610m³、1×1050m³、1×1080m³ 高炉	3×120t 转炉
46		霸州市新利钢铁有限公司	2×1080m³ 高炉	1×120t、1×150t 转炉
47		河北钢铁集团龙海钢铁有限公司	2×450m³、1×460m³、1×1080m³ 高炉	2×40t、1×60t 转炉
48		邯郸市紫山特钢集团建发高强度标准件材料有限公司	1×450m³ 高炉	1×70t 电炉
49		廊坊市洸远金属制品有限公司	2×1000m³、2×1080m³ 高炉	4×80t 转炉
50	山西省	河津市华鑫源钢铁有限责任公司	2×450m³ 高炉	2×40t 转炉
51		山西美锦钢铁有限公司	2×500m³ 高炉	2×50t 转炉
52		山西高义钢铁有限公司	2×1380m³ 高炉	2×120t 转炉
53		山西华丰冶炼集团有限公司	2×630m³ 高炉	1×100t 转炉
54		山西常平钢铁有限公司	2×450m³ 高炉	2×60t 转炉
55		黎城太行钢铁有限公司	1×458m³、1×528m³ 高炉	1×35t、2×40t 转炉
56		山西长信工业有限公司	2×530m³ 高炉	2×45t 转炉
57		山西中升钢铁有限公司	1×1200m³ 高炉	2×60t 转炉
58		襄汾县新金山特钢有限公司	2×450m³ 高炉	2×100t 转炉
59		晋城福盛钢铁有限公司	2×530m³、2×680m³、2×1380m³ 高炉	2×50t、3×80t 转炉
60		大同煤矿天建钢铁有限公司	2×450m³ 高炉	2×35t 转炉
61		山西立恒钢铁股份有限公司（新区）	4×450m³ 高炉	3×65t 转炉

续表

序号	省份	企业名称	装备情况	
			炼铁	炼钢
62	内蒙古自治区	乌海市包钢万腾钢铁有限责任公司	1×1166m^3、1×1200m^3 高炉	2×120t 转炉
63		包头市吉宇钢铁有限责任公司	1×1080m^3 高炉	2×35t 转炉
64		包头市宝鑫特钢有限责任公司	1×660m^3 高炉	1×35t 转炉
65		内蒙古德晟金属制品有限公司	1×1260m^3 高炉	1×120t 转炉
66		包头市大安钢铁有限责任公司	1×450m^3、1×530m^3 高炉	2×35t 转炉
67		内蒙古亚新隆顺特钢有限公司	2×630m^3 高炉	2×120t 转炉
68	辽宁省	本溪北营钢铁(集团)股份有限公司	3×530m^3、2×2850m^3 高炉	4×50t、3×120t 转炉
69		营口钢铁有限公司	2×1360m^3 高炉	2×120t 转炉
70		鞍山宝得钢铁有限公司	2×450m^3 高炉	1×120t 转炉
71	吉林省	通化钢铁集团股份有限公司	1×1060m^3、2×2680m^3 高炉	1×70t 电炉；3×120t 转炉
72		吉林鑫达钢铁有限公司	1×450m^3、1×480m^3、1×1260m^3 高炉	3×65t 转炉
73		四平现代钢铁有限公司	2×450m^3 高炉	2×60t 转炉
74	江苏省	常州林洪特钢有限公司		1×60t 电炉
75		连云港华乐合金有限公司	1×450m^3 高炉	3×70t 精炼 AOD 转炉
76		徐州泰发特钢科技有限公司	1×550m^3、1×750m^3 高炉	2×60t 转炉
77		南京钢铁股份有限公司	2×2000m^3、1×2550m^3、2×1800m^3 高炉	1×100t 电炉；3×120t、3×150t 转炉
78	浙江省	永兴特种不锈钢股份有限公司		1×20t、1×40t 高合金钢电炉
79		浙江青山钢铁有限公司		1×50t 电炉
80		湖州盛特隆金属制品有限公司		1×50t 高合金钢电炉

续表

序号	省份	企业名称	装备情况	
			炼铁	炼钢
81	安徽省	安徽长江钢铁股份有限公司	1×450m³、2×1080m³、1×1250m³ 高炉	2×40t、2×120t 转炉
82		安徽省贵航特钢有限公司	2×1080m³ 高炉	2×120t 转炉
83		铜陵市富鑫钢铁有限公司	2×550m³ 高炉	1×120t 转炉
84		芜湖市富鑫钢铁有限公司	1×580m³、1×880m³ 高炉	2×80t 转炉
85	福建省	福建亿鑫钢铁有限公司	2×450m³ 高炉	2×45t 转炉
86		福建鑫海冶金有限公司	2×450m³、1×550m³ 高炉	1×45t、2×50t 转炉
87		福建罗源闽光钢铁有限责任公司	1×500m³、1×660m³ 高炉	2×50t 转炉
88		福建吴航不锈钢制品有限公司		2×70t 电炉
89		福州吴航钢铁制品有限公司		1×60t、2×70t 电炉
90		福建鼎信镍业有限公司	2×508m³、1×630m³ 高炉	3×120t 电炉
91		福建鼎信实业有限公司	5 台 33000kVA 矿热炉	1×75t 电炉；4×75t AOD 炉
92	江西省	吉安市钢铁有限责任公司		2×75t 电炉
93		江西台鑫钢铁有限责任公司		2×75t 电炉
94	山东省	山东钢铁集团淄博张钢有限公司	1×1350m³ 高炉	2×120t 转炉
95		潍坊特钢集团有限公司	1×1186m³、1×1360m³ 高炉	3×120t 转炉
96		山东泰山钢铁集团有限公司	2×1780m³ 高炉	2×70t 电炉；2×60t、1×70t 转炉
97		山东石横特钢集团有限公司	1×450m³、2×1080m³ 高炉	2×45t、1×60t 转炉
98		山东寿光巨能特钢有限公司	2×450m³、1×1250m³ 高炉	1×70t 电炉；1×80t、1×120t 转炉
99		山东鲁丽钢铁有限公司	2×1080m³ 高炉	1×50t、1×120t 转炉
100		山东富伦钢铁有限公司	2×420m³、1×1250m³、2×1650m³ 高炉	3×120t 转炉

续表

序号	省份	企业名称	装备情况	
			炼铁	炼钢
101	山东省	临沂江鑫钢铁有限公司	2×508m³、2×1260m³ 高炉	2×120t 转炉
102		淄博宏达钢铁有限公司	4×570m³ 高炉	3×65t 转炉
103		山东隆盛钢铁有限公司	1×630m³、1×720m³ 高炉	2×65t 转炉
104		淄博齐林傅山钢铁有限公司	1×507m³、1×630m³ 高炉	2×40t 转炉
105		临沂三德特钢有限公司	5×630m³ 高炉	3×60t 转炉
106		齐鲁特钢有限公司		1×50t、1×70t 电炉
107		山东闽源钢铁有限公司	2×505m³ 高炉	2×60t 转炉
108		烟台华新不锈钢有限公司		2×40t、1×60t 电炉
109	河南省	安钢集团闽源特钢有限公司	1×630m³ 高炉	2×75t 电炉；1×55t 转炉
110		河南昌泰不锈钢板有限公司	2×530m³、1×1080m³ 高炉	1×60t、1×80t 转炉；1×50t AOD 炉
111		河南鑫金汇不锈钢产业有限公司		1×75t 电炉
112		安阳华诚特钢有限公司	1×470m³、1×750m³ 高炉	4×40t 转炉
113		郑州永通特钢有限公司		1×30t、1×50t 电炉
114	湖北省	武钢集团襄阳重型装备材料有限公司		2×35t、1×50t 电炉
115		荆州市群力金属制品有限公司		1×100t 电炉
116		湖北立晋钢铁集团有限公司		2×75t 电炉
117		湖北新鑫钢铁集团有限公司	1×420m³、1×520m³ 高炉	4×35t 转炉
118		湖北大展钢铁有限公司		2×35t 电炉
119		湖北吴城钢铁集团有限公司		4×45t 电炉
120		广水华鑫冶金工业有限公司	1×630m³ 高炉	2×45t 电炉
121		鄂州鸿泰钢铁有限公司		2×50t、1×60t 电炉
122	湖南省	冷水江钢铁有限责任公司	2×450m³、2×530m³、1×600m³ 高炉	3×70t 转炉

续表

序号	省份	企业名称	装备情况	
			炼铁	炼钢
123	广东省	阳春新钢铁有限责任公司	2×1250m³ 高炉	2×120t 转炉
124		联众（广州）不锈钢有限公司		2×140t 电炉
125		河源德润钢铁有限公司		2×60t 电炉
126		和平县粤深钢实业有限公司		2×70t 电炉
127		惠东县华业铸造厂		4×45t、2×50t 电炉
128	广西壮族自治区	北海诚德镍业有限公司	2×550m³ 高炉；2 台 36MVA 矿热炉	1×100t 电炉
129		广西盛隆冶金有限公司	2×450m³、2×600m³、2×1600m³ 高炉	2×60t、3×80t 转炉
130		广西贵港钢铁集团有限公司	1×530m³、1×1080m³ 高炉	2×35t、1×120t 转炉
131		贺州市兆鑫五金制品有限公司		2×70t 电炉
132	四川省	成都冶金实验厂有限公司		3×80t 电炉
133		达州市航达钢铁有限责任公司		1×40t 电炉；1×60t 转炉
134	贵州省	贵州联合钢铁集团		4×35t、2×75t 电炉
135		贵州钢联实业集团有限公司		2×70t、1×110t 电炉
136	云南省	云南玉溪钢铁集团玉昆钢铁有限公司	5×450m³、2×650m³、1×1080m³ 高炉	3×40t、2×50t、2×60t 转炉
137		云南玉溪钢铁集团仙福钢铁有限公司	1×450m³、1×580m³、3×630m³ 高炉	1×40t 电炉；4×35t、2×50t、1×60t 转炉
138		云南永钢钢铁集团有限公司	2×450m³、1×1350m³ 高炉	2×35t 电炉；2×50t 转炉
139		云南德胜钢铁有限公司	3×450m³ 高炉	3×35t 转炉
140	陕西省	陕钢集团汉中钢铁有限责任公司	1×1280m³、1×2280m³ 高炉	2×120t 转炉
141		陕西略阳钢铁有限责任公司	2×415m³、1×425m³ 高炉	2×60t 转炉
142	宁夏回族自治区	宁夏钢铁（集团）有限责任公司	2×600m³、1×1350m³ 高炉	2×60t 转炉
143	新疆维吾尔自治区	山钢集团莱芜钢铁新疆有限公司	1×1350m³ 高炉	1×120t 转炉
144		新兴铸管新疆有限公司	1×1260m³ 高炉	1×120t 转炉
145		新疆昆玉钢铁有限公司	3×450m³ 高炉	2×50t 转炉
146		新疆伊犁钢铁有限公司	2×530m³ 高炉	1×80t 转炉
147		新疆闽新钢铁（集团）有限责任公司	2×520m³ 高炉	2×40t 电炉；1×80t 转炉

2013年全国淘汰落后产能目标任务完成情况

中华人民共和国工业和信息化部
国家能源局
公 告

2014年 第75号

根据《国务院关于进一步加强淘汰落后产能工作的通知》(国发〔2010〕7号)、《关于印发淘汰落后产能工作考核实施方案的通知》(工信部联产业〔2011〕46号)要求，淘汰落后产能工作部际协调小组对各省(区、市)及新疆生产建设兵团2013年淘汰落后产能工作进行了考核，现将目标任务完成情况予以公告。

电力、煤炭、炼铁、炼钢等21个行业均完成了2013年淘汰落后产能目标任务。全国共淘汰电力落后产能544万千瓦、煤炭14578万吨、炼铁618万吨、炼钢884万吨、焦炭2400万吨、铁合金210万吨、电石118万吨、电解铝27万吨、铜(含再生铜)冶炼86万吨、铅(含再生铅)冶炼96万吨、锌(含再生锌)冶炼19万吨、水泥(熟料及粉磨能力)10578万吨、平板玻璃2800万重量箱、造纸831万吨、酒精34万吨、味精29万吨、柠檬酸7万吨、制革916万标张、印染32.2亿米、化纤55万吨、铅蓄电池(极板及组装)2840万千伏安时(见附件1)。

湖北省铅蓄电池行业和黑龙江、云南、甘肃3省煤炭行业，未完成2013年淘汰落后产能任务，其余地区均完成或超额完成年度任务。湖南、山西、四川、宁夏、上海5省(区、市)的15家企业，由于涉及职工安置、资产抵押、债权债务纠纷等问题，落后设备(生产线)虽已关停，但尚未按要求彻底拆除(见附件2)。

此外，部际协调小组第五次会议对湖南省2012年整改落实情况进行了通报；陕西省关停了华能陕西秦岭发电有限公司 4 号机组，完成了 2012 年整改任务。

按照《淘汰落后产能工作考核实施方案》要求，湖北、黑龙江、云南、甘肃省人民政府，应在本公告发布后一个月内向工业和信息化部、国家能源局提出书面整改措施，限期整改。整改措施落实到位前，发展改革委、工业和信息化部、国土资源部、环境保护部、能源局等部门严格控制该地区国家安排的投资项目。有关地方人民政府要加强对已关停但未彻底拆除落后设备企业的监管，制订工作方案，明确责任，直至落后设备彻底拆除。

附件：1. 2013 年全国淘汰落后产能目标任务完成情况

2. 2013 年已关停但未彻底拆除落后设备的企业名单

工业和信息化部

国家能源局

2014 年 11 月 13 日

附件1

2013年全国淘汰落后产能目标任务完成情况

单位：万吨（平板玻璃：万重量箱；制革：万标张；印染：万米；
铅蓄电池：万千伏安时；电力：万千瓦）

行业 地区	炼铁	炼钢	焦炭	铁合金	电石	电解铝	铜（含再生铅）冶炼	铅（含再生铅）冶炼	锌（含再生锌）冶炼	水泥（熟料及粉磨能力）
天　津			56							229
河　北	130	108	355	2.7	1	1.3		2.6		776
山　西	104	100	756	12.29	30.9					350
内蒙古			182	1.08	37		2.5			411
辽　宁				3.3			4			45
吉　林				4.2						58.5
黑龙江					7					10
上　海										
江　苏	210		60	1.2			15.6	8		328
浙　江		11.35						1		152
山　东	28	200	210				0.97	6.5		681
河　南		55		1.3		26	3.6			141
安　徽		120	40				1.2	0.5		138
江　西	30	15		8.5			31.7			349.2
湖　北		75		0.6			0.5	11	1	68
湖　南		55	154.8	29			14.05	58.45	5.8	1045.2
广　东		8.8								1688
福　建				0.22						764
四　川		32	87	13.4					5.2	714.6
重　庆		2.3	10	19.6	1.8				0.07	241
广　西				19.87				2.4		452
贵　州	20		190	46.6	4.25				5	701
云　南	51		105	8.18	2.5		6.79		0.9	176
陕　西				10.47	18.4					212
甘　肃				19.8			0.5		0.55	406
青　海		2		1.4			3	6		10
宁　夏				4.8	15.6					38
西　藏										20.4
新　疆	45	100	194.5	1.5			2			217
新疆兵团										156
合　计	618	884	2400	210	118	27	86	96	19	10578

续表

行业 地区	平板玻璃	造纸	酒精	味精	柠檬酸	制革	印染	化纤	铅蓄电池(极板及组装)	电力	煤炭
天　津											
河　北	1488	135.34	6.8			221	10965	2	144.84	33.65	82
山　西		9.10					6745			21.2	
内蒙古	110	5.5							22	25.9	
辽　宁		12					7800			94.75	261
吉　林		15.82								15	161
黑龙江	150	10.3									0
上　海							1400		20		
江　苏	262	13.0				10	73790	14	657	49	
浙　江		41.1				128.75	94600	31.20	282.17	17.7	
山　东		103.2	2	13	4	11	55288	0.42	371.8	51.7	237
河　南		40.23	5	11.50		174.99	6694.3	2	45		345
安　徽		52.8	4.5			60	500		125.3		126
江　西	60	36.85	9			53	13100		207	30	53
湖　北	430	47.8				5	14595	2	177	73.8	131
湖　南		93.1			3	35	8000		202		306
广　东		13.62				10	4144		19.5	52	
福　建		63.34				20	23900		564	2.5	93
四　川	240	37.15				53.3	5272	3.4		34.3	3016
重　庆	60	16.8								17.1	1660
广　西		14.8									12
贵　州		10.74									7357
云　南											365
陕　西		35.95	4				2753			1.8	292
甘　肃		10	3			120	1350		2	1.2	51
青　海											12
宁　夏		2.62		4		7					
西　藏											
新　疆							790			2.25	18
新疆兵团							327.6				
合　计	2800	831	34	29	7	916	322017	55	2840	544	14578

注：2013 年北京、海南无淘汰落后产能任务，西藏任务完成数据是根据西藏自治区政府自查报告核定的数据。

附件 2

2013 年已关停但未彻底拆除落后设备的企业名单

单位：万吨（其中印染：万米）

序号	省份	行业	企业名称	公告的生产线（设备）型号及数量	产能
1	山西	焦炭	太原化工股份有限公司	SC43-98 型 4.3 米焦炉 1 组 144 孔	90
2	山西	焦炭	太原煤气化股份有限公司第二焦化厂	JN60 型 6 米焦炉 1 组 100 孔	100
3	湖南	焦炭	郴州市鲤鱼江中顺焦电有限公司	84 型 3.8 米捣固焦炉	17.8
4	湖南	铁合金	溆浦县锰业总公司	7000 吨/年电解金属锰生产线 1 条；150 立方米化合桶 4 个	0.7
5	湖南	铅冶炼	衡东中南冶化有限公司	72 平方米烧结机 1 台、2 平方米鼓风炉 2 台；湿法脱硫还原系统一套，脱硫塔 2.6 米×6 米 1 台；脉冲布袋收尘系统 1 套，收尘体积 2600 立方米	3
6	湖南	铅冶炼	祁东县顺丰金属厂	10 立方米冶炼炉 1 台、1.2 平方米鼓风炉 2 台；GYC 湍球浮动床脱硫系统 1 套，鼓风炉除尘系统 1 套，含洗涤塔、脱硫塔、电除雾器、吸收塔、静电除尘器等设备	2.5
7	湖南	水泥	湖南省嘉禾县南岭水泥有限公司	ϕ3 米×12 米机立窑生产线 2 条	20
8	湖南	水泥	湖南省常德金鼎水泥有限公司	ϕ3 米×10 米机立窑生产线 1 条；ϕ2.2 米×7.5 米粉磨机组 2 套	10
9	湖南	水泥	澧县天供山水泥有限公司	ϕ3.2 米×11 米机立窑生产线 1 条；ϕ2.2 米×7 米粉磨机组 2 套	10
10	湖南	造纸	新邵县宝源纸业有限责任公司	以废纸制浆生产线 2 条；20 立方米双涡流水力碎浆机 2 台、10 立方米高浓碎纸机 7 台、浮选脱墨设备 2 套、1.2 平方米压力筛 11 台、离心筛 18 台、除渣器 80 组、纤维分离机 2 台、8 平方米洗浆机 4 台、8 平方米浓缩机 4 台、ZGPJ20 漂洗机 5 台、2200 型高速复卷机 1 台、6 吨锅炉 2 台。 第 1 条造纸生产线，幅宽 2200mm 六网二大缸（ϕ2.5 米）＋小缸（ϕ1.5 米）纸机 1 台。 第 2 条造纸生产线，幅宽 2200mm 六网二大缸（ϕ2.5 米）＋小缸（ϕ1.5 米）纸机 1 台	4.3

续表

序号	省份	行业	企业名称	公告的生产线（设备）型号及数量	产能
11	湖南	印染	际华三五一七橡胶制品有限公司	使用年限超过15年的平布连续染色生产线1条；MH563-110轧车1台、LM221去碱箱1台、十格平洗槽1台、LM713布缺热烘拉幅机1台等，使用年限超过15年的丝光前处理生产线1条：LM225直辊丝光机1台、前轧车1台、后轧车1台、直辊槽1台、去碱箱2台、六格平洗槽1台、MH608A-110L轧水烘燥机1台、LM734AL热风拉幅机2台、9351-110验布拆布机2台、LM882-130验布拆布机1台、宽幅160验布机1台、M412-160验布码布机1台等	2300
12	上海	印染	上海粤海纺织印染有限公司	烧毛机003 1台，煮漂机流水线1600 1台，定型机M751、797、ZLMD981 3台，自动浸轧染样机RJ350Ⅲ、FR350 2台，自动对边卷布机BG541-2000 1台，自动对边卷布机SGA862-180 1台，丝光机ZLZGBJ981-180、LMH201A-160 2台，染色机（蒸汽、热溶）ZLQZRS982-180 2台，热风打底机ZLRFDD981-180 2台，码布机BG541-1800、G352A-180 2台，汽油汽化机TMX11 1台，整纬机SUPERAS421-4 1800MM 2台，磨毛机ME774 1台，验布机SMA815 1台，橡毯预缩机ZYS991-180 1台，烧毛机MHOIZ-180L 2台，热熔机LMH685-160 2台，平幅显色皂洗机LMH641-160 1台，圆网印花机JL2188-200 1台，退浆煮联合机及氧漂机ZLYP991-180 1台，除胶机FY01B200-FY02B200 2台，高、低温烘箱FY03B200-FY04B200 2台	1400
13	四川	焦炭	攀枝花市恒鼎煤焦化有限公司	2.8米焦炉4座162孔	45
14	四川	造纸	四川省蓬溪县新兴造纸厂	1. 2条化学法草浆（竹浆）制浆生产线，连续蒸煮或25立方米蒸球12个、喷放锅3台、75平方米带式洗浆机3台、25平方米浓缩机8台、7平方米漂洗机10台、35平方米黑液提取机4套等。 2. 5条造纸生产线，有幅宽为1092mm、1575mm、1760mm、1880mm、2400mm等长网，圆网多缸等设备	2.4
15	宁夏	铁合金	宁夏英力特河滨冶金有限公司	6300千伏安矿热炉（硅铁炉）3台	1.8

2014年钢铁行业淘汰落后和过剩产能企业名单

一、2014年炼铁淘汰落后和过剩产能企业名单

序号	省份	企业名称	淘汰生产线（设备）型号及数量	产能/万吨
1	天津	天津荣程联合钢铁集团有限公司	410立方米高炉1座	50
2	河北	河北丰达钢铁有限公司	450立方米高炉1座	50
3	河北	石家庄西柏坡钢铁有限公司	150立方米高炉1座 320立方米高炉1座	60
4	河北	张家口冀钢钢铁有限公司	450立方米高炉1座	52
5	河北	张家口市鑫烨机械制造有限公司	450立方米高炉1座	52
6	河北	宣化县坤源矿业有限公司	318立方米高炉1座	30
7	河北	河北昌黎县宏兴实业有限公司	318立方米高炉2座	76
8	河北	青龙满族自治县燕山冶金铸造有限公司	380立方米高炉2座	88
9	河北	河北抚宁县缸山铸造有限公司	100立方米高炉1座	15
10	河北	河北德龙钢铁有限公司	410立方米高炉2座	100
11	河北	河北邢台未来冶炼铸造有限公司	340立方米高炉1座	40.5
12	河北	河北武安市明芳钢铁有限公司	460立方米高炉1座	53
13	河北	新武安钢铁集团鑫汇冶金有限公司	460立方米高炉1座	53
14	河北	新武安钢铁集团文安钢铁有限公司	460立方米高炉1座	53
15	河北	新武安钢铁集团文安钢铁有限公司	420立方米高炉1座	49
16	河北	新武安钢铁集团烘熔钢铁有限公司	420立方米高炉1座	49
17	河北	河北钢铁集团金鼎重工股份有限公司	228立方米高炉2座	53
18	河北	河北冠丰冶金工业有限公司	420立方米高炉1座 208立方米高炉1座	73
19	河北	河北武安市洺河炼铁厂	125立方米高炉1座	15
20	河北	河北武安市瑞冶铸业有限公司	238立方米高炉1座	28

续表

序号	省份	企业名称	淘汰生产线（设备）型号及数量	产能/万吨
21	河北	河北卢龙鹏媛工贸公司	450立方米高炉1座	52
22	河北	河北昌黎裕兴工贸有限公司	580立方米高炉1座	67
23	河北	河北滦县荣义钢铁有限公司	450立方米高炉2座	104
24	河北	河北滦县金马工业有限公司	450立方米高炉1座	52
25	河北	河北唐山建源钢铁有限公司	450立方米高炉1座	52
26	河北	河北唐山宝山钢铁有限公司	450立方米高炉1座	52
27	河北	河北霸州新利钢铁公司	450立方米高炉1座	52
28	河北	河北南宫市双龙金属制品有限公司	400立方米高炉2座	92
29	河北	河北觉道钢铁工贸公司	115立方米高炉2座	27
30	河北	河北宝信集团鹏鑫特钢有限公司	420立方米高炉1座	49
31	山西	新临钢钢铁有限公司	311立方米高炉1座	33
32	山西	山西交口县晶泰铸造有限公司	128立方米高炉1座	7
33	山西	山西长信工业有限公司	310立方米高炉2座	65
34	山西	内蒙古乌海市顺达冶炼有限公司	348立方米高炉1座	26.4
35	辽宁	本溪北营钢铁（集团）股份有限公司	450立方米高炉3座 530立方米高炉3座	300
36	辽宁	吉林通化钢铁股份有限公司	350立方米高炉5座	250
37	江苏	江苏常州华夏钢铁有限公司	180立方米高炉2台 36平方米烧结机4座	50
38	山东	山东泰山钢铁集团有限公司	450立方米高炉2座	110
39	安徽	马钢（合肥）钢铁有限责任公司	405立方米高炉2座 420立方米高炉2座	160
40	安徽	安徽芜湖新兴铸管有限责任公司	360立方米高炉1座	44
41	四川	四川攀钢集团西昌新钢业有限公司	460立方米高炉2座 35平方米烧结机2座	100
42	四川	四川峨眉山市磷肥厂	50立方米高炉5座	15
43	四川	四川峨眉山汇丰有限公司	50立方米高炉2座	6
44	四川	四川江安县江红红渣提炼处理有限公司	112立方米高炉1座	10
45	四川	四川简阳市高鑫金属制品有限公司	40立方米高炉1座	4
46	贵州	贵阳双辉钢铁有限公司	458立方米高炉1座	40

续表

序号	省份	企业名称	淘汰生产线（设备）型号及数量	产能/万吨
47	贵州	贵州凯里市隆兴铁艺铸件有限公司	120立方米高炉1座 50立方米高炉1座	10
48	贵州	贵州顶效经济开发区永兴富锰渣厂	380立方米高炉1座	10
49	云南	云南安宁市永昌钢铁有限公司	350立方米高炉1座	40
50	云南	玉溪玉昆钢铁集团有限公司东前分厂	220立方米高炉2座	26
51	云南	云南玉溪市刘总旗活发钢铁厂	220立方米高炉2座	26
52	云南	云南峨山东来钢铁有限责任公司	220立方米高炉2座	26
53	云南	云南省峨山恒丰钢铁有限公司	250立方米高炉1座	14
54	陕西	华阴市新西北特种钢铁有限公司	320立方米高炉2座	82
55	新疆	宝钢集团新疆八一钢铁有限公司	430立方米高炉2座	100

二、2014年炼钢淘汰落后和过剩产能企业名单

序号	省份	企业名称	淘汰生产线（设备）型号及数量	产能/万吨
1	河北	承德钢铁集团有限公司	40吨转炉4座	240
2	河北	河北德龙钢铁有限公司	35吨转炉2座	80
3	河北	河北鹿泉市石鹿特钢公司	70吨电炉2座	60
4	河北	河北昌黎宏兴实业有限公司	40吨转炉1座	60
5	河北	河北卢龙鹏媛工贸公司	50吨转炉2座	150
6	河北	河北唐山贝氏体钢铁(集团)有限公司	35吨转炉1座	52
7	河北	唐山清泉钢铁（集团）有限责任公司	45吨转炉1座	60
8	河北	河北滦县荣义钢铁有限公司	35吨转炉3座	156
9	河北	河北迁安唐山建源钢铁有限公司	35吨转炉1座	52
10	河北	河北南宫市双龙钢铁公司	60吨转炉1座	72
11	河北	河北青县河北觉道钢铁工贸公司	40吨电炉2座	50
12	河北	河北新武安钢铁集团远盛钢铁有限公司	35吨转炉2座	105
13	山西	新临钢钢铁有限公司	30吨转炉3座	160
14	山西	长信工业有限公司	21吨转炉2座	60
15	山西	襄汾县新金山特钢有限公司	35吨转炉2座	100
16	吉林	通化钢铁股份有限公司	25吨转炉3座	135

续表

序号	省份	企业名称	淘汰生产线（设备）型号及数量	产能/万吨
17	江苏	南京钢铁股份有限公司	35吨转炉3座	180
18	江苏	江苏沙钢集团锡兴特钢有限公司	江苏70吨电炉1座	77
19	江苏	常州华夏钢铁有限公司	江苏40吨转炉1座	70
20	浙江	余姚市兴达不锈钢有限公司	20吨钢壳磁轭液压中频炉1座	10
21	浙江	温州仁泰钢业有限公司	8吨中频炉2座	8
22	浙江	其昌不锈钢有限公司	30吨中频炉2座	20
23	山东	山东石横特钢集团有限公司	65吨电炉1座	60
24	安徽	马钢（合肥）钢铁有限责任公司	45吨转炉3座	204
25	安徽	蚌埠市经纬轮辋钢有限公司	20吨电炉2座	20
26	江西	闽鑫钢铁有限公司	30吨电炉1座	12
27	江西	江西芦溪县长丰乡佛岭下铸钢厂	30吨转炉4座 30吨电炉4座	8.5
28	江西	全南盛达建材有限责任公司	35吨电炉3座	50
29	湖北	立晋钢铁集团有限公司	20吨电炉3座 40吨电炉3座	174
30	湖北	荆州市群力金属制品有限公司大元分公司	20吨电炉4座	72
31	湖北	荆州市群力金属制品有限公司大仁分公司	20吨电炉5座	90
32	湖北	荆州市群力金属制品有限公司楚航分公司	20吨电炉7座	126
33	广东	广州钢铁股份有限公司	45吨氧气顶吹转炉2座 60吨直流电弧炉1座 40吨电炉1座	250
34	四川	攀钢西昌新钢业有限公司	40吨转炉3座	120
35	四川	简阳市鸿川实业有限责任公司	15吨电炉2座	10
36	四川	攀钢集团成都钢钒有限公司	30吨转炉1座	30
37	广西	广西苍梧东鹏不锈钢有限公司	30吨电炉1座	30
38	广西	广西苍梧县中辉机械铸造有限公司	25吨电炉2座	28
39	云南	云南峨山县万得利自然资源开发有限公司	25吨转炉1座	25
40	云南	云南旭峰钢铁有限公司	30吨电炉2座	40
41	陕西	华阴市新西北特种钢铁有限公司	30吨转炉1座	50
42	新疆	乌鲁木齐市航天工贸有限公司	30吨电炉1座	20

三、2014年焦炭淘汰落后和过剩产能企业名单

序号	省份	企业名称	淘汰生产线（设备）型号及数量	产能/万吨
1	河北	唐山市春兴炼焦制气有限公司	SK32-25型3.2米焦炉 3座40孔	60
2	河北	唐山市滦宏炼焦制气厂	SKD3230D型3.2米焦炉 4座50孔	70
3	河北	唐山市荣义炼焦制气有限公司	SKD32-40型3.2米焦炉 4座40孔	60
4	山西	山西新绛县重庆冶炼有限公司	SK3830-105型焦炉60孔×2	60
5	山西	山西稷山县恒昌煤焦有限公司	SC-9843A型焦炉60孔	30
6	山西	山西永恒工贸有限公司	4340型焦炉60孔	20
7	山西	稷山县东升工贸有限公司	SC43-98型焦炉60孔	20
8	山西	稷山县纺织焦化有限公司	TJ430型焦炉60孔	20
9	山西	银焱集团古交高升焦化有限公司	JNK43-98D型焦炉110孔	40
10	山西	山西保利星晨煤焦化有限公司	SK4350D-2型焦炉55孔×2	60
11	山西	孝义市河东煤焦有限责任公司	JNK43-98D型焦炉45孔×2	50
12	山西	孝义市红塔煤焦有限公司	JNK43-98D型焦炉38孔×2	46
13	山西	孝义市恒山焦化有限公司	SK3850型焦炉55孔 SK4350型焦炉55孔	40
14	山西	孝义市福立煤化工有限公司	XSL型焦炉100孔	30
15	山西	侯马市新利焦化煤气有限公司	TJL4350-D型焦炉54孔	38
16	山西	临汾市尧都区泰华冶炼厂	TJL4345A型焦炉80孔	50
17	山西	襄汾县成功焦化有限公司	JTL3855D型焦炉116孔	40
18	山西	临汾双山焦铝有限公司	TJL4345型焦炉90孔	60
19	山西	潞城市杉源焦化有限公司	TJL-4398D型焦炉50孔	25
20	山西	山西祥辉华远煤焦化有限公司	SK3840型焦炉50孔×2	49
21	内蒙古	翁牛特旗晋鑫煤化有限公司	土焦炉2.5×4.5米焦炉 25座26孔	3
22	内蒙古	鄂尔多斯市隆达实业集团有限责任公司	J-(96)清洁型热回收焦炉 4座160孔	60
23	辽宁	本钢板材股份有限公司	本-76型4.3米焦炉60孔×2	80

续表

序号	省份	企业名称	淘汰生产线（设备）型号及数量	产能/万吨
24	山东	山东潍焦集团有限公司	TJL4350-D型4.3米焦炉63孔×1	40
25	安徽	马钢（合肥）钢铁有限责任公司	JN43-804型焦炉45孔×1	30
26	四川	四川中油金诺石化有限公司	3341D型3.27米捣固焦炉1座40孔	20
27	四川	什邡市大洋冶金炉料有限公司	KBS-24型3.8米焦炉2座15孔	10
28	四川	乐山金石黄丹焦化有限公司	红旗3型2.2米焦炉4座80孔	12
29	四川	四川省犍为滴水岩煤业有限责任公司	W85-Ⅱ型3.2米焦炉2座40孔单炉产能5万吨直立炭化炉2组	10
30	四川	彭山鑫欣特种铸造有限公司	99-Ⅳ型3.24米焦炉2座56孔	30
31	四川	宜宾市宝能焦化有限责任公司	96改良型2.8米捣固焦炉2座60孔、单炉产能12.7万吨直立炭化炉2组	25
32	四川	盐源伯特利煤焦化有限责任公司	LJ950-20型3.2米焦炉1座35孔	15
33	湖南	汨罗市鑫祥碳素制品有限公司	直径4.3×7.8米直立焦化炉3台	10
34	贵州	贵州关岭自治县龙腾煤焦工业有限责任公司	73型捣固改良4.6米焦炉2座共30孔	18
35	贵州	贵州关岭自治县西南机焦有限公司	捣固型4.05米焦炉3座共40孔	20
36	贵州	贵州大龙星龙化工有限公司	2.6米机焦炉2组4座共100孔	20
37	贵州	水城县兴利焦化有限公司	99-3型3.24米焦炉1座56孔	20
38	贵州	水城盛炜焦化有限公司	99-Ⅱ型3.20米焦炉1座44孔	18
39	贵州	六盘水市钟山区长钢焦化有限公司	JN43-80型3.24米焦炉1座56孔	28
40	贵州	贵州桑立洁净能源科技开发有限公司	70米卧式隧道焦化炉1座，90米卧式隧道焦化炉1座	16
41	贵州	贵州兴义市三立燃料有限公司	捣固型3.6米机焦炉1座50孔	25
42	云南	曲靖泰辰焦化有限公司	99-Ⅱ型3.2米机焦炉50孔	10
43	新疆	新疆奇台县天泰煤化工有限责任公司	单炉7.5万吨直立炭化炉2座	15
44	新疆	新疆拜城县峰峰煤焦化有限公司	QRD-2000清洁型热回收捣固式焦炉176孔	70

四、2014年铁合金淘汰落后和过剩产能企业名单

序号	省份	企业名称	淘汰生产线（设备）型号及数量	产能/万吨
1	河北	石家庄三环锰硅科技有限公司	3600千伏安铁合金矿热电炉1台 3150千伏安铁合金矿热电炉1台	1.2
2	河北	河北邢台清洲硬质合金有限公司	1800千伏安特种铁合金炉1台	0.7
3	河北	邢台东升冶金材料有限公司	3200千伏安铁合金矿热炉1座	0.65
4	河北	河北金都铁合金集团有限公司	2500千伏安特种铁合金3台	1
5	河北	河北清河县嘉兴有色金属有限公司	3200千伏安特种铁合金1台	1.3
6	山西	晋能集团金光铁合金有限公司	3600千伏安矿热炉（硅锰精炼炉）2台	2
7	山西	定襄县东元特种合金有限公司	1800千伏安矿热炉（硅钙炉）1台	0.13
8	山西	平顺县纪兰冶炼有限公司	12500千伏安矿热炉（硅锰炉）1台	2
9	山西	中电华益长治工业园有限公司	14500千伏安矿热炉（硅锰炉）1台	2
10	山西	中电华益集团永济兴达实业有限公司同力分公司	12500千伏安矿热炉（硅铁炉）2台	2
11	内蒙古	内蒙古商都祥云冶金有限公司	12500千伏安矿热炉1台	10
12	内蒙古	商都县兴都铁合金有限责任公司	12500千伏安矿热炉1台	1.25
13	内蒙古	卓资县昌隆冶炼有限责任公司	6300千伏安矿热炉2台 1250千伏安矿热炉2台	2.4
14	内蒙古	丰镇市嘉鑫硅锰合金有限公司	6300千伏安矿热炉1台	1
15	内蒙古	内蒙古瑞峰冶炼化工有限公司	12500千伏安矿热炉1台 3000千伏安矿热炉1台	2.5
16	内蒙古	化德县博远镍铁有限责任公司	12500千伏安矿热炉1台	2
17	内蒙古	卓资县博亿铁合金有限公司	6300千伏安矿热炉1台	1
18	内蒙古	包头银鹿铁合金有限责任公司	6300千伏安矿热炉2台	1.26
19	内蒙古	包头市金鹏稀土有限公司	6300千伏安矿热炉1台	0.63
20	内蒙古	包头三磊铁合金有限责任公司	6300千伏安矿热炉2台	1.26
21	内蒙古	包头市大青山冶炼有限公司	6300千伏安矿热炉2台	1.26

续表

序号	省份	企业名称	淘汰生产线（设备）型号及数量	产能/万吨
22	内蒙古	包头市升华资源科技有限公司	6300千伏安矿热炉1台	0.63
23	内蒙古	包头东华化工冶金有限责任公司	6300千伏安矿热炉2台	1.26
24	内蒙古	包头宏亮冶炼有限公司	6300千伏安矿热炉1台	0.63
25	内蒙古	包头华威工业硅冶炼有限公司	9000千伏安矿热炉2台	1.1
26	内蒙古	内蒙古明拓集团有限公司	12500千伏安矿热炉3台	7.2
27	内蒙古	巴彦淖尔市亨泰冶金有限公司	6300千伏安矿热炉4台	2.6
28	辽宁	锦州钒业有限责任公司	14.6m×3.1m×2.335m反射炉2座，HSK7-3000/10 2500千伏安变压器1台，b1-3电硅热法钒铁冶炼电炉1座	1
29	吉林	洮南市金升冶金产品有限公司	1800千伏安硅钙矿热炉2台	0.2
30	山东	泗水县华耐合金铸造厂	1500千伏安矿热炉（铁合金硅钙合金电炉）2台	0.8
31	江西	萍乡市新源合金材料有限公司	6300千伏安矿热炉(硅铁炉)6台	2
32	江西	江西锦润新型材料有限公司	6300千伏安硅铁电炉6台	2
33	湖北	巴东县义和工业硅实业开发有限责任公司	6300千伏安矿热炉1台 6300千伏安交流变压器1台	0.4
34	湖南	湘乡市鑫兴冶金材料有限公司洙津冶炼分厂	6300千伏安矿热炉1台	0.8
35	湖南	湖南永州市同升冶炼有限责任公司	7300千伏安矿热炉1台	1.3
36	湖南	湖南振兴股份有限公司	电解金属锰155立方米化合桶18个，5500千伏安直流变压器6台	3
37	湖南	湖南花垣县峰云矿业有限责任公司	电解金属锰170立方米化合桶11个，5500千伏安直流变压器2台，6000千伏安直流变压器1台	1.56
38	湖南	湖南花垣县华东锰业有限公司	电解金属锰160立方米化合桶4个 5500千伏安直流变压器1台	0.5
39	湖南	花垣县西部锰业制品有限责任公司	电解金属锰155立方米化合桶4个 5087千伏安直流变压器1台	0.5

续表

序号	省份	企业名称	淘汰生产线（设备）型号及数量	产能/万吨
40	湖南	湖南祁阳县华天冶化实业有限公司	7000千伏安矿热炉（硅锰炉）1台	1.33
41	湖南	湖南祁阳县江南贸易有限公司	6300千伏安矿热炉（硅锰炉）1台	1.2
42	湖南	湖南祁阳县香祁经贸实业有限公司	6300千伏安矿热炉（硅锰炉）1台	1.2
43	湖南	湖南郴州市豪丰工贸有限责任公司	6300千伏安矿热炉硅锰炉（硅锰炉）1台 6300千伏安直流变压器1台	1.2
44	湖南	湖南双牌县鸿兴冶炼有限责任公司	8000千伏安矿热炉1台	1.8
45	湖南	湖南新宁县金利冶炼厂	9000千伏安矿热炉（硅锰炉）1台	1.4
46	福建	福建省顺昌县新拓华电冶有限公司	精炼炉1800千伏安1台、2000千伏安1台、3200千伏安1台，粗炼炉3000千伏安2台、2500千伏安1台	3.62
47	福建	福建上杭县溪口乡广达冶金厂	6300千伏安工业硅冶炼炉1台	0.4
48	四川	四川崇州市蜀兴电冶有限公司	6300千伏安矿热炉(镍铁炉)1台 5000千伏安矿热炉(镍铁炉)1台	1
49	四川	广汉市玖鑫低品镍烧结有限公司	60立方米锰铁高炉2座	3
50	四川	四川金广实业（集团）沙湾铁合金有限责任公司	7500千伏安精炼炉(镍铁炉)2台	1.2
51	四川	四川洪雅鑫源矿业有限责任公司	4000千伏安矿热炉(硅钙炉)1台 6300千伏安矿热炉(硅锰炉)1台	1.5
52	四川	四川广安华强冶金有限公司	6300千伏安矿热炉（高碳铬铁炉）2台	2.4
53	四川	达州市金源电化有限公司	6300千伏安矿热炉（高碳铬铁炉）1台	1.2
54	四川	芦山县大川铁合金有限责任公司	3500千伏安矿热炉（高碳铬铁炉）1台	1.5

续表

序号	省份	企业名称	淘汰生产线（设备）型号及数量	产能/万吨
55	四川	芦山县投资经营管理有限责任公司（雅安永新合金有限公司）	2000千伏安熔炼电炉（稀土硅镁炉）1台、1500千伏安熔炼电炉（稀土硅镁炉）2台	2
56	四川	四川省荥经鸿运铁合金有限公司	1800千伏安矿热炉(硅钙炉)1台	0.22
57	四川	四川天全县宏运电冶厂	3500千伏安矿热炉(硅钙炉)1台	0.2
58	四川	石棉县大渡河工业硅厂	3200千伏安矿热炉（工业硅冶炼炉）3台、6300千伏安矿热炉（工业硅冶炼炉）1台	0.8
59	四川	四川西昌泸山铁合金有限责任公司	5000千伏安矿热炉(硅铁炉)2台	0.8
60	四川	四川峨眉山市固久钢球厂	1800千伏安矿热炉1台、5吨电弧炉1台、1吨中频炉2台、0.5吨中频炉2台	0.64
61	四川	四川中哲新材料科技有限公司（老厂）	电解金属锰260立方米化合桶6个、10000千伏安整流变压器1台	0.5
62	重庆	重庆城口县金大铁合金有限公司	6300千伏安矿热炉2台	2
63	广西	广西宾阳县宏鑫冶炼有限公司	35立方米高炉及布袋除尘设备系统、烧结系统风机、热风炉3座；25立方米高炉及布袋除尘设备系统、烧结系统风机、热风炉3座	2.5
64	广西	广西融水森雷工业硅厂	6300千伏安电热炉2台	2
65	广西	全州县天马铁合金有限公司	6300千伏安矿热炉1台	1
66	广西	全州县世昌铁合金有限责任公司	6300千伏安矿热炉1台	1
67	广西	全州县丰源铁合金有限责任公司	6300千伏安矿热炉1台	1
68	广西	全州县东达铁合金有限责任公司	6300千伏安矿热炉1台	1
69	广西	全州县胜亿铁合金有限公司	6300千伏安矿热炉1台	1
70	广西	资源县双江冶炼有限公司	6300千伏安矿热炉2台	2

续表

序号	省份	企业名称	淘汰生产线（设备）型号及数量	产能/万吨
71	广西	资源县顺城矿产制品有限公司	6300千伏安矿热炉1台	1
72	广西	资源县大顺矿产品有限公司	6300千伏安矿热炉1台	1
73	广西	资源县天野矿产品有限公司	6300千伏安矿热炉1台	1
74	广西	龙胜县合信硅业有限责任公司	6300千伏安工业硅冶炼炉2台	0.8
75	广西	永福县百寿永盛铁合金有限公司	6300千伏安矿热炉1台	1
76	广西	永福县百寿腾飞铁合金有限责任公司	6300千伏安矿热炉1台	1
77	广西	永福鑫源硅锰有限责任公司	6300千伏安矿热炉1台	1
78	广西	桂林市桂江冶炼有限公司	6300千伏安矿热炉1台	1
79	广西	桂林金殿冶炼有限责任公司	6300千伏安矿热炉1台	1
80	广西	龙胜县和平锰铁有限责任公司	6300千伏安矿热炉1台	1
81	广西	广西桂林康密劳铁合金有限公司	180立方米锰铁高炉4座 9000千伏安矿热炉1台	16.7
82	广西	广西防城港兴发冶炼厂	13立方米锰铁高炉1座	0.7
83	广西	广西防城港市旺达矿业有限公司	13立方米锰铁高炉1座	0.7
84	广西	广西钦州市明晖冶炼有限公司	13、18立方米富锰渣炉各1座	3
85	广西	广西贵港市大华锰业有限公司	6300千伏安矿热炉1台	1
86	广西	德保县中太贸易有限公司	6300千伏安矿热炉(硅锰炉)1台	1
87	广西	靖西县闽龙锰业有限公司	6300千伏安矿热炉(硅锰炉)1台	1
88	广西	靖西县新兴铁合金有限公司	6300千伏安矿热炉(硅锰炉)1台	1
89	广西	凌云县天龙锰业有限责任公司	6300千伏安矿热炉1台	1
90	广西	凌云县永和冶炼有限责任公司	6300千伏安矿热炉1台	1
91	广西	广西田阳县富凯矿业有限公司	6300千伏安矿热炉1台 6300千伏安直流变压器1台	1
92	广西	德保县鑫隆锰业有限公司	6300千伏安矿热炉(硅锰炉)1台	1
93	广西	广西大化鑫源矿业有限公司	6300千伏安矿热炉1台	1
94	广西	广西大化县弘鑫铁合金有限责任公司	6300千伏安矿热炉1台 10000千伏安矿热炉1台	2.5
95	广西	广西大化新亚硅业有限公司	6300千伏安工业硅冶炼炉2台	0.8
96	广西	广西大化联丰矿业有限公司	6300千伏安矿热炉1台	1
97	广西	广西南丹化肥厂	46立方米锰铁高炉2座	2.5

续表

序号	省份	企业名称	淘汰生产线（设备）型号及数量	产能/万吨
98	广西	金秀县金源矿冶有限公司	6300千伏安矿热炉1台	1
99	广西	金秀县鑫泰铁合金有限公司	6300千伏安矿热炉1台 6300千伏安直流变压器1台	1
100	广西	广西康密劳铁合金有限公司	180立方米锰铁高炉1座 230立方米锰铁高炉1座 24立方米烧结机1台	19
101	广西	龙州县水口鑫星冶炼有限公司	6300千伏安铁合金矿热电炉1台	1
102	广西	重庆汉鑫崇左市龙州分公司	6300千伏安铁合金矿热电炉2台	2
103	广西	大新县新锰门窗有限公司（原大新县锰都铁合金有限公司）	6300千伏安铁合金矿热电炉1台	1
104	广西	广西环江蓝天锰业有限公司	电解金属锰120立方米化合桶4个，1000千伏安整流变压器1台	0.3
105	贵州	岑巩县东正锰业有限责任公司	900立方米化合桶6个， 5000千伏安直流变压器2台	1
106	贵州	松桃三和锰业集团鑫旺有限公司	110立方米化合桶5个， 6000千伏安直流变压器1台	0.5
107	贵州	松桃宇光锰业有限责任公司	160立方米化合桶5个， 300千伏安直流变压器2台， 5000千伏安直流变压器1台	1
108	贵州	玉屏有色冶金集团湘黔锰业有限公司	200立方米化合桶6个， 6000千伏安直流变压器1台	0.5
109	贵州	贵州五矿（贵州）铁合金有限责任公司	8000千伏安矿热炉1台	1.5
110	贵州	安顺顺达金属材料有限公司	6300千伏安镍铁矿热炉5台	3
111	贵州	峨眉山市金成炉料公司长顺分公司	6300千伏安硅锰矿热炉3台	3
112	贵州	贵州龙里龙腾铁合金有限责任公司长顺分厂	6300千伏安硅锰矿热炉2台	2
113	贵州	长顺物产龙腾铁合金有限公司	6300千伏安硅锰矿热炉1台	1
114	贵州	长顺红枫特种合金有限公司	6300千伏安硅锰矿热炉1台	1

续表

序号	省份	企业名称	淘汰生产线（设备）型号及数量	产能/万吨
115	贵州	贵州省惠水铁合金厂	3000千伏安精炼炉1台	0.9
116	贵州	荔波桂鑫冶炼有限公司	6300千伏安硅锰矿热炉1台	1
117	贵州	蒙江流域开发有限公司罗甸县冶金分公司	6300千伏安工业硅矿热炉2台	0.8
118	贵州	罗甸县宏宇发展有限公司	6300千伏安工业硅矿热炉3台	1.2
119	贵州	贵州广盛融源矿业集团雷山捷运锰业有限公司	6300千伏安硅锰矿热炉2台	2
120	贵州	贵州亿祥矿业〔集团〕雷山凯运有限公司	6300千伏安硅锰矿热炉2台 1800千伏安高碳精炼炉1台	2.5
121	贵州	贵州雷山德友冶炼有限公司	6300千伏安高碳铬铁矿热炉1台	1
122	贵州	岑巩县天源冶炼有限责任公司	6300千伏安高碳铬铁矿热炉1台	1
123	贵州	榕江县电冶炼有限责任公司	6300千伏安高碳铬铁矿热炉1台	1
124	贵州	黎平县金力硅业有限公司	6300千伏安高碳铬铁矿热炉1台	0.4
125	贵州	黎平县腾达硅业有限公司	6300千伏安工业硅矿热炉1台	0.4
126	贵州	黎平连发冶炼有限公司	6300千伏安工业硅矿热炉2台	0.8
127	贵州	榕江县文美硅业有限责任公司	6300千伏安工业硅矿热炉1台	0.4
128	贵州	从江县联兴工业硅有限责任公司	6300千伏安工业硅矿热炉1台	0.4
129	贵州	镇远县顺发铁合金有限公司	6300千伏安工业硅矿热炉1台	1
130	贵州	镇远县西秀电冶厂	6300千伏安工业硅矿热炉1台	1
131	贵州	铜仁市福盛铁合金厂	6300千伏安工业硅矿热炉2台	2
132	贵州	铜仁市湘贵锰业有限责任公司	6300千伏安工业硅矿热炉1台	1
133	贵州	铜仁市力源硅业有限公司	8000千伏安矿热炉1台 9000千伏安矿热炉1台	3
134	贵州	贵州玉屏有色冶金集团宏森工贸有限公司	9300千伏安高碳铬铁矿热炉1台	1.6
135	贵州	松桃新世纪铁合金有限公司	6300千伏安高碳铬铁矿热炉1台	1
136	贵州	普安县石寨坪铁合金有限公司	6300千伏安高碳铬铁矿热炉1台	1
137	贵州	黔西南州博宇（集团）顶效宏发铁合金有限公司	6300千伏安高碳铬铁矿热炉1台	1
138	云南	建水华通锰业有限公司	6300千伏安高碳铬铁矿热炉1台	1

续表

序号	省份	企业名称	淘汰生产线（设备）型号及数量	产能/万吨
139	云南	弥勒市冶金建材有限公司	6300千伏安高碳铬铁矿热炉1台	1
140	云南	丽江黑白水发电有限公司冶炼厂	6300千伏安高碳铬铁矿热炉1台	1
141	云南	三鑫矿产投资股份有限公司砚山分公司	6300千伏安高碳铬铁矿热炉1台	1
142	云南	砚山阿舍鹏呈冶炼厂	8000千伏安矿热炉2台	2.4
143	云南	鹤庆锰业有限责任公司	6300千伏安矿热炉2台	2.0
144	云南	云南迪庆鑫源实业有限公司	6300千伏安矿热炉1台	0.9
145	云南	云南保山科源硅电有限责任公司	6300千伏安矿热炉2台	0.7
146	云南	文山市建国硅锰冶炼有限公司	6300千伏安矿热炉1台	1
147	云南	砚山县永胜硅锰厂	6300千伏安矿热炉1台	1
148	云南	云南汇呈冶金炉料有限责任公司	6300千伏安矿热炉1台	1
149	云南	怒江鼎盛冶化有限公司银坡厂	6300千伏安矿热炉1台	0.36
150	陕西	陕西恒源实业股份有限公司	6300千伏安矿热炉2台	2
151	陕西	韩城市添工冶金有限责任公司	12500千伏安硅铁炉2台	2
152	陕西	神木县联丰化工有限责任公司	1500千伏安矿热炉(硅钙)2台	0.18
153	陕西	神府矿区镇大电石厂	1500千伏安矿热炉(硅钙)2台	0.18
154	甘肃	榆中鸿鑫硅铁厂	6300千伏安矿热炉（硅铁炉）1台	0.6
155	甘肃	景泰长城冶炼有限责任公司	3600千伏安矿热炉（硅钙炉）1台	0.36
156	甘肃	华藏铁合金有限责任公司	6300千伏安矿热炉（硅铁炉）2台	0.8
157	甘肃	临泽县华兴铁合金有限责任公司	6300千伏安矿热炉（硅锰炉）1台	0.6
158	青海	青海西部铁合金有限责任公司	7500千伏安矿热炉2台 9000千伏安矿热炉1台 6300千伏安矿热炉1台	6
159	青海	海南州鑫源铁合金矿业有限责任公司	8000千伏安矿热炉2台	1
160	宁夏	博利特殊合金厂（有限公司）	5000千伏安(硅钙)矿热炉1台	0.3
161	宁夏	宁夏英力特河滨冶金有限公司	12500千伏安(硅铁)矿热炉4台	4

续表

序号	省份	企 业 名 称	淘汰生产线（设备）型号及数量	产能/万吨
162	宁夏	石嘴山市科通冶金工贸有限公司	1800千伏安(硅钙)矿热炉2台	0.24
163	宁夏	石嘴山市恒通伟业冶金有限公司	12500千伏安(硅铁)矿热炉2台	2
164	宁夏	宁夏吉元冶金集团有限公司	12500千伏安(镍铁)矿热炉2台	2.5
165	宁夏	宁夏晟晏实业集团福华冶金有限公司	10000千伏安(硅锰)矿热炉2台	3.2
166	宁夏	宁夏普华冶金制品有限公司	12500千伏安(硅铁)矿热炉1台	1
167	宁夏	宁夏天净天达冶金有限公司	12500千伏安(硅铁)矿热炉4台	4
168	宁夏	宁夏东鑫冶炼有限公司	12500千伏安(硅铁)矿热炉1台 20000千伏安(硅铁)矿热炉1台	2.6

《钢铁行业规范条件（2012年修订）》

中华人民共和国工业和信息化部
公　告

2012年　第35号

为进一步加强钢铁行业管理，规范现有钢铁企业生产经营秩序，推动钢铁行业结构调整和产业升级，现发布《钢铁行业规范条件（2012年修订）》，自2012年10月1日起实施。

工业和信息化部
2012年9月3日

钢铁行业规范条件（2012年修订）

一、总则

（一）为进一步加强钢铁行业管理，规范现有钢铁企业生产经营秩序，根据《国务院办公厅关于进一步加大节能减排力度加快钢铁工业结构调整的若干意见》（国办发〔2010〕34号）、《钢铁工业“十二五”发展规划》及相关法律法规，制定本规范条件。

（二）本规范条件适用于中华人民共和国境内（港澳台地区除外）的现有钢铁联合、冶炼企业。

（三）本规范条件是现有钢铁行业生产经营的基本条件，是适应钢铁企业目前发展水平的标准，随着我国钢铁工业总体水平的提升将不断提高。

二、规范条件

（一）产品质量

1. 钢铁企业须具备完备的产品质量管理体系，保持良好的产品质量信用记录，近两年内未发生重大产品质量问题。

2. 钢铁企业产品质量须符合国家和行业有关标准，严禁生产Ⅰ级螺纹钢筋、Ⅱ级螺纹钢筋（2013 年后）、热轧硅钢片等《部分工业行业淘汰落后生产工艺装备和产品指导目录（2010 年本）》（工产业〔2010〕第 122 号）中需淘汰的钢材产品。

（二）环境保护

1. 企业须具备健全的环境保护管理体系，配套必要的污染物治理设施，按照国家环保主管部门的规定安装污染源自动监控系统并与当地环保部门联网，近两年内未发生重大环境污染事故或重大生态破坏事件。

2. 钢铁企业排污须持有排污许可证，达标排放，其中水污染物排放须符合《钢铁工业水污染物排放标准》（GB 13456）；大气污染物排放须符合《钢铁烧结、球团工业大气污染物排放标准》（GB 28662）、《炼铁工业大气污染物排放标准》（GB 28663）、《炼钢工业大气污染物排放标准》（GB 28664）、《轧钢工业大气污染物排放标准》（GB 28665）和《炼焦化学工业大气污染物排放标准》（GB 16171）；噪声排放须符合《工业企业厂界环境噪声排放标准》（GB 12348）；固体废物污染控制须符合《一般工业固体废物贮存、处置场污染控制标准》（GB 18599），危险废物污染控制须符合《危险废物贮存污染控制标准》（GB 18599）等国家和地方标准。

3. 钢铁企业吨钢烟（粉）尘排放量不超过 1.19 千克，吨钢二氧化硫排放量不超过 1.63 千克。企业污染物排放总量不超过环保部门核定的总量控制指标。有单项污染物减排任务的企业，须落实减排措施，满足减排指标要求。

（三）能源消耗和资源综合利用

1. 钢铁企业须具备健全的能源管理体系，配备必要的能源（水）计量器具。有条件的企业应建立能源管理中心。

2. 钢铁企业主要生产工序能源消耗指标须符合《粗钢生产主要工序单位产品能源消耗限额》（GB 21256）和《焦炭单位产品能源消耗限额》（GB 21342）等国家和地方标准，其中焦化工序不超过 155 千克标煤、烧结工序不超过 56 千克标煤、高炉工序不超过 446 千克标煤、转炉工序实现负能炼钢、普钢电炉工序不超过 92 千克标煤、特钢电炉工序不超过 171 千克标煤。

3. 钢铁企业须注重资源综合利用，提高各种资源的循环利用率。吨钢新水消耗不超过 4.1 立方米，固体废弃物综合利用率不低于 94%。

（四）工艺与装备

1. 高炉有效容积 400 立方米以上，转炉公称容量 30 吨以上，电炉公称容量 30 吨以上（变压器容量 15000 千伏安以上），高合金钢电炉公称容量 10 吨以上（变压器容量 5000 千伏安以上），球团竖炉 8 平方米及以上，烧结机有效烧结面积 90 平方米及以上，常规机焦炉炭化室高度 4.3 米（捣固焦炉 3.8 米）及以上，以及不属于《部分工业行业淘汰落后生产工艺装备和产品指导目录（2010 年本）》中需淘汰的落后工艺装备。

2. 钢铁企业主体工序须配备节能减排设备，其中高炉应配套煤粉喷吹和余压发电装置，高炉、转炉应配套煤气回收装置。焦炉应配套除尘、脱硫、污水生化处理、煤气回收利用（不得放散）以及干熄焦装置。烧结机应配套烟气余热回收及脱硫装置。

3. 钢铁企业须按照适时修订的《部分工业行业淘汰落后生产工艺装备和产品指导目录》以及其他法律法规的要求，在规定的时限内淘汰落后的工艺装备。有淘汰落后产能任务的企业，须完成国家下达的年度淘汰落后产能目标任务。

（五）生产规模

2010 年普钢企业粗钢年产量 100 万吨及以上，特钢企业 30 万吨及以上，且合金钢比大于 60%（不含合金钢比 100%的高速钢、工模具钢等专业化企业）。

（六）安全、卫生和社会责任

1. 钢铁企业须具备健全的安全生产和职业卫生管理体系，焦化、氧气及相关气体制备、煤气生产（不包括回收）等危险化学品生产单位须取得危险化学品生产企业安全生产许可证，近两年内未发生重大安全责任事故。

2. 钢铁企业须依法依规缴纳税收，不得拖欠职工工资，并须按国家有关规定交纳各项社会保险费。

三、管理办法

（一）钢铁企业符合规范条件的申请、审核及公告：

1. 工业和信息化部定期受理钢铁企业符合规范条件的申请。申请企业须编制《钢铁行业规范条件申请报告》（要求见附件）。地方企业通过本地区工业主管部门向工业和信息化部申请，中央企业直接向工业和信息化部申请，并抄送企业所在省级工业主管部门。

2. 各省、自治区、直辖市、计划单列市工业主管部门对本地区钢铁企业的申请进行初审，中央企业自审。初审或自审须按规范条件要求对企业的相关情况进行核实，提出初审或自审意见，附企业申请材料报送工业和信息化部。

3. 工业和信息化部对申请企业进行核查，符合规范条件的进行公示，无异议后予以公告。

（二）工业和信息化部对公告企业名单进行动态管理。地方各级工业主管部门每年要对本地区企业执行规范条件的情况进行监督检查。工业和信息化部对公告企业进行抽查。鼓励社会各界对公告企业规范情况进行监督。公告企业有下列情况的将撤销其公告资格：

1. 填报相关资料有弄虚作假行为的；

2. 拒绝接受监督检查的；

3. 不能保持规范条件的；

4. 未按要求淘汰落后产能的；

5. 发生重大责任事故、造成严重社会影响的。

（三）对已完成实质性联合重组和淘汰落后完成较好的企业，优先纳入规范管理。对不符合规范条件部分条款的企业应按照规范条件要求进行整改。对能耗高、污染重、规模小等基本不符合规范条件的企业，各地要综合运用法律法规、经济和市场手段，积极推动这些企业进行整改及参与大企业的兼并重组，通过市场竞争迫使不达标企业退出钢铁行业。

（四）公告符合规范条件的企业名单，作为相关政策支持的基础性依据。对未列入公告名单的企业，不给予政策支持。

四、附则

（一）本规范条件所涉及的政策、法规和标准若进行修订，则按修订后内容执行。

（二）本规范条件由工业和信息化部负责解释，并根据行业发展情况适时进行修订。

（三）本规范条件自 2012 年 10 月 1 日起实施。2010 年 6 月 21 日工业和信息化部发布的《钢铁行业生产经营规范条件》同时废止。

工业和信息化部
关于印发《原材料工业两化深度融合推进计划（2015～2018年）》的通知

工信部原〔2015〕25号

各省、自治区、直辖市及计划单列市、新疆生产建设兵团工业和信息化主管部门，有关行业协会：

为深入贯彻党的十八大关于信息化和工业化深度融合的战略部署，落实《信息化和工业化深度融合专项行动计划（2013～2018年）》，大力推进原材料工业两化深度融合，加快促进原材料工业转型升级，我们制定了《原材料工业两化深度融合推进计划（2015～2018年）》。现予印发，请认真组织实施。

附件：原材料工业两化深度融合推进计划（2015～2018年）

工业和信息化部

2015年1月21日

附件

原材料工业两化深度融合推进计划（2015～2018 年）

为深入贯彻党的十八大关于信息化和工业化深度融合的战略部署，认真落实《信息化和工业化深度融合专项行动计划（2013～2018 年）》，大力推进原材料工业转型升级，特制定本推进计划。

一、现状和问题

石化化工、钢铁、有色金属、建材、黄金、稀土等原材料工业是典型的流程工业。近年来，信息技术的普及应用，对原材料工业的快速健康发展发挥了重要作用。目前，企业资源计划（ERP）、制造执行系统（MES）等两化融合技术在原材料工业已得到广泛使用，大中型原材料企业数字化设计工具普及率、关键工艺流程数控化率分别达到 70%和 60%，两化融合开始由单项应用向综合集成提升、整合创新阶段迈进。宝钢、中石化、中石油等特大型企业正逐步向智能化转型。

但也要看到，我国原材料工业两化融合深度与国际先进水平相比还存在很大差距，企业重视程度不够、信息化投资不足、关键核心软件装备受制于人、复合型人才缺乏、公共服务平台缺失、政策标准建设滞后等问题仍比较突出。当前，发达国家纷纷启动“再工业化”战略，正在重塑制造业竞争新优势。新一代信息技术迅猛发展，网络化、数字化、智能化已成为抢占产业发展制高点的关键所在。加快推进原材料工业两化深度融合机不可失，时不我待，必须下大力气、坚持不懈抓紧抓好。

二、总体思路

贯彻落实党的十八大及十八届三中、四中全会精神，坚持尊重规律、分类施策，完善标准和制度建设，着力解决原材料工业的突出问题和两化深度融合的薄弱环节。以公共平台建设、智能工厂示范、技术推广普及为着力点，努力实现集研发设计、物流采购、生产控制、经营管理、市场营销为一体的流程工业全链条全系统智能化。大力推动企业向服务型和智能型转变，不断提升原材料工业综合竞争力。

三、主要目标

到 2018 年年底，标准引导、平台服务、示范引领、推广普及的原材料工业两化深度融合推进机制初步形成。生产过程控制优化、计算机模拟仿真、电子商务、商业智能等应用基本普及。研发设计、数据分析、质量控制、环境管理、集成应用、协同创新等薄弱环节得到明显加强。两化融合深刻植入企业，成为企业战略决策、行业创新发展的新常态。

行业引导工作明显加强。列入试点单位的 122 家原材料企业全部通过两化融合管理体系标准认证，制定 300 项关键技术标准，研究推广 10 套以上行业两化融合解决方案。

平台建设取得重要进展。建设 6～8 个行业关键共性技术创新平台，8～10 个第三方电子商务和物流平台，4～6 个工业云服务平台、3～4 个大数据平台，以及稀土、农资、危险化学品等重点行业管理平台。

示范普及工作稳步推进。培育打造 15～20 家标杆智能工厂，大中型原材料企业数字化设计工具普及率超过 85%，关键工艺流程数控化率超过 80%，先进过程控制投用率超过 60%，关键岗位机器人推广 5000 个。

四、主要任务

（一）深入推进两化融合管理体系贯标工作

发挥两化融合管理体系贯标咨询机构作用，加快企业两化融合管理体系试点及评定工作，总结试点经验，组织宣传培训与推广交流。制定完善钢铁、石化、有色、稀土、建材等分行业的企业两化融合水平测评指标体系和等级评定办法，开展年度测评工作。建立企业贯标工作、年度测评工作推广和跟踪反馈机制，通过企业贯标和等级评定，推动原材料工业两化融合不断向更高阶段跃升。

（二）建立完善两化深度融合技术标准体系

在石化、化工、钢铁、有色、建材等主要行业组建两化融合标准化工作委员会，做好标准体系研究及技术归口工作。将原材料工业信息化标准列入行业标准制修订重点，围绕材料性能和质量控制、安全生产和节能减排、物料管理和产品流通、数字化研发和服务等，加快制修订一批数据采集、传输、交换及接口标准，信息安全标准，智能监测监管标准，电子标签编码及应用标准，以及稀土、危险化学品、农资化学品识别、定位、追溯通用规范，实现物料、产品、设备编码和各种接口标准的统一。

（三）研究推广重点行业两化融合解决方案

研究选择成熟自主的行业解决方案，定期组织召开交流会，加大推广使用力度。重点推广基于钢铁冶炼、轧制及深加工的计算机辅助设计制造、设备集成与模拟优化、设备故障在线诊断与预测维护、能源管理的钢铁生产全流程信息化改造方案；针对乙烯及其衍生物、芳烃等炼化主装置的模拟仿真、优化控制、调度计划、故障诊断和维护、资源与能源管理等技术方案；基于石化化工生产过程的HSE（健康、安全、环保）解决方案；基于装置侧线、反应罐釜、进出厂点等关键节点的数据计量及实时采集，实现物料跟踪及物料平衡、能源监测及精细管理的石化化工生产制造一体化解决方案；基于建材生产物料消耗、质量检测、设备运行、能源管理、环保监测等全生命周期的在线监测与管控集成解决方案；提升化工园区安全管理、应急救援、公共服务能力的智慧化工园区建设方案；具备灾害预警、安全管理、智能采选功能的数字矿山解决方案。

（四）加快建设行业关键共性技术创新平台

依托原材料工业龙头企业、行业自动化研究院所、智能装备制造企业、工业软件开发企业、高等院校等，针对原材料工业生产流程化、基础产品大宗化、高端产品个性化、资源能源消耗高等特点，搭建开发及实验平台，开展产品研发设计、过程控制与优化、智能化操作与无人值守、生产运行管理、工业机器人、计算机仿真、智能仪器仪表、能源管控系统、移动应用等信息系统与专用装备的开发，突破一批高效安全、自主可控的关键共性技术，有效缓解目前核心技术受制于人、成熟适用系统缺乏、行业应用价格昂贵等问题。

（五）稳步推进重点领域工业云服务平台建设

依托重点生产企业、信息化服务商、科研单位成立原材料工业云产业联盟，建设安全可靠的原材料工业公共云服务平台，推进工业软件、数据管理、工程服务等资源的开放共享。围绕原材料工业企业产品研发、生产控制与优化、经营管理、节能减排等关键环节，提供专业定制、购买租赁、咨询服务等多层次的云应用信息化服务，解决企业投入不足、数据资源利用水平不高、高端人力资源匮乏、个性服务满足度低等行业共性问题。鼓励大型企业集团建设云服务平台，服务周边地区和中小型企业。

（六）着力培育电子商务和物流业发展

支持第三方大型电子商务行业平台发展壮大，创新商务模式。支持大型企业自有电子商务平台向行业公共平台转化。鼓励行业协会、电商公司、农资生产企业联合建立农资电子商务平台。推动原材料工业大宗商品物流信息化发展，壮大钢铁、石化、有色、稀土、建材、危化品等专业物流和供应链服务业，增强原材料工业供应链协同管理能力。

（七）大力推动行业大数据应用

支持原材料工业大数据平台建设，促进信息共享和数据开放，加强行业经济运行监测，推动大数据在钢铁、石化、有色、建材等企业经营决策中的应用，实现产品、市场和效益的动态监控、预测预警，提高行业管理水平和企业决策科学水平。鼓励骨干企业在工业生产经营过程中应用商业智能系统（BI）和产品生命周期管理（PLM），提升生产制造、产品研发、供应链管理、营销及服务环节的资源优化配置能力和智能决策水平。

（八）建立健全行业监管及产品追溯系统

建立稀土矿山开采监管系统，实现对稀土矿区非法开采、水体污染、植被破坏等情况的长期动态监控。建立覆盖全国的履约监控管理信息系统，加强对重点监控化学品生产、经营和使用情况的在线监测和管理。依托重点单位，建立稀土、化肥、农药、危险化学品等产品追溯系统，采用物联网、射频识别、物品编码等信息技术，建立产品追溯数据库，追溯产品来源，杜绝假冒伪劣、来源不明产品进入市场流通环节，提升企业品牌效益。

五、重大工程

（一）数字化设计工具开发应用工程

开发符合原材料工业特点的产品配方建模、产品性能分析、虚拟生产制造、工艺流程设计等数字化设计工具。发挥行业协会、第三方信息化服务机构的作用，加大推广力度。到2018年，大中型石化、钢铁、有色、建材企业数字化设计工具普及率分别达到90%、95%、85%和80%。

钢铁行业重点发展用于产品研发和客户服务的产品生命周期管理（PLM）技术，针对炼钢、连铸、热轧等工序的工艺参数计算机辅助设计工具(CAPP)，冷连轧机轧制过程动态仿真及控制优化技术等，实现在线、全自动、多工艺路径的智能化设计。

石化行业重点发展炼化关键主装置及工厂的三维数字化技术与模拟仿真、优化控制和调度计划技术等，对工厂生产全流程实现安全可视化管理和控制。在工程建设方面，重点发展协同一体化技术，建立工程数字化交付标准体系，实现工程数字化设计和交付的标准化管理。

有色行业重点发展基于计算流体力学（CFD）和离散单元法（DEM）技

术的碎磨、选别、分离、冶炼设备的建模研究，实现三维可视化的过程和装置模拟设计及工艺参数优化。开发球磨机、浮选机、冶炼炉、电解槽等选冶关键工艺设备的虚拟样机，形成选冶主体工艺及调度的数值模拟设计能力。建立有色金属加工机床、部件、原料、环境等数字模型，对工件切削、锻压等微观、宏观过程进行参数化表达，实现加工效果、刀具磨损情况等快速评估。

建材行业重点发展关键生产装备的研发设计与制造工艺综合集成，加快普及产品全生命周期数字化设计模式，实现网络环境下的协同研发设计和集成应用。加快推广水泥回转窑控制系统在线仿真技术，在玻璃深加工制品、建筑卫生陶瓷、石材、新型房屋等领域推广计算机辅助设计（CAPP）、产品数据管理（PDM）等应用系统，开展创意设计和产品定制生产。

矿山行业重点发展地质采掘优化设计系统，动态指导采掘过程和设备应用。采用动态闭环集成控制技术，将产品质量、产量、成本和利润等综合生产指标与底层设备控制动作相联系，实现选矿过程全流程控制和动态全局优化。

（二）关键工艺流程数控化工程

普及推广可编程逻辑控制（PLC）、分布式控制系统（DCS）等基础自动化技术和系统，改造提升原材料工业生产装置及生产线，基本实现生产工艺自动化的全面覆盖。开发应用先进过程控制技术，进一步突出实时控制、运行优化和综合集成，大幅提升原材料工业重点行业的生产装备智能化水平。到2018年，石化化工和钢铁行业先进过程控制（APC）投用率达到60%，主要有色金属选冶、加工环节的关键工艺流程数控化率超过75%，水泥行业应用优化控制系统生产线达到50%。

石化化工行业重点在炼化、化肥、农药、氟化工、氯碱等领域，针对原料属性不确定、物质转化机理复杂、过程多重循环等特点，积极开展全流程建模、先进过程控制（APC）、实时优化和调度以及故障诊断与预警系统的实施和建设，进一步提升生产效率，降低生产成本。轮胎行业重点推广芯片集成技术，实现轮胎的全生命周期管理。

钢铁行业重点推广选矿全流程智能控制系统、烧结机智能闭环控制系统、高炉专家系统、全程自动化转炉炼钢、智能精炼控制系统、加热炉燃烧过程优化技术、核心轧制控制系统、基于图像检测的表面质量控制技术等。

有色金属行业重点推广振动磨机负荷检测系统、矿浆粒度分析仪、矿物加工专用图像分析仪等选冶工业在线智能检测分析装备，氧化铝生产过程智能优化控制技术、铜富氧熔炼控制系统、粗铅富氧强化熔炼控制系统、铝电解高效节能控制系统、湿法炼锌优化控制技术、高性能铜（铝）板材轧制数字化控制成型技术等。

建材行业重点推广水泥生产分布式控制系统（DCS）、现场总线技术、窑头和筒体温度检测控制系统、窑尾加料控制技术，平板玻璃原料配料控制系统、三大热工（熔窑、锡槽、退火窑）设备自动控制系统、在线缺陷检测与智能化自动切割分片系统，陶瓷原料制备、窑炉控制、压机控制等系统，玻纤池窑计算机控制技术等。

稀土行业重点建设冶炼分离智能化生产系统，通过工业自动化控制系统、生产视频监控系统、企业网络及数字管理系统，加快物料、生产、质量控制等业务整合。

（三）智能工厂示范工程

针对石化、钢铁、有色、稀土、建材等行业生产工厂的不同特点，分行业制定智能工厂标准。加强专业智能工厂软件的研发和设计，围绕生产管控、设备管理、安全环保、能源管理、供应链管理、辅助决策等6个方面开展智能化应用，建设信息物理融合系统（CPS），实现企业生产运营的自动化、数字化、模型化、可视化、集成化，提高企业劳动生产率、安全运行能力、应急响应能力、风险防范能力和科学决策能力，建成一批生产装备智能、生产过程智能、生产经营智能的智能化工厂。

石化智能工厂。选择4家先进石化化工企业，充分运用物联网、大数据等信息技术，突破一批石化智能制造关键技术，全面提升石化企业感知、预测、协同、分析、控制和优化能力。通过建立新型的生产和营运管理模式，实现基于价值链的供应链优化，提高资源配置和物流管理水平；通过生产过程智能化的优化控制，提升操作自动化和实时在线优化水平；通过能源生产和消耗的在线优化，提高节能减排水平；通过对可燃气体、有毒有害物质存储、运输以及废气、废水等污染物排放的自动监控、自动报警，提升安全环保水平；通过关键设备的到期预警与预防性维修，提高资产全生命周期管理水平；运用大数据分析技术进行关联性分析与预测分析，显著提高生产管理精细化、智能决策科学化水平。

钢铁智能工厂。选择4～5家先进钢铁企业，建设基于网络平台的实时生产信息管理系统，重点开发针对产品质量、能耗和设备状态进行软测量的模型技术，以及通过工序互动提高质量、降低成本和能耗的智能决策技术。推广示范铁钢轧工艺过程信息横向贯通、全流程高级计划排产和质量一贯制闭环控制技术，物质流和能量流综合协同优化技术，在线设备诊断、预测与维护技术，过程控制、生产管理、企业营销规划信息纵向融合技术等，强化数据资源的挖掘利用，实现钢铁生产全流程闭环的自动化控制与智能化管理。

有色智能工厂。选取铝、铜行业3～4家先进企业，以大数据和工业网络为基础，建立生产信息服务云架构，形成信息、知识、智能决策的数据和计算支持能力，通过物料关联与跟踪的智能物联网，实现对重要物料的标识、追溯和成分配置，开发基于先进生产工艺条件的高效节能控制技术，建立生产过程的三维可视化仿真系统，最终实现生产过程的智能操控、决策、管理和服务，建立全过程能效优化的智能化生产和管理决策体系。

建材智能工厂。在水泥行业选取2～3家先进企业，建设基于自适应控制、模糊控制、专家控制等先进技术的智能水泥生产线，实现原料配备、窑炉控制和熟料粉磨的全系统智能优化，并在工业窑炉、投料装车等危险、重复作业环节应用机器人智能操作。开展具有采购、生产、仓储、销售、运输、质量管理、能源管理和财务管理等功能的商业智能系统应用（BI）。

轮胎智能工厂。依托生产装备的高度信息互联和数据系统的实时采集，融合物联网、自动化仓储物流、数据挖掘、机器人及自动化装备等先进技术，建设轮胎生产仓储物流、关键岗位机器人和生产信息管理三大系统，全面覆盖轮胎制造生产流程，实现生产设备、生产信息、过程管理、企业决策的纵向交互和生产过程各工艺流程的横向交互，打造纵横贯通的综合集成优化的现代化轮胎制造工厂。

（四）数字矿山示范工程

金属数字矿山。以铁矿、铜矿、金矿为代表，建设3～4个智能矿业示范工程。加快信息通信技术（ICT）与矿业的融合，将井下无轨车辆、大型采选设备与先进物联网、模式识别、预测维护、机器学习等新一代信息化技术结合，推动矿业关键工艺过程控制数字化。继续推广监测监控、井下人员定位、井下紧急避险、矿井压风自救、供水施救和通信联络等矿山安全避险六大系统。建立混合型智能生产物联网，应用数据协调、数值模拟和二维码识别等技术，搭建具备人员、设备、工艺、物料、能源等要素的自动识别、信息共享、自发协作、集约调度的网络系统，实现采选过程动态可调可控，增强企业对矿石性质变化及外部市场变化的应变能力，满足精细化生产管理的要求。针对矿山分布较为分散与偏僻的特点，建设综合物流信息系统，利用上下游供需信息的高效协同，实现经济库存。

稀土数字矿山。依托大型稀土集团，在赣州、福建等稀土重点矿区建设2～3家稀土数字化矿山示范工程。利用数据库技术、储量动态计算技术和矿山三维数字建模等现代信息技术，建立稀土矿山储量和生产过程三维可视化模型，实现稀土储量动态管理、生产智能化控制及地质灾害监控等，提高稀土资源利用率和企业智能化管理水平。

数字服务平台。依托国内大型矿冶科研院所，建立矿山云系统通信技术标准、数据标准、信息安全标准和服务标准，搭建云服务平台的数据中心、计算中心、业务中心和网络前台。集成黄金、铜、铅锌、镍等典型矿业集团的海量生产数据，开发矿冶生产智能运营决策系统，形成生产装备远程在线维护、工艺过程故障智能诊断、分析仪器自动标定维护等远程工业服务能力，到2018年在国内3～5家大型矿业集团推广应用。

（五）供应链协同管理促进工程

推动原材料龙头生产企业，与原料供应商，装备、汽车、建筑、家电等主要下游用户建设上下游协作管理系统，按照供应商提前介入（EVI）、准时生产技术（JIT）等模式，统一企业资源计划（ERP）等企业业务系统间信息交换接口、标准和规范，通过信息共享和实时交互，实现物料协同、储运协同、订货业务协同以及财务结算协同。鼓励有条件的企业通过网络化制造系统，实现包括产品设计、制造、销售在内的全部产业链条的集成协同，形成网络化企业集群，发展基于互联网的个性化定制、网络众包、云制造等新型制造模式。

钢铁行业。选择3～4家先进企业开展供应链协同管理示范，建立和完善客户个性化订单条件下的基于产品使用特征的钢产品标准规范体系，推广以订单为核心、多品种、小批量、快速灵活的柔性生产组织模式，实现钢铁产品的大规模定制生产，满足多品种小批量的订单需求。推进生产管理系统升级，推行日计划生产模式，实现以销定产和产销高度衔接，进行客户订单的全程追踪，推动钢铁企业由生产商向服务商转变。建立连接钢铁生产企业和用户的数据系统，推广先期研发介入，后期推广应用和持续跟踪改进的研发设计模式。针对钢铁行业原料大宗特点，建立生产企业与上游铁矿石、煤炭企业的供应链协同管理体系，通过大数据预报模型提高库存管理的智能化水平。

石化行业。选择2～3家企业开展面向客户需求驱动的供应链协同管理示范。通过物流的智能感知、移动电子商务平台等建立行业的敏捷供应链，促进生产企业上、下游的快速决策和协同优化，提高资源和能源的配置效率，实现企业柔性生产制造，减少消耗和降低成本。初步建立石化工程协同设计与制造一体化平台，完善石化生产企业客户管理系统，实现面向石化生产全生命周期的设计和运营，减少新产品开发和生产的成本。

有色行业。选择2～3家铜、铝、锌大型企业集团建设上下游协同生产和协作管理系统，应用数据协调、数值模拟和二维码识别等技术，建立自动识别、信息共享、集约调度的网络系统平台，实现有色金属全产业链各个环节中人员、设备、工艺、物料、能源、财务的协同，消除任务等待与积压、信息传递延时与失真等管理瓶颈，推动产业链上下游协同管理。

（六）关键岗位机器人替代工程

鼓励机器人研发单位和原材料企业共同合作，开发应用一批专用工业机器人，到2018年累计新增机器人应用5000台。在工业窑炉、投料装车、化工企业等危害健康和危险作业环境，基本实现机器人替代人工作业。在陶瓷行业施釉、制砖行业码垛、铝锭浇注搬运、锌锭码垛包装、剥锌机组等重复繁重劳动岗位，推广普及机器人作业。以提高生产效率、降低维护成本为重点，研发并推广自动测温取样机器人、连铸自动推渣机器人、板坯自动清理机器人、铸锭扒渣机器人、阳极操作机器人、铜铝板材表面处理和抛光机器人、原料分拣机器人、切割机器人、喷漆（油）机器人等。以提高产品质量和工艺精确性为重点，推广应用表面缺陷判定、产品自动标识、图像自动识别等机器人。以提高采矿机器人的机构可靠性、避障设计、通信能力以及防爆设计等为技术开发重点，在复杂矿床开采等环节，研发推广地下金属采矿、应急救援等智能机器人。

六、保障措施

（一）加强组织领导。各地原材料工业主管部门要高度重视两化融合工作，建立健全推进机制，结合本地区实际制定具体实施方案。鼓励重点行业协会成立推进两化融合的专门机构，组织开展标准制定、技术推广、平台建设、企业评估、示范推广、咨询服务等。企业应建立健全两化融合组织机构、管理制度和运行机制，制定两化融合专项规划，明确两化深度融合总体目标和分阶段目标，保障资金投入。推动信息技术提供商和行业应用方组建原材料工业两化融合推进联盟，加强联合互动，开展共键共性技术联合攻关，提高针对原材料工业的信息化服务水平。

（二）加大政策支持。充分利用技术改造、转型升级、强基工程、物联网等专项资金，支持智能工厂、公共平台、技术推广等主要任务和重大工程。鼓励各地设立原材料工业两化融合专项资金，加大对两化融合工作的支持力度。鼓励金融机构加大对两化融合示范项目的信贷支持力度，支持两化融合示范企业、项目和产业园区的发展。探索两化融合管理体系评定结果的市场化采信机制。鼓励建立专业化产业投资基金，集聚社会资本，主要投向原材料工业两化融合领域。鼓励企业通过金融租赁方式租用智能装备或软件系统。

（三）加快人才培养。组建原材料工业两化融合专家委员会，开展重大问题研究和重大项目咨询。定期举办原材料工业两化融合人才培训，提高原材料工业企业主要负责人两化融合意识和从业人员信息化水平，培养一批面向信息化与工业化融合需求的原材料行业复合型人才。鼓励企业设立首席信息官，增加信息部门人员编制，建立原材料工业首席信息官联盟，提高企业两化融合战略决策水平。

（四）强化督促检查。分年度、分行业制定两化融合重点工作推进计划，开展年度检查和效果评估，并将有关情况向社会公开发布，对工作突出的地方和单位进行表彰。持续开展两化融合贯标和水平评估工作，公布符合认定标准的企业名单，通报企业两化融合水平测评结果，对通过两化融合管理体系评定和水平先进企业给予奖励，结合原材料行业重点工作加大政策支持。选择推荐一批优秀的面向原材料工业的两化融合信息技术提供商，定期公布名单，并根据两化融合服务工作开展情况进行评估和调整。

工业和信息化部
关于印发《信息化和工业化融合管理体系评定管理办法（试行）》的通知

工信部信〔2014〕564号

各省、自治区、直辖市及计划单列市，新疆生产建设兵团、副省级省会城市、黑龙江农垦总局工业和信息化主管部门，有关中央企业，有关行业协会，有关企业：

根据《工业和信息化部关于印发信息化和工业化深度融合专项行动计划（2013～2018年）的通知》（工信部信〔2013〕317号）以及我部两化融合管理体系工作部署，我部组织相关单位研究制定了《信息化和工业化融合管理体系评定管理办法（试行）》，现予以发布。为确保两化融合管理体系评定工作顺利开展，提出如下要求：

一、部机关各相关司局、各地工业和信息化主管部门要切实加强对归口管理试点企业贯标和评定工作的支持力度，同时全面推动非试点企业贯标达标，推广普及两化融合管理体系。

二、两化融合管理体系评定工作委员会要全面负责管理、协调两化融合管理体系评定工作，规范评定秩序，确保评定质量。

三、评定机构和评定人员要严格遵守评定管理办法和评定工作委员会的工作要求，恪守职业操守，确保评定活动公平公正。

四、各单位要严格遵守国家有关中介服务收费的管理规定。各地工业和信息化主管部门要加强管理和监督。

附件：信息化和工业化融合管理体系评定管理办法（试行）

工业和信息化部

2014年12月15日

附件

信息化和工业化融合管理体系评定管理办法（试行）

工业和信息化部

2014 年 12 月 15 日

目　录

信息化和工业化融合管理体系评定管理办法（试行）

1 适用范围

1.1 本办法用于规范对企业按照《信息化和工业化融合管理体系要求（试行）》（工信部公告〔2014〕3号）建立的两化融合管理体系开展的评定活动。

1.2 本办法明确了对两化融合管理体系建立、运行及其绩效的评定和监督要求，强化评定过程管理。

1.3 两化融合管理体系评定工作应遵循“自愿、独立、公开、公正”的原则。

2 评定管理组织

2.1 设立两化融合管理体系评定专家委员会（简称评定专家委员会），对两化融合管理体系评定工作提供指导和咨询，作出专家结论。评定专家委员会设在中国两化融合咨询服务联盟。

2.2 设立两化融合管理体系评定工作委员会（简称评定工作委员会），全面负责管理、协调两化融合管理体系评定工作，制订完善评定工作细则、流程和方法，管理评定机构及评定人员等。评定工作委员会设在中国两化融合咨询服务联盟，接受联盟指导委员会和联盟理事会的指导，其日常工作由联盟秘书处承担。

3 评定机构要求

3.1 评定工作委员会委托符合条件的第三方评定机构从事两化融合管理体系评定活动。

3.2 评定机构应建立并有效运行评定工作体系，完善评定监督和责任机制，以确保从事的两化融合管理体系评定活动符合本办法的规定。

3.3 坚持咨询与评定分离原则，禁止评定机构为其利益相关方提供评定服务。

3.4 评定机构应具备的基本条件如下：

（1）有固定的办工场所和必要的设施；

（2）有10名以上符合条件的两化融合管理体系专职评定人员。

3.5 评定机构至少应公开以下信息：

（1）可开展评定的主要业务范围；

（2）评定机构授予、保持、变更、暂停或撤销评定及其证书等环节的程序和规定；

（3）对所作出评定结论的申诉程序；

（4）评定机构以往开展的评定业务；

（5）评定机构的信用等级；

（6）评定机构聘用的评定人员及其信用等级。

3.6 对于违反本办法、相关法律法规、相关职业道德以及不遵守评定工作委员会管理要求的评定机构，评定工作委员会有权暂停或撤销其从事两化融合管理体系评定活动的委托。被撤销委托的机构，5年内不得重新申请。

4 评定人员要求

4.1 评定工作委员会委托符合条件的评定人员具体承担两化融合管理体系评定工作。

4.2 评定人员须遵守相关的法律、法规和规章，按照所执业评定机构确定的工作程序和作业指导从事评定活动，对评估审核报告的真实性承担相应责任。

4.3 评定人员不得同时在2个或者2个以上评定机构执业。

4.4 评定人员的基本条件如下：

（1）每3年至少参加1次评定工作委员会组织的专业培训；

（2）通过评定工作委员会组织的专业考试，且每年至少参加1次两化融合管理体系评估审核工作，否则每年均需重新通过专业考试；

（3）拥有3年及以上从事企业管理、信息化、自动化、管理体系等相关工作的经验，或具有等同于相关领域3年工作经验的专业水平。

4.5 对于违反本办法、相关法律法规、相关职业道德以及不遵守评定工作委员会管理要求的评定人员，评定工作委员会有权暂停或撤销其从事两化融合管理体系评定活动的委托。被撤销委托的人员，5年内不得重新申请。

5 评定管理平台

5.1 依托两化融合管理体系评定管理平台（http：//gltxpd.cspiii.com）（简称评定管理平台），对两化融合管理体系评定工作进行全流程管理与监督。

5.2 评定机构和评定人员需在评定管理平台进行注册，公开相关信息。

6 评定程序

6.1 初次评定

6.1.1 受理评定申请

6.1.1.1 申请两化融合管理体系评定的企业（简称申请企业）需在评定管理平台进行注册，选择评定机构，并提交评定申请材料。评定申请材料包括：

（1）两化融合管理体系评定申请表；

（2）企业营业执照等法律地位证明文件的复印件；

（3）组织机构代码证书的复印件；

（4）两化融合管理体系管理手册及必要的程序文件等；

（5）申请两化融合管理体系评定的范围和边界所涉及的业务流程、组织结构、技术、数据等的清单；

（6）两化融合管理体系已有效运行的证明文件；

（7）两化融合发展水平评估报告；

（8）其他与评定有关的必要文件。

6.1.1.2 评定机构对申请企业提交的申请材料进行评审，确认申请企业从事的活动符合相关法律法规规定，建立和实施了两化融合管理体系，且已有效运行；并根据申请企业申请的评定范围、完成评估审核所需时间及其他影响评定活动的因素，综合确定是否受理评定申请。

6.1.1.3 对于申请材料不满足 6.1.1.1 中要求的，评定机构可通知申请企业补充和完善，或者不受理评定申请。

6.1.1.4 对于拟受理的评定申请，评定机构应与申请企业签定书面的评定合同，并提交至评定管理平台。

6.1.2 制定评估审核计划

6.1.2.1 评定机构在实施评估审核前，应形成书面的评估审核计划，由申请企业确认，并提交至评定管理平台。评估审核计划的内容至少包括：评估审核计划名称和编号、评估审核目的、评估审核范围、评估审核任务、评估审核时间、评估审核组成员、评估审核组组长、评估审核日程安排等。

6.1.2.2 评估审核时间应合理充分，以确保评估审核的完整有效。

6.1.2.3 评估审核组应根据两化融合管理体系评估审核范围所覆盖的专业领域选择具备相关能力的评定人员和技术专家。每个评估审核组应至少包含一名专职评定人员，评估审核组中的评定人员承担评估审核责任。

6.1.2.4 现场评估审核应安排在评估审核范围覆盖的业务活动处于正常运行阶段，以使现场评估审核活动能够观察到业务活动的运行情况。

6.1.3 实施评估审核

6.1.3.1 开展第一阶段评估审核

6.1.3.1.1 第一阶段评估审核的主要目的是判断申请企业是否建立和实施了符合《信息化和工业化融合管理体系要求》的管理制度，重点评估审核申请企业两化融合管理体系与标准的符合性。

6.1.3.1.2 第一阶段评估审核应至少包含以下内容：

（1）评估审核申请企业的两化融合管理体系相关文件是否符合《信息化和工业化融合管理体系要求》，并初步确认申请企业的实际运行情况是否与其两化融合管理体系相关文件相一致；

（2）评估审核申请企业理解和实施《信息化和工业化融合管理体系要求》标准的情况，特别是对两化融合管理体系的要素、过程、目标、运行机制及其关键绩效的识别情况；

（3）评估审核申请企业是否围绕与企业战略相匹配的可持续竞争优势的需求，确定了信息化环境下新型能力的要求，并确定了两化融合目标；

（4）确认两化融合管理体系覆盖的范围，以及该范围是否与申请企业对打造信息化环境下新型能力的要求相一致；

（5）确认申请企业的两化融合管理体系是否已实施运行、是否实施了内部审核与管理评审；

（6）结合两化融合目标，并围绕所涉及的业务流程、组织结构、技术及数据四个基本要素，以及管理职责、基础保障、实施过程、评测与改进四个管理域，识别对两化融合目标实现具有重要影响的关键点，作为策划第二阶段评估审核的重要输入；

（7）结合识别的第二阶段重要评估审核点，审核第二阶段评估审核所需资源的配置情况，与申请企业相关人员进行讨论，确定第二阶段评估审核实施的可行性，并商定第二阶段评估审核的详细安排。

6.1.3.1.3 第一阶段的评估审核活动，原则上应在申请企业现场进行。

6.1.3.1.4 评定人员应该将第一阶段评估审核情况形成文件，告知申请企业，并将文件及相关材料提交至评定管理平台。第一阶段评估审核和第二阶段评估审核应安排适宜的间隔时间，使申请企业有充分的时间解决第一阶段评估审核中发现的问题。

6.1.3.2 开展第二阶段评估审核

6.1.3.2.1 第二阶段评估审核的主要目的是围绕申请企业所打造的信息化环境下的新型能力，判断申请企业两化融合管理体系运行的符合性和有效性。

6.1.3.2.2 第二阶段评估审核至少应覆盖以下内容：

（1）围绕所打造的信息化环境下的新型能力，申请企业实际运行情况与两化融合管理体系标准或其他规范性文件的所有要求的符合情况及证据；

（2）依据两化融合管理体系的关键绩效目标和指标，对绩效进行的监视、测量、报告和评审，以及所获取的信息化环境下的新型能力的情况；

（3）申请企业两化融合管理过程的执行控制情况；

（4）申请企业两化融合管理体系的内部审核和管理评审情况；

（5）规范性要求、方针、绩效目标和指标、适用的法律要求、职责、人员能力、运作、程序、绩效数据和内部审核发现及结论之间的联系。

6.1.3.2.3 第二阶段评估审核应在申请企业现场进行。

6.1.3.3 发生以下情况时，评估审核组应中止评估审核，并向评定机构报告：

（1）申请企业对评估审核活动不予配合，评估审核活动无法进行；

（2）申请企业的两化融合管理体系有重大缺陷，不符合《信息化和工业化融合管理体系要求》标准的要求；

（3）两化融合管理体系文件不符合申请企业实际运行情况；

（4）发现申请企业存在严重违法违规的行为；

（5）其他导致评估审核程序无法完成的情况。

6.1.4 形成评估审核报告

6.1.4.1 第二阶段评估审核结束后，评估审核组应对第一阶段和第二阶段的评估审核活动形成书面的评估审核报告。评估审核报告由评估审核组组长组织编写并签字确认。评估审核报告应准确、简明和清晰地描述评估审核活动的主要内容，至少包括：

（1）评定机构；

（2）申请企业的名称和地址及其管理者代表；

（3）评估审核类型（例如初次、监督或再评定）；

（4）评估审核准则；

（5）评估审核目的；

（6）评估审核范围；

（7）评估审核组组长、评估审核组成员及任何与评估审核组同行的人员；

（8）评估审核活动的实施日期和地点；

（9）与评估审核类型的要求一致的评估审核证据、评估审核发现和评估审核结论；

（10）已识别出的不符合项和任何未解决的问题。

6.1.4.2 评估审核报告应附必要的用于证明相关事实的证据或记录，并提交至评定管理平台。

6.1.4.3 评定机构应将评估审核报告的副本送交申请企业。

6.1.4.4 对中止评估审核的项目，评估审核组应将已开展的工作情况形成报告，评定机构应将此报告及中止评估审核的原因提交申请企业，并通过评定管理平台提交至评定工作委员会。

6.1.5 不符合项的纠正和纠正措施验证

6.1.5.1 对评估审核中发现的不符合项，评定机构应要求申请企业在规定期限内分析原因并采取措施进行纠正，并说明为消除不符合项所采取的纠正和纠正措施。

6.1.5.2 对申请企业已对不符合项完成的纠正，评定机构应采取适当方式对申请企业所采取的纠正和纠正措施的有效性进行验证。

6.1.6 给出评定结论

6.1.6.1 评定机构根据评估审核报告及相关验证结果，结合其他相关信息进行综合评价，给出评定结论，并通过评定管理平台提交至评定工作委员会。

6.1.6.2 评估审核组成员不得参与给出所评估审核项目的评定结论。

6.1.6.3 评定机构在给出评定结论前应确认：

（1）评估审核报告及相关验证结果能够满足评定的需要；

（2）对于所有反映以下问题的不符合项，评定机构已评审、接受并证实了纠正和纠正措施的有效性：

1）未能满足两化融合管理体系标准的一项或多项要求；

2）对两化融合目标的实现具有重要影响的关键点的监视和测量未有效运行，或者对这些关键点的报告或评审记录不完整或无效；

3）在持续改进两化融合管理体系的有效性方面存在缺陷，实现两化融合目标有重大疑问。

（3）对于任何其他不符合项，评定机构已评审并接受了申请企业计划采取的纠正和纠正措施。

6.1.6.4 在满足6.1.6.3条的要求的基础上，评定机构有充分的客观证据证明申请企业满足下列要求的，给出该申请企业符合评定要求的评定结论：

（1）申请企业的两化融合管理体系符合标准要求且运行有效；

（2）评定范围覆盖的业务活动符合相关法律法规要求；

（3）申请企业按照评定合同规定履行了相关义务。

申请企业不满足上述要求的，给出该申请企业不符合评定要求的评定结论，以书面的形式告知申请企业并说明原因。

6.1.7 评定决定

6.1.7.1 评定工作委员会对评定过程中所提交的文件和记录进行合规性审查，确认相关材料完整、齐全、合理。对于材料不符合要求的，由评定机构补充完善。

6.1.7.2 必要时，评定工作委员组织专家对评定机构的评定结论进行复核，未能通过复核的，予以驳回。

6.1.7.3 对于评定机构评定合格，且通过评定工作委员会审查或复核的企业，在评定管理平台进行为期 15 个工作日的公示。

6.1.7.4 对于公示后无异议的企业，由评定机构颁发两化融合管理体系评定证书（简称评定证书）。

6.2 监督审核

6.2.1 评定机构应对颁发评定证书的企业（简称获证企业）进行有效的跟踪监督，确保其两化融合管理体系持续符合评定要求。

6.2.2 评定机构应在初次评定的第二阶段评估审核后至少 12 个月内进行一次监督审核。此后，每次监督审核的时间间隔不超过 12 个月。

6.2.3 在达到监督审核期限而有证据表明获证企业暂不具备实施监督审核的条件时，可以适当延长监督审核期限，但最长间隔不能超过 15 个月。

6.2.4 监督审核应至少包含以下内容：

（1）上次评估审核以来两化融合管理体系覆盖的范围及运行体系的资源是否有变更；

（2）对上次评估审核中确定的不符合项采取的纠正和纠正措施是否继续有效；

（3）内部审核和管理评审是否规范和有效；

（4）是否针对内部审核和管理评审发现的问题策划并实施了持续改进；

（5）两化融合目标及分解目标是否实现，未实现的原因；

（6）两化融合管理体系覆盖的业务活动涉及法律法规规定的，是否持续符合相关规定；

（7）获证企业对评定证书和标志的使用是否符合相关规定。

6.2.5 评估审核组根据监督审核情况形成书面的监督审核报告，并提交至评定管理平台。监督审核报告至少应按 6.2.4 列明的评估审核要求逐项描述评估审核证据、评估审核发现和评估审核结论等，并提出是否继续保持评定证书的推荐性意见。

6.2.6 评定机构根据监督审核报告和掌握的其他相关信息，给出继续保持或暂停、撤销评定证书的结论，并通过评定管理平台提交至评定工作委员会。

6.3 再评定

6.3.1 获证企业应在证书期满前 3 个月内提出再评定申请，不提出再评定申请或再评定不合格的，其两化融合管理体系评定证书到期自动失效。

6.3.2 再评定的评估审核程序与 6.1 中规定的程序一致。若再评定的范围保持不变，且获证企业的两化融合管理体系及获证企业的内部或外部环境无重大变更时，再评定可省略第一阶段评估审核。

7 评定证书

7.1 评定证书的有效期

评定证书自颁发之日起有效期为3年。

7.2 评定证书要求

评定证书应至少包含以下信息：

（1）企业名称、地址；

（2）授予、变更评定的日期；

（3）评定有效期；

（4）证书编号；

（5）两化融合管理体系评定范围；

（6）两化融合管理体系符合《信息化和工业化融合管理体系要求》标准的表述，包括版次和（或）修订号；

（7）评定工作委员会的标志和评定机构的名称、签印、地址、标志；

（8）关于证书信息查询方式的说明："本证书信息可在两化融合管理体系评定管理平台（http：//gltxpd. cspiii. com）查询"。

7.3 评定证书的暂停

7.3.1 获证企业发生以下情况时，评定机构应在获得相关信息并调查核实后15个工作日内向评定工作委员会申请暂停其评定证书，评定工作委员会应在收到申请15个工作日内作出答复：

（1）两化融合管理体系持续或严重不满足评定要求，包括对两化融合管理体系运行有效性的要求；

（2）没有按照本办法规定的频次实施监督审核；

（3）不承担、履行评定合同约定的监督审核过程中的责任和义务；

（4）不履行评定合同约定的信息通报义务；

（5）主动请求暂停；

（6）获证企业被有关行政监管部门责令停业整顿；

（7）其他需要暂停评定证书的情况。

7.3.2 评定证书暂停期不应超过6个月。

7.3.3 暂停评定证书时，应及时在评定管理平台上公布相关信息；评定机构应采取有效监督措施避免无效评定证书被继续使用。

7.3.4 暂停评定证书的信息应明确暂停的起止日期，声明在暂停期间获证企业不得以任何方式使用评定证书或引用评定信息。

7.4 评定证书的撤销

7.4.1 获证企业发生以下情况时，评定机构应在获得相关信息并调查核实后15个工作日内向评定工作委员会申请撤销其评定证书，评定工作委员会应在收到申请15个工作日内作出答复：

（1）被注销或吊销《企业法人营业执照》；

（2）拒绝配合评定工作委员会开展监督工作，或者对有关事项的询问和调查提供了虚假材料或信息；

（3）有严重违反法律法规的行为或者业务活动不符合法定要求并造成严重影响；

（4）暂停评定证书的期限已满但导致暂停的问题未得到解决或纠正；

（5）没有运行两化融合管理体系或者已不具备运行的条件；

（6）不按相关规定正确使用和宣传评定信息，评定机构已要求其纠正但超过6个月仍未纠正，或者造成严重影响或后果；

（7）其他需要撤销评定证书的情况。

7.4.2 撤销评定证书前，应告知有关企业，听取企业的陈述和申辩。

7.4.3 撤销评定证书后，应及时在评定管理平台上公布相关信息；评定机构应收回撤销的评定证书，若无法收回，应及时在相关媒体上公布或声明，并采取有效监督措施避免无效评定证书被继续使用。

7.5 评定证书的变更

评定证书有效期内，获证企业发生下列（但不限于）变化时，应及时通报评定机构，评定机构根据实际情况决定是否需要重新评估审核，并根据评估审核结果作出变更证书或撤销证书的决定：

（1）企业名称；

（2）联系地址和场所；

（3）获得评定的两化融合管理体系覆盖的运行范围；

（4）两化融合管理体系及其过程的重大变更。

7.6 评定证书的使用

获证企业应在评定范围内正确使用评定证书和评定标志，标志或所附文字不应使人对评定对象和发证机构产生歧义。评定机构应对获证企业使用评定证书、评定标志等评定信息的情况实施有效跟踪调查，对误用和未按规定使用评定证书和评定标志的，应要求获证企业采取有效的纠正措施。

8 监督与管理

8.1 信息保留与公开

8.1.1 依托评定管理平台对两化融合管理体系评定全流程相关资料和信息进

行管理。对于不涉及企业与评定机构商业秘密的信息，按需对社会进行公开，并接受各方监督。

8.1.2 评定机构应对评定活动全过程进行记录并妥善保存，记录应当真实、准确。

8.2 申诉、投诉、举报及处理

8.2.1 企业对评定结果有异议，可向评定机构提出申诉，评定机构应接受企业申诉，在1个月内将处理结果形成书面通知送交企业，并将企业申诉材料及其处理结果提交至评定管理平台。

8.2.2 企业对评定机构作出的申诉处理结果仍有异议，可通过评定管理平台向评定工作委员会投诉。

8.2.3 企业认为评定机构未遵守评定相关法规、规章或本办法并导致自身合法权益受到侵害，可通过评定管理平台向评定工作委员会投诉。

8.2.4 任何个人或机构可通过评定管理平台向评定工作委员会举报评定机构或评定人员的不当行为，并提供相关证据。

8.2.5 对于确认受理的投诉或举报，评定工作委员会组织专家进行处理。

8.3 评定机构与评定人员信用等级管理

8.3.1 评定工作委员会依托评定管理平台对评定机构进行信用评价，授予A、B、C三个不同的信用等级，并进行动态管理。

8.3.2 评定工作委员会依托评定管理平台对评定人员进行信用评价，授予A、B、C三个不同的信用等级，并进行动态管理。

8.4 抽查与复核

8.4.1 评定工作委员会组织专家开展必要的抽查与复核活动，确保评定机构评定活动的有效性。抽查主要包括现场见证与确认审核等形式。

8.4.2 评定机构的信用等级是评定工作委员会开展抽查与复核活动的重要依据。抽查与复核的结果是评定机构和评定人员信用等级调整的重要因素。

9 其他

9.1 本办法提及《信息化和工业化融合管理体系要求》标准时，均指评定活动发生时该标准的有效版本。

9.2 对非企业法人组织建立的两化融合管理体系，可参考本办法开展评定。对军工、涉及国家秘密等特殊企业的评定，可在遵守国家相关规定基础上执行本办法。

10 附则

10.1 本办法由工业和信息化部负责解释。

10.2 本办法自2014年12月15日起实施。

工业和信息化部关于做好部分产能严重过剩行业产能置换工作的通知

工信部产业〔2014〕296号

各省、自治区、直辖市及新疆生产建设兵团工业和信息化主管部门：

为落实《国务院关于化解产能严重过剩矛盾的指导意见》（国发〔2013〕41号）和《国务院关于印发大气污染防治行动计划的通知》（国发〔2013〕37号）要求，严禁产能严重过剩行业新增产能，现就做好钢铁、电解铝、水泥、平板玻璃行业产能置换工作通知如下。

一、要高度重视产能置换工作

对钢铁、电解铝、水泥、平板玻璃行业新（改、扩）建项目，实施产能等量或减量置换，是加快淘汰落后产能、化解产能过剩矛盾、促进产业升级和布局优化、改善环境质量的重要措施。各地要提高认识，切实把思想和行动统一到国务院的决策部署上来，严格落实等量或减量置换要求，坚决遏制产能盲目扩张势头。

二、要切实把握产能置换原则

（一）坚持控制总量和优化存量相结合。按照疏堵结合、严禁新增产能的思路，结合产业布局优化和结构升级的要求，加快淘汰落后和过剩产能，为实施新（改、扩）建项目腾出资源、环境容量和市场空间。

（二）坚持市场调节与政府引导相结合。鼓励各地探索实施政府引导、企业自愿、市场化运作的产能指标交易，发挥市场作用，支持跨地区产能置换，提高资源配置效率。

（三）坚持统筹考虑和区别对待相结合。制定产能置换方案，要统筹考虑地区资源优势、环境容量等因素，实行区别对待。对环境敏感区域，须实施减量置换，其他地区可实施等量置换。

三、要严格落实产能置换要求

各地要按照《部分产能严重过剩行业产能置换实施办法》（见附件）规定的程序和要求，加强与发改、国土、环保等部门沟通和衔接，认真组织企业科学制定产能置换方案。要强化责任意识，严格审核把关，确保项目真实、产能合理，明确淘汰期限。同时，做好置换方案核实确认、公告公示和监督落实等工作。

各地要做好政策的宣传解释和贯彻落实，及时总结实施过程中出现的新情况、新问题，并提出意见和建议。

附件：部分产能严重过剩行业产能置换实施办法

工业和信息化部
2014 年 7 月 10 日

附件

部分产能严重过剩行业产能置换实施办法

第一章　总　则

第一条　为遏制产能严重过剩行业盲目扩张，严禁新增产能，化解产能过剩矛盾，引导产业有序转移和布局优化，推进行业结构调整和转型升级，按照《国务院关于化解产能严重过剩矛盾的指导意见》（国发〔2013〕41号）和《国务院关于印发大气污染防治行动计划的通知》（国发〔2013〕37号）要求，制定本办法。

第二条　产能严重过剩行业项目建设，须制定产能置换方案，实施等量或减量置换，在京津冀、长三角、珠三角等环境敏感区域，实施减量置换。

第三条　本办法适用的部分产能严重过剩行业为：钢铁（炼钢、炼铁）、电解铝、水泥(熟料)、平板玻璃行业。

本办法所称的产能严重过剩行业项目建设，包括新建、改建和扩建项目。

本办法所称的产能等量置换是指新（改、扩）建项目应淘汰与该建设项目产能数量相等的落后或过剩产能；减量置换是指新（改、扩）建项目应淘汰大于该建设项目产能数量的落后或过剩产能。

本办法所称的京津冀、长三角、珠三角等环境敏感区域是指北京市、天津市、河北省、上海市、江苏省、浙江省，以及广东省的广州、深圳、珠海、佛山、江门、东莞、中山、惠州、肇庆等9市，以及其他环境敏感区域。

第二章　置换产能确定

第四条　2013年度及以后列入工业和信息化部公告的企业淘汰落后和过剩产能（不含各地列入明确压减范围的钢铁产能），方可用于产能严重过剩行业新（改、扩）建项目产能置换，且不得重复使用。已超过国家明令淘汰期限的落后产能，不得用于产能置换。

淘汰项目产能数量依照产能换算表（见附1）核定。

第五条　京津冀、长三角、珠三角等环境敏感区域需置换淘汰的产能数量按不低于新（改、扩）建项目产能的1.25倍予以核定，其他地区实施等量置换。

第三章　产能置换指标交易

第六条　支持跨地区产能置换，引导国内有效产能向优势企业和更具比较优势的地区集中，推动形成分工合理、优势互补、各具特色的区域经济和产业发展格局。鼓励各地积极探索实施政府引导、企业自愿、市场化运作的产能置换指标交易。

第七条 产能置换指标交易由各省（区、市）工业和信息化主管部门进行组织协调，制定具体交易实施办法，报省级人民政府同意后执行。

第八条 工业和信息化部搭建全国产能置换指标供需信息平台，为产能置换提供信息服务。同时，探索建立全国产能置换指标交易平台。

第九条 水泥（熟料）、平板玻璃行业用于交易的产能置换指标，需指标出让方省级工业和信息化主管部门报省级人民政府确认公示，并报工业和信息化部登记（见附 2），在全国产能置换指标供需信息平台发布。

钢铁（炼铁、炼钢）、电解铝行业用于交易的产能置换指标，需指标出让方省级工业和信息化主管部门核实报省级人民政府公示，并报工业和信息化部复核确认，在全国产能置换指标供需信息平台发布。

第四章　置换方案内容和确认

第十条 产能置换方案主要包括淘汰项目和新（改、扩）建项目基本情况，须明确以下内容：

（一）淘汰项目所属的行业和地区、企业名称、组织机构代码、主体设备（生产线）、核定的产能和拆除时间，以及相关材料（工商营业执照、税务登记证、生产许可证等有效证明材料）。

（二）新（改、扩）建项目所属的行业和地区、企业名称、拟建的主体设备和产能。

（三）通过跨省（区、市）交易获得的产能置换指标，需提供指标出让方省级人民政府确认意见，以及供需双方省级工业和信息化主管部门完成交易的确认意见。

第十一条 新（改、扩）建项目企业，按照本办法相关条款规定，制定产能置换方案，按各省（区、市）相关要求报送省级工业和信息化主管部门。

第十二条 各省级工业和信息化主管部门，按照本办法相关条款规定，核实产能置换方案，确保淘汰项目真实、产能合理，明确置换产能淘汰期限。

第十三条 各省级工业和信息化主管部门将水泥（熟料）、平板玻璃行业产能置换方案及核实确认意见（见附 3），报省级人民政府确认后向社会公告（见附 4），同时报工业和信息化部在全国产能置换指标供需信息平台发布；

将钢铁（炼铁、炼钢）、电解铝行业产能置换方案及核实确认意见（见附

3），报省级人民政府向社会公示（见附4），同时报工业和信息化部。

第十四条 工业和信息化部组织专家对各地报送的钢铁（炼铁、炼钢）、电解铝行业产能置换方案进行复核，对确认的产能置换方案向社会公告。

第五章 置换方案监督落实

第十五条 工业和信息化部组织对各省（区、市）确认的置换方案进行抽查。同时，积极发挥行业协会等社会各界监督作用。

第十六条 各省级工业和信息化主管部门，根据省级人民政府向社会公告的产能置换方案，按照《关于印发淘汰落后产能工作考核实施方案的通知》（工信部联产业〔2011〕46号）要求，将用于置换的全部淘汰项目，列入年度淘汰落后产能企业名单，组织拆除主体设备（生产线），使其不能恢复生产。

第十七条 工业和信息化部组织淘汰落后产能工作部际协调小组成员单位，对各地年度包括用于产能置换的淘汰落后和过剩产能情况进行监督检查，并公开检查结果。

第六章 附 则

第十八条 本办法适用于在中华人民共和国境内依法注册的各类所有制企业。

第十九条 本办法自发布之日起施行，有效期至2017年12月31日，并根据产业发展情况适时修订。

第二十条 本办法由工业和信息化部解释。

附1 产能换算表

附2 产能置换指标交易登记表

附3 产能置换方案核实确认意见表

附4 关于＊＊＊建设项目产能置换方案的公告

附 1

产能换算表[1]

一、钢铁

(一) 炼铁

1. 高炉炼铁

表 1 高炉产能换算

序 号	有效容积/立方米	产能/万吨·年$^{-1}$	序 号	有效容积/立方米	产能/万吨·年$^{-1}$
1	420	50	18	2000	170
2	450	55	19	2200	187
3	480	57	20	2260	193
4	530	62	21	2380	203
5	605	70	22	2500	213
6	700	80	23	2580	215
7	750	85	24	2650	221
8	850	95	25	2750	229
9	1080	104	26	2800	234
10	1200	113	27	2850	238
11	1250	115	28	3200	267
12	1280	118	29	3800	304
13	1350	122	30	4000	320
14	1500	133	31	4350	347
15	1580	137	32	4747	379
16	1780	152	33	5500	439
17	1860	158	34	5800	463

注：高炉有效容积在表中两档之间的，按插值法计算其产能。

2. 非高炉炼铁

表 2 非高炉炼铁设备产能换算

序 号	工艺及型号	产能/万吨·年$^{-1}$
一	熔融还原	
1	COREX1000，C2000，C3000	30，80，150

[1] 该表主要用于产能置换。

续表 2

序　号	工艺及型号	产能/万吨·年$^{-1}$
2	FINEX示范厂，FINEX3000	60，150
3	Hismelt示范厂	80
二	直接还原	
1	竖　炉	产能根据设备具体型号换算
2	回转窑	
3	转底炉	

（二）炼钢

1. 转炉

表3　转炉产能换算

序　号	公称容量/吨	普钢产能/万吨·年$^{-1}$	特钢产能/万吨·年$^{-1}$
1	35	60	42
2	40	70	48
3	45	80	54
4	50	85	55
5	55	90	60
6	60	95	66
7	65	100	72
8	70	105	77
9	75	110	83
10	80	120	88
11	90	125	99
12	100	130	100
13	120	140	120
14	135	150	135
15	140	160	140
16	150	170	150
17	180	200	162
18	200	210	180

续表 3

序　号	公称容量/吨	普钢产能/万吨·年$^{-1}$	特钢产能/万吨·年$^{-1}$
19	210	220	189
20	250	250	225
21	260	280	234
22	300	300	270

注：1. 表中普钢亦包括低合金钢和优钢；

2. 表中特钢主要是指合金钢，不锈钢属于特钢，但不锈钢产能需按其冶炼工艺综合计算；

3. 既生产普钢又生产特钢的转炉，按其上年普钢和特钢产量的比例相应计算产能；

4. 转炉公称容量在表中两档之间的，按插值法计算其产能。

2. 电炉

表 4　电炉产能换算

序　号	公称容量/吨	普钢产能/万吨·年$^{-1}$	特钢产能/万吨·年$^{-1}$
1	40	40	20
2	45	45	25
3	50	50	30
4	60	60	35
5	65	65	40
6	70	77	45
7	75	83	50
8	90	99	60
9	100	100	70
10	105	105	75
11	110	110	80
12	120	120	90
13	140	140	110
14	150	150	120
15	160	160	130
16	220	220	180

注：1. 表中普钢亦包括低合金钢和优钢；

2. 表中特钢主要是指合金钢，不锈钢属于特钢，但不锈钢产能需按其冶炼工艺综合计算；

3. 既生产普钢又生产特钢的电炉，按其上年普钢和特钢产量的比例相应计算产能；

4. 电炉公称容量在表中两档之间的，按插值法计算其产能。

二、电解铝

表5　电解槽产能换算

电解槽电流强度/千安培	单槽产能/吨·年$^{-1}$
120	324
160	433
200	541
250	676
300	811
400	1093
500	1367

注：产能计算公式：单槽产能＝0.3355克/安培小时×电流强度×365天×24小时×电流效率×10^{-3}。其中：电流效率，对300千安培及以下电解槽，数值取92%；对300千安培以上电解槽，数值取93%。

三、水泥

表6　水泥（熟料）产能换算

工艺设备	规格（窑径）/米	设备规模(熟料)/吨·天$^{-1}$	水泥（熟料）产能/万吨·年$^{-1}$
新型干法回转窑	2.8	500	15
	3.0	800	24
	3.2	1000	30
	3.5	1500	45
	4.0	2500	75
	4.3	3000	90
	4.6	4000	120
	4.8	5000	150
	5.2	6000	180
	5.6	8000	240
	6.4	10000	300

注：1. 对于变径窑，按其最粗窑径核定产能；

2. 窑径在表中两档之间的，按插值法计算其产能。

四、平板玻璃

表 7　平板玻璃熔窑产能换算

工艺类别	日熔化量/吨	产能/万重量箱·$年^{-1}$
压　延	140	80
	150	85
	200	100
浮　法	300	180
	400	240
	450	270
	500	300
	600	360
	800	480
	1000	600

注：日熔化量在表中两档之间的，按插值法计算其产能。

附 2

产能置换指标交易登记表

<table>
<tr><td colspan="6">淘汰项目情况</td></tr>
<tr><td rowspan="4">项目 1</td><td rowspan="2">企业基本情况</td><td>省（区、市）</td><td>所属行业</td><td>企业名称</td><td>组织机构代码</td></tr>
<tr><td></td><td></td><td></td><td></td></tr>
<tr><td rowspan="2">淘汰落后和过剩产能情况</td><td>主体设备（生产线）名称、规格型号及数量</td><td>核定产能</td><td colspan="2">拆除时间</td></tr>
<tr><td></td><td></td><td colspan="2"></td></tr>
<tr><td>项目 2</td><td colspan="5">参照项目 1 相关内容填写</td></tr>
<tr><td>⋮</td><td colspan="5">⋮</td></tr>
<tr><td>省（区、市）意见</td><td colspan="5">对上述产能置换项目设备的真实性、产能的合理性和具体拆除时间负责。
负责人（签字）　　（主管部门盖章）
年　月　日</td></tr>
</table>

附 3

产能置换方案核实确认意见表

<table>
<tr><td colspan="6">淘汰项目情况</td></tr>
<tr><td rowspan="6">项目 1</td><td rowspan="4">企业情况</td><td>省（区、市）</td><td>所属行业</td><td>企业名称</td><td>组织机构代码</td></tr>
<tr><td></td><td></td><td></td><td></td></tr>
<tr><td>工商营业执照号</td><td>税务登记号</td><td colspan="2">生产许可证号</td></tr>
<tr><td></td><td></td><td colspan="2"></td></tr>
<tr><td rowspan="2">淘汰落后和
过剩产能情况</td><td>主体设备（生产线）
名称、规格型号
及数量</td><td>核定产能</td><td colspan="2">拆除时间</td></tr>
<tr><td></td><td></td><td colspan="2"></td></tr>
<tr><td>项目 2</td><td colspan="5">参照项目 1 相关内容填写</td></tr>
<tr><td>⋮</td><td colspan="5">⋮</td></tr>
<tr><td colspan="6">新（改、扩）建项目情况</td></tr>
<tr><td colspan="2">省（区、市）</td><td colspan="2">所属行业</td><td colspan="2">企业名称</td></tr>
<tr><td colspan="2"></td><td colspan="2"></td><td colspan="2"></td></tr>
<tr><td colspan="4">拟建主体设备（生产线）名称、规格型号及数量</td><td colspan="2">产能</td></tr>
<tr><td colspan="4"></td><td colspan="2"></td></tr>
<tr><td>省（区、市）
核实确认意见</td><td colspan="5">对上述产能置换项目设备的真实性、产能的合理性和具体拆除时间负责。

负责人（签字）　　　　　　（主管部门盖章）

年　月　日</td></tr>
</table>

附 4

关于＊＊＊建设项目产能置换方案的公告

经＊＊＊省政府同意，按照《国务院关于化解产能严重过剩矛盾的指导意见》要求，现将＊＊＊建设项目产能置换方案予以公告，置换项目列入年度淘汰计划，欢迎社会公众进行监督。

淘汰项目情况						
序　号	省（区、市）	所属行业	企业名称	主体设备（生产线）名称、规格型号及数量	产　能	拆除时间
1						
2						
⋮						

新（改、扩）建项目情况				
省（区、市）	所属行业	企业名称	主体设备（生产线）名称、规格型号及数量	产　能

工业和信息化部、国家发展改革委、财政部关于印发关键材料升级换代工程实施方案的通知

发改高技〔2014〕2360号

各省、自治区、直辖市及计划单列市、新疆生产建设兵团发展改革委、财政厅（局）、工业和信息化主管部门，有关中央管理企业：

为贯彻落实国务院印发的《“十二五”国家战略性新兴产业发展规划》（国发〔2012〕28号）和工业和信息化部印发的《新材料产业“十二五”发展规划》（工信部规〔2012〕2号），加快推进新材料产业发展，国家发展改革委、财政部、工业和信息化部会同科技部、中国科学院、中国工程院、国家知识产权局等部门和单位联合制定了《关键材料升级换代工程实施方案》。现印发给你们，请结合实际，认真贯彻实施。

附件：关键材料升级换代工程实施方案

国家发展改革委
财　政　部
工业和信息化部
2014年10月23日

附件

关键材料升级换代工程实施方案

一、总体思路和工程目标

（一）总体思路

按照“需求牵引、创新驱动、企业主体、政府引导”的发展思路，紧紧围绕支撑我国新一代信息技术、节能环保、海洋工程、先进轨道交通等战略性新兴产业发展和国民经济重大工程建设需求，明确工程目标，突出支持重点，选择一批产业发展急需、市场潜力巨大且前期基础较好的关键新材料，支持产业链上下游优势互补与协同合作，加快新材料技术创新成果产业化和规模应用，提升我国新材料产业化和规模应用能力与效率，促进一批新材料企业形成持续创新发展能力，推动我国新材料产业做大做强。

（二）工程目标

到2016年，推动新一代信息技术、节能环保、海洋工程和先进轨道交通装备等产业发展急需的大尺寸单晶硅、宽禁带半导体及器件、新型平板显示玻璃、石墨烯、PM2.5过滤材料、高性能Low-E玻璃、高速铁路轮对、液化天然气船用殷瓦合金薄带、钛合金管、海水拌养混凝土、新型防腐涂料等20种左右重点新材料实现批量稳定生产和规模应用。促进材料生产企业与重大示范应用企业建立优势互补、紧密合作、利益共享机制清晰的新型关系。培育30家左右具有较强持续创新能力和市场影响力的新材料企业。

到2020年，继续围绕新一代信息技术、航空航天、先进轨道交通、海洋工程、新能源、新能源汽车等战略性新兴产业和国民经济重大工程建设需要，突出重点，促进50种以上重点新材料实现规模稳定生产与应用。新材料产业创新能力和关键材料自给率显著提升，形成多个具有较强持续创新能力和市场影响力的新材料企业，部分企业创新能力和市场影响力达到国际先进水平。

二、主要任务

（一）新一代信息技术产业发展急需的高性能功能材料

1. 新一代半导体材料

支持低缺陷12英寸及以上电子级单晶硅、超薄8英寸及以上绝缘体上硅(SOI)、宽禁带半导体与器件，以及AMOLED有机发光材料及器件产业化和示范应用。到2016年，形成年产120万片12英寸及以上电子级单晶硅片和年产12万片SOI能力，单晶硅片符合SEMI C12标准要求并在大规模集成电路等领域规模应用；6英寸及以上氮化镓半导体年产超过2万片，并在大功率器件领域实现规模应用；高纯长寿命AMOLED有机发光材料年产达到5吨以上并在新型显示领域实现示范应用，产品性能较目前提升20%，成本降低30%；高能射线探测用碲锌镉半导体材料与器件实现产业化，碲锌镉晶体年产达到4000万立方毫米，并在工业CT及专用探测器等领域实现规模应用。

2. 新型玻璃材料

支持新型TFT显示超薄玻璃基板产业化，玻璃厚度小于0.4mm，单线年产达到80万片以上，并在高端平板电脑、智能手机等领域规模应用。支持高性能光纤预制棒产业化，光纤预制棒年产大于1000吨，预制棒母棒长度≥1.5m，直径≥150mm，单根棒拉丝长度达到300千米，开发系列低损耗、光敏性可控高性能特种光纤，光纤预制棒成本较目前降低50%，完成基于有源光纤的高能激光器系统应用验证。同时，支持高性能低成本石墨烯粉体及高性能薄膜实现规模稳定生产，在新型显示、先进电池等领域实现应用示范。

（二）海洋工程装备产业及岛礁建设急需的高端材料

1. 海洋工程装备产业用高端金属材料

支持自升式平台桩腿用高强结构钢产业化，钢板厚度大于180mm，无缝支撑管最大规格达到ϕ355×60mm，最大强度均达到690MPa级，质量等级达到E级，厚板和钢管调质热处理年产均超过1万吨，产品通过船级社认证并在400英尺以上自升式平台上实现示范应用；支持大型油船货油舱耐蚀钢产业化，产品通过船级社认证，并在10万吨以上油船中实现示范应用；支持深海油气输送用厚壁管线钢产业化，管线钢最大壁厚达到38mm，年产能达到20万吨，在1500米深海油气田实现万吨级示范应用；支持海洋石油天然气运输用金属复合管产业化和示范应用，金属复合管耐压层强度大于500MPa，年产量达到1.5万吨，在海洋石油天然气运输领域实现规模应用；支持薄膜液舱型LNG船用冷轧因瓦合金薄带产业化，合金薄带厚度达到0.7mm，年产能达到1000吨，产品通过船级社认证并在10万吨以上LNG船上实现示范应用；支持深井、超深井及低温开采急需的高性能铝合金钻杆及油套管的产业化。同时，支持TA2、TC4等级钛合金管产业化，形成年产5000吨以上钛合金管生产能力，并在船舶及海洋工程装备中示范应用。

2. 岛礁建设用新型建筑材料

支持南海岛礁建设用海水拌养型混凝土产业化，珊瑚礁、砂集料海水拌养混凝土就地取材利用率大于75%，28天抗压强度不低于50MPa，劈裂抗拉强度大于5.0MPa，海水拌养型混凝土年产能达到20万立方米并在南海岛礁建设中实现示范应用；支持适用于南海岛礁建设的新型墙体材料产业化，耐火等级达到A级，抗压强度大于10MPa，抗折强度大于2.5MPa，墙体材料吸水率不大于15%，热惰性大于2.5cal/(cm^2·℃·s)，新型墙体材料单线年产能达到10万立方米，墙体制品在南海岛礁建设中实现示范应用。

3. 新型防腐涂料

重点支持船舶、海洋平台及岛礁建设工程用新型重防腐涂料的产业化。新型重防腐涂料VOC含量≤80g/L，耐老化性≥4000h，耐盐雾≥10000h，附着力≥23MPa，柔韧性/弯曲性≤轴棒1mm，耐强酸强碱、抗氯离子渗透≤0.65×10^{-3}mg（cm^2·d)，年产量大于5万吨，并且在大型海洋工程装备和岛礁建设工程上实现示范应用。

（三）节能环保产业发展急需的新材料

1. 大气污染治理新材料

支持工业用高性能PM2.5过滤材料产业化和规模应用，PM2.5过滤材料过滤效率大于85%，长期工作温度不低于240℃，年产能达到500万平方米以上，烟气粉尘排放浓度降低50%，在5家以上大型燃煤发电、钢铁或水泥企业实现规模应用；支持高性能脱硝材料及器件产业化，脱硝材料年产能超过20000m^3，烟气NO_x脱除效率达80%以上，SO_3转化率不高于0.4%，氨逃逸小于3ppm，并在5家以上大型燃煤发电等企业实现规模应用。

2. 新型建筑节能材料

支持低成本、高性能在线镀膜低辐射（Low-E）玻璃产业化，玻璃传热系数不高于1.8W/(m^2·K)，可见光透射率大于50%，年产能达到500万平方米，并在100万平方米以上大型玻璃幕墙上实现示范应用；支持高性能相变蓄能石膏板产业化，石膏板相变潜热大于40kJ/kg，阻燃性能达到B级以上，相变蓄能石膏板年产能达到200万平方米，并实现100万平方米以上示范应用。

（四）先进轨道交通装备等产业发展急需的新材料

支持高速铁路用轮对、车轴、轴承、转向架、弹簧等配套材料产业化，突破钢种成分优化、强韧性匹配、抗剥离性能、接触疲劳性能批量生产及检测技术，材料主要性能指标均满足EN13261等先进标准和国产试制技术条件的要求；支持高性能铸造铜包铝、铬锆铜导电合金产业化与示范应用，铜包铝导电合金年产能达到1万吨，铬锆铜合金接触线产能达到2万吨，在高速轨道交通领域实现示范应用；支持蜂窝芯材用芳纶纸产业化与示范应用，芳纶纸抗张强度大于3.2kN/m，耐温超过210℃，阻燃等级为VTM-0或V-0级，芳纶纸年产能达到1500吨；同时，支持高品质铝合金汽车板产业化，攻克大尺寸铸锭、板形、组织及表面状态控制、热处理等关键技术，形成年产5万吨汽车车身板材能力并实现规模应用。

三、组织实施

（一）实施原则

1. 面向重大需求，聚焦有限目标。聚焦新一代信息技术、节能环保、海洋工程、先进轨道交通等战略性新兴产业和国民经济重大需求，重点支持需求潜力巨大、国内尚属空白的关键新材料规模稳定产业化与示范应用。同时，促进部分技术落后或不能稳定生产的重点新材料尽快实现技术升级和批量稳定产业化与规模应用。

2. 产业链系统布局，促进产业链协同发展。对重点新材料产业化、示范应用、关键装备、检验检测等产业链关键环节进行系统支持，突破制约新材料工程化、产业化发展的关键瓶颈问题，促进产业链协同创新，共同发展。

3. 鼓励机制创新，促进产用结合。发挥市场需求对新材料产业技术创新的引导作用，着力解决产用脱节问题，鼓励新材料生产企业与重大示范应用企业密切合作，形成紧密合作、优势互补、利益共享的合作机制，缩短新材料从产业化到规模应用的周期。

（二）实施周期

2014～2016年，通过发布公告或通知方式组织实施。

四、保障措施

（一）发挥企业创新主体作用，鼓励企业加强创新能力建设，加大创新成果产业化和应用投入，形成持续创新能力，促进优势企业发展成为具有国际竞争力的行业龙头或骨干企业。对企业为开发新技术、新产品、新工艺发生的研发费用，按照有关税收法律法规和政策规定，在计算应纳税所得额时实行加计扣除。

（二）发挥政府引导作用，以及产业联盟、行业协会等中介组织桥梁纽带作用，以重大项目为牵引，鼓励产用单位建立紧密合作、优势互补、利益共享机制清晰的新型合作机制，合力推动新材料产业化、示范应用、关键装备等协调发展，缩短新材料产业化和规模应用的周期。

（三）加强新材料产业化和示范应用等环节的知识产权创造、运用、保护和管理，构建若干具备比较优势的专利组合，在国外主要贸易国部署一批专利，建立重大项目知识产权评议机制，在新材料产业集聚区开展知识产权集群管理，组建专利联盟，搭建知识产权公共服务平台。同时，瞄准国际先进水平建立健全我国新材料检测评价标准体系，积极参与新材料国际标准制定。

（四）不断完善新材料产业标准体系，研究提升大气污染物排放、建筑节能等重点行业标准及设计规范，通过相关标准提升，带动和促进一批重点新材料及器件实现规模应用。

（五）鼓励创业投资、股权投资投向新材料产业化和重大应用企业，有效拓宽新材料企业融资渠道。鼓励金融机构灵活运用多种金融工具，支持信誉良好、产品有市场、有效益的新材料企业加快发展。

（六）支持有条件的企业充分利用中央和地方的人才引进计划和相关支持政策，加强高层次人才和团队引进。依托国家工程（技术）研究中心、工程（重点）实验室、国家级企业技术中心等创新平台，以及产业化、示范应用项目加强新材料专业技术人才培养。鼓励新材料企业积极开展国际合作与交流，引进国外先进技术和管理经验，参与国际重大项目建设。

工业和信息化部印发《大气污染防治重点工业行业清洁生产技术推行方案》

工信部节〔2014〕273号

各省、自治区、直辖市及计划单列市、新疆生产建设兵团工业和信息化主管部门，有关中央企业，有关行业协会：

为贯彻落实《国务院关于印发大气污染防治行动计划的通知》（国发〔2013〕37号，简称《大气十条》），推进重点工业行业企业实施清洁生产技术改造，降低大气污染物排放强度，促进大气环境质量持续改善，我们组织编制了《大气污染防治重点工业行业清洁生产技术推行方案》（以下简称《方案》），现印发给你们，并就落实《方案》提出如下要求：

一、各地方工业和信息化主管部门要制定实施计划，加强政策支持，强化效果考核。

（一）加强调查研究，结合工业发展特点和大气污染防治要求，制定切实可行的清洁生产技术改造实施计划，明确目标、任务、完成时限和措施。参考本《方案》提出清洁生产技术，指导重点行业企业实施清洁生产技术改造项目，大幅削减污染物产生量和排放量，促进本辖区重点行业到2017年排污强度比2012年下降30%以上。中央企业清洁生产技术改造项目按所在辖区范围纳入实施计划。请各省级工业和信息化主管部门于2014年11月底前将实施计划报我部。

（二）充分利用工业转型升级、技术改造、大气污染防治等专项资金以及地方财政资金，优先支持实施计划中清洁生产技术改造项目的实施。

（三）强化效果考核，保证实施计划落实。督促企业抓紧实施技术改造，及时开展实施效果评估验收，建立项目实施效果与降低排污强度挂钩的评估考核机制，并作为大气污染防治行动计划实施情况考核的主要指标，每年2月底前向工业和信息化部报告实施情况。

二、有关行业协会要充分发挥自身优势，做好信息咨询、技术服务、交流研讨等工作，协助地方工业和信息化主管部门编制好实施计划，指导企业采用先进适用技术实施清洁生产技术改造，力争取得好的实施效果。

三、企业要充分发挥作为应用清洁生产技术主体的作用，积极采用先进适用技术实施清洁生产技术改造，提升企业技术水平和核心竞争力，从源头预防和减少污染物产生，促进大气污染防治目标的实现。中央企业集团要积极组织所属企业采用先进适用清洁生产技术实施改造并提供资金支持。

附件：大气污染防治重点工业行业清洁生产技术推行方案

工业和信息化部

2014 年 7 月 2 日

附件

大气污染防治重点工业行业清洁生产技术推行方案

一、总体目标

通过在钢铁、建材、石化、化工、有色等重点行业企业推广采用先进适用清洁生产技术，实施清洁生产技术改造，大幅度削减工业烟（粉）尘、二氧化硫、氮氧化物、挥发性有机物等大气污染物产生和排放，确保到2017年年底上述行业主要污染物排污强度比2012年下降30%以上。

二、推广技术

（一）钢铁行业

表1　钢铁行业推广技术

序号	技术名称	适用范围	技术主要内容	解决的主要问题	应用前景分析
1	焦炉分段（多段）加热技术	5.5m及以上焦炉	焦炉燃烧室分段喷入空气，防止产生局部高温	减少焦炉氮氧化物产生量30%	目前，该技术行业普及率6%，预计2017年行业普及率12%，可年削减氮氧化物1.9万吨
2	烧结烟气循环工艺	钢铁行业烧结机	该工艺将来自烧结机全部或选择部分风箱的烟气收集，循环返回到烧结料层	减少烧结烟气中氮氧化物40%、烟（粉）尘45%和二噁英60%，同时使二氧化硫富集，易于脱硫净化	目前，该技术行业普及率不足1%，预计2017年行业普及率20%，可年削减氮氧化物3万吨、烟(粉)尘2.2万吨
3	黑体强化辐射传热节能新技术	轧钢等需要在炉膛内完成加热的各类热处理炉	该技术是不改变原炉膛结构，仅通过设置众多黑体元件，大幅度增加辐射传热面积	提高加热炉热效率10%～15%，可减少20%以上的废气排放量	目前，该技术行业普及率不到10%，预计2017年行业普及率25%，可年削减氮氧化物1500吨以上
4	改良复合催化剂湿式氧化法脱硫脱氰技术（HPF法）	焦炉煤气净化	以HPF（对苯二酚、双环酞氰酤六磺酸铵、硫酸亚铁）为催化剂，在原有HPF法上多增加一级脱硫（即增加一个脱硫塔和再生塔），去除荒煤气中硫化氢	使焦炉煤气净化后，硫化氢含量从现有技术的200～300mg/m^{3}降到100mg/m^{3}以下	目前，行业普及率约1%，预计2017年行业普及率5%，可年削减二氧化硫8万吨

续表1

序号	技术名称	适用范围	技术主要内容	解决的主要问题	应用前景分析
5	苦味酸催化剂湿式氧化法脱硫脱氰技术	焦炉煤气净化	以苦味酸为催化剂，去除荒煤气中硫化氢	使焦炉煤气净化后硫化氢含量降到10mg/m^{3}以下	目前，该技术行业普及率不高，预计2017年行业普及率5%，可年削减二氧化硫8.5万吨
6	静电除尘器软稳高频电源技术	静电除尘器	软稳高频电源保持最佳电晕放电等功能，增加了电场内粉尘的荷电能力。智能跟踪实现对电场的输入始终处于最佳电晕放电状态	与传统工频电源相比可以进一步减排烟（粉）尘50%以上	目前，该技术行业普及率20%，预计2017年行业普及率45%，可年削减烟（粉）尘3万吨
7	烧结烟气污染物协同控制技术	钢厂烧结烟气污染物综合治理	湿法脱硫和湿式静电除尘设施一体化成套，采用电场及放电技术、电源技术等湿烟气深度净化系统	烟气脱硫效率80%以上，湿烟气细颗粒物去除率可达60%以上，并可去除二噁英70%以上	目前，该技术已产业化，预计2017年行业普及率50%以上，可年削减二氧化硫60万吨、烟（粉）尘10万吨
8	转炉干法除尘技术	炼钢转炉一次烟气净化	将转炉一次高温烟气经蒸发冷却器降温、调质及粗除尘后，通过圆筒形静电除尘器进行精除尘	替代转炉烟气湿法除尘，提高净化效率，烟（粉）尘浓度由湿法的100mg/m^{3}降到10mg/m^{3}以下	目前，该技术行业普及率10%，预计2017年行业普及率50%，可年削减烟（粉）尘15万吨
9	电袋复合除尘器	钢厂烧结机机尾除尘改造	该技术将电除尘和布袋除尘两种除尘技术有机结合，前端电除尘阻力小，能够去除70%～80%的粉尘，减少后端袋式除尘过滤负荷，提高去除效率	除尘效率达99.9%，使外排粉尘浓度由80mg/m^{3}以上降至30mg/m^{3}以下	目前，该技术行业普及率5%，预计2017年行业普及率40%以上，可年削减烟（粉）尘5万吨
10	覆膜滤料袋式除尘技术	钢铁企业袋式除尘器改造	采用聚四氟乙烯材质的覆膜滤料替代传统袋式除尘器普通滤袋	延长布袋的使用寿命，降低系统阻力，实现更低的粉尘排放浓度（小于10mg/m^3），控制PM2.5排放	目前，该技术行业普及率不足10%，预计2017年行业普及率50%，可年削减烟（粉）尘25万吨
11	原料系统棚化、仓化技术	钢铁企业露天料场、煤场改造	采用全密闭的料仓或料棚替代传统的露天料堆	减少原料的损失和外溢的无组织排放粉尘，改善厂区环境	目前，该技术行业普及率不足20%，预计2017年行业普及率60%，可年削减无组织排放粉尘50万吨
12	高温干法除尘回收技术	铁合金密闭式矿热炉高温煤气净化回收利用	矿热炉高温煤气经重力沉降后，采用金属间化合物多孔膜材料为滤芯的除尘装置，在550℃以上进行高温干法除尘	过滤精度达0.1μm，净化气体含尘量5～10mg/m^3，烟尘回收率达到99.99%，有利于矿热炉煤气高效利用	目前，该技术行业普及率约1%，预计到2017年在铁合金行业的普及率20%以上，可年削减烟（粉）尘约2万吨

（二）建材行业

表 2　建材行业推广技术

<table>
<tr><th>序号</th><th colspan="2">技术名称</th><th>适用范围</th><th>技术主要内容</th><th>解决的主要问题</th><th>应用前景分析</th></tr>
<tr><td rowspan="3">1</td><td rowspan="3">水泥窑氮氧化物减排组合技术</td><td>节能型多通道低氮燃烧器技术</td><td>新型干法水泥生产线</td><td>该技术采用新型结构，增加燃烧器风道，最内层净风出口装旋流器，最外层外流净风管端部装一组可调换的环形喷嘴口。该技术降低火焰燃烧过程温度不均齐性，控制局部高温大量形成氮氧化物，减少氮氧化物排放</td><td>与传统工艺技术相比，该技术通过增加低氮燃烧器，一次风量仅占燃烧空气量8%～10%，能耗降低 1%～3%，NO_x削减效率5%～10%</td><td rowspan="3">水泥行业利用该技术进行技改，可以满足新标准要求。预计2017年行业普及率80%，可年削减氮氧化物40万吨。
该技术目前普及率50%，潜在普及率100%，按2017年100%的生产线使用该技术计算，水泥行业可年削减氮氧化物94万吨</td></tr>
<tr><td>分解炉分级燃烧技术</td><td>新型干法水泥生产线</td><td>该技术采用分级燃烧技术，利用助燃风分级或燃料分级加入，降低分解炉形成氮氧化物，并通过燃烧过程控制，尽可能还原炉内氮氧化物，减少氮氧化物排放</td><td>与原有工艺技术相比，该技术通过改进分解炉燃烧方式，降低燃烧过程形成氮氧化物，削减效率达10%～30%</td></tr>
<tr><td>选择性非催化还原（SNCR）脱硝技术</td><td>新型干法水泥生产线</td><td>该技术通过在分解炉中下部喷入氨水或尿素溶解液，与分解炉内烟气充分混合，与氮氧化物发生化合反应将其还原成氮气和水，减排氮氧化物</td><td>大幅度削减氮氧化物排放，削减效率达30%～50%</td></tr>
<tr><td>2</td><td>浮法玻璃熔窑零号喷枪全氧助燃技术</td><td colspan="2">浮法玻璃生产线</td><td>该技术应用全氧助燃系统，并调整生产线工艺参数，包括全氧燃烧系统配套技术及装备，管路和控制系统</td><td>利用全氧助燃系统，改善窑炉热效率，改善玻璃质量。烟气氮氧化物量大为减少，烟尘减少10%～15%，粉尘减少20%</td><td>目前，仅极少企业采用该技术，预计2017年行业普及率30%，可年削减氮氧化物7万吨、烟（粉）尘5万吨</td></tr>
<tr><td>3</td><td>窑炉烟气脱硫脱硝除尘发电一体化系统</td><td colspan="2">玻璃、陶瓷等行业窑炉以及锅炉的烟气脱硫脱硝除尘</td><td>该技术回收烟气余热，再经选择性催化还原（SCR）脱硝，脱硝烟气经余热利用后，经循环半干法烟气脱硫（RSD），脱硫烟气进入布袋除尘器除尘排放</td><td>二氧化硫去除率可达70%；烟尘含量小于50mg/m^3；脱硝效率在85%以上，氮氧化物浓度低于600mg/m^3</td><td>目前，平板玻璃生产线应用不到10%。预计2017年行业普及率60%，可年削减氮氧化物6万吨、粉尘6万吨</td></tr>
</table>

续表 2

序号	技术名称		适用范围	技术主要内容	解决的主要问题	应用前景分析
4	高效低阻袋除尘器技术	大型高效低阻袋除尘器	水泥窑头、窑尾烟气净化	通过合理的气流分布设计，高性能、低阻力过滤材料的选用，高强度的清灰措施，智能化的清、卸灰控制及优化的除尘器本体设计，达到最优的布袋除尘效果	通过采取高效低阻袋除尘器技术或电除尘器改造成高效低阻袋除尘器技术，以达到最好的改造效果。粉尘排放浓度可以控制在 $30mg/m^3$ 以下	目前，该技术行业普及率30%，潜在普及率 100%，按 2017 年水泥行业 75% 的生产线使用该技术，预计可年削减粉尘 80 万吨
		电除尘器改造成高效低阻袋除尘器技术	水泥窑头、窑尾烟气净化	利用现有电除尘器壳体等部件改造为袋除尘器。在电除尘器内部空间，通过优化组合，布置适当的滤袋，利用多孔袋状过滤元件从含尘气体中捕集粉尘		

（三）化工、石化行业

表 3　化工、石化行业推广技术

序号	技术名称	适用范围	技术主要内容	解决的主要问题	应用前景分析
1	油气回收技术	石化、化工行业	采用吸附法、分级冷却等技术回收油库、油品装车、储罐、仓储等挥发性有机物	回收含挥发性有机物气体中的有机成分	目前，该技术行业普及率 10%，预计 2017 年普及率 20%，可年削减挥发性有机物 5 万吨
2	泄漏检测与修复（LDAR）技术	石化、化工行业	采用固定或移动监测设备，监测化工企业易产生挥发性有机物泄漏处，并修复超过一定浓度的泄漏处，从而达到控制原料泄漏对环境造成污染	解决因微量泄漏造成的挥发性有机物无组织排放的问题	目前，该技术行业普及率不足 1%，预计 2017 年普及率 5%，可年削减挥发性有机物10 万吨
3	低温等离子、光氧催化治理废气技术	石化、化工行业	通过低温等离子或光氧催化等技术，将废气中的挥发性有机物转换为二氧化碳和水	解决低浓度大风量废气中的挥发性有机物含量及臭气浓度超标的问题	目前，该技术行业普及率 5%，预计 2017 年普及率 15%，可年削减挥发性有机物 2 万吨
4	蓄热式热氧化、蓄热式催化热氧化、臭氧氧化等废气治理技术	石化、化工行业	通过蓄热式氧化焚烧、蓄热式催化热氧化焚烧或臭氧氧化等技术，将废气中的挥发性有机物转换为二氧化碳和水	解决高浓度、大风量废气中的挥发性有机物含量及臭气浓度超标的问题	目前，该技术行业普及率 5%，预计 2017 年普及率 15%，可年削减挥发性有机物 3 万吨

续表 3

序号	技术名称	适用范围	技术主要内容	解决的主要问题	应用前景分析
5	氨法、双碱法等烟气脱硫技术	石化、化工行业燃煤锅炉，煤化工行业	以氨水或 NaOH、CaO 等为吸收剂，循环吸收燃煤锅炉烟气中的二氧化硫，产生的副产物综合利用	脱硫效率达到90%以上，将烟气中的 SO_2 回收并资源化利用	目前，该技术行业普及率 10%，预计 2017 年普及率 40%，可年削减二氧化硫 20 万吨
6	超克劳斯硫黄回收及余热利用技术	煤化工、橡胶助剂等行业	传统克劳斯转化过程中，其最后一级转化段使用新型选择性氧化催化剂，将剩余的硫化氢选择性氧化为元素硫	解决了普通克劳斯回收硫黄技术回收率低的问题。硫黄转化率 97%以上	目前，该技术行业普及率 3%，预计到 2017 年普及率 15%以上，可年削减二氧化硫 25 万吨
7	电石炉气净化处理和回收利用技术	电石行业	通过采用干法除尘、水洗除尘等方式除去电石炉气粉尘和焦油，处理后炉气综合利用	有效降低电石炉气粉尘含量，减少炉气排放对周边环境影响	目前，该技术电石行业普及率 50%，预计到 2017 年普及率超过 90%，可年削减烟（粉）尘量 8 万吨
8	国产高效硫酸钒催化剂生产新技术	硫酸行业	该技术应用新配方，采取新的混合、碾压和干燥工艺等新技术，提高催化剂效率，从源头上减少二氧化硫产生量	提高国产催化剂质量替代进口，同时减少硫酸行业的二氧化硫排放量	目前，该技术硫酸行业普及率 5%，预计到 2017 年普及率 20%，可年削减二氧化硫 6 万吨
9	硫酸尾气脱硫技术	硫酸行业	利用过氧化氢法脱硫技术、超重力脱硫技术和低温催化法脱硫技术等处理硫酸尾气	解决硫酸尾气二氧化硫排放超标，尾气吸收副产物需要另行处理的问题	目前，该技术硫酸行业普及率 20%，预计到 2017 年普及率 90%，可年削减二氧化硫 4 万吨
10	溶剂型涂料全密闭式一体化生产工艺	涂料及相关行业	在拌和、输送、研磨、调漆、包装等工艺环节全密闭生产	解决了目前溶剂型涂料生产过程中的无组织排放问题	目前，该技术涂料行业普及率不足 2%，预计到 2017 年普及率 10%。可年削减挥发性有机物 1 万吨
11	水性木器涂料清洁生产技术	适用于木器涂料及相关行业	以水替代溶剂型木器涂料中 60%～70%的有机溶剂	减少生产、运输、使用过程，以及使用后对环境的危害	目前，该技术木器涂料行业不足 2%，预计 2017 年普及率 15%以上，可年削减挥发性有机物 7 万吨
12	黄磷尾气治理及综合利用技术	黄磷生产	采用干法除尘、湿法除尘等技术处理炉气。处理炉气采用自动抽气及输送系统，经净化后深加工利用	有效降低粉尘排放，解决煤气综合利用水平低问题	目前，该技术磷化工行业普及率 15%，预计 2017 年普及率 60%，可年削减烟（粉）尘 5 万吨

续表 3

序号	技术名称	适用范围	技术主要内容	解决的主要问题	应用前景分析
13	尿素造粒塔粉尘洗涤回收技术	尿素生产	造粒塔顶设置粉尘回收装置，洗涤回收粉尘，产生尿素溶液通过尿素装置蒸发造粒回收	可降低造粒塔尾气中的尿素粉尘含量	目前,该技术在氮肥行业普及率为30%,预计2017年的普及率50%,可年削减尿素粉尘4万吨
14	硫化橡胶粉常压连续脱硫成套设备	再生胶行业	采用常压、变频调速、数显智能温控、连续联动化等技术，在螺旋装置内密封输送状态下，加热脱硫及夹套式螺旋冷却工艺完成脱硫	与传统动态脱硫法相比，节能20%以上，无废水、废气排放	目前，该技术行业普及率5%，预计2017年普及率60%，可年削减挥发性有机物5万吨
15	化肥生产袋式除尘技术	化肥行业	采用防水防油效果良好的聚丙烯纤维滤料，处理化肥原料筛分、输送，化肥生产中的冷却机、烘干机设备，化肥成品输送、包装等过程中的粉尘，该技术布袋清灰容易，不黏结布袋，阻力小	减少原料和成品损失和外溢的无组织排放粉尘。实现粉尘排放浓度小于$30mg/m^3$	目前，该技术行业普及率30%，预计2017年行业普及率90%。可年削减烟（粉）尘15万吨

（四）有色金属冶炼行业

表4　有色金属冶炼行业推广技术

序号	技术名称	适用范围	技术主要内容	解决的主要问题	应用前景分析
1	氧气底吹-液态高铅渣直接还原铅冶炼技术	铅冶炼企业	以液态高铅渣直接还原炉取代高铅渣铸块、鼓风炉还原工序。包括氧气底吹熔炼—侧吹还原炼铅工艺和氧气底吹熔炼—底吹还原炼铅工艺(YGL法)	降低铅冶炼过程二氧化硫、烟（粉）尘、铅尘等污染物排放量，减少生产车间污染物无组织排放	目前，该技术行业普及率30%。预计2017年行业普及率60%，可年削减二氧化硫排放5万吨，减少烟尘排放1.5万吨
2	有机溶液循环吸收脱硫技术	适用于重金属冶炼低浓度二氧化硫烟气脱硫	吸收剂是以离子液体或有机胺类为主,添加少量活化剂、抗氧化剂和缓蚀剂组成的水溶液;该吸收剂对二氧化硫气体具有良好的吸收和解吸能力,在低温下吸收二氧化硫,高温下将吸收剂中二氧化硫解析出来,从而达到脱除和回收烟气中二氧化硫的目的	减少二氧化硫排放量，同时去除部分重金属	目前，该技术行业普及率1%左右。预计2017年行业普及率10%，可年削减二氧化硫2万吨

续表4

序号	技术名称	适用范围	技术主要内容	解决的主要问题	应用前景分析
3	活性焦脱硫技术	适用于重金属冶炼低浓度二氧化硫烟气脱硫	烟气通过活性焦吸附脱硫装置被净化，吸附饱和的活性焦靠重力流至解吸再生装置，通过加热使活性焦再生，释放出的高浓度二氧化硫混合气体送至烟气制酸装置用于生产硫酸	减少二氧化硫排放量，同时去除部分重金属	目前，该技术行业普及率1%左右；预计2017年行业普及率10%，可年削减二氧化硫2万吨
4	有色冶金锑砷分离富集回收技术	有色金属冶炼（含锑、砷等原料）	通过采用以金属间化合物多孔膜材料为滤芯的高温气体除尘装置，实现有色冶金反射炉高温气体中锑、砷的分离和富集回收，高温过滤精度可达0.1μm，可回收利用锑砷	降低有色冶炼烟（粉）尘排放，同时回收砷和锑	目前，该技术已实现产业化，预计到2017年普及率10%以上，可年削减烟（粉）尘5万吨
5	有色金属精矿焙烧高温含硫烟气干法净化技术	适用于有色金属精矿焙烧高温含硫烟气处理	通过采用以金属间化合物多孔膜材料为滤芯的高温气体除尘装置，对焙烧后的高温含硫烟气直接净化，除尘率达到99.99%，过滤精度可达0.1μm	烟（粉）尘布除尘由袋除尘工艺改为多孔膜材料过滤，大大降低烟粉尘排放，同时可拦截粒径大于0.1μm的有价金属，同时实现资源回收	目前，该技术已在钼精矿进行了推广应用，预计到2017年行业普及率30%以上，可年削减烟（粉）尘5万吨

工业和信息化部、证监会、发展改革委、商务部联合发布《上市公司并购重组行政许可并联审批工作方案》

为贯彻落实《国务院关于进一步优化企业兼并重组市场环境的意见》（国发〔2014〕14号），优化审批流程，提高审批效率，进一步优化企业兼并重组市场环境。近日，在企业兼并重组工作部际协调机制下，工业和信息化部、证监会、发展改革委、商务部联合制定了《上市公司并购重组行政许可并联审批工作方案》（以下简称《工作方案》）。

《工作方案》以信息披露为中心，实行上市公司并购重组行政许可并联审批。《工作方案》明确发展改革委实施的境外投资项目核准和备案、商务部实施的外国投资者战略投资上市公司核准和经营者集中审查等三项审批事项，不再作为证监会上市公司并购重组行政许可审批的前置条件。

附件：上市公司并购重组行政许可并联审批工作方案

2014年10月24日

附件

上市公司并购重组行政许可并联审批工作方案

为进一步简化审批程序，提高效率，根据上市公司并购重组实际情况，制定并联审批工作方案如下。

一、并联审批的依据、原则

（一）贯彻党中央、国务院行政审批体制改革相关要求。《中共中央关于全面深化改革若干重大问题的决定》指出，要进一步简政放权，深化行政审批制度改革……对保留的行政审批事项，要规范管理、提高效率。《国务院关于进一步优化企业兼并重组市场环境的意见》（国发〔2014〕14号）进一步要求，“优化企业兼并重组相关审批流程，推行并联式审批，避免互为前置条件”。

（二）在实施并联审批、提高效率的同时，将国家及相关部委关于上市公司并购重组的各项政策和监管要求落到实处，避免实施并联审批而造成监管真空。

二、实行的并联审批项目

根据实际情况，发展改革委实施的境外投资项目核准和备案、商务部实施的外国投资者战略投资上市公司核准和经营者集中审查等三项审批事项，不再作为证监会上市公司并购重组行政许可审批的前置条件，改为并联式审批。

上市公司并购重组涉及的相关部委的其他审批事项，如外国投资者并购的安全审查等，仍按现行程序执行，暂不作调整。

三、并联审批方式

（一）上市公司可在股东大会通过后同时向证监会和相关部委报送并购重组行政许可申请，证监会和相关部委对上市公司的申请实行并联审批，独立作出核准或不予核准的决定。

（二）涉及并联审批的上市公司并购重组项目，在取得相关部委核准前，不得实施。具体而言：

1. 上市公司在公告重组预案时，在重组报告书显著位置披露本次重组需取得相关部委批准的情况，明确本次重组的实施需通过证监会和相关部委的审批，并详细说明已向有关部门报批的情况和尚需呈报批准的程序，对可能无法获得批准的风险作出重大风险提示。

2. 证监会审核期间，上市公司取得有关部门核准的情况，上市公司应及时作出公告。

3. 上市公司取得证监会核准，但尚未取得相关部门批准的，应在公告并购重组项目获得证监会核准时，同时公告尚需取得有关部门批准的情况，并对可能无法获得批准的风险作出特别提示，明确未取得相关部门批准前，尚不能实施本次并购重组。

4. 上市公司在取得全部相关部门的核准后，公告本次重组已经取得全部相关部门的核准、重组合同已经生效，具备实施条件。之后，方可实施重组方案。

四、实施时间

上市公司并购重组与发展改革委境外投资项目核准和备案、商务部经营者集中申报审查的并联审批，即日起实施。上市公司并购重组与商务部关于外国投资者战略投资上市公司核准的并联审批，待商务部修订颁布《外国投资者对上市公司战略投资管理办法》后实施。

工业和信息化部关于加快推进工业强基的指导意见

工信部规〔2014〕67号

各省、自治区、直辖市及计划单列市、新疆生产建设兵团工业和信息化主管部门：

关键基础材料、核心基础零部件（元器件）、先进基础工艺、产业技术基础（简称工业“四基”）是提升工业核心竞争力的重要基础。经过多年的发展，我国工业总体实力迈上新台阶，成为具有重要影响力的工业大国，但一些关键基础材料、核心基础零部件（元器件）依赖进口，关键技术受制于人，先进基础工艺研究少、推广应用程度不高，产业技术基础薄弱、服务体系不健全等问题依然突出。工业基础能力不强已成为制约我国工业转型升级、提升工业发展质量和效益的瓶颈。加快提升工业基础能力，推进工业强基，是增强我国工业核心竞争力的迫切任务，是实现我国工业由大变强的客观要求。为推进工业强基，现提出如下意见。

一、总体要求

（一）指导思想

深入贯彻党的十八大和十八届二中、三中全会精神，以邓小平理论、“三个代表”重要思想、科学发展观为指导，以提高工业核心竞争力为主攻方向，以企业为主体、市场为导向、创新为动力，促进开放合作，强化政府引导，加强顶层设计，完善政策措施，着力解决工业基础领域的关键问题，加快推动创新成果产业化，积极构建生产和应用良性互动机制，夯实工业发展基础，促进工业转型升级，推进工业大国向工业强国转变。

（二）基本原则

坚持市场主导与政府引导相结合。充分发挥市场配置资源的决定性作用，突出企业主体地位，以市场需求为导向，整合产学研用资源，推动产业发展与应用需求良性互动。加强政府在宏观调控、组织协调和政策促进等方面的积极作用，发挥政府投资的引导作用，加大对工业基础的支持力度。

坚持整体推进与重点突破相结合。围绕产业链整体升级，明确工业基础能力长远推进目标和分阶段实施方案，依托重点工程、重大项目和骨干企业，按照轻重缓急、以点带面有序推进，重点突破一批基础条件好、需求迫切、带动作用强的工业“四基”。

坚持技术创新与技术改造相结合。优化企业技术创新环境，支持企业技术创新体系建设，鼓励企业加大研发投入，增强企业自主创新能力。加快创新成果产业化，把技术改造作为技术创新成果实现产业化的重要途径，扩大创新产品的开发和应用，推动其尽快实现规模效益，形成技术改造与技术创新的良性互动。

坚持对外引进与对内联合相结合。支持企业引资、引技 、引智，开展多种形式的交流与合作。鼓励企业与科研院所、高等院校、下游用户联合建立产业联盟，研发和推广应用工业基础领域新技术和新产品，建立合作共赢的开放式产学研用合作新模式。

（三）发展目标

到 2020 年，我国工业基础领域创新能力明显增强，关键基础材料、核心基础零部件（元器件）保障能力大幅提升，先进基础工艺得到广泛应用，产业技术基础支撑服务体系较为完善，基本实现关键材料、核心部件、整机、系统的协调发展，工业基础能力跃上新台阶，为改造提升传统产业、加快培育发展新兴产业提供有力支撑，使我国工业核心竞争力得到明显提升，在全球价值链中的地位得到提高。

二、发展重点

（一）关键基础材料

提高特种金属功能材料、高端金属结构材料、先进高分子材料、新型无机非金属材料、高性能纤维及复合材料、生物基材料等基础材料的性能和质量稳定性，降低材料综合成本，提高核心竞争力。提高国防军工、新能源、重大装备、电子等领域专用材料自给保障能力，提升制备技术水平。加快推进科技含量高、市场前景广、带动作用强、保障程度低的关键基础材料产业化、规模化发展，推进关键基础材料升级换代。

（二）核心基础零部件（元器件）

围绕重大装备、重点领域整机的配套需求，提高产品的性能、质量和可靠性，重点发展一批高性能、高可靠性、高强度、长寿命以及智能化的基础零部件（元器件），突破一批基础条件好、国内需求迫切、严重制约整机发展的关键技术，全面提升我国核心基础零部件（元器件）的保障能力。

（三）先进基础工艺

以提高产品质量和生产效率、促进绿色发展为主攻方向，重点发展有利于提高产品可靠性、性能一致性和稳定性的先进制造工艺，有利于资源能源高效开发利用、节能减排、质量安全、安全生产的绿色制造工艺，有利于提升自动化、信息化、成套化水平的智能制造工艺，全面提升基础工艺水平，加快先进基础工艺在生产过程中的推广应用。

（四）产业技术基础

重点围绕研发设计、检验检测、试验验证、标准制修订、技术成果转化、信息与知识产权运用服务等方面的共性需求，按照开放性、资源共享性原则，依托优势企业、科研院所、高等院校，建设和完善一批专业水平高、支撑作用强、布局合理的骨干技术基础服务平台。推动建立市场化运作机制，完善技术基础公共服务体系，为区域和行业内企业提供优质、高效服务。

三、主要任务

（一）实施工业强基工程，持续提升产业链整体水平

围绕重点行业、关键领域的工业“四基”发展需求，坚持短期目标和长远规划结合，突出重点、创新模式，引导企业、科研院所编制基础能力发展推进计划，以重大工程和重点装备的关键技术和产品开发为突破口，组织实施一批工业强基示范工程，建设一批产业技术基础示范服务平台，实现关键技术和产品的产业化突破，提升重点行业、关键领域产业链整体水平。

（二）加强基础领域研发创新，促进科技成果产业化

优化整合创新资源，引导企业与科研院所、高等院校、下游用户联合建立研发机构、产业技术联盟等技术创新组织，加大基础领域研发投入，共同开展基础领域产业共性技术、高端技术、前瞻性技术的研究攻关，形成一批研究成果。鼓励和支持企业与科研院所合作对接，促进科研成果转化应用。加大工业基础领域企业技术改造力度，推进信息技术应用，提升工艺装备水平，改善产品性能，提高产品质量，加快推进创新成果产业化。

（三）推动产用互动，加快推广应用

推动基础材料企业、零部件企业与整机企业的战略合作，建立一批上下游紧密合作、分工明确、利益共享的产学研用一体化产业组织新模式，加快形成有效协调的产业链，提升工业基础产业发展的效率与效益。建立企业为主体、产学研用相结合的工业“四基”产需对接信息平台，完善中介服务体系，加强信息共享交流，推动工业“四基”产品、技术产用互动。鼓励工业“四基”产品、技术的试点示范，积极培育开拓市场，加快工业“四基”产品、技术推广应用。

（四）提高产品质量，强化品牌建设

健全完善工业基础领域标准体系，加快制修订相关技术标准，促进上下游产品的标准对接，提高协调性和一致性，建立行业计量基标准，开展计量技术规范的制修订。深入推进对标和达标工作，提升基础产品的质量、可靠性和寿命。加强工业基础领域的知识产权布局与运用、自主品牌培育，鼓励企业实施品牌发展战略，支持有实力的企业收购海外品牌和在境外注册商标，促进品牌国际化，提高产品国内外市场竞争力。整顿规范市场秩序，加强知识产权保护。

（五）深化军民结合，促进军民基础产业互动发展

调动军民各方面资源，开展联合攻关，破解关键基础材料、核心基础零部件、先进基础工艺等制约瓶颈。建设军民结合公共服务体系，支持军民技术相互有效利用，加快军民结合产业化发展。充分发挥军工技术、设备和人才优势，引导先进军工技术向民用领域渗透，改造提升传统产业。充分发挥地方优势，鼓励先进成熟民用技术和产品在国防科技工业领域的应用。

（六）优化产业结构，促进产业集约集聚

鼓励工业“四基”企业跨地区、跨所有制兼并重组，整合优势资源，形成一批具有国际竞争力的大型企业集团。发挥整机龙头企业的带动、辐射作用，培育发展专业化水平高、配套能力强、特色明显的“专、精、特”企业，引导中小企业按照产业链和技术链分工，加强与整机企业的配套合作，形成大型企业集团与中小企业优势互补、协调发展的产业格局。引导工业“四基”企业向产业园区集聚，支持和鼓励园区建立产业公共服务平台，形成一批专业特色明显、品牌形象突出、服务体系完善的产业集聚区。

四、保障措施

（一）加强规划和产业政策引导

围绕工业转型升级规划和行业发展规划，进一步明确工业基础领域发展的重点和方向，制定发布《工业“四基”发展目录》并适时更新。研究出台支持工业“四基”发展的产业政策，健全完善工业基础领域技术标准和计量技术规范，引导各类要素向工业“四基”领域倾斜。各地区可根据本地区发展需要，加强规划与工业“四基”产业发展的衔接和协调，引导资源向本地区合理流动，打造区域特色，优化工业“四基”产业布局。

（二）完善财政支持政策

充分发挥财政资金的引导作用，利用现有资金渠道持续加大对工业“四基”的支持力度。落实完善现行有关促进科技进步、自主创新以及促进高新技术企业发展的税收优惠政策，支持工业“四基”企业发展。支持工业“四基”产品推广，及时调整《国内投资项目不予免税的进口商品目录》和享受税收优惠的《重大技术装备和产品进口关键零部件、原材料商品清单》。

（三）拓宽融资渠道

促进信贷政策和产业政策的协调配合，加强信息共享，搭建银企信息沟通平台，开展多种形式银企交流活动。引导金融机构发展适合企业资金需求特点的金融产品和服务模式，完善中小企业融资性担保体系，加大对工业“四基”企业的信贷支持力度。鼓励工业“四基”企业通过发行债券、股票、风险投资、兼并重组、股权投资等方式多元化融资，拓宽企业直接融资渠道。

各级工业和信息化主管部门要深刻认识推进工业强基的重要性和紧迫性，进一步加强组织领导，切实加大工作力度。各地要结合实际，出台具体政策措施，并抓好落实。要加大宣传力度，发挥行业协会的桥梁纽带作用，调动各类企业的积极性和主动性，实现工业强基新突破，为工业由大变强奠定坚实基础。

工业和信息化部

2014 年 2 月 14 日

工业和信息化部关于做好优化企业兼并重组市场环境工作的通知

工信部产业〔2014〕174号

为贯彻落实《国务院关于进一步优化企业兼并重组市场环境的意见》（国发〔2014〕14号），充分发挥地方工业和信息化主管部门的作用，进一步优化企业兼并重组的市场环境，现将有关事项通知如下：

一、高度重视优化企业兼并重组市场环境工作。兼并重组是企业加强资源整合、实现快速发展、提高竞争力的有效措施，是化解产能严重过剩矛盾、调整优化产业结构、提高发展质量效益的重要途径。当前我国企业兼并重组市场环境还不尽完善，各地要深入贯彻党的十八大和十八届二中、三中全会精神，高度重视优化企业兼并重组市场环境工作，认真组织国发〔2014〕14号文的学习和宣传工作，全力抓好贯彻落实。

二、把优化市场环境贯穿企业兼并重组工作始终。企业兼并重组的主体是企业，在企业兼并重组工作中，各地要始终坚持尊重企业主体地位，遵循市场规则，充分发挥市场机制作用，不干预企业的自主决策，要在为企业营造良好的外部环境上做文章、下功夫，不断完善政策措施、消除体制机制障碍，努力为企业兼并重组创造良好环境。

三、进一步完善组织协调机制。各地要按照国发〔2014〕14号文要求，切实加强组织领导，完善企业兼并重组工作组织协调机制。尚未建立组织协调机制的地区，要尽快建立；已建立组织协调机制的地区，要进一步完善，充分发挥协调机制的统筹协调作用。各地工业和信息化主管部门要发挥牵头作用，加强同发展改革、财政、人力资源社会保障、国土资源、住房城乡建设、商务、人民银行、国资、税务、工商、质检、统计、银监、证监、外汇等部门的协调配合，努力解决本地区企业兼并重组中面临的突出问题。

四、进一步完善政策体系。各地工业和信息化主管部门要进一步加强与有关部门的沟通协调，认真贯彻落实国家在金融、税收、财政、土地、职工安置等方面的政策措施，逐步完善覆盖各相关领域的政策体系。要结合本地实际，抓紧制定具体方案，完善国有资产管理等相关行政审批制度，加大地方财税政策支持力度，妥善使用土地补偿费，合理安排工业用地，做好职工安置和稳定职工队伍工作，发挥产业政策作用，做好引导和服务工作，营造本地区企业兼并重组良好环境。

五、着力推动跨地区企业兼并重组。各地要及时清理市场分割、地区封锁等限制，废止各种不利于跨地区企业兼并重组和妨碍公平竞争的做法，坚决取消各地自行出台的限制外地企业对本地企业实施兼并重组的不合理规定。积极推动本省（区、市）内企业跨地市兼并重组，探索建立企业兼并重组地市间利益共享机制。加强与相关省（区、市）的沟通协调，支持企业跨省（区、市）兼并重组，涉及的重大问题及时向我部报告。

六、创新工作思路和方法。各地工业和信息化主管部门要深入企业调查研究，及时掌握最新情况，详细了解企业兼并重组中存在的问题，为企业做好服务，指导企业做好风险应对和重组后整合等工作。要形成工作合力，把企业兼并重组与化解产能过剩、淘汰落后、产业转移、技术改造、节能减排、完善行业管理等工作结合起来。要找准工作的切入点和抓手，创造性地开展工作，研究通过试点引导企业实施兼并重组化解过剩产能、转型升级，探索设立并购引导基金，带动社会资金支持企业兼并重组，通过多种方式多种手段，逐步建立一套企业兼并重组工作方法。

七、加强沟通和交流。各地工业和信息化主管部门要加强公共信息服务，探索建立本地区公共信息服务平台，实现与国家企业兼并重组公共信息服务平台的对接与互联互通。要加强经验交流，认真总结和推广企业兼并重组典型案例及好的工作方法。要定期向我部报送本地区年度和季度企业兼并重组情况、存在问题及意见建议。重要情况及时报送。

行业发展篇

2014年中国钢铁工业大事记

2月	2月13日，工业和信息化部公告第二批符合《废钢铁加工行业准入条件》的49家企业名单
	2月19日，工业和信息化部、科技部联合印发《2014～2015年节能减排科技专项行动方案》提出，针对重点行业、重点区域、重点领域节能减排及相关产业发展的重大科技需求，加大研发力度，解决制约全局的瓶颈问题，发挥科技创新的支撑作用
	2月19日，工业和信息化部召开铁矿石资源保障协调机制工作组会议
	2月21日，工业和信息化部、水利部、全国节约用水办公室印发联合公告，发布了《国家鼓励的工业节水工艺、技术和装备目录（第一批）》，《目录》共筛选了91项节水技术装备，涵盖了钢铁等高耗水行业及部分共性通用技术领域
	2月26日，国家发改委、环境保护部、工业和信息化部联合发布《钢铁行业清洁生产评价指标体系》，2014年4月1日起施行
3月	3月18日，工业和信息化部在北京召开了我国硅钢领域专利预警发布暨钢铁行业知识产权研讨会，会议发布了我国硅钢领域的专利预警分析与风险应对策略研究报告
	3月18日，我国首个《铁矿石中长期发展规划》编制工作正式启动
	3月21日，热轧卷板期货在上海期货交易所挂牌交易
	3月31日，工业和信息化部公布第三批工业产品质量控制和技术评价实验室名单，共58家单位入围，与钢铁行业相关的有钢研纳克公司工业（特殊钢）产品质量控制和技术评价实验室、长沙矿冶研究院工业（黑色矿冶产品）产品质量控制和技术评价实验室、国家不锈钢制品质量监督检验中心工业（不锈钢制品）产品质量控制和技术评价江苏实验室、湖北省钢结构产品质量检验检测中心工业（钢结构）产品质量控制和技术评价湖北实验室等
4月	4月24日，《环境保护法》（修订草案）经十二届全国人大常委会第八次会议表决通过，2015年1月1日起施行
	4月，工业和信息化部向各地下达2014年工业行业淘汰落后和过剩产能目标任务，具体为：炼铁1900万吨、炼钢2870万吨、焦炭1200万吨、铁合金234.3万吨、电石170万吨、电解铝42万吨、铜（含再生铜）冶炼51.2万吨、铅（含再生铅）冶炼11.5万吨、水泥（熟料及磨机）5050万吨、平板玻璃3500万重量箱、稀土（氧化物）10.24万吨等
5月	5月17日，第三届中国工业大奖表彰大会在人民大会堂举行，太原钢铁（集团）有限公司荣获中国工业大奖，武汉钢铁（集团）公司、鞍钢集团矿渣开发公司冶金渣资源综合开发利用项目获中国工业大奖表彰奖，江苏沙钢集团有限公司、攀钢集团有限公司选钛厂扩能改造项目获中国工业大奖提名奖
	5月18日，以“改革、创新、合作”为主题的第八届中国国际钢铁大会在北京召开

续表

6月	6月14日，海洋工程用钢产业技术创新战略联盟成立。联盟旨在针对国家海洋发展战略，有分工、有步骤地合作开发用户行业急需的海洋工程用钢关键品种、关键工艺技术，实现我国海洋工程用钢产品的国产化和升级换代
	6月30日，国务院批准同意《河北省钢铁产业结构调整方案》，同意将河北作为国家钢铁产业结构调整重点省，主要工作包括压减钢铁产能、优化产业布局、推进联合重组、改善品种结构、强化节能减排等
7月	7月2日，工业和信息化部印发《大气污染防治重点工业行业清洁生产技术推行方案》
	7月4日，工业和信息化部委托中国钢铁工业协会召开钢铁工业“十三五”发展规划思路研究专家研讨会
	7月9日，宝钢集团通过旗下宝钢资源国际有限公司联合澳大利亚铁路运营商 Aurizon 控股公司获得澳大利亚铁矿石生产商阿奎拉资源公司 90%股份。阿奎拉现持有西皮尔巴拉铁矿项目和位于昆士兰州的 Eagle Downs 硬焦煤项目两个主要项目 50%股权
	7月31日，中国钢铁工业协会四届八次常务理事（扩大）会议暨劳模表彰大会在北京召开，人力资源和社会保障部、中国钢铁工业协会对评选出的全国 98 个钢铁工业先进集体、284 名劳动模范和 8 名先进工作者进行了表彰
8月	8月22～29日，工业和信息化部与世界银行在成都组织召开 2014 年钢铁行业重点用能企业能源管理负责人培训会议
	8月28日，财政部、海关总署和税务总局就取消加工贸易项下进口钢材保税政策的有关问题下发通知（财关税〔2014〕54号），自 2015 年 1 月 1 日起，对国内完全能够生产、质量能够满足下游加工企业需要的进口热轧板、冷轧板、窄带钢、棒线材、型材、钢铁丝、电工钢等 78 个税号的钢材产品征收关税和进口环节税
9月	9月3日，工业和信息化部公告第三批符合《废钢铁加工行业准入条件》的 38 家企业名单，目前已公布的三批共计 131 家入围
	9月18日，工业和信息化部组织召开船舶和海洋工程装备用高性能钢材推广应用协调组第一次会议。会议通报了国产船用耐蚀钢研发应用进展情况，在耐蚀钢“产、学、研、检、用”产业链协同创新开发模式下，大型油轮用耐蚀钢体系取得较快进展，国内首艘货油舱耐蚀钢示范油轮——“大庆 435 号”于 9 月 17 日完工
10月	10月11日，鞍钢集团整合内部铁矿资源组建的鞍钢矿业集团成立，目前公司拥有铁矿石探明资源量超 110 亿吨，潜在资源量超 300 亿吨，铁矿石采掘能力和选矿处理能力分别达到 4 亿吨和 1.2 亿吨，为国内首个铁矿石采选能力亿吨级铁矿山企业
	10月26日，以“锤炼精湛技能、做强中国钢铁”为主题的“宝钢杯”第七届全国钢铁行业职业技能竞赛在宝钢召开
	10月31日，国务院发布了《关于发布政府核准的投资项目目录（2014 年本）的通知》（国发〔2014〕53号），钢铁项目投资管理由核准制改为备案制，权限由国务院投资主管部门下放至地方
11月	11月18日，以“科技支撑转型，创新驱动发展”为主题的 2014 钢铁行业技术创新大会暨科技负责人会议在北京召开，会议结合国家及钢铁行业 2015～2025 年技术预测工作的开展，重点探讨钢铁工业“十三五”重点技术发展方向
	11月18日，河北钢铁集团与全球最大钢铁贸易商瑞士国际控股公司签署股权收购协议，增持后者股权至 51%
	11月25日工业和信息化部公告第三批符合《钢铁行业规范条件》的 147 家企业名单。自 2012 年起，工业和信息化部历时三年分三批公告了 304 家规范企业名单，合计粗钢产能约 11.6 亿吨

续表

12 月	12 月 19 日，工业和信息化部召开钢铁行业“资源节约型 环境友好型”企业创建试点工作经验交流，会议要求试点企业提前筹划“两型”创建试点验收相关工作，对照批复的实施方案进行认真总结，继续扎实推进“两型”企业创建各项工作
	12 月 26 日，工业和信息化部、中国工程院召开“工业绿色发展工程科技战略及对策研究”重大咨询项目结题研讨会。项目研究分析工业绿色低碳转型面临的重大技术需求，提出了钢铁、化工、建材等行业绿色发展趋势及工程科技对策
	12 月 31 日，财政部下发通知（财税〔2014〕150 号），自 2015 年 1 月 1 日起取消含硼钢的出口退税政策

中国钢铁工业 2014 年发展和 2015 年展望

当前，我国经济已进入由高速增长向中高速增长转换的新常态，钢铁行业也随之发生新变化。2014 年，钢铁行业化解产能过剩初见成效，企业效益有所好转，节能减排取得新进展。同时，由于下游需求减弱，钢材价格大幅下跌，企业资金紧张凸显等，全行业仍处于转型升级的“阵痛期”，企业面临的生产经营形势依然严峻。

一、2014 年钢铁行业运行情况

（一）粗钢产量小幅增长，国内表观消费同比下降。2014 年，全国粗钢产量 8.2 亿吨，同比增长 0.9%，增幅同比下降 6.6 个百分点。国内粗钢表观消费 7.4 亿吨，同比下降 4%；钢材（含重复材）产量 11.3 亿吨，同比增长 4.5%，增幅同比下降 6.9 个百分点。中国粗钢产量占全球比重为 49.4%，同比提高 0.9 个百分点。

分月份看，全年日均产量 225 万吨，其中 6 月份达到 231 万吨为最高点，11 月份 211 万吨为最低点。分品种看，重轨同比减少 5.3%，长材（型钢、棒材、钢筋和线材）同比增长 3%，中、厚及特厚板同比增长 9.7%，冷热轧板带同比增长 2.7%，涂镀板同比增长 12.3%，电工钢同比增长 5.1%，管材同比增长 5.4%。分地区看，产量增速排名前五的省市分别为宁夏、浙江、江苏、陕西和辽宁，增速分别为 17.3%、8.8%、7.6%、6.4%、5%；黑龙江、重庆、云南、北京、山西等 14 个省产量同比有所回落，其中黑龙江、重庆、云南分别回落 37.6%、11.6%、10.4%。分企业类型看，2014 年，重点大中型钢铁企业粗钢产量 6.6 亿吨，同比增长 1.7%；中小钢铁企业粗钢产量 1.7 亿吨，同比降低 1.8%，占全国粗钢产量比重为 20%，同比降低 1 个百分点。

（二）钢材出口大幅增长，产品档次有所提高。2014 年我国出口钢材 9378 万吨，同比增长 50.5%；进口钢材 1443 万吨，增长 2.5%，折合净出口粗钢 8153 万吨，占我国粗钢总产量的 10.2%。从产品档次上看，电工钢板带、涂镀层板带、热轧合金钢板、冷轧薄宽钢带、冷轧不锈钢薄板、锅炉管高附加值产品比例有所提高。

（三）钢材市场供大于求，价格持续下行。近年来，全国钢材价格总体水平不断走低。据统计，重点大中型钢铁企业2011年至2014年全年平均销售结算价格分别为4468元/吨、3750元/吨、3442元/吨、3074元/吨，呈不断下滑趋势。2014年12月末，我国钢材价格综合指数跌至83.1点，同比下降16.2%，为2003年1月以来最低水平。其中三级螺纹钢跌至2791元/吨，较年初下降785元/吨；热轧卷板跌至3131元/吨，较年初下降528元/吨。

（四）铁矿石等原燃料供需格局逆转，价格大幅下降。受国际主要原燃料生产企业生产能力大幅提高及我国钢铁产量增幅下滑影响，2014年钢铁原燃料供需格局逆转，价格大幅下降。62%品位的进口铁矿石到岸价由年初的133.1美元/吨降至年末的68.7美元/吨，下降48%；焦炭由1425元/吨降至893元/吨，下降37%。废钢由2445元/吨降至1928元/吨，下降21%。

（五）生产成本大幅降低，钢铁企业盈利有所好转。2014年，铁矿石、煤炭等大宗原材料价格降幅大于钢材价格，钢铁企业总体经济效益有所起色。重点统计钢铁企业2014年实现利税1091亿元，增长12.2%；盈亏相抵后实现利润304亿元，增长40.4%。但行业销售利润率只有0.9%，仍处于工业行业最低水平。

（六）固定资产投资下降，化解产能过剩矛盾初见成效。2014年，我国钢铁行业固定资产投资6479亿元，同比下降3.8%。其中黑色金属冶炼及压延业投资4789亿元，下降5.9%；黑色金属矿采选业投资1690亿元，增长2.6%。从工序投资增长情况看，炼铁、炼钢和钢压延加工完成投资分别下降40.4%、10.5%和4.8%。从新开工项目情况看，2014年新开工项目2037个，同比减少215个。其中炼铁项目169个，减少51个；项目287个，减少71个；钢加工项目1581个，减少93个。产能盲目扩张态势得到明显遏制。

（七）节能环保再上新台阶，主要污染物排放和能源消耗指标均有所下降。2014年，钢铁行业全面推广烧结脱硫、能源管控等节能减排技术，节能环保效果明显。重点大中型企业吨钢综合能耗同比下降1.2%，总用水量下降0.6%，吨钢耗新水下降0.5%，外排废水总量下降5%，二氧化硫排放下降16%，烟粉尘排放下降9.1%。

（八）新技术、新产品开发取得突出进步，有力支撑我国装备制造业和重大工程发展。2014年，钢铁企业技术创新步伐进一步加快，宝钢BW300TP新型耐磨钢成功用于中集集团搅拌车的生产，使机械服役寿命延长两倍以上；鞍钢核反应堆安全壳、核岛关键设备及核电配套结构件三大系列核电用钢在世界首座第三代核电项目 CAP1400 实现应用；武钢无取向硅钢应用于全球单机容量最大的向家坝 800 兆瓦大型水轮发电机；太钢生产的最薄 0.02 毫米的精密带钢产品，填补了国内高端不锈钢精密带钢产品空白；宝钢牵头的“600℃超超临界火电机组钢管创新研制与应用”获得国家科技进步一等奖。

二、新常态下我国钢铁工业发展中的突出问题

（一）产能依然过剩，企业效益两极分化。截至 2014 年年底，我国粗钢产能已达 11.6 亿吨，仍处于较高水平。从企业效益看，重点大中型企业中实现利润前 20 名企业总体盈利 280 亿元，占行业利润总额的 92%；亏损企业 19 家，累计亏损 116 亿元，企业盈利水平两极分化严重。

（二）企业财务状况未得到有效改善，银行抽贷、融资贵问题突出。2014 年，重点大中型钢铁企业资产负债率为 68.3%，同比下降 0.8 个百分点，但与行业效益最好的 2007 年相比高出 11 个百分点。受银行系统严控产能过剩行业和钢贸企业信贷规模影响，银行提高了钢铁行业贷款利率，2014 年重点大中型钢铁企业财务费用共计 938.3 亿元，同比增长 20.6%，是企业实现利润的 3 倍多。部分银行对企业采取了大额抽贷、压贷，已有钢铁企业因此出现停产甚至破产情况。

（三）产业集中度降低，同质化竞争进一步向高端产品蔓延。近年来钢铁行业效益不佳，企业兼并重组意愿下降。2014 年，粗钢产量前 10 家企业产量占全国总产量的 36.6%，同比下降 2.8 个百分点。大型钢铁企业精品板材项目多为汽车板、电工钢等高端产品，已出现过剩迹象，低牌号取向电工钢、无取向电工钢及普通质量汽车板市场压力进一步加大，高端产品同质化竞争日趋加剧。

（四）出口产品大幅增加，引发贸易摩擦冲突加剧。2014 年，我国出口钢材占全球钢铁贸易量的 32.2%，创历史最高水平。其中含硼钢前 11 个月累计出口 3976 万吨，占当期的 47.5%左右，多个国家对我国钢材产品采取贸易保护措施。2014 年国外对我钢铁企业发起的贸易救济措施调查达到 40 起，且发起调查国家除原有的欧美发达国家，又增加了亚洲、非洲、拉美发展中国家，范围逐步扩大。

（五）地条钢、无票销售现象扰乱钢材市场，市场公平竞争亟需解决。受行业不景气影响，部分中小企业采取生产地条钢、无票销售等违法违规手段获取市场份额和利润，严重扰乱了市场公平竞争环境，不仅挤压了正规经营企业

市场空间，也为落后产能提供了生存空间，不利于行业健康发展。

三、2015年钢铁行业发展形势展望

整体看来，2015年钢材供过于求的现状难以好转、出口将略有降低、钢材价格仍将低位徘徊、钢厂盈利状况难言乐观，钢材市场将依然弱势运行。

（一）我国经济发展步入新常态，产业结构调整和优化速度将加快。我国经济已经进入中高速发展的新常态，经济发展方式从规模速度型粗放增长转向质量效率集约增长，经济结构从增量扩能为主转向调整存量、做优增量并存的深度调整。新常态下我国钢铁消费已进入峰值弧顶区，消费的质量和个性化需求越来越高，钢铁行业由原来的依靠数量扩张和价格竞争逐步向依靠质量、差异化竞争转变。新常态为钢铁行业产业转型发展提供了外部空间和发展动力，结构调整步伐将进一步加快。

（二）国内投资增速下滑，钢铁下游需求短期难有较大改观。2014年全国固定资产投资增速为2002年以来的最低值。在我国经济增长模式发生深刻转变的背景下，预计2015年固定资产投资增速将进一步降低，钢材需求难有较大改观。但也应该看到，"一带一路"、京津冀协同发展、长江经济带等国家重点战略将对钢材需求起到一定的拉动作用。

（三）钢铁产能惯性增加，化解产能过剩任重道远。虽然2014年我国黑色金属冶炼及压延业投资下降5.9%，但仍处于相对高位，钢铁工业新开工项目仍有2037个，同时考虑前期建设项目产能的惯性增长，2015年全国粗钢产能规模仍有增长的可能。

（四）新环境保护法实施，钢铁企业环保压力将加大。新颁布的《中华人民共和国环境保护法》于2015年开始实施。根据钢铁工业实际投资情况，要达到国家新排放标准，初步估算吨钢环保投资需增加13%，吨钢运营费用约增加200元，较实施前增加40%左右。新环保法的实施将督促企业加大环保投入，促进企业技术创新。

（五）出口退税政策调整，钢材出口略有下降。2015年，国家取消含硼钢出口退税将在一定程度上抑制低附加值钢材产品出口，但与日、韩、德等发达国家相比，我国钢材具有价格优势，国内过剩产能会积极寻求出口，预计2015年我国钢材出口总量仍将维持在较高水平。

四、2015年保持钢铁行业持续稳定发展思路

2015年钢铁行业要紧紧抓住全面深化改革和推进经济结构战略性调整的

历史机遇，坚持以提高质量和效益为核心，适应经济新常态，力争在营造公平竞争市场环境、推进钢铁产能严重过剩矛盾化解、促进两化深度融合、提升钢铁行业竞争力和企业效益方面取得新进展。

（一）完善钢铁行业规范管理。钢铁行业规范管理工作是加强和改善行业管理，进行事中事后监管的有效尝试，效果显著。在已公告305家规范企业的基础上，工业和信息化部将重新修订《钢铁行业规范条件》，加强节能环保等标准约束；配套出台《钢铁行业规范企业管理办法》，对已公告的规范企业开展动态管理。同时，建设规范企业信息综合数据库，为规范管理提供信息支撑。

（二）推进钢铁行业两化融合。根据《原材料工业两化深度融合推进计划（2015～2018年）》（工信部原〔2015〕25号）总体安排，2015年工业和信息化部将着力推进钢铁行业两化融合，开展智能工厂应用示范，推动并制修订一批两化融合标准，支持大型钢铁企业自有电子商务平台向行业开放平台转化，推动汽车板、造船板等个性化订单加工配送。

（三）加强行业规划引导。结合编制中的《中国制造强国2025规划发展纲要》，为促进钢铁工业由大到强，2015年工业和信息化部将制定发布《钢铁工业转型发展行动计划》，进一步推动落实有关配套政策措施；同时将适时发布《铁矿行业中长期发展规划（2010～2025）》，引导我国铁矿行业持续健康发展。

（四）继续推进钢铁产能过剩矛盾化解。进一步贯彻落实《国务院关于化解产能严重过剩矛盾的指导意见》（国发〔2013〕41号），做好2015年淘汰落后任务的下达和监督检查工作。积极维护公平竞争的市场环境，会同质检、工商、发改等部门开展打击地条钢专项行动。以新环保法实施为契机，会同相关部门加强事中事后监管，倒逼过剩产能退出市场。

（五）推进上下游产业协作。依托我部已经建立的协调工作机制，继续推进高强钢筋、高性能电工钢、船舶和海工用钢的推广应用，促进标准制修订，推动船用钢材加工配送。推动解决国产高端耐磨钢等钢材产品推广过程中遇到的政策障碍及市场瓶颈问题。

中国钢铁工业协会2014年第一次信息发布会新闻稿

2014年4月28日

一季度，国民经济增速放缓，钢材消费属于淡季，但是钢铁产量仍然增长，库存大幅上升，钢材市场供大于求的形势更加严峻，造成钢材价格持续下滑，全行业处于严重亏损状态。今年一季度是进入新世纪以来钢铁行业最困难的一季度。

一、一季度行业总体运行情况

（一）钢铁产量增幅回落，总体水平仍然较高

一季度全国生铁、粗钢和钢材（含重复材）累计产量分别为17970.51万吨、20270.01万吨和26141万吨，同比分别增长0.14%、2.37%和5.3%；增幅比上年同期回落7.44、6.73和7个百分点。平均日产粗钢225.22万吨，相当于年产8.22亿吨的水平。一季度我国粗钢产量占世界总产量的49.97%，比去年同期下降0.03个百分点。

（二）钢铁产品进出口均保持增长，出口价格有所下降

一季度我国共出口钢材1833万吨，同比增加390万吨，增长27.0%；进口钢材359万吨，同比增加36万吨，增长11.3%；折合粗钢净出口1568万吨，同比增加377万吨，增长31.7%。进口铁矿石22201万吨，同比增加3601万吨，增长19.4%。

出口钢材平均价格为794.06美元/吨，同比下降63.22美元/吨，下降7.37%；进口钢材平均价格为每吨1236.49美元，同比上升43.58美元，升幅3.65%；进口铁矿石价格为每吨127.95美元，同比下降7.47美元，降幅5.52%。

（三）国内钢材价格持续回落，同比大幅下降

3月末国内钢材综合价格指数（CSPI）为94.83点，在去年3月末同比价格下跌11.66%的基础上，又同比下跌11.28%；环比下降1.63点，降幅为

1.69%，连续第7个月下跌；一季度重点统计钢铁企业钢材结算价格每吨同比下降368元，降幅10.14%。长材价格指数96.75点，同比降幅11.28%；板材价格指数95.26点，同比降幅11.12%。进入4月份以来，价格缓慢回升，4月18日钢材综合价格指数为96.39点，比3月末上涨1.56点。

（四）钢铁工业固定资产投资中超过八成为民间投资

一季度，钢铁工业（包括黑色金属冶炼及压延加工业和黑色金属矿采选业）全国固定资产投资893亿元，同比下降3.34%，其中民间固定资产投资716亿元，同比增长6.65%；钢铁工业民间固定资产投资占总投资的80.18%。黑色金属冶炼及压延加工业全国固定资产投资710亿元，同比下降7.5%，去年同期为增长13.9%，其中民间固定资产投资563亿元，同比增长2.5%；黑色金属矿采选业固定资产投资183亿元，同比增长17.1%，增速比上年同期提高7.4个百分点，其中民间固定资产投资153亿元，同比增长25.3%。

（五）市场需求不足，钢材库存大幅增长

今年1、2月份钢材库存明显增加，到2月末，全国主要市场钢材社会库存量最高达到2086万吨，比年初增加735万吨，增长54.42%。3月份库存有所下降，到3月末，钢材社会库存为1941万吨，比年初仍增长43.65%。库存大幅增加，说明需求较弱、产量较高。

钢铁企业库存今年也呈明显增加态势，据钢铁协会统计，到3月末会员钢铁企业钢材库存约1542万吨，比年初增加376万吨，增长32.3%；比去年同期增加172万吨，增长12.5%。

（六）经济效益大幅下滑，会员钢铁企业由盈变亏

一季度，重点统计钢铁企业实现销售收入8688.87亿元，同比下降0.79%；实现利税146.47亿元，同比下降32.46%；实现利润－23.29亿元，同比减少56.04亿元，由盈变亏。累计亏损面45.45%，同比增加14.77个百分点；销售利润率为－0.27%，同比下降0.64个百分点。

二、后期行业运行形势分析

（一）钢材需求增长缓慢，钢铁生产仍将小幅增长

目前宏观经济形势基本保持平稳，但面临下行压力，后期钢材需求虽然会有所增长，但增幅不会太大。而钢铁产量受产能过剩的影响，难有大的回落。2013年，黑色金属冶炼及压延业全国固定资产投资达到5060亿元，虽同比下降2.1%，但投资额仍然较大，必将形成新的产能。预计今年粗钢产量仍会保持3%左右的小幅增长。

（二）国际贸易摩擦增多，出口难以保持大幅增长

虽然一季度钢材出口保持大幅增长，但国际市场对我国钢铁产品的双反案件和贸易争端明显增多。2013 年涉及的贸易摩擦有 25 起，2014 年以来又先后有美国、韩国、东盟、俄罗斯等国家开始双反案件 7 起，出口形势不容乐观。预计后期增长幅度会逐步回落。

（三）产业集中度低，同质化竞争激烈，价格难以提高

随着我国经济发展，地方钢铁企业快速增加，致使钢铁行业的集中度逐年下降，2013 年前 5 家钢铁企业粗钢产量占全国比重为 25.4%，前 10 家企业占比为 39.4%，继续呈下降态势，与钢铁行业“十二五”规划要求前 10 家占比 60%的目标有较大差距。加上企业之间产品同质化程度高，低价无序竞争现象明显，致使钢材价格一直处于低位下行态势。近日，随着天气转暖，市场有所回升，钢材价格出现止跌趋稳迹象，但要大幅回升较为困难。

（四）成本居高不下、资金紧张，提高经济效益难度大

面对严峻的市场形势，虽然钢铁企业纷纷采取了调整产品结构、对标挖潜、节能降耗、扩大非钢产业收入等降本增效措施，但由于产能过剩严重，产业集中度低，钢材价格同比大幅下降、后期也难以大幅提高，加上矿产商处于垄断地位，致使钢铁企业提高经济效益难度越来越大。随着国家加大节能减排、治理大气污染的力度，资源、能源、环境及交通运输价格、财税改革加快，将进一步推高企业生产成本，全行业高成本、低盈利状况短期内难以扭转。同时，企业普遍反映银行加大对产能过剩行业的贷款控制，面临资金紧张、融资成本高的问题。预计二季度钢铁行业盈利状况会好于一季度，但盈利水平难以大幅提高。

三、有关政策建议

（一）落实国务院化解过剩产能文件精神，规范市场竞争秩序

今年一季度全国钢铁行业固定资产投资同比下降 3.34%，但是占固定资产投资八成的民间投资增长 6.65%，必将形成新的产能。希望国家加大监督检查力度，督促各地不折不扣地贯彻落实国务院文件精神。一是要严控新增产能，坚决管住新增产能项目，对违规地区和单位给予及时曝光，并追求当地领导责任；二是要严格环保执法，对达不到国家环保标准的企业不仅要加大处罚，而且要责令停产整顿，加快淘汰落后步伐；三是要加强市场准入和质量监督，对违法生产、质量低劣的“地条钢”进行专项打击和治理等。通过严格执法，为企业创造公平竞争的市场环境，发挥市场优胜劣汰的作用，促进企业转型升级。同时，希望国家有关部委尽快落实国务院文件中明确的取消加工贸易项下进口钢材保税政策。

（二）实施有保有压的信贷政策，支持优势企业发展

目前，企业纷纷反映，银行系统对钢铁行业严格信贷政策，不仅减少了企业的信贷规模，同时提高了企业的贷款利率，使企业的生产经营更加困难，影响到了一些企业的资金链安全。希望银行系统对钢铁企业采取有保有压的信贷政策，对符合产业发展政策、产品有市场、规范运作的钢铁企业应在信贷上继续给予支持，支持企业健康发展；对违规项目、环保不达标、不符合产业政策的企业给予严格控制，以促进钢铁行业淘汰落后、产业升级。同时，应进一步降低银行贷款利率，以降低企业融资成本，支持实体经济摆脱困境，帮助企业转型升级。据钢铁协会统计，今年一季度企业财务费用同比增长22.17%，而2013年同比下降2.99%，再次出现大幅上升趋势。

（三）加大财税政策支持力度，促进企业转型升级

面对钢铁行业的困难局面，希望国家继续通过积极的财政政策和结构性减税，促进企业转型升级和节能减排。如：（1）对企业节能减排、淘汰落后、资源综合利用等工作加大财政支持和税收优惠力度，尽快调整和完善2008年国家公布的所得税政策支持的《环境保护、节能节水、安全生产等专用设备目录》，对钢铁企业自发电给予脱硫脱硝补贴；（2）在推进资源、能源价格改革过程中，及时清理和减免各种基金和收费项目，对钢铁企业利用余压、余热发电免交重大水利建设基金和可再生能源基金；（3）扩大“营改增”试点行业范围，尽快将建筑安装、金融保险等行业列入“营改增”范围。通过政策引导和改善经营环境，促进企业结构调整和转型升级。

（四）扶持国内矿山发展，抑制国外矿山企业的垄断

国外矿山企业垄断、进口铁矿石价格高位是影响钢铁行业发展和提高经济效益的关键因素。为鼓励国内矿山发展，抑制进口铁矿石垄断，建议国家减轻国内矿山企业税费负担，目前国内铁矿山企业税费负担率平均为21%，最高达30%，税费项目有20多项，给国内矿山企业生产经营带来了沉重负担。希望国家采取有效措施，降低国内矿山企业税费负担，加快国内铁矿资源的勘探、开采，逐步打破国外矿山企业的垄断。在下一步矿产资源税改革的设计中，能够得到体现。

（五）加快落实国务院印发的《关于进一步优化企业兼并重组市场环境的意见》，推动行业的结构调整

兼并重组、提高产业集中度是化解钢铁行业产能过剩矛盾的重要渠道，国务院近日印发的《意见》明确了企业在兼并重组中的主体地位，提出了推进审批制度改革、改善金融服务、落实和完善财税政策、完善土地管理和职工安置政策等，比以往的文件有许多实质性的突破。希望国家各部门尽快下发具体实施意见，推动兼并重组工作取得成效。

四、感谢和希望

钢铁行业作为国民经济工业领域比较重要的基础原材料工业，近年来，在调结构、转方式，推动改革创新和节能减排等方面做了大量工作，取得了丰硕成果，涌现出一大批闪闪发光的亮点，钢铁行业全体职工以自身的改革发展支撑和服务于整个国民经济的发展和进步。钢铁行业改革发展的成绩也饱含着新闻媒体界朋友的支持和帮助，在此表示衷心感谢！当前，我们要高度重视多年来快速发展中积累的矛盾和存在的问题，支持广大会员企业勇于担当，不懈努力，做好化解产能过剩和结构调整这篇大文章。我们殷切希望广大新闻媒体界的朋友继续关注和支持钢铁行业的改革发展，加强宣传报道和正面引导。

中国钢铁工业协会2014年第二次信息发布会新闻稿

2014年8月1日

上半年，国民经济增速放缓，经济增长对钢材消费强度逐步下降，而钢铁产量仍然增长，钢材市场供大于求的矛盾依然严峻，造成钢材价格持续下滑，全行业主营业务仍然亏损，企业生产经营十分困难。

一、国民经济转型成效明显，对钢铁行业影响深远

今年上半年，我国GDP增长7.4%，同比回落0.2个百分点，但是经济结构呈现出了新特点，主要表现在以下四个方面。

（一）经济转型成效明显

一是国民经济增长初步实现了由外需拉动型向内需拉动型转变。上半年内需对经济增长的贡献率达到102.9%，出口对经济增长的贡献率为−2.9%。经济结构由投资主导型向消费主导型转变，由工业主导型向服务业主导型转变，第三产业在国民经济中的占比同比增长1.3个百分点，超过第二产业在国民经济中的比重，服务业已经接替制造业成为经济中最活跃的部分，成为新的增长动力。二是高技术产业增长加快，上半年高技术产业增长12.4%，远高于国民经济增长水平。三是消费结构发生变化。上半年全国互联网零售额超过万亿元，同比增长48.3%，通信器材类销量同比增长22.1%，餐饮业大众化转型效果明显，同比增长10.1%。四是全国居民人均可支配收入增长8.3%，高于GDP增速。

（二）国民经济增长对钢材消费强度有所下降

上半年，全国固定资产投资同比名义增长17.3%（扣除价格因素实际增长16.3%），增幅回落2.8个百分点；全国房地产开发投资同比名义增长14.1%（扣除价格因素实际增长13.1%），增幅回落6.2个百分点；第二产业投资同比增长14.3%，增幅回落1.3个百分点；第三产业投资同比增长19.5%，增幅回落4个百分点。受全国固定资产投资高位放缓，房地产开发投资大幅回落影响，国民经济增长对钢材的消费强度逐步下降。

（三）固定资产投资以及房地产投资后劲不足

上半年，全国固定资产投资施工项目计划总投资同比增长14.5%，增幅回落4.3个百分点，新开工项目计划总投资同比增长13.6%，增幅回落1.5个百分点；特别是对钢铁影响很大的房屋新开工面积同比大幅下降16.4%，新开工项目不足必将影响后续钢材消费增长。

（四）钢材出口压力加大

上半年，外贸进出口总额同比仅增长1.2%，增幅回落7.4个百分点，而大量消耗钢材的机电产品出口同比下降1.6%，机电产品出口的负增长反映了钢材间接出口的压力加大。同时，上半年钢材直接出口呈现量增价跌，出口产品中存在大量低附加值产品，随着出口贸易摩擦增加和出口税收政策调整，该部分产品将难以出口。

国民经济呈现的新特点，一方面反映了经济结构调整的明显成效，经济增长的质量和效益有所提升；另一方面经济增长对钢材的消费强度将会逐步下降，钢材消费量将难以大幅增长。上半年，全国粗钢表观消费量3.76亿吨，同比仅增长0.4%，即使考虑到社会库存有所下降，实际消费量增长也不会太高，钢材消费增长已十分困难，市场供大于求的矛盾仍然突出。

二、上半年钢铁行业总体运行情况

（一）粗钢日产屡创新高

上半年，全国共生产粗钢4.12亿吨、生铁3.62亿吨、钢材5.52亿吨，分别比去年同期增长2.99%、0.51%和6.45%，增幅同比回落4.43个百分点，5.22个百分点和3.76个百分点。但是粗钢日产水平屡创新高，上半年除5月份环比略有下降外，每月都在环比上升，6月份达到230.98万吨，相当于年产8.43亿吨的水平。

（二）出口钢材量增价跌

上半年累计出口钢材4101万吨，同比增长33.6%；进口钢材725万吨，同比增长6.1%；折合粗钢净出口3570万吨，同比增加1063万吨，增长42.4%。6月份出口钢材707万吨，环比下降100万吨，降幅12.4%；进口钢材113万吨，环比下降9万吨，降幅7.4%。上半年钢材进口均价1248美元/吨，同比增长50美元/吨；出口均价793美元/吨，同比下降79美元/吨；进出口价差扩大到455美元/吨。

（三）钢材社会库存持续下降

7月份22个城市5大品种钢材社会库存为1021万吨，环比下降50万吨，连续 4 个月保持下降，社会库存水平已经低于前三年同期水平。据钢铁协会统计，6 月底重点钢铁企业库存为 1446 万吨，在连续 3 个月下滑后首次增长，较今年初增长 185 万吨，企业库存仍然高于前三年同期水平。

（四）铁矿石市场步入供大于求阶段

上半年，我国进口铁矿石 4.57 亿吨，同比增长 19.1%，国内铁矿石原矿产量 7.11 亿吨，同比增长 9.9%。6 月末铁矿石港口库存 11481 万吨，较年初增长 2746 万吨，较去年同期增长 60%。按“铁-矿”平衡计算，上半年铁矿石供应超过需求 5200 万吨。供应增加导致价格下跌，2 月第 2 周跌破每吨 120 美元；3 月中、下旬以后保持在每吨 110 美元以下；5 月 19 日跌破每吨 100 美元；6 月 16 日跌破每吨 90 美元；7 月份，进口矿价格在 90～97 美元/吨之间小幅震荡。铁矿石期货自上线以来整体呈现下跌趋势，截至 7 月 22 日 i1409 合约结算价较去年底下跌 220 元/吨。

（五）钢铁工业固定资产投资进一步下降

上半年，钢铁工业（包括黑色金属矿采选业、炼铁业、炼钢业、钢加工业，扣除了铸造业和铁合金业）完成固定资产投资 2375 亿元，同比下降 7.08%。钢铁工业是上半年全国 19 大行业 56 个子行业中完成投资降幅最大的行业。其中，炼铁业同比大幅下降 41.01%，钢加工业同比下降 12.62%，炼钢业同比下降 6.51%，只有黑色金属矿采选业投资仍然保持增长，同比增长 10.83%。

钢铁工业民间投资同样在进一步下降，但投资占比仍接近八成。上半年，黑色金属冶炼及压延加工业完成投资 2157 亿元，同比下降 8.4%。其中民间投资 1714 亿元，同比下降 3.9%，占黑色金属冶炼及压延加工业完成投资的 79.46%。

（六）钢材价格屡创新低

6 月末国内钢材综合价格指数（CSPI）为 92.99 点，同比下降 5.53 点，降幅 5.61%；环比下降 1.28 点，降幅为 1.36%；其中，长材价格指数 94.04 点，同比降幅 5.84%；板材价格指数 94.44 点，同比降幅 4.05%。进入 7 月份以来，价格继续下跌，7 月第 2 周钢材综合价格指数跌至 92.32 点，持续创出新低。

（七）主营业务仍然亏损

上半年，大中型钢铁企业实现销售收入 18130.54 亿元，同比增长 1.12%；实现利税 454.14 亿元，同比增长 11.62%；实现利润 74.80 亿元，同比增加 42.76 亿元。累计亏损面 28.41%，同比下降 7.95 个百分点；销售利润率为

0.41%，同比提高0.23个百分点。上半年，大中型钢铁企业期间费用同比增长9.35%，其中财务费用同比增长29.25%，销售费用同比增长18.03%，管理费用同比下降6.02%。

上半年重点统计钢铁企业钢材结算价格每吨同比下降310元，降幅8.79%，而主要钢材生产成本同比降幅总体大于产品价格下降幅度，这是上半年经济效益好转的主要原因，但是大中型钢铁企业主营业务仍然亏损6.6亿元，并且财务费用增长过快，应收账款大幅增长，企业要严守不给钱不发货的底线不能突破，一旦突破将给本已绷得紧紧的资金链带来致命的危害。

三、上半年协会开展工作情况

上半年，按照年初理事（扩大）会议确定的指导思想和重点工作，坚持问题导向，针对化解产能过剩矛盾，构建公平竞争市场环境；促进节能减排，实现绿色发展；减轻矿山税负，实现可持续发展，在改革创新、转型升级、节能环保、提质增效等方面，有针对性地开展工作，从前瞻性和制约转型升级的突出问题上入手为行业和企业发展服务。

（一）就行业发展重大问题展开调研，向政府提出政策建议

在参加国务院、全国政协召开的座谈会上，协会集中就化解钢铁产能过剩矛盾、促进企业强强联合、深化国有企业改革、建立公平竞争环境、促进科技创新和行业技术标准规范制修订等事关行业重大战略问题提出政策建议，并引起重视。参加国家发改委、工信部、财政部、国资委等部委召开的月度经济运行分析会，及时提供行业运行情况，反映行业运行中遇到的主要问题和企业诉求。从维护行业、企业利益，促进构建公平竞争市场环境，推动行业转型升级出发，去年底协会成立与钢铁行业相关的财税政策专题研究小组，重点进行四个方面的专题研究，目前各专题研究协调都不同程度取得了进展。

（二）实现了铁矿石价格指数按日发布，为建立公平、规范、透明的铁矿石市场迈出重要一步

在钢铁协会、五矿商会、冶金矿山协会和广大会员企业的共同努力下，中国铁矿石价格指数从今年开始实现了按日发布，得到了企业的充分肯定。3月份，由钢铁协会、五矿商会、宝钢、鞍钢、五矿公司、淡水河谷、力拓等作为股东，共同发起成立北京铁矿石交易中心股份有限公司。积极引导企业关注铁矿石期货市场，通过铁矿石期货交易发现价格的功能，共同应对市场变动。

（三）深入进行行业运行态势和国内外市场分析、协调，开展与主要出口对象国家和地区行业组织对话交流，做好贸易摩擦应对工作

从今年初开始，协会加强对国家宏观经济信息和协会统计的会员企业生产、销售、原燃料采购、价格、经营财务指标分析，正式建立《钢铁行业月度分析报告》制度，受到企业欢迎。每月发布铁矿石进口预警监测报告，加强板带材生产企业自律协调，积极应对钢材出口贸易摩擦。上半年继续开展了与韩国钢铁协会、钢厂等交流活动，参与范围扩大至江苏、山西及唐山地区等非会员出口企业，避免和减少了贸易摩擦的产生；与东盟钢铁协会及其主要产钢成员国进行沟通交流；与中国台湾钢铁工业同业公会及有关企业就建立两岸钢材进出口预警机制进行了协商。

（四）充分发挥对标挖潜工作在企业降本增效中的作用

为适应今年形势的变化，对标挖潜工作更加注重对标数据的时效性。从4月份开始对铁质原料的采购成本统一折算到62%品位进行成本排序，增加采购成本的可比性。加强与财政部会计司的联系和沟通，积极争取把钢铁行业成本核算规程列到财政部工作计划，从制度上解决对标挖潜资料的可比性问题，推动钢铁行业降本增效工作迈上新台阶。在总结4000立方米以上高炉之间互帮互学经验的基础上，开展3000立方米以上高炉主要生产技术指标按月对比分析。

（五）配合政府做好相关工作，积极推进行业科技创新

以《2020年钢铁工业发展愿景及若干重大问题研究》为抓手，积极促进行业转型升级，协助工信部做好符合《钢铁行业规范条件》的钢铁企业审核工作。参加国家发改委“化解产能过剩矛盾工作机制”相关工作；受工信部委托，组织召开《钢铁工业“十三五”规划》编制思路座谈会、开展《钢铁产业分类施策》、《钢铁项目建设事中事后监管机制》课题研究。根据科技部要求，进一步完善《2015～2025年钢铁行业技术预测》，就科技部相关领域技术预测中涉及的钢铁行业重点技术方向提出建议等等。

（六）组织构建上下游产业协同创新平台，推进高端技术、产品应用的产业化

上半年已完成由宝钢牵头的“装配式钢结构民用建筑产业技术创新战略”国家试点联盟组建、鞍钢牵头的“耐蚀钢产业技术创新联盟”换届改组、钢铁研究总院牵头的“海洋工程用钢产业技术创新战略联盟”组建成立等工作。目前正在筹建“高性能船用钢材推广应用协调组”、“钢铁行业资源综合利用产业技术创新战略联盟”和“高性能电工钢推广应用协调组及产业技术创新战略联盟”。并正在筹划建立汽车用钢、铁路用钢、高性能特殊钢等研发平台。

四、钢铁行业面临的形势

当前我国经济平稳运行，有许多有利的因素，经济运行仍保持在合理区间，上半年经济增长达到7.4%。中央下一阶段经济工作总的要求是，仍将继续坚持稳中求进工作的总基调，这将有利于推动中国经济持续中高速增长。但我们必须清醒地认识到，我国经济仍面临很多风险和挑战，下行压力和困难在一段时期内会持续存在。随着国家稳增长政策措施逐步发挥作用，钢材需求会保持增长，特别是加快西部铁路建设对钢材消费会产生一定的拉动作用，但从整体看，钢材需求增幅依然有限。钢铁产量受产能过剩影响，难有大的回落，预计今年全年粗钢产量增长3%左右。企业生产经营困难的状况，不会有明显的改观，“高成本、低价格、低效益”的行业运行态势仍将持续。

钢铁行业将面临六个方面的压力，一是产能严重过剩，市场供大于求，钢材价格长期低迷的经营压力；二是自有资金不足，股市融资困难、企业债券发行成本过高、银行贷款实际利率上升造成财务成本过高的压力；三是铁矿石供应受制于人，权益矿比例过低，供应链利益失衡，钢铁企业自有矿山（包括国外权益矿）与国际进口矿成本竞争的压力；四是环保投入欠账多，环保成本将日益增加的压力；五是企业实际上缴增值税率将逐年提高的压力；六是钢材出口面临着贸易摩擦增多，出口政策调整，出口难度加大的压力。

对此，全行业都要有清醒的认识，要防范经营风险，特别要加强资金管理，把资金安全放在首位，要力争资产负债率不上升；要继续坚持没有合同不生产，不付款不发货的企业自律要求；另外，对下半年钢铁出口形势要有准确的预判。

五、下半年重点工作

在昨天召开的理事大会上，对协会下半年工作已经全面安排，我想突出强调以下三个方面：

一是要促进公平竞争环境的形成。要按照党的十八届三中全会要求，围绕使市场在资源配置中起决定性作用，配合政府积极营造公平竞争的市场环境。这方面协会近年做了大量的工作，并取得了明显成效。下一步要根据钢铁行业面临的新情况、新问题，继续就一些重大财税政策问题开展调研，提出建议。总之，这方面协会大有可为。

二是要积极促进行业深化改革。党的十八届三中全会召开以后，企业结合实际认真贯彻落实，提出本企业的深化改革的思路、意见等。随着国家有关深化国企改革方案、政策出台，企业改革的进程将进入实质性阶段，进程将明显加快。协会要做好行业深化改革的调研，深入了解企业在深化改革方面的经验、难点和问题，加强企业间的交流，搭建国有、民营企业深化改革的交流平台，积极探讨钢铁行业混合所有制改革思路，并及时向政府部门提出政策建议。

三是积极推进进口铁矿石非单一指数定价。组织研究现行铁矿石定价机制的改进、完善办法，构筑铁矿石供需双方长期合作共赢的新局面。组织研究铁矿石期货、掉期的价格发现功能，促进铁矿石现货交易平台的发展，推进铁矿石非单一指数定价，实现铁矿石市场公开透明、公平公正和互利共赢。继续完善中国铁矿石价格指数，研究推进中国铁矿石价格指数直接参与定价结算。要使中国铁矿石价格指数真正在定价结算中发挥作用，早日改变单一指数定价模式，促进定价模式更趋多元，定价机制更趋公平。

中国钢铁工业协会 2014 年第三次信息发布会新闻稿

2014 年 10 月 29 日

前三季度，国民经济增速回落，经济结构调整成效显著，经济增长的质量和效益明显提高。但是经济增长对钢材需求强度持续下降，钢材消费增长乏力，由于粗钢产量仍然保持增长，市场供大于求矛盾异常突出，钢材价格又创新低。得益于原料价格降幅较大，全行业整体虽保持盈利，但盈利水平仍然很低。

一、国民经济降速与经济结构调整叠加，钢材需求强度下降

前三季度，全国 GDP 增长 7.4%，其中第三季度增长 7.3%，经济增长下行压力依然很大。

固定资产投资回落。前三季度，全国固定资产投资（不含农户）同比名义增长 16.1%，增速比上年同期回落 4.1 个百分点。第二产业投资同比增长 13.7%，增幅回落 3.4 个百分点；第三产业投资同比增长 17.4%，增幅回落 4.9 个百分点。

房屋新开工面积大幅下降。前三季度，全国房地产开发投资同比名义增长 12.5%，增速比上年同期回落 7.2 个百分点。扣除土地购置费的投资同比增长 9.2%，增幅同比回落 13.6 个百分点；房屋新开工面积同比下降 9.3%，去年同期为增长 7.3%；同时房屋销售面积同比下降 8.6%，而商品房待售面积同比增长 28%。由于销售困难，房地产商购地意愿下降，前三季度土地购置面积同比下降 4.6%，降幅同比扩大 1.3 个百分点。

工业增加值增速放缓。前三季度，规模以上工业增加值同比增长 8.5%，增速同比回落 1.1 个百分点。9 月份当月，规模以上工业增加值同比增长 8%，增速同比回落 2.2 个百分点。

经济增速回落的同时，经济结构发生了显著变化。第三产业比重提高，服务业增加值增速快于工业，高科技产业增加值加快增长，经济结构向高端迈进

的态势明显。消费对经济增长拉动作用增强，1～3 季度最终消费对经济增长的贡献是 48.5%，比资本形成总额贡献率高 7 个百分点左右，整个经济再平衡的态势比较明显。经济结构调整效果明显，经济增长的质量和效益有所提高，经济社会向消费型社会转变的步伐加快，但是这种转变对钢材的需求强度在下降。经济增速下滑与钢材需求强度下降叠加，造成了前三季度钢材表观消费量难以增长，在产量增加的现实情况下，钢材市场供大于求的矛盾异常突出。

二、1～3 季度钢铁行业总体运行情况

（一）粗钢产量持续增长，增幅有所回落

前三季度，全国共生产粗钢 6.18 亿吨、生铁 5.42 亿吨、钢材 8.39 亿吨，分别比上年同期增长 2.34%、0.38%和 5.02%，增幅均大幅回落。累计平均日产 226.37 万吨，按此水平测算，2014 年粗钢产量将为 8.26 亿吨。前 9 个月我国粗钢产量占世界钢产量的 50.21%，比上年同期提高 0.69 个百分点。前三季度，会员企业粗钢产量 4.95 亿吨，同比增长 1.58%，低于全国增速；9 月份会员企业粗钢产量同比下降 0.52%，会员企业控产量取得一定成效。

（二）钢材出口大幅增长，进出口价差持续扩大

前三季度，全国出口钢材 6534 万吨，同比大幅增长 39.3%；进口钢材 1101 万吨，同比增长 5.0%，保持小幅增长；折合粗钢净出口 5780 万吨，同比增加约 1900 万吨，同期全国粗钢产量同比增加约 1390 万吨。9 月份出口钢材 852 万吨，环比增加 76 万吨，增长 9.8%；进口钢材 136 万吨，环比增加 19 万吨，增长 16.2%。前三季度钢材进口均价 1246 美元/吨，同比增长 37 美元/吨；出口均价 783 美元/吨，同比下降 74 美元/吨；进出口价差扩大到 463 美元/吨，进出口价差仍在加大。钢材出口大量增长主要由于今年以来国内钢材价格大幅下跌，而国际市场价格下跌较少，国内外价差较大。

（三）社会库存持续下降，企业库存有所增长

10 月份 22 个城市 5 大品种钢材社会库存为 931 万吨，环比下降 38 万吨，连续 7 个月保持下降，但下降幅度逐步趋缓。10 月份五大品种库存除热轧板卷外其他均在下降，其中线材和螺纹钢库存减少量较大。10 月份全国主要地区除西南和华北外库存均在下降，其中华南库存下滑量较大。据钢铁协会统计，10 月上旬会员企业产量比 9 月下旬增加 18 万吨，但同期会员企业钢材库存增加 78 万吨、粗钢库存减少 10 万吨，说明钢厂目前销售有一定困难。

（四）铁矿石供大于求，价格持续下跌

前三季度，国内铁矿石原矿产量 11.23 亿吨，同比增加 7586.06 万吨，增

长7.24%，其中9月份国内铁矿石产量为1.37亿吨，同比下降0.36%，国内铁矿石出现减产。前三季度，进口铁矿石6.99亿吨，同比增长16.5%，其中9月份进口铁矿石8469万吨，环比增加981万吨，增长13.1%。进口铁矿石港口库存自5月份达到峰值后，6月、7月、8月、9月连续4个月出现小幅下滑。9月末港口库存为11069万吨，较年初仍增长约2334万吨，较去年同期增长约3836万吨。铁矿石价格整体保持下跌走势。前三季度进口均价为108.09美元/吨，同比下降21.66美元/吨。9月份铁矿石进口平均价格88.53美元/吨，环比下降2.32美元/吨，9月下旬跌破80美元/吨。

（五）钢铁工业固定资产投资进一步下降

前三季度，钢铁工业（包括黑色金属矿采选业、炼铁业、炼钢业、钢加工业，扣除了铸造业和铁合金业）完成固定资产投资3998.68亿元，同比下降4.35%。其中，炼铁业固定资产投资同比大幅下降25.55%，钢加工业同比下降6.4%，炼钢业同比下降11.24%，只有黑色金属矿采选业投资仍然保持增长，同比增长6.43%。

民间投资占比提高。前三季度，黑色金属冶炼及压延加工业完成投资3599亿元，同比下降5%，其中民间投资占比80.38%，同比提高2.82个百分点。黑色金属矿采选业完成投资1344亿元，同比增长6.6%，其中民间投资占比89.52%，同比提高6.05个百分点。

（六）钢材价格屡创新低

9月末国内钢材综合价格指数（CSPI）为86.35点，连续第12个月低于100点，同比下降14.22点，降幅为14.14%，其中长材价格降幅大于板材价格降幅，均是2003年1月份以来的最低水平。进入10月份以来，价格继续下跌，10月17日钢材综合价格指数跌至86.15点，持续创出新低。据钢铁企业财务结算价格监测，9月份钢材平均结算价格（不含税）环比下降108元，下降3.55%，降幅扩大2.03个百分点；累计同比下降314元/吨，降幅为9.06%。

（七）全行业仍处于盈亏边缘

前三季度，重点统计钢铁企业实现销售收入27172.40亿元，同比下降0.22%；实现利税796.50亿元，同比增长15.92%；实现利润192.82亿元，增长71.26%。累计亏损面25%，同比下降6.82个百分点；亏损额80.86亿元，同比下降29.58%；销售利润率为0.71%，同比提高0.30个百分点。从利润的构成情况来看，9月份当月主营业务利润环比有所下降，1～9月份主营业务利润继续保持盈利。企业资金方面持续趋紧。前三季度大中型钢铁企业期间费用同比增长7.48%，其中财务费用同比增长22.88%。应收应付账款均大幅增长，其中应收账款同比增长16.78%，应付账款同比增长10.97%。

三、钢铁行业面临的形势

前三季度全社会就业情况稳定，已经提前完成新增1000万就业岗位的年度目标，即使经济增长略低于全年目标，政府出台重大刺激政策的可能性也不大，四季度经济下行压力依然较大。

下游行业中，房地产市场持续冷淡，虽然大部分限购城市都已松绑，但成交量并未迅速上升，从新开工面积以及土地购置面积等指标看，房地产行业复苏仍需时日；汽车产量虽保持增长，但主要用国产钢材的自主品牌乘用车市场占有率持续下降；机械工业订单增长乏力，存在下行压力，其中工程机械、重型机械产品增势低迷，农机行业产量逐月下降；家电行业表现低迷，冰箱、洗衣机销量下降，家用制冷、清洁电器、厨房电器的库存均达到历史高点。

下游行业需求增长乏力，1～9月份全国粗钢（折合量）表观消费量约5.6亿吨，同比减少516万吨，下降0.9%，而粗钢产量保持高位，同比增长2.34%，市场供大于求矛盾依然突出，钢材价格难以回升。9月份钢材出口再度回升，预计四季度保持稳定，今年钢材出口突破8000万吨已成定局。但是大量低附加值产品出口必将带来贸易摩擦增多，从而影响产品继续出口，并且出口低附加值产品不符合我国当前经济发展需要，必将带来出口政策调整。因此，以目前的产品结构大量出口消化国内过剩产量并不是长久之计。随着市场竞争日趋激烈，钢厂要坚持没有边际贡献不生产，低于成本不销售，不付款不发货的原则，切实控制产能释放，将供求关系恢复到合理水平，行业才能摆脱困境，步入良性发展轨道。

四、需要关注的突出问题

（一）经济增长“新常态”对钢铁行业影响深远，除了经济增速下滑，经济增长对钢铁需求强度下降的影响将更大，两方面因素叠加导致了今年以来钢材需求增长乏力，这种情况将成为常态。钢铁企业要主动适应新常态的经济增长方式，尽快实现由量变到质变的蜕变过程，一方面主动控制产量释放，另一方面提升产品质量和品种档次，不断满足日益提高的下游用户新需求。

（二）煤炭、铁矿石价格近期出现止跌回升态势，但其供大于求的基本面并未改变，企业应采取有效措施，控制采购节奏，避免集中大量补库，防止人为抬高煤、矿价格。铁矿石期货价格对现货价格的影响与引导作用逐渐发挥，钢厂在采购前要多关注期货市场走势，增强价格波动预判，尽量规避价格风险。

（三）近期企业负债率下降，银行借款减少，表明企业在控制债务规模、提高资金使用效率方面有些效果，但是企业产成品资金占用、应收应付账款继续上升，企业应合理控制产量释放，加强资金管控，防范资金风险。

中国钢铁工业协会 2015 年第一次信息发布会新闻稿

2015 年 1 月 29 日

2014 年，世界经济深度调整，我国经济增速放缓。面对经济下行压力，政府没有采取强刺激，而是强力推进改革，激发市场和企业活力。全年 GDP 增长 7.4%，同比略有回落，城镇新增就业 1300 多万人，在经济增速放缓的情况下不减反增，结构性改革迈出了新步伐，经济结构调整取得明显成效，经济发展的质量和效益明显提升。但是经济增长对钢材需求强度持续下降，钢材消费增长乏力，同时粗钢产量仍然保持小幅增长，市场供大于求矛盾仍然突出，钢材价格屡创新低。得益于原燃料价格降幅较大以及企业内部挖潜降成本，全行业整体盈利状况有所改善，但盈利水平仍然很低。

一、国民经济增速放缓，钢材需求增长乏力

2014 年国内生产总值（GDP）同比增长 7.4%，增速同比回落 0.3 个百分点。全国固定资产投资同比名义增长 15.7%，增速同比回落 3.9 个百分点。全国房地产开发投资同比名义增长 10.5%，增速同比回落 9.3 个百分点，扣除土地购置费的投资仅增长 7%；房屋新开工面积同比减少 2.1 亿平方米，下降 10.7%；土地购置面积同比减少 5431 万平方米，下降 14%。规模以上工业增加值同比增长 8.3%，增速同比回落 1.4 个百分点。12 月中国制造业采购经理指数（PMI）为 50.1%，同比回落 0.9 个百分点，已逼近荣枯线，是 2011 年以来同期最低值。

国民经济增速虽有所放缓，但经济结构持续优化。从三大产业对 GDP 的贡献率看，2014 年第一、二、三产业对 GDP 的贡献率分别为 5.50%、43.60%和 50.90%；与 2013 年相比，第一、第三产业对 GDP 贡献率分别上升了 0.60 个百分点和 4.10 个百分点，第二产业对 GDP 贡献率则同比下降了 4.70 个百分点。第三产业已经成为拉动经济增长的主要力量，并且仍在上升；第二产业对 GDP 的贡献率持续下降，其中工业对 GDP 的贡献率已经下降到

35.5%，比2010年下降了13个百分点。2014年第三产业增加值增长8.1%，高于第二产业的7.3%，也高于第一产业的4.1%，服务业的比重提高到48.2%，我国经济加快由工业主导向服务业主导转变。从经济增长动力结构看，2014年以移动互联网为主要内容的新产业、新技术、新业态、新模式、新产品不断涌现，中国经济向中高端迈进的势头明显。2014年高技术产业增加值比上年增长12.3%，增速比规模以上工业增加值增速快4个百分点；装备制造业比上年增长10.5%，快于规模以上工业增速2.2个百分点；2014年全国网上零售额同比增长49.7%，快递业务量增长51.9%；P2P即网贷高速增长，电信消费、信息消费都是比较高的增长。

但是钢铁行业要看到，经济增长的结构优化带来了经济增长对钢材需求强度的持续下降。对钢材消耗量大的固定资产投资，房地产开发投资增速持续回落，传统行业、重化工业经营困难，下游行业中汽车产销增速回落，家电、集装箱行业增长有限，机械行业低速平稳增长，但工程机械等耗钢量大的产品产量大幅下降，造船完工量在2013年大幅下降24.7%的基础上2014年又下降13.9%。国民经济由高速增长向中高速增长转变，经济增长由投资拉动向消费拉动型转变，增长动力由传统产业向高技术产业转变的过程中，经济增长对钢材需求强度下降的趋势愈发明显，钢材消费增长乏力。2014年，粗钢表观消费量同比下降3.4%，即使考虑钢材贸易商以及下游用户库存下降，粗钢实际消费量持平或略有下降，钢材消费进入平台区的特征十分明显。同时钢铁行业更要看到，经济结构的持续优化，对钢材品种、质量以及钢铁企业服务能力提出了新要求，同时也产生了新需求，钢铁企业要紧跟经济结构调整步伐，转变传统生产经营模式，抓住市场变化带来的新机遇、新市场，加快培育出符合自身发展实际的独特竞争力和利润增长点。

二、2014年钢铁行业总体运行情况

（一）国内粗钢产量略有增长，增幅大幅回落

2014年，全国共生产粗钢8.23亿吨、生铁7.12亿吨、钢材11.26亿吨，分别比上年同期增长0.89%、0.47%和4.46%，增幅同比回落6.65个百分点、5.77个百分点和6.89个百分点。我国粗钢产量占世界钢产量的50.26%。2014年，会员企业粗钢产量6.58亿吨，同比增长1.65%，高于全国增速；其他企业生产粗钢1.65亿吨，同比下降2.03%。

（二）钢材出口大幅增长，累计出口量超过进口量

2014年全国出口钢材9378万吨，同比大幅增长50.5%；进口钢材1443

万吨，同比增长2.5%，保持小幅增长；折合粗钢净出口约8441万吨，同比增加约3308万吨，同期全国粗钢产量同比增加约734万吨。自1949年以来，我国累计进口钢材5.94亿吨，出口钢材5.96亿吨，到2014年年底，我国钢材累计出口量超过进口量。

（三）社会库存持续低位，企业库存仍然高于年初水平

2014年12月份，22个城市5大品种钢材社会库存为820万吨，环比下降14万吨，连续9个月保持下降，为近4年来最低水平。12月份全国主要地区库存均在下滑，五大品种库存除冷轧板卷和线材外其他均在下降。今年1月份22个城市5大品种钢材社会库存为868万吨，环比增长48万吨，连续9个月下降后首次增长，仍远低于近4年同期水平，中间环节的“蓄水池”作用明显减弱。据钢铁协会统计，12月底重点钢铁企业库存为1289万吨，比年初高48万吨。

（四）铁矿石供大于求，价格持续下跌

2014年，我国进口铁矿石9.33亿吨，同比增长13.8%，其中12月份进口铁矿石8685万吨，环比增加1945万吨，增长28.9%。我国铁矿石对外依存度进一步提高到78.5%，同比提高9.7个百分点。2014年国内铁矿石原矿产量15.1亿吨，同比增加5686万吨，增长3.9%，其中12月份国内铁矿石产量1.26亿吨，同比下降4.6%，连续3个月环比下降。铁矿石港口库存自5月份达到峰值后，连续7个月出现小幅下滑。12月末港口库存为9824万吨，较年初增长约1100万吨，进入2015年港口库存在9800万吨左右波动。

2014年，铁矿石价格整体保持下跌走势。全年进口均价为100.42美元/吨，同比下降29.2美元/吨。12月份铁矿石进口平均价格75.61美元/吨，环比下降4.05美元/吨。

（五）钢铁工业固定资产投资进一步下降，民间投资占比提高

2014年，钢铁工业（包括黑色金属矿采选业、炼铁业、炼钢业、钢加工业，扣除了铸造业和铁合金业）完成固定资产投资5250.12亿元，同比下降5.42%，上年同期为增长0.91%。其中，炼铁业固定资产投资同比大幅下降31.76%，炼钢业同比下降10.39%，钢加工业同比下降4.98%，只有黑色金属矿采选业投资仍然保持增长，同比仅增长1.45%，在铁矿石价格大幅下跌的影响下，矿山投资增速进一步回落。

民间投资占比提高。2014年，黑色金属冶炼及压延加工业完成投资4789元，同比下降5.9%；其中民间投资占比79.59%，同比提高3.02个百分点。黑色金属矿采选业完成投资1690.16亿元，同比增长2.6%；其中民间投资占比 88.99%，同比提高 4.48 个百分点。

（六）钢材价格指数持续下跌，屡创新低

12 月末，钢铁协会 CSPI 钢材综合价格指数为 83.09 点，环比下降 2.20 点，降幅为 2.58%；同比下降 16.05 点，降幅为 16.19%。进入 2015 年以来，钢材价格指数延续小幅下跌走势，1 月第二周钢材综合价格指数跌至 80.3 点，持续创出新低。从 2014 年全年平均价格走势情况来看，八大钢材品种平均价格降幅基本在 10%左右，其中螺纹钢降幅最大达到 12.9%，镀锌板降幅最小为 6.78%。

（七）实现利润有所好转，盈利水平仍然很低

2014 年，大中型钢铁企业实现销售收入 35882.07 亿元，同比下降 2.98%；实现利税 1090.92 亿元，同比增长 12.15%；实现利润 304.44 亿元，同比增加 87.54 亿元，增长 40.36%。累计亏损面 14.77%，同比下降 4.55 个百分点；亏损额 117.47 亿元，同比下降 8.02%；销售利润率为 0.85%，同比提高 0.26 个百分点。从利润的构成情况来看，主营业务保持盈利，但盈利水平很低。

三、2014 年钢铁行业取得的新成绩以及存在的突出问题

2014 年，全行业经历了很大困难，但是广大企业积极应对各种挑战，坚持抓结构调整、转型升级不放松，大胆进行改革创新，使各项工作又取得了新成绩。

（一）主动适应新常态，转观念，抓改革，促转变

我国经济发展进入新常态，给钢铁行业带来巨大的挑战。在严峻的形势面前，企业不抱怨，不气馁，用新观念、新思维去破解企业发展难题。部分企业充分发挥综合优势，持续挖潜增效，终于摘掉了持续亏损的帽子；有的企业提出要颠覆高盈利期形成的思维定势和经营模式，全面推进市场化改革，以“变革”为突破口并取得了明显效果。

（二）积极应对市场挑战，真抓实干见成效

2014 年，最突出的变化就是企业准确研判市场，战胜困难的能力明显增强。很多企业在资产管理、现金流管理方面成效显著；部分企业通过优化融资结构、多渠道运作资金，大幅降低贷款总量；深化内部挖潜增效，采取有效措施使“三项资金”占用大幅下降；在成本管理方面，一些企业先算成本账，评估好盈利水平后再接订单，由过去的“干了算”转变为“算了干”，有效降低了经营风险。在行业自律和区域市场协调方面，多数成员企业响应号召，为维

护区域市场秩序、稳定区域市场发挥了重要作用。

（三）以市场需求为导向，新技术、新产品开发取得突出进步

2014年企业技术创新步伐进一步加快，一大批新产品获得实际应用。BW300TP新型耐磨钢使机械服役寿命延长两倍以上，助推了我国大型装备制造业的技术进步和升级换代；核反应堆安全壳、核岛关键设备及核电配套结构件三大系列核电用钢在世界首座第三代核电项目CAP1400实现研发应用，耐候耐腐蚀桥梁板中标美国大桥工程，S450EW、S450AW等新型耐候钢用于C80E新型通用敞车，为我国国际级重载铁路发展提供国产化材料支撑；HC550/980DP汽车板实现了常规连退线生产1000兆帕级别高强钢；0.02毫米的精密带钢产品填补了国内高端不锈钢精密带钢产品的空白；33毫米厚壁X80M、大应变X80MHD2钢板已经可以批量生产。

（四）变压力为动力，节能环保再上新台阶

新环保法、钢铁工业污染物排放新标准的实施，加大了企业环保压力。但企业变压力为动力，进一步加强以烧结脱硫、“三干三利用”、能源管控中心等为代表的节能减排技术的全面升级和推广应用，吨钢综合能耗逐年下降；吨钢主要污染物排放量逐年减少，行业大气污染物排放总量增长势头得到遏制。

2014年，仍然有不少突出问题困扰着钢铁行业：

一是低价格、低效益的局面仍没有改变。2014年钢材价格总体上呈波动下行走势，12月末，钢材综合指数为83.09点，连续创出新低，而铁矿石、煤炭价格下降所带来的原料成本优势并没有明显的转化为产品竞争优势。行业整体盈利水平尽管比上年有所改善，但销售利润率只有0.85%，在整个工业行业中垫底。

二是企业资金紧张，融资难、融资贵突出。去年国务院为解决实体经济融资难采取了许多措施，但从企业反映的情况看，资金紧张、融资难的问题没有得到缓解。2014年，会员钢铁企业银行借款同比增长0.28%，但财务费用同比增长20.58%，很大程度上是由于贷款利率上升。特别是有些银行采取“一刀切”做法，不断抽贷、压贷，使企业资金十分紧张，一些企业甚至面临经营风险。

三是公平竞争的市场环境尚未形成。市场配置资源起决定性作用没有充分发挥，加剧了行业困难。主要表现在，环境执法标准尺度不一，打击假冒伪劣产品效果不明显，反不正当竞争缺乏监督落实，受各种因素制约落后企业无法淘汰出局。

四是改革不到位制约国有企业参与市场竞争。国有企业人员负担沉重，

“三项制度”改革仍不到位，企业办社会和历史遗留问题依然没有解决，在当前严峻的市场形势下，这些问题对企业经营发展的制约更加突出。

四、2015年钢铁行业面临的形势和协会重点工作

当前，世界经济仍处在国际金融危机后的深度调整期，今年世界经济增速可能会略有回升，但总体复苏疲弱态势难有明显改观，国际金融市场波动加大，大宗商品价格波动，地缘政治等非经济因素影响加大。国内经济总体保持平稳，但下行压力加大。由于下游行业需求趋缓，市场竞争会更加激烈，钢铁企业生产经营将面临新的挑战；主要原燃料价格波动，给企业生产经营带来不确定性，增加了企业的经营风险；企业资金紧张，融资难、融资贵难以根本缓解，同时汇率、债务的风险也可能加大。总之，对今年全行业面临形势的复杂性、严峻性要保持清醒的认识。

面对新常态，钢铁企业要充分认识、主动适应，加快转变步伐，从注重扩大产能的规模化发展转为注重品种质量提升的高质量发展，从注重产量效益的增长模式转为注重综合效益提升的增长模式，从注重提高产品竞争力转向同时注重综合竞争力的改革、优化和提升，从注重硬实力的打造转向更加注重软实力的提升，从注重国内发展转为开始谋划实施国际化发展，并不断探索企业间、产业间新的合作模式。为服务于企业发展和行业转型升级，2015年协会将重点开展以下工作：

一是全力做好稳市场、控产量、防风险、增效益工作。充分发挥自身优势，突出重点，提升工作质量和水平。加强新常态下钢铁行业运行监测分析，特别关注今年经济下行压力对行业的影响；加强原料、钢材市场和主要用钢行业市场的趋势性、倾向性问题研究，对市场可能出现的变化及时进行信息引导；坚持行业运行月度分析制度，扩大发布渠道。加强企业间的协调自律和监督，把“没有合同不生产，低于制造成本不生产”作为行业共同应对严峻形势的重要举措，做好专项产品市场、区域市场的协调和自律，力争取得明显成效。加强企业防范经营风险引导，特别是汇率风险，加强市场风险预期分析。充分发挥钢材、铁矿石价格指数的作用，引导企业理性采购和销售；继续开展对标挖潜活动，促进企业效益进一步提高。

二是坚持问题导向，把企业、行业面临的突出问题作为工作主攻方向。企业反映什么问题，行业遇到什么问题，协会就去研究、反映，并去努力解决什么问题。针对企业反映资金严重紧张，融资难的问题，协会将积极建议有关部门和金融机构采取差别化的信贷政策；继续向政府建议对企业科技创新、节能

减排、兼并重组等加大财税政策支持力度；注重对采用污染治理新工艺、清洁生产新技术的企业和扩大钢结构应用的支持，尤其是针对氮氧化物和二噁英等污染物控制难点对企业的支持方面，协会将继续提出建议；继续呼吁有关部门尽快出台降低国内铁矿山税费措施；加强行业正面宣传，增进社会公众对钢铁工业发展和进步的了解，要宣传城市钢厂与城市融合发展所取得的突出成绩，从今年开始协会将按年度推出《中国钢铁行业社会责任报告》。

三是坚持需求导向，努力做好新形势下的服务工作。加强对企业环保技术的推广和指导。密切关注环保法规、产业政策、标准要求及相关技术导则等信息，并及时传递给企业。认真总结会员企业在节能环保，特别是污染治理典型工程工作中的好做法、好经验，加强企业间交流。今年国家仍将有一系列改革措施和政策出台，协会要认真研究相关政策对企业的影响，及时收集相关情况，积极反映行业的意见。

四是积极开展法治钢企建设和行业诚信自律建设。把开展法治钢企建设，作为钢铁行业贯彻落实党的十八届四中全会精神的重要举措。高度认识开展法治钢企建设的必要性和紧迫性，要通过法治钢企建设，使钢铁企业真正成为依法治理的企业法人，诚信守法的经营实体和公平竞争的市场主体。充分发挥企业法律事务分会的作用，着力加强企业法律风险防范机制的建设，促进企业合规管理能力和依法治企能力的不断提升。探索开展钢铁行业信用建设，加强会员企业信用信息共享和应用，为会员企业提供多层次、全方位的信用信息服务，促进企业提高信用管理能力。进一步健全行业自律机制，完善行业自律规约，规范行业的市场秩序。

五是积极促进企业深化改革。认真贯彻落实党的十八届三中全会精神，积极促进国企、民营企业全面深化改革，重点就完善法人治理结构，深化企业内部三项制度改革，规范发展混合所有制、股权多元化开展调研；大力宣传企业深化改革的好经验、好做法，促进企业间交流。

国际篇

国际钢协 2014～2015 年全球钢材需求展望

2014 年 10 月 6 日，国际钢铁协会在俄罗斯莫斯科召开的第 48 届年会上发布 2014～2015 年全球钢材需求短期展望报告。据国际钢协预测，2014 年全球钢材表观消费量将同比增长 2.0%，达到 15.62 亿吨，低于 2013 年 3.8%的同比增幅。该机构还预计 2015 年全球钢材需求将进一步增长 2.0%至 15.94 亿吨。

对比国际钢协 2014 年 4 月在英国伦敦发布的全球钢材需求短期展望报告可以发现，当时国际钢协预计 2014 年全球钢材表观消费量同比增长 3.1%，2015 年将进一步增长 3.3%。尽管国际钢协的预测将 2014 年和 2015 年全球钢材需求增速明显下调，但钢材表观消费量仍然高于 4 月份的预测值，这主要是由于该机构重新修正了 2013 年全球钢材需求增速，即从 3.6%上调至 3.8%，钢材表观消费量也由此前的 14.81 亿吨大幅修正至 15.31 亿吨。

国际钢协经济委员会主席克尔克霍夫（Hans Jurgen Kerkhoff）表示：“2013 年下半年全球钢材需求呈现积极增长势头，但随着新兴和发展中经济体表现弱于预期，2014 年这一态势有所减弱。因此，我们此次发布的全球钢材需求增速要低于 4 月份的预测值。中国钢材需求增长放缓反映了经济结构转型的影响，这也是推动我们下调全球钢材需求增长预期的主要原因。我们预计南美和独联体国家钢材需求将出现明显下滑，主要是基于大宗商品价格下跌、经济结构性问题限制以及地缘政治紧张。与此形成鲜明对比的是，2014 年发达经济体表现较好。欧盟、美国和日本需求复苏预计将会比此前预期的更为强劲，但仍不足以弥补新兴经济体的下滑。至于 2015 年，我们预计发达经济体钢材需求增长将会有所减缓，而新兴和发展中经济体需求增速将会有所提升，但中国经济再平衡将会继续对全球钢材需求增长造成拖累。”

国际钢协同时称：“这一预测仍将面临很多风险和挑战。2015 年美国预计将会加息，这可能会对全球资本流动带来冲击，并使脆弱的新兴市场变得更加不稳定。与此同时，对新兴市场的预期受到经济需要进行结构改革、地缘政治持续紧张以及全球能源价格已经成为一个新的风险因素的限制。在中国，经济再平衡和向消费驱动经济增长转型都将可能带来挑战和不确定性。最后，欧元区经济复苏仍然受到家庭和政府降低负债的制约。”

随着政府努力实现经济再平衡而削减投资以及商业信心减弱，房地产行业出现快速降温，2014 年中国钢材表观消费量同比增速预计将放缓至 1.0%，达到 7.483 亿吨。并且这一疲弱增长势头将持续到 2015 年，届时中国钢材表观消费量将达到 7.543 亿吨，同比仅增长 0.8%。尽管如此，为应对经济增速放缓，如果中国政府采取定向刺激措施以及放松对房地产市场的限制，国际钢协则可能会上调中国钢材需求增长预期。

基于新一届政府上台承诺进行有利于商业的改革，印度钢材需求展望得到明显改善，2014 年印度钢材需求预计将同比增长 3.4%，达到 7620 万吨，增速要明显高于 2013 年的 1.8%。2015 年，经济结构改革和信心改善将支撑印度钢材需求进一步增长 6%，但通货膨胀高企以及财政整顿仍将对这一预期构成主要下行风险。

继 2013 年增长 2.1%之后，在经济政策的支撑下，2014 年日本钢材需求增速被向上修正，预计将同比增长 2.3%至 6680 万吨。然而，随着安倍经济学作用的逐渐消退，以及预期消费税再一次上调，2015 年日本钢材需求预计将同比下滑 1.5%。

2013 年美国钢材表观消费量同比下滑 0.4%，但在汽车业和能源业强劲增长的带动下，2014 年美国钢材需求被大幅上调，预计同比增长 6.7%至 1.022 亿吨，而 2015 年预计将进一步增长 1.9%。墨西哥 2014 年和 2015 年两年钢材需求增速预计将分别达到 6.9%和 3.5%。

由于大多数国家将会出现负增长，2014 年中南美地区钢材表观消费量被向下修正，预计同比下滑 2.4%至 4800 万吨，而 2013 年同比增长 4.2%。大宗商品价格下跌和经济结构改革的延迟都对该地区钢材需求增长造成负面冲击。但 2015 年该地区钢材需求将恢复增长，预计同比增速将达到 3.4%。2014 年巴西钢材需求预计将同比萎缩 4.1%，降至 2530 万吨，而 2015 年增速将仅反弹至 1.5%，这主要是由于面临诸如高通货膨胀、本国货币估值过高、高劳务成本以及基础设施瓶颈限制了该国投资活动。

2014 年欧盟 28 国复苏获得持续动力，钢材需求预计将同比增长 4%至 1.459 亿吨，明显高于 2013 年 0.8%的增速。这反映了欧盟大多数国家下游用钢行业需求的改善，尤其是英国、波兰以及那些正在进行结构改革的国家。2015 年欧盟钢材需求预计将进一步增长 2.9%。尽管如此，欧盟目前面临的通货紧缩和地缘政治紧张正威胁这一持续复苏势头。2014 年德国钢材表观消费量预计将同比增长 3.2%，达到 3910 万吨，2015 年预计将进一步增长 2.3%。

由于乌克兰危机问题，国际钢协将 2014 年独联体国家钢材需求预测显著下调，预计将同比下滑 3.8%，降至 5690 万吨，而 2013 年同比增长 2.8%。2013 年下半年俄罗斯下游用钢行业低迷走势仍在持续，并且受基础设施投资减弱以及地缘政治紧张的冲击，预计 2014 年该国钢材需求将同比萎缩 0.5%至 4320 万吨，2015 年则预计将恢复 1.1%的增长，升至 4370 万吨。东部地区的持续冲突对乌克兰经济造成沉重打击，预计 2014 年该国钢材需求将会出现高达 19%的同比降幅。对于 2015 年，假设政治形势趋于稳定，独联体国家钢材需求则预计将会增长 1.9%。

2014 年中东北非地区钢材需求预测被下调，主要是由于该地区一些国家政局不稳，但在产油国家经济强劲增长的推动下，该地区钢材需求预计将同比增长 3.3%至 6760 万吨，并且预计 2015 年该地区将进一步增长 6.6%。

整体而言，2014 年发达经济体钢材表观消费量同比增速预计将超过 4%，但 2015 年预计将会放缓至 1.7%。另一方面，2014 年新兴和发展中经济体（不包括中国）钢材需求预计将同比增长 1.7%，2015 年增速预计将会进一步反弹至 4.7%。

2013～2015 年全球成品钢材表观消费量及预测

国家和地区	表观消费量/百万吨			同比增幅/%		
	2013 年	2014 年	2015 年	2013 年	2014 年	2015 年
欧盟 28 国	140	146	150	0.8	4.0	2.9
其他欧洲国家	37	38	39	8.2	1.9	3.8
独联体	59	57	58	2.8	−3.8	1.9
北美自由贸易区	130	138	141	−2.4	6.4	2.2
中南美	49	48	50	4.2	−2.4	3.4
非　洲	34	35	37	10.8	2.8	8.0
中　东	50	52	55	0.2	2.3	6.0
亚洲与大洋洲	1032	1050	1064	4.9	1.7	1.4
全球总计	1531	1562	1594	3.8	2.0	2.0
发达经济体	388	405	411	−0.2	4.3	1.7
新兴与发展中经济体	1143	1157	1182	5.2	1.2	2.2
中　国	741	748	754	6.1	1.0	0.8
金砖国家	884	893	904	5.5	1.0	1.3
中东北非	65	68	72	1.8	3.3	6.6
全球（除中国）	790	814	840	1.7	3.0	3.2

注：2014 年和 2015 年数据为预测值。

2014年全球粗钢生产情况

国际钢铁协会2015年1月22日发布的统计数据显示，2014年全球粗钢产量达到16.62亿吨，同比增长1.2%。分地区来看，作为全球钢产量相对较低的地区，中东地区同比增幅最高；欧盟28国、北美以及亚洲地区均保持小幅增长势头；而独联体、非洲和南美地区则出现下滑。

2014年，亚洲地区生产粗钢11.323亿吨，同比增长1.4%。该地区占全球粗钢产量的比重为68.1%，较上年的68.0%略有上升。其中中国粗钢产量达到8.227亿吨，同比略增0.9%，在全球所占比重由上年的49.7%降至49.5%；日本生产粗钢1.107亿吨，同比微增0.1%；印度粗钢产量为8320万吨，同比增长2.3%；韩国生产粗钢7100万吨，同比增幅高达7.5%，是全球前十大产钢国中增速最高的，也是推动亚洲粗钢产量增长的最主要推动因素之一；中国台湾粗钢产量达到2330万吨，同比增长4.3%。

2014年，欧盟28国粗钢产量达到1.692亿吨，同比增长1.7%。其中德国生产粗钢4290万吨，同比微增0.7%；意大利粗钢产量为2370万吨，同比下滑1.4%；法国生产粗钢1610万吨，同比增长2.9%；西班牙粗钢产量达到1420万吨，同比略降0.6%；英国生产粗钢1210万吨，同比增长1.8%。

2014年，北美地区生产粗钢1.212亿吨，同比增长2.0%。其中美国粗钢产量为8830万吨，同比增长1.7%；墨西哥生产粗钢1900万吨，同比增幅达4.2%；加拿大粗钢产量为1260万吨，同比增长2.0%。

2014年，独联体国家粗钢产量达到1.053亿吨，同比下滑2.8%。其中俄罗斯生产粗钢7070万吨，同比增长2.6%；乌克兰粗钢产量为2720万吨，同比降幅高达17.1%，这主要是该国深受国内政治危机冲击所致，是全球前十大产钢国中降幅最大的。

2014年，南美地区生产粗钢4520万吨，同比下降1.4%。其中巴西粗钢产量为3390万吨，同比微降0.7%。此外，在全球其他主要产钢国中，2014年，土耳其粗钢产量达到3400万吨，同比下滑1.8%；伊朗生产粗钢1630万吨，同比增长5.9%。

2014年12月份，全球65个国家和地区粗钢产量为1.337亿吨，同比微增0.1%。12月份全球粗钢产能利用率为72.7%，与上年同期相比下滑2.4个百分点，再创2014年内新低。2014年全球平均粗钢产能利用率为76.7%，明显低于2013年的平均78.4%。

与2013年相比，2014年全球前十大产钢国排名变化不大，全球粗钢生产格局并未出现大的改变。2014年韩国粗钢产量出现明显增长，这也使得该国能够成功超越俄罗斯，跃升为全球第五大产钢国。尽管第十大产钢国乌克兰2014年粗钢产量下滑显著，但由于上年相对排名其后的意大利领先较多，因此尚未对其排名产生威胁。

2014年全球主要国家和地区粗钢产量

百万吨

国家或地区	2014年	2013年	同比/%
欧洲	312.9	313.2	−0.1
欧盟27国	169.2	166.3	1.7
独联体	105.3	108.3	−2.8
北美	121.2	118.9	2.0
美国	88.3	86.9	1.7
南美	45.2	45.8	−1.4
非洲	15.9	16.1	−0.7
中东	28.5	26.5	7.7
亚洲	1132.3	1116.1	1.4
中国	822.7	815.4	0.9
日本	110.7	110.6	0.1
大洋洲	5.5	5.6	−1.8
全球	1661.5	1642.2	1.2

2014年全球前十大产钢国粗钢产量

百万吨

排名	国家	2014年	2013年	同比/%
1	中国	822.7	815.4	0.9
2	日本	110.7	110.6	0.1
3	美国	88.3	86.9	1.7
4	印度	83.2	81.3	2.3
5	韩国	71.0	66.1	7.5
6	俄罗斯	70.7	68.9	2.6
7	德国	42.9	42.6	0.7
8	土耳其	34.0	34.7	−1.8
9	巴西	33.9	34.2	−0.7
10	乌克兰	27.2	32.8	−17.1

2014 年世界钢铁工业十大产业要闻

1 环保法修订并即将实施 倒逼落后钢铁产能退出

2014 年 4 月 24 日，中国第十二届全国人大常务委员会第八次会议表决通过了修订后的《中华人民共和国环境保护法》(简称：新环保法)，并于 2015 年 1 月 1 日正式实施。环保法本次修订明确了新世纪环境保护工作的指导思想，加强政府责任和责任监督，衔接和规范相关法律制度，以推进环境保护法及其相关法律的实施。修订后的新环保法共七章七十条，与现行法的六章四十七条相比，有了较大变化。

新环保法增加规定保护环境是国家的基本国策，并明确环境保护坚持保护优先、预防为主、综合治理、公众参与、污染者担责的原则；突出强调了政府责任、监督和法律责任，增加了现场检查的具体内容；增加环境日的规定，将联合国大会确定的世界环境日写入本法，规定每年 6 月 5 日为环境日；规定了环境信息公开和公众参与，加强公众对政府和排污单位的监督；应每年向人大报告环境状况；增加了要求科学确定符合中国国情的环境基准的规定；完善了环境监测制度；完善了跨行政区污染防治制度；补充了总量控制制度；增加规定未依法进行环境影响评价的建设项目，不得开工建设；明确规定环境公益诉讼制度；情节严重者将适用行政拘留；进一步加大了对违法行为的处罚力度，规定按日连续计罚，罚款上不封顶。

点评：

号称史上最严的新环保法对中国钢铁行业的影响在于，为加强污染源头防控、全程管控和环境综合治理所采用的污染防治技术工程设施的投资、建设及运行，都需要大量资金的投入，必将进一步提高钢铁企业的环保成本。新环保法如果能够得到严格执行，将有利于建立一个公平竞争的市场环境，倒逼落后钢铁产能退出市场，缓解产能过剩矛盾。

2 铁矿石价格现剧烈下跌 中国钢企经营业绩改善

2014 年 12 月 31 日，中国铁矿石价格指数（CIOPI）为 253.04 点，较当年1月2日的453.37点下滑44%。其中：国产铁矿石价格指数为236.31点，较年初的356.31点下降34%；进口铁矿石价格指数为260.61点，较年初的492.82点下降47%。市场供应出现过剩是导致2014年以来进口铁矿石价格下跌幅度接近50%的主要原因。一方面全球主要矿山铁矿石产量连创新高，市场供应大幅增加；另一方面中国经济增速放缓，铁矿石需求增长低于供应增长。

基于此，研究机构纷纷下调未来铁矿石价格预期。澳大利亚资源与能源经济局将2015年铁矿石价格预估下调至63美元/吨；中国国内知名投行中金公司下调2015年铁矿石价格至82美元/吨；摩根士丹利预计2015年铁矿石均价为每吨87美元，高盛预计为80美元；花旗银行预估2015年铁矿石价格可能将跌破60美元/吨，这是研究机构迄今对铁矿石价格最悲观的预估。

得益于铁矿石和炼焦煤等炼钢原料价格大幅下跌，2014年前11个月中国重点大中型钢铁企业累计实现利税985亿元，同比增长12.72%；实现利润224亿元，同比增长51.57%；销售利润率为0.74%。从利润构成情况来看，前11个月钢铁主营业务利润继续保持盈利，同比实现扭亏为盈。

点评：

铁矿石价格的深度下跌，一方面对中国钢企降低生产成本、提高盈利能力具有积极影响；另一方面则对中国高成本国产矿产生负面冲击，全球四大矿业巨头凭借自身铁矿石资源禀赋优势，在当前市场环境下仍能够实现可观盈利，对高成本生产商产生挤出效应，迫使其退出市场，从而抢占更多市场份额，这将使未来中国钢铁企业更加依赖进口铁矿石。

3 政府核准投资项目发布 钢铁取消审批实施备案

2014年11月18日，中国政府发布《政府核准的投资项目目录（2014年本)》。此次修订遵循了进一步缩减核准范围、进一步下放核准权限、进一步完善监管的主要原则，共取消、下放38项核准权限，其中取消核准改为备案15项、下放地方政府核准23项。

通知指出，法律、行政法规和国家制定的发展规划、产业政策、总量控制目标、技术政策、准入标准、用地政策、环保政策、信贷政策等是企业开展项目前期工作的重要依据，是项目核准机关和国土资源、环境保护、城乡规划、行业管理等部门以及金融机构对项目进行审查的依据。环保部门应根据项目对环境的影响程度实行分级分类管理，对环境影响大、环境风险高的项目严格环评审批，并强化事中事后监管。

通知强调，对于钢铁等产能严重过剩行业的项目，要严格执行《国务院关于化解产能严重过剩矛盾的指导意见》，各地方、各部门不得以其他任何名义、任何方式备案新增产能项目，各相关部门和机构不得办理土地（海域）供应、能评、环评审批和新增授信支持等相关业务，并合力推进化解产能严重过剩矛盾各项工作。

点评：

钢铁投资项目取消审批改为实施备案制是政府简政放权的具体举措，更加强调市场在资源配置中的决定性作用。取消钢铁投资项目核准一方面节约了项目核准和办理相关手续占用的时间，另一方面也有利于企业投资技术改造和结构调整项目的实施，对促进产业结构调整和转型升级将发挥积极作用。

4　铁矿行业规划编制启动 中国亿吨铁矿企业成立

2014 年 3 月 18 日，《铁矿行业中长期发展规划》编制工作启动大会在北京召开。此次规划的编制由工信部、中国冶金矿山企业协会组织，鞍钢集团矿业公司牵头承担规划编制主体工作。

规划将从总体规划、专项规划和重点区域规划三个方面，绘制铁矿行业 2016～2025 年发展蓝图。按照规划初步设想，未来十年，国内矿山将通过新建扩建、兼并重组等途径，加快打造世界级矿山企业，提高产业集中度；在东北、华北、西北和华南等地区，组建 6～8 个矿石年产量规模达到 3000 万吨以上的大型矿业集团；以最具资源优势的鞍钢矿业为龙头，形成 2 亿吨以上规模的特大型铁矿山企业集团，发挥带动作用，使国产矿比例达到 50%以上。

10 月 11 日，鞍钢矿业集团在辽宁鞍山正式揭牌成立，中国首个亿吨级铁矿山企业由此浮出水面，这标志着鞍钢集团在贯彻落实国家铁矿资源保障战略和做大资源优势、打造世界级铁矿山企业，加快推进矿业资源整合道路上迈出了重要一步。

点评：

从国家来看，通过制定铁矿行业发展规划，可以规范和引领行业发展进步；从行业来看，能够推进资源整合，提高产业集中度，提升在全球矿业市场竞争中的话语权，保障中国钢铁工业原料供给的战略安全；从企业来看，能够推动企业管理和技术创新，增强矿企创新力和竞争力。

5　符合条件钢企名单公布 促进钢铁行业规范管理

2014 年 11 月 25 日，中国工业和信息化部公布符合《钢铁行业规范条件》

（简称：《规范条件》）的第三批企业名单，共计147家钢铁企业入围。同年1月2日，工信部已公布符合《规范条件》的第二批企业名单，共计113家钢铁企业。再加上2013年4月28日公告的第一批符合《规范条件》的45家钢铁企业。至此，工信部分三批次《规范条件》准入工作已基本结束，全国共有305家钢铁企业入围，合计粗钢年产能约11.5亿吨。

2012年9月3日，工信部修订并公告了《钢铁行业规范条件（2012年修订）》（2012年第35号），2012年10月1日起正式实施。《规范条件》主要从产品质量、环境保护、能源消耗和资源综合利用、工艺与装备、生产规模、安全卫生和社会责任等六个方面提出规范要求。《规范条件》明确了要对公告企业名单进行动态管理，公告企业存在不能保持《规范条件》等情况的将被撤销资格。同时，根据行业发展需要，未来还将对《规范条件》不断修订完善。

点评：

工信部公布符合《规范条件》钢铁企业名单，使得多年来“潜伏”钢铁产能露出水面，基本摸清了家底，最大限度地消除钢铁行业管理盲区，有利于促进钢铁行业规范经营和产能过剩矛盾化解。《规范条件》突出强调质量、环保、节能和安全生产，有利于创造一个更加公平的市场竞争环境。

6 宝钢收购澳矿商阿奎拉 积极掌控优质铁矿资源

2014年7月9日，中国宝钢集团通过旗下宝钢资源国际有限公司联合澳大利亚铁路运营商Aurizon控股公司获得澳大利亚铁矿石生产商阿奎拉资源公司90%的股份，这使其能够行使权利强制收购剩余股份，并最终完成对该公司的整体收购。阿奎拉持有西皮尔巴拉铁矿项目和位于昆士兰州的Eagle Downs硬焦煤项目两个主要项目50%的股权。自2009年获得阿奎拉公司近20%股份以来，宝钢一直试图获得该公司西皮尔巴拉铁矿项目。

宝钢以强硬姿态收购，再加上对阿奎拉14亿美元估值的全现金报价，使得宝钢可以说服阿奎拉公司董事长及公司最大股东拒绝来自竞争对手澳大利亚矿业资源公司更高的报价，转而接受宝钢报价。虽然矿业资源公司报价对阿奎拉的估值高达15亿美元，但这只是一个股份互换交易，更重要的是公司最大股东和公司董事会对铁矿石市场未来前景感到担忧，换句话说持有公司股份的前景不明。

西皮尔巴拉铁矿项目将开采出品位为57%的高品质铁矿石，其品位远高于中国国内铁矿石平均20%～30%的品位，预计需要投资74亿美元。西皮尔巴拉铁矿项目预计2017～2018年开始产出铁矿石，在达到最高产量时，该项目每年将可以生产出4000万吨铁矿石，届时可以满足宝钢每年7200万吨铁矿石需求的大部分。强制收购也反映出阿奎拉对宝钢而言的重要性。

点评：

宝钢成功收购阿奎拉，首先标志着中国企业收购全球资源的复苏，而且是充分利用铁矿石价格疲软之机进行收购，其次会给中国政府寻求的在海外开发中国人掌握的铁矿资产战略带来促进作用，以帮助中国解决自身铁矿资源不足问题。近年来，中国在海外开发铁矿资源方面一直都没有很好的表现，在中国进口的铁矿石中仅有3%来自自己掌控的铁矿资产，远低于政府确定的40%目标。

7　淡水河谷加强中国合作 提高铁矿石成本竞争力

2014年9月12日，巴西淡水河谷公司与中国远洋旗下中散集团签署合作框架协议，中散集团与淡水河谷将就运输矿石订立最多25年的长期运输合同，为此中散集团将收购淡水河谷的四艘40万吨级大型矿砂船并供淡水河谷租用，此外还将建造10艘大型矿砂船；9月26日，淡水河谷与招商局集团也达成包运协议。招商轮船旗下全资子公司香港明华拟新造十艘大型矿砂船，并以这十艘船舶为标的与淡水河谷签署25年铁矿石包运合同；12月10日，淡水河谷旗下巴西马德拉港与中国青岛港缔结友好港，将共同搭建“淡水河谷·青岛港铁矿石分销中心”。

2007年淡水河谷提出了雄心勃勃的铁矿石运输船队计划，并在2008年金融危机后正式启动，这一船队包括35艘40万吨级超大型矿砂船（Valemax）。2011年开始有Valemax交付后，淡水河谷成功让其中一艘在大连港靠岸。但很快，中国交通运输部于2012年1月发布《关于调整超设计规范船型船舶靠泊管理的通知》，指出目前建设规范标准的散货船泊位最大为35万载重吨。这一规定终结了淡水河谷大船停靠中国港口的可能性。此后，淡水河谷开始寻求将铁矿石运输至中国同时又具有与澳矿企相抗衡的成本竞争力的替代方案。

点评：

中国是全球最大的铁矿石进口国，而淡水河谷仍在继续扩大铁矿石产能，因此增加向中国的铁矿石出口量同时提高物流效率是淡水河谷追求的目标。该公司大船在中国港口停靠遭拒后，与中国大型船东的合作就是其中一个作为替代方案的策略。这些举动体现了淡水河谷希望降低向中国运输铁矿石的成本，以更好地与澳大利亚矿商竞争的战略决心。

8　河钢集团控股瑞士德高 加快推进国际平台建设

2014年11月18日，中国河北钢铁集团与全球最大的钢铁贸易与综合服务商瑞士德高国际贸易控股公司就股权收购签署协议，增持后者股权至51%，同时将原子公司唐钢与德高公司之间的全面战略合作伙伴关系上升至集团与德高公司层面。

此前河北钢铁集团唐钢公司曾与德高公司保持多年的贸易合作关系。据悉，仅仅用四年时间，唐钢向德高出口钢材数量就从2009年的6.7万吨增至2012年的100万吨以上。2011年以来，唐钢与德高合作范围从钢铁贸易拓展到技术、资源和融资等多个领域。2013年3月，河北钢铁集团通过旗下唐钢公司，以7800万美元参股德高公司，持有10%的股份，成为该公司第二大股东。此番是河北钢铁集团和德高公司第二次进行股权交易。

在上述签约之前不久，河北省印发了《河北省钢铁水泥玻璃等优势产业过剩产能境外转移工作推进方案》，明确提出到2017年，实现河北省钢铁产能向境外转移500万吨；到2023年，力争实现全省向境外转移钢铁产能2000万吨。因此，为化解国内严重过剩产能，中国钢企不仅加大海外钢材销售力度，亦积极布局海外销售网络。对于河北钢铁集团来说，与拥有成熟销售网络的德高公司联手，显然是一次不错的选择。

点评：

河钢集团此举是中国钢企首次收购并控股全球大型钢贸商，也适逢中国钢材出口达到创纪录高点。德高不仅是一家钢贸商，更是一家综合服务商。河钢集团利用德高全球化平台，可以在一定程度上规避对中国钢材的反倾销。河钢集团把德高作为国际化发展战略的重要平台，延伸钢铁产业链至全球终端，使集团尽快完成从钢材供应商到综合服务商的转变。

9 浦项换帅调整发展战略 寄望钢铁主业走出困局

2014年3月14日，权五俊接替前任郑俊阳出任韩国浦项钢铁公司首席执行官。权五俊此前是该公司首席技术官。履新后，权五俊立即宣布将通过精简、出售浦项非核心资产以及推动一些子公司上市来筹措资金，旨在改善浦项财务状况，而同时将产能扩张计划暂且搁置，集中精力投资高附加值项目，确保作为核心的钢铁业务的竞争力。

此外，在浦项2014年5月公布的中期经营计划中，权五俊再次强调将把钢铁作为唯一的核心业务，以此奠定“快速增长”基础，同时将改变以往的多元化路线，仅把镍、锂等基础材料以及燃料电池等清洁能源作为钢铁业务之外的增长引擎。为提升钢铁业务竞争力，浦项计划加强高附加值产品开发，并扩大在汽车、海洋及能源领域的钢板销售。

如果中期经营战略得到顺利实施，浦项钢铁公司预计到 2016 年单独营业收入将达到 32 万亿韩元（约合 313 亿美元），营业利润为 3 万亿韩元，营业利润率为 9.1%。而 2013 年该公司营业收入为 30.5 万亿韩元，营业利润和营业利润率分别为 2.2 万亿韩元和 7.3%。

点评：

前任郑俊阳推进的多元化战略令浦项债台高筑，信用等级大幅下滑，面临自创立以来最大的危机。权五俊上台后制定出与郑俊阳截然不同的战略，即改变多元化，回归钢铁主业。权五俊的新发展战略被寄望能够凭借钢铁业务技术创新力挽浦项盈利下滑的局面，带领公司走出困局，继续保持全球最具竞争力钢企地位。

10 中国钢材出口再创新高 国际贸易摩擦明显加剧

2014 年 12 月 8 日，中国海关总署公布的统计数据显示，11 月份中国出口钢材 972 万吨，单月出口量再创历史新高，较上月增加 117 万吨，环比增长 13.68%，同比增幅高达 94.4%；1～11 月份中国累计出口钢材 8361 万吨，同比增长 46.79%。按照这一出口情况来看，2014 年全年中国钢材出口量超过 9000 万吨已成定局。中国钢材出口大幅增长引发更多贸易摩擦，美国、欧盟、东盟以及韩国等国家纷纷对中国钢材出口进行“双反”调查。

受经济转型和房地产行业低迷影响，中国国内钢材市场需求疲软，再加上铁矿石和炼焦煤等原燃料价格大幅下跌，推动钢材价格一路下滑，而国外钢材市场跌幅相对较小，不断拉大的价差和一路下滑的行情促使中国钢材加速走向海外市场。

据估算，2014 年中国钢材出口量折合粗钢大约占总产量的 11%，与全球主要钢材出口国相比，这一比重虽然并不高，但是由于基数庞大，绝对值则遥遥领先，排名第二的日本同期钢材出口量估计约 4000 万吨。很显然，中国钢材大量出口会给国际市场带来一定影响。

点评：

中国钢材出口显著增加引发国外大量反倾销调查，前几年主要是欧美等发达国家对中国钢材提出贸易救济调查，而近两年包括东盟等在内的亚洲国家提出的反倾销调查数量增长迅速，例如韩国 2014 年首次发起针对中国 H 型钢的反倾销调查。随着国际贸易摩擦的明显加剧，未来中国钢材出口将会明显受阻。

2014年国际钢材市场回顾及2015年展望

从2014年全年来看，全球钢材市场需求和价格呈整体下滑的走势。虽然美国经济景气度回升拉动当地钢材需求和价格回升，但欧洲经济和钢材需求复苏乏力，亚洲（特别是中国）经济增长放缓导致钢材市场供过于求，南美（特别是巴西）经济和钢材需求持续低迷。

2015年，欧洲经济和钢材需求预计将出现适度改善，在美国等发达经济体经济增长的带动下，全球钢材需求和价格走势预计均将好于2014年，但新兴经济体钢材需求增速放缓依然会对国际市场钢材价格上涨构成压力。此外，炼钢原料价格低位运行，也无法支撑钢材价格上涨。

1 2014年全球粗钢生产情况

2014年初，全球粗钢产量在2013年12月钢材需求增长、发达经济体（如美国、欧洲、日本）经济复苏以及市场预期的需求季节性复苏刺激下出现增长。从国际钢协统计的粗钢产能利用率来看，全球65个主要产钢国和地区的钢厂产能利用率从2013年12月的75.1%持续攀升至2014年3月的79.0%。3月之后，国际钢材市场未迎来需求季节性复苏，成品钢材供应过剩、价格下跌，以及一些意外事故和部分地区炼钢原料供应问题引发钢厂减产，产能利用率持续下滑至8月的74.3%。随后的9月，受季节性因素推动粗钢产能利用率小幅增加至76.1%，但在此之后产能利用率一直呈下滑趋势，直至12月的72.7%，低于2013年同期。

2014年，全球粗钢产量为16.615亿吨，同比增长1.2%。从全球粗钢总产量上看，全年月产量峰值出现在3月（为1.416亿吨），且除10月和11月（环比下降）外，其他月份的月产量均较2013年同比小幅增长。分地区来看，2014年，北美粗钢产量为1.21亿吨，同比小幅增长2.0%；南美粗钢产量为4520.1万吨，同比小幅增长2.0%；欧盟（28国）粗钢产量为1.69亿吨，同比小幅增长1.74%；独联体粗钢产量为1.05亿吨，同比下降2.77%；亚洲粗钢产量为 11.11 亿吨，同比增长 1.39％；非洲粗钢产量为 1557.9 万吨，同比下降 0.74％；中东地区粗钢产量为 2805.9 万吨，同比增长 7.89％。

2 2014 年国际钢材市场走势

2014 年，受钢材需求不足，市场供应过剩以及炼钢原料成本下降拖累，国际钢材价格呈整体下跌的趋势。分品种来看，长材价格走势好于板材，这主要是受美国和欧洲建筑业复苏拉动。分地区来看，受益于美国建筑业、汽车业和能源行业钢材需求增长，美国市场成为 2015 年全球钢材市场的亮点；而亚洲市场受中国经济增速放缓和钢材出口增加，以及日本经济再度陷入衰退影响，钢材价格呈单边下跌态势。从 2014 年全年来看，年内价格峰值出现在 1 月，在随后的下跌过程中分别在 5 月和 8 月出现两次短暂反弹，因此大致可以分为以下五个阶段。

第一阶段：价格下滑探底。

2014 年初，全球主要发达经济体（如美国、欧洲、日本）经济复苏提振钢材市场情绪，加之市场预期钢材需求将延续 2013 年 12 月的走势并出现季节性复苏，因此全球粗钢产能利用率、产量出现适度增长，国际市场（除北美市场外）钢材价格在 1 月达到年内峰值。但随后受钢材需求增长不足，市场供应过剩以及炼钢原料成本下跌影响，国际市场钢材价格持续下滑，直至 4 月触底。

第二阶段：价格短暂反弹。

2014 年 5 月国际钢材市场需求状况并未显著改善，因此价格回升没有获得基本面的支撑，更像是一次技术性反弹，持续时间也很短暂。其中，长材价格回弹主要是受美国和欧洲建筑业需求小幅回升拉动；扁平材价格上涨主要是由于美国钢厂停产导致供应趋紧。此外，废钢价格回升也给迫切需要改善盈利状况的钢厂一个提价的理由。

第三阶段：价格再度回落。

2014 年 6～7 月，北半球进入暑期钢材需求淡季，炼钢原料（特别是铁矿石）价格下跌使钢材价格失去支撑。乌克兰危机不断发酵不仅影响独联体钢材内需和出口，也拖累欧洲（特别是德国）对俄罗斯的出口，加上日本经济再度陷入衰退，亚洲持续增加钢材出口，以及举办世界杯引发的巴西钢材需求低迷，都拖累国际钢材价格一路下滑。

第四阶段：价格小幅回升。

2014 年 8 月，随着暑期淡季结束，除亚洲外全球其他地区（特别是美国和欧洲）钢材需求开始回升，钢材价格在经历了此前连续两个月的下跌之后，开始企稳，北美和欧洲市场价格还出现了小幅上涨（但亚洲市场钢材价格依然下跌）。美国和欧洲钢材用户重返市场的同时，中东和北非地区的用户在斋月过后也开始重建库存，但亚洲增加廉价钢材出口继续对国际市场钢材价格形成冲击。

第五阶段：钢价下跌创五年来新低。

2014 年 9 月之后，受铁矿石价格下滑，亚洲钢材需求持续低迷、增加出口以及欧元区经济景气度再度恶化拖累，国际市场供需基本面进一步弱化，钢材价格持续下跌，创 2009 年以来的新低。多个国家采取贸易保护措施限制钢材进口，这加剧了国际市场的供应过剩和竞争。接近年末，经销商和用户均严格控制库存水平，因此年末重建库存需求不足，钢材价格未能出现反弹。

3　2015 年国际钢材市场展望

3.1　世界经济展望

尽管油价大幅下跌，对全球经济增长产生积极的净影响，但由于存在其他根本脆弱性，世界经济前景依然疲弱不振。国际货币基金组织（IMF）在 2015 年 1 月 20 日发布的《世界经济展望》报告中，预计 2015～2016 年全球经济增长将小幅加快，从 2014 年的 3.3%上升到 2015 年的 3.5%和 2016 年的 3.7%。相比 2014 年 10 月期《世界经济展望》的预测，这两年的增长预测均下调了 0.3%。预计发达经济体 2015 年和 2016 年的增长率均将升至 2.4%。然而，尽管总体前景基本未变，但美国与欧元区和日本之间的差异日趋明显。预计新兴和发展中经济体的增长在 2015 年将大体稳定在 4.3%，2016 年将升至 4.7%。

3.2　全球钢材需求展望

受全球经济增长动力不足，欧洲和亚洲钢材需求复苏乏力影响，国际钢协于 2014 年 10 月 6 日发布的短期钢材需求预测对 4 月的预测值进行了向下修订，将 2014 年全球钢材表观消费量增幅由此前的 3.1%下调至 2.0%，预测值为 15.62 亿吨；并将 2015 年全球钢材表观需求量增幅由此前的 3.3%下调至 2.0%，预测值为 15.94 亿吨。分地区来看，2015 年全球大部分地区钢材表观消费量都将出现增长，其中欧盟（28 国）钢材表观消费量为 1.50 亿吨，同比增长 2.9%；独联体为 0.58 亿吨，同比增长 1.9%；北美自由贸易区为 1.41 亿吨，同比增长 2.2%；中南美洲为 0.50 亿吨，同比增长 3.4%；非洲为 0.37 亿吨，同比增长 8.0%；中东为 0.55 亿吨，同比增长 6.0%；亚洲及大洋洲为 10.64 亿吨，同比增长 1.4%。

3.3 全球钢价走势展望

2015 年全球钢材价格面临诸多负面压力：第一，中国经济结构调整，投资增长放缓，房地产行业依然低迷，经济增速还将下行；第二，欧洲经济面临通货紧缩风险，欧洲央行的适度宽松货币政策能否刺激经济增长还有待观察；第三，国际油价大幅下跌和地缘政治紧张局势加剧对俄罗斯和独联体经济造成负面影响；第四，炼钢原料（特别是铁矿石）价格下跌也无法对钢材价格形成支撑。因此，预测 2015 年全球钢材需求和价格不会出现显著回升，只会在一季度末和三季度末出现适度复苏。

2014～2015年全球粗钢和炼钢原料市场展望

澳大利亚资源与能源经济局（BREE）于2014年12月对2014～2015年全球粗钢产量和消费量，以及炼钢原料（铁矿石、炼焦煤）进出口量和价格做出短期预测。该机构预计，2014年全球粗钢消费量将同比增长1%至16.57亿吨，2015年进一步增长0.9%至16.71亿吨；2015年铁矿石离岸均价将同比下降28%至63美元/吨；2014年全球铁矿石贸易量预计将同比增长10%，达到13.53亿吨，2015年进一步增长2.8%，增至13.92亿吨；2014年冶金煤平均合同价格预计为126美元/吨，2015年进一步下滑4.2%至120美元/吨；2014年全球冶金煤贸易量预计将同比增长0.7%，达到3.041亿吨，2015年进一步增长2.0%至3.10亿吨。

全球粗钢消费

受新兴经济体固定资产投资增幅下降影响，2014年全球粗钢消费量增速预计放缓，同比增幅降至1%，达到16.57亿吨；2015年受中国房地产行业低迷拖累，全球粗钢消费量增速将进一步下滑至0.9%，达到16.71亿吨（见表1）。

2014年中国粗钢消费量预计将同比增长1.5%至7.83亿吨；2015年进一步增长1.6%至7.96亿吨。2014年，中国粗钢消费量结束了以往年均10%的高增长，进入低速增长周期，这主要是由于占中国粗钢消费量48%以上的房地产行业需求低迷，部分抵消了基础设施和制造业粗钢需求增长。2014年1～10月，中国铁路和制造业固定资产投资总额分别同比增长22%和13%，但同期住宅开工量却同比下降9%。粗钢消费量下滑以及产能过剩导致2014年中国钢材价格下跌，其中热轧薄板和钢筋基准价格分别下跌14%和16%。

展望2015年，中国基础设施（特别是铁路）建设投资在进一步增长的同时，房地产行业将成为推动中国粗钢消费量增长的关键因素。在2014年宏观经济和房地产行业增速放缓的大背景下，中国政府于年末放松了货币政策，并出台针对房地产行业的刺激政策。在这些利好措施的刺激下，2015 年上半年中国住宅销量有望出现回升，建筑业也将于 2015 年上半年开始适度复苏。在房地产行业复苏、基础设施建设投资增长以及钢厂淘汰落后产能引发减产等利好因素的推动下，2015 年中国钢材价格也有望出现回升。但尽管如此，政策面对房地产行业的刺激效果还有待观察，如果近期出台的政策无法推动房地产行业复苏，则 2015 年中国粗钢消费量增速还有进一步下滑的可能。

表 1　全球粗钢产量和消费量　　百万吨

	2012 年	2013 年	2014 年	2015 年	同比/%
粗钢消费量					
欧盟 28 国	154	154	153	154	0.4
美　国	108	106	107	107	0.5
巴　西	28	29	30	31	2.0
俄罗斯	49	50	51	51	1.0
中　国	688	772	783	796	1.6
日　本	69	71	69	69	−1.0
韩　国	56	54	55	56	1.5
印　度	77	81	83	87	4.5
全球总计	1546	1641	1657	1671	0.9
粗钢产量					
欧盟 28 国	169	167	164	163	−0.8
美　国	89	87	90	93	3.0
俄罗斯	71	69	69	69	0.5
中　国	709	822	859	868	1.1
日　本	107	111	113	113	0.0
韩　国	69	66	66	67	0.5
印　度	77	81	85	89	5.0
全球总计	1537	1650	1695	1713	1.1

注：2014 年和 2015 年数据为预测值。

2014 年印度粗钢消费量预计将同比增长 2.5％至 8300 万吨；2015 年进一步增长 4.5％至 8700 万吨。2014 年印度粗钢消费量增长主要是受该国政府加大基础设施投资拉动。2014 年初以来，印度国内钢材价格相对稳定，其中生铁和钢筋价格仅同比下跌1%和6%。2015年，印度将加大保障房及公共基础设施建设，从而支撑该国粗钢消费量持续增长。

2014年日本粗钢消费量预计将同比下降2.8%，2015年进一步减少1.0%至6900万吨。2014年三季度，日本经济再度陷入衰退，这将对2015年日本粗钢消费产生负面影响。

全球粗钢生产

2014年全球粗钢产量预计将同比增长2.7%，达到16.95亿吨；2015年进一步增长1.1%至17.13亿吨。

2014年1～10月，中国粗钢产量同比增长4.5%，预计全年粗钢产量也将同比增长4.5%至8.59亿吨；2015年中国粗钢产量增速将放缓至1.1%，达到8.68亿吨。

受粗钢产量增长和消费量下滑影响，2014年10月中国钢厂库存量同比增长16%，钢材出口量同比大幅增长42%。中国钢材主要销往韩国、印度和菲律宾等国，由于可能引发其他相关国家采取贸易保护措施，因此出口量不可能一直维持在目前的高位，预计2015年中国钢材出口量将出现下滑。

2014年印度粗钢产量预计将同比增长4.5%，达到8500万吨；2015年进一步增长5%至8900万吨。2014年印度粗钢产量增幅下降主要是由于该国最高法院要求一些当地铁矿停产，导致铁矿石供应不足。受此影响，2014年1～9月印度从中国进口钢材数量同比激增41%。2015年印度粗钢产量增长依然面临铁矿石供应不足以及来自进口钢材的威胁。

2014年日本粗钢产量预计将同比增长1.8%至1.13亿吨，2015年同比将维持稳定。日本国内钢材需求低迷以及该国制造业向生产成本更低的新兴市场国家转移，将在短期内对该国粗钢产量形成负面压力。

2014年韩国粗钢产量预计将同比增长0.5%至6600万吨；2015年进一步增长0.5%至6700万吨。这主要是受用钢密集型制造业出口增长拉动。与此同时，美国对韩国钢材发起反倾销调查，有可能对韩国粗钢产量增长产生负面影响。

2014年美国粗钢产量预计将同比增长3.4%，达到9000万吨；2015年进一步增长3.0%至9300万吨。美国粗钢产量增长主要是受住宅和汽车产量增长拉动，这两大行业分别占美国钢材需求的40%和25%。

2014年欧盟粗钢产量预计将同比下降1.8%，降至1.64亿吨；2015年进一步减少0.8%至1.63亿吨。2014年欧盟粗钢产量下降主要是由于法国、意大利和西班牙仍未摆脱欧债危机影响，粗钢产量较低。2015年，欧元区主要经济体预计仍将受宏观经济低迷拖累，钢材需求不振。

铁矿石价格

受国际市场铁矿石供应量大幅增加和需求增幅放缓影响，2014年1月以来铁矿石现货价格已累计下跌近50%。虽然2014年全年澳大利亚铁矿石出口离岸均价为90美元/吨，但12月中旬时铁矿石价格已经跌至70美元/吨左右（见图3），创2009年以来的最低值。2009～2013年，国际市场铁矿石价格呈现明显的季节性波动，但2014年铁矿石价格下跌周期延长，且未出现季节性回升，这一变化表明铁矿石市场供需结构已经发生根本性改变。2014年以来国际市场铁矿石供应量增加使亚洲钢厂不再担心铁矿石供应不足，因此用户也不必在澳大利亚雨季到来前囤积铁矿石，导致铁矿石需求未出现明显的季节性回升。

此外，中国国内铁矿石生产企业通过一系列降成本、提高生产效率措施，在本轮矿价下跌中抗冲击能力增强，不像往年矿价下跌时那样被迅速挤出市场。中国铁矿停产数量下降，也使市场供需平衡进一步恶化，加剧矿价下跌压力。进入冬季后，中国将有更多的铁矿受天气因素影响而停产，但只有国际市场铁矿石价格进一步下跌才能在较长的时间内抑制这些产能重返市场。

2015年，铁矿石价格下跌也会使一些国际铁矿石生产企业退出市场，这些企业规模较小且生产成本较高，在竞争日益激烈的市场上难以盈利。2015年铁矿石离岸均价预计将同比下降28%至63美元/吨。短期内，中国房地产行业不会迎来景气周期，国际铁矿石市场供应过剩的状况将一直持续到2015年一季度。进入2015年下半年，受一些铁矿石生产企业减产及中国房地产行业复苏（能否出现复苏目前尚存疑问）带动，铁矿石价格可能出现小幅回弹，但巴西和澳大利亚低成本铁矿石生产企业进一步增产将继续对国际市场铁矿石价格构成下行压力。

全球铁矿石贸易

2014年全球铁矿石贸易量预计将同比增长10%，达到13.53亿吨（见表2）。其中，澳大利亚铁矿石出口量预计将同比增长24%，巴西出口量将同比增长10%，而中国铁矿石进口量增加量约为1.18亿吨（这主要是由于中国钢铁企业增加低价进口矿采购量）。2015年全球铁矿石贸易量预计将进一步增长

2.8%，增至13.92亿吨。其中，澳大利亚和巴西铁矿石出口量预计均同比增长7%。随着高成本铁矿石生产企业减产并减少出口，全球铁矿石贸易量增幅将随之放缓。

表2 全球铁矿石贸易 百万吨

	2012年	2013年	2014年	2015年	同比/%
进口					
欧盟28国	121	128	125	123	−1.6
日　本	131	136	137	138	0.4
中　国	745	820	938	973	3.7
韩　国	66	63	63	64	1.3
出口					
澳大利亚	492	579	718	766	6.6
巴　西	327	330	362	388	7.0
印度（净出口）	16	9	−3	−2	−19.9
加拿大	35	36	34	29	−15.0
南　非	54	48	46	43	−5.8
全球总计	1154	1225	1353	1392	2.8

注：2014年和2015年数据为预测值。

铁矿石进口

2014年中国铁矿石进口量预计将同比增长13.8%，达到创纪录的9.33亿吨。中国铁矿石进口增长主要是由于港口铁矿石库存增加，6月中国港口铁矿石库存达到创纪录的1.06亿吨，而下半年港口铁矿石库存仅出现小幅下降。2015年中国对进口铁矿石需求量将会继续增加，预计将进一步增长3.7%至9.73亿吨。这主要是由于较低的盈利水平迫使中国钢厂增加低价进口铁矿石采购量。

2014年日本铁矿石进口量预计将同比增长0.7%至1.37亿吨，2015年进口量增幅预计不足1%，增至1.38亿吨。2014年下半年，日本经济再度陷入衰退，拖累该国钢材及进口铁矿石需求增长。2014年韩国铁矿石进口量预计降幅不足1%，降至6300万吨；而2015年将再度增长1.3%，增至6400万吨。

铁矿石出口

2014年澳大利亚铁矿石出口量预计将同比增长24%，增至7.18亿吨。澳大利亚铁矿石出口量增加主要来自其产能扩建完成和皮尔巴拉地区基础设施能力提高。2015 年澳大利亚铁矿石出口量预计将进一步增长 6.6%至 7.66 亿吨，与 2012 年出口量相比增幅超过 50%。这主要是受皮尔巴拉地区铁矿石生产企业增产以及罗伊山（Roy Hill）铁矿石项目投产支撑，该项目高品位铁矿石设计年产能达到 5500 万吨。铁矿石价格下跌及市场竞争加剧不会对皮尔巴拉地区大多数铁矿石开采企业造成太大影响，反而是矿价下跌引发的吨矿利润降低会刺激铁矿石开采企业进一步提高生产效率以降低单位生产成本。

2014 年巴西铁矿石出口量预计将同比增长 10%，增至 3.62 亿吨；2015 年出口量将进一步增长 7%至 3.88 亿吨。巴西铁矿石出口量增长主要源自该国出口基础设施能力提高，淡水河谷公司增加超大铁矿石运输船 Valemax 运力以及新近投产的 Minas-Rio 矿逐步增产。

澳大利亚出口

2014/15 财年澳大利亚铁矿石出口量预计将同比增长 15%至 7.47 亿吨，这主要得益于现有矿山增产以及一些瓶颈问题得到解决。力拓、必和必拓和 FMG 铁矿石发货量增长，罗伊山铁矿石项目也计划于 2014/15 财年投产。虽然澳大利亚铁矿石出口量增长，且澳元兑美元汇率下跌有利于出口，但受矿价下跌影响，2014/15 财年澳大利亚铁矿石出口额预计将同比减少 24%至 570 亿澳元。

冶金煤价格

2014 年，与其他炼钢原料价格相比，冶金煤价格相对稳定，这表明高成本产能陆续停产之后，国际冶金煤市场供需基本恢复平衡。目前，尚有一些冶金煤生产企业处于亏损状态，因此 2015 年还将有煤矿宣布停产，从而支撑冶金煤价格在 2015 年末小幅上涨。

2014 年一季度国际市场冶金煤现货价格下跌 20 美元/吨，二季度至四季度现货价格维持相对稳定。2014 年 1～11 月，受供应过剩和进口需求相对低迷影响，低挥发分硬焦煤中国到岸价同比下降 22%至 127 美元/吨。四季度，澳大利亚高品质冶金煤合约基准价为 119 美元/吨，环比三季度下跌 1 美元/吨。从 2014 年全年看，冶金煤平均合同价格预计为 126 美元/吨，同比下降 21%。

2015 年一季度，澳大利亚高品质冶金煤合约基准价为 117 美元/吨。在这一价位上，许多冶金煤供应商将不会盈利，因而一些冶金煤生产企业选择关闭产能。截至目前，已经宣布要关闭的冶金煤产能超过 2000 万吨，2015 年还将有更多的产能宣布关闭。在宣布减产以及进一步减产实施之前，冶金煤价格将维持相对稳定。2015 年冶金煤价格预计将进一步下跌 4.2%，均价跌至 120 美元/吨。

全球冶金煤贸易

2014 年全球冶金煤贸易量预计将同比增长 0.7%，达到 3.04 亿吨（见表 3）；2015 年全球冶金煤贸易量预计将进一步增长 2.0%，增至 3.10 亿吨。

表 3　全球冶金煤贸易　　百万吨

	2013 年	2014 年	2015 年
进口			
欧盟 28 国	42	40	41
日　本	54	55	55
中　国	77	60	65
韩　国	31	32	32
印　度	38	43	44
出口			
澳大利亚	170	180	185
加拿大	33	34	34
美　国	60	57	56
俄罗斯	22	13	13
全球总计	302	304	310

注：2014 年和 2015 年数据为预测值。

冶金煤进口

受粗钢产量增速放缓和中国政府出台措施扶持国内煤炭企业影响，2014 年中国冶金煤进口量预计将同比减少 22%至 6000 万吨。虽然中国仍将是冶金煤进口大国，但政府新措施将在短期内使增加的冶金煤需求主要由国产冶金煤来满足。2014 年，虽然中国冶金煤进口总量下滑，但在进口冶金煤中澳大利亚冶金煤所占比重进一步增加，美国和加拿大冶金煤所占份额下降。2015 年中国冶金煤进口量预计将再度增长 8%至 6500 万吨，主要是受粗钢增产推动。

受粗钢产量增长支撑，2014 年印度冶金煤进口量预计将同比增长 13%至 4300 万吨，2015 年将进一步增长 2.3%至 4400 万吨。

冶金煤出口

国际市场较低的冶金煤价格使美国煤炭企业失去竞争力，特别是在近期美元升值和运费上涨的情况下。2014 年美国冶金煤出口量预计将同比下降 5%至 5700 万吨，2015 年将进一步减少 1.8%至 5600 万吨。

中国财政部将煤炭出口税从 10%下调至 3%（自 2015 年 1 月 1 日起执行）以支持国内煤炭行业发展，虽然这会推动中国增加对日韩等国的煤炭出口，但出口量增幅不会太大。

澳大利亚出口

国际市场冶金煤价格下跌导致一些澳大利亚煤炭企业宣布停产。虽然这些停产都发生在 2014 年，但 2014/15 财年澳大利亚冶金煤产量预计仍将同比增长 4.7%至 1.89 亿吨，这主要是得到新投产项目（如 Caval Ridge 煤矿）的支撑。

澳大利亚煤炭企业继续通过降低成本来维持自身竞争力。例如，必和必拓宣布已削减昆士兰州煤矿 24%的运营成本，并将在 2014/15 财年进一步削减成本 10%，使其冶金煤生产成本降至约 90 美元/吨。

2013/14 财年，澳大利亚冶金煤出口量同比增长 17%至 1.805 亿吨；出口额同比增长 3.7%至 233 亿澳元。2014/15 财年，澳大利亚冶金煤出口量预计将进一步增长 1.7%至 1.835 亿吨。虽然出口量增加，澳元预计也将出现升值，但受冶金煤合约价下滑拖累，澳大利亚冶金煤出口额将同比下滑 3.0%至 226 亿澳元。

世界级钢铁企业竞争力排名解读

美国钢铁行业分析机构世界钢动态公司（WSD）2014 年 6 月发布最新一期的世界级钢铁企业竞争力排名。与上年榜单相比，2014 年的世界级钢铁企业竞争力排名企业名单略有变化，与上年的 34 家相比增加了两家，韩国现代钢铁公司和意大利阿维迪公司均首次入围，使得进入榜单的钢铁企业数量达到 36 家，其中首次入榜的现代钢铁公司排名更是进入前十。

世界钢动态公司自 2002 年以来每年均对全球钢铁企业在生产规模、国内市场议价能力、高附加值产品生产、技术创新能力、盈利能力、合并、联盟与合资、下游业务等 23 个方面进行评估，并发布世界级钢铁企业竞争力综合排名。值得注意的是，与 2013 年各评估项所占权重相比，2014 年略有调整，其中产能扩张、劳务成本所占权重略有下调，而在下游业务能力方面所占权重得到明显提升。

浦项钢铁公司在技术工人熟练度、技术创新能力、联盟与合资、所在国家风险等方面获得 10 分的满分，但在获取铁矿石、炼焦煤等炼钢原料和能源成本、位于高速增长市场等方面存在短板，得分相对较低，该公司以加权平均 7.91 分（满分为 10 分）继续位居榜首，明显高于 2013 年的 7.73 分，表明其竞争力在持续提升。美国纽柯公司竞争力排名上升一位，位居次席；日本新日铁住金公司排名则由上年的第七位大幅上升至第三位。

在最新的竞争力排名榜单中，中国仍然有五家钢铁企业入围，分别是宝钢（排名第 21 位）、沙钢（排名第 27 位）、鞍钢（排名第 32 位）、武钢（排名第 34 位）和马钢（排名第 35 位）。2014 年中国钢企排名最高的宝钢名次继续着大幅下滑的势头，由 2013 年的第 11 名降至第 21 名，而其他中国钢企排名也都表现不佳，名次均有所下滑，基本处于榜单的最后十名水平，当然这也与当前中国钢铁行业整体处于较为困难的局面较为呼应。

值得关注的是，2014 年全球最大的钢铁企业安赛乐米塔尔公司仅排名第 20 位，虽然与 2013 年的排名第 26 位相比已有明显上升，但与全球最具竞争力钢企浦项相比差距仍然非常明显。虽然产能规模在竞争力综合排名中所占比重相对较大，但 2014 年的排名仍有多达 14 家年钢材发货量不足 1000 万吨的企业入围。像美国钢动力公司、巴西国家黑色冶金公司、印度京德勒钢和能源公司等产能规模相对较小的钢铁企业综合竞争力仍然非常强。

世界级钢铁企业竞争力排名(2014 年 6 月)

企业名称			浦项钢铁	纽柯	新日铁住金	盖尔道	谢维尔	新利佩茨克钢铁	京德勒西南钢铁	JFE 钢铁	现代钢铁
所在国家(地区)			韩国跨国	美国	日本跨国	巴西北美	俄罗斯美国	俄罗斯美国	印度	日本	韩国
年钢材发货量/百万吨			40	20	48	20	15	15	13	30	24
序号	影响因素	权重	得分								
1	规模	6%	9	7	9	7	6	6	6	8	7
2	产能扩张	5%	9	8	6	8	5	7	10	4	8
3	位于高速增长市场	3%	6	6	4	7	8	8	10	4	6
4	靠近下游用户	3%	8	7	10	9	6	6	7	10	8
5	国内市场议价能力	6%	8	5	9	8	9	9	7	9	7
6	高附加值产品	5%	9	7	10	6	6	6	7	10	7
7	加工成本与收益	5%	9	10	10	7	7	8	10	10	9
8	能源成本	3%	6	8	6	7	6	6	5	6	5
9	削减成本能力	5%	7	7	7	6	8	7	7	6	6
10	技术创新能力	6%	10	9	7	6	7	6	8	7	8
11	铁矿	5%	6	4	4		10	10	6	4	3
12	炼焦煤矿	4%	6		3		10	7	3	3	3

续表

序号	企业名称	权重	浦项钢铁	纽柯	新日铁住金	盖尔道	谢维尔	新利佩茨克钢铁	京德勒西南钢铁	JFE钢铁	现代钢铁
	所在国家(地区)		韩国 跨国	美国	日本 跨国	巴西 北美	俄罗斯 美国	俄罗斯 美国	印度	日本	韩国
	年钢材发货量/百万吨		40	20	48	20	15	15	13	30	24
序号	影响因素	权重	得分								
13	与原材料距离	4%	7	6	7	8	7	7	6	7	7
14	劳务成本	2%	7	7	4	7	9	10	10	4	7
15	熟练技术工人	2%	10	10	10	8	7	7	8	10	10
16	退休职工福利	2%	8	8	5	7	7	9	9	5	9
17	盈利能力	6%	7	6	5	8	7	6	7	5	5
18	资产负债表	5%	7	8	7	7	8	9	6	7	6
19	来自竞争对手的威胁	5%	7	6	7	9	7	7	6	7	7
20	环境与安全	4%	9	9	9	9	9	9	9	9	9
21	下游业务	6%	8	10	10	6	6	4	4	10	10
22	并购、联盟与合资	6%	10	10	10	8	8	7	9	7	8
23	所在国家风险	2%	10	10	10	7	6	6	7	10	10
	平均得分		7.83	7.64	7.35	7.38	7.30	7.26	7.26	7.04	7.17
	排名		1	2	4	3	5	6	6	14	9
	加权平均得分		7.91	7.55	7.49	7.34	7.31	7.14	7.12	7.10	7.05
	排名		1	2	3	4	5	6	7	8	9

续表

企业名称			埃雷利	国家黑色冶金	钢动力	印度钢铁管理局	奥钢联	塔塔钢铁	京德勒钢和能源	沙特钢铁	中钢
所在国家或地区			土耳其	巴西	美国	印度	奥地利	印度 欧洲	印度	沙特	中国台湾
年钢材发货量/百万吨			8	6	5	14	8	23	3	6	13
序号	影响因素	权重	得分								
1	规模	6%	5	5	4	6	5	7	2	5	6
2	产能扩张	5%	7	7	8	10	6	8	10	10	7
3	位于高速增长市场	3%	9	8	6	10	4	7	10	10	5
4	靠近下游用户	3%	8	9	7	7	10	7	9	9	10
5	国内市场议价能力	6%	8	9	6	7	7	7	8	9	10
6	高附加值产品	5%	7	8	6	6	10	8	6	6	7
7	加工成本与收益	5%	7	6	10	5	9	8	7	6	9
8	能源成本	3%	6	6	7	5	5	5	7	10	5
9	削减成本能力	5%	8	6	6	7	7	8	6	7	6
10	技术创新能力	6%	6	6	8	6	9	6	9	7	6
11	铁矿	5%	7	9	6	10	6	9	7	2	4
12	炼焦煤矿	4%	3	3		4	3	6	3		3
13	与原材料距离	4%	8	7	9	7	6	7	7	6	7

续表

企业名称			埃雷利	国家黑色冶金	钢动力	印度钢铁管理局	奥钢联	塔塔钢铁	京德勒钢和能源	沙特钢铁	中钢
所在国家或地区			土耳其	巴西	美国	印度	奥地利	印度 欧洲	印度	沙特	中国台湾
年钢材发货量/百万吨			8	6	5	14	8	23	3	6	13
序号	影响因素	权重	得分								
14	劳务成本	2%	8	7	8	8	5	7	9	6	6
15	熟练技术工人	2%	7	8	10	6	10	8	7	6	9
16	退休职工福利	2%	9	8	7	8	5	7	9	9	7
17	盈利能力	6%	7	8	7	6	7	4	7	8	7
18	资产负债表	5%	8	6	5	8	7	5	5	9	8
19	来自竞争对手的威胁	5%	8	8	5	6	7	6	7	8	8
20	环境与安全	4%	9	9	9	9	9	9	9	9	9
21	下游业务	6%	7	5	7	7	6	6	6	3	4
22	并购、联盟与合资	6%	6	8	8	7	7	8	7	5	7
23	所在国家风险	2%	6	7	10	7	10	8	7	6	9
平均得分			7.13	7.09	7.23	7.02	6.96	7.00	7.13	7.09	6.98
排名			10	13	8	15	19	16	10	12	18
加权平均得分			7.03	7.01	7.00	6.95	6.95	6.93	6.92	6.91	6.90
排名			10	11	12	13	14	15	16	17	18

续表

企业名称			耶弗拉兹	安赛乐米塔尔	宝钢	马格尼托哥尔斯克钢铁	阿维迪	特尔尼翁	米纳斯吉拉斯	美国钢铁	沙钢
所在国家或地区			俄罗斯 北美	跨国	中国	俄罗斯	意大利	美洲	巴西	美国 东欧	中国
年钢材发货量/百万吨			16	94	43	13	4	9	7	21	32
序号	影响因素	权重	得分								
1	规模	6%	6	10	9	6	2	5	5	7	8
2	产能扩张	5%	6	6	10	7	6	7	7	4	8
3	位于高速增长市场	3%	7	5	8	7	4	8	8	5	8
4	靠近下游用户	3%	6	9	9	5	8	8	9	8	10
5	国内市场议价能力	6%	7	7	5	9	6	8	8	6	2
6	高附加值产品	5%	6	7	8	5	7	7	7	7	6
7	加工成本与收益	5%	6	7	8	6	10	6	6	7	9
8	能源成本	3%	6	6	5	6	4	6	6	8	5
9	削减成本能力	5%	7	7	6	7	6	8	6	9	6
10	技术创新能力	6%	6	7	6	6	10	8	6	7	6
11	铁矿	5%	10	7	5	8		7	9	10	5
12	炼焦煤矿	4%	10	5	6	7		3	3	5	6
13	与原材料距离	4%	7	6	7	6	4	7	5	8	7
14	劳务成本	2%	9	6	9	10	7	8	7	5	10

续表

企业名称			耶弗拉兹	安赛乐米塔尔	宝钢	马格尼托哥尔斯克钢铁	阿维迪	特尔尼翁	米纳斯吉拉斯	美国钢铁	沙钢
所在国家或地区			俄罗斯 北美	跨国	中国	俄罗斯	意大利	美洲	巴西	美国 东欧	中国
年钢材发货量/百万吨			16	94	43	13	4	9	7	21	32
序号	影响因素	权重	得分								
15	熟练技术工人	2%	7	8	8	6	10	8	8	8	6
16	退休职工福利	2%	8	5	8	9	4	8	7	5	10
17	盈利能力	6%	6	5	4	6	6	5	7	4	4
18	资产负债表	5%	4	5	6	8	6	7	6	5	4
19	来自竞争对手的威胁	5%	6	5	5	7	7	7	8	5	5
20	环境与安全	4%	9	9	9	9	9	9	9	9	9
21	下游业务	6%	7	6	4	4	8	6	5	4	4
22	并购、联盟与合资	6%	8	10	8	8	8	9	8	8	9
23	所在国家风险	2%	6	8	7	6	10	7	7	10	7
平均得分			6.96	6.78	6.99	6.87	6.76	6.76	6.74	6.71	6.71
排名			19	22	17	21	23	24	25	26	26
加权平均得分			6.86	6.84	6.79	6.78	6.73	6.70	6.64	6.60	6.38
排名			19	20	21	22	23	24	25	26	27

续表

序号	企业名称		AK钢铁	维扎格	瑞典钢铁	蒂森克虏伯	鞍钢	伊兹钢铁	武钢	马钢	埃萨钢铁	平均
	所在国家或地区		美国	印度	瑞典 北美	德国 南美	中国 美国	埃及	中国	中国	印度 北美	
	年钢材发货量/百万吨		5	2	4	15	30	5	36	17	6	19
序号	影响因素	权重	得分									
1	规模	6%	4	2	4	6	8	4	8	6	5	5.99
2	产能扩张	5%	6	10	5	3	8	5	10	10	4	7.19
3	位于高速增长市场	3%	5	10	4	4	8	8	8	8	9	6.96
4	靠近下游用户	3%	8	7	8	9	8	9	8	9	8	8.14
5	国内市场议价能力	6%	7	6	7	7	2	8	2	2	7	6.86
6	高附加值产品	5%	10	4	7	9	6	4	6	6	7	6.96
7	加工成本与收益	5%	8	8	8	8	7	6	7	7	8	7.75
8	能源成本	3%	8	5	7	5	5	5	5	5	4	5.88
9	削减成本能力	5%	7	6	6	7	6	7	6	6	7	6.73
10	技术创新能力	6%	6	6	6	7	6	5	6	6	7	6.90
11	铁矿	5%	6	7	5	4	9	na	4	3	7	6.42
12	炼焦煤矿	4%	5	2	3	3	3	na	5	3	3	4.37
13	与原材料距离	4%	5	7	7	4	7	7	5	5	7	6.57
14	劳务成本	2%	5	8	6	4	9	9	9	9	8	7.39

续表

序号	企业名称		AK钢铁	维扎格	瑞典钢铁	蒂森克虏伯	鞍钢	伊兹钢铁	武钢	马钢	埃萨钢铁	平均
	所在国家或地区		美国	印度	瑞典 北美	德国 南美	中国 美国	埃及	中国	中国	印度 北美	
	年钢材发货量/百万吨		5	2	4	15	30	5	36	17	6	19
序号	影响因素	权重	得分									
15	熟练技术工人	2%	9	6	9	10	6	7	6	6	7	7.93
16	退休职工福利	2%	5	9	7	5	6	8	6	7	8	7.24
17	盈利能力	6%	3	6	5	2	3	6	3	4	1	5.48
18	资产负债表	5%	4	7	5	4	4	4	4	5	1	5.98
19	来自竞争对手的威胁	5%	6	7	6	6	5	7	5	5	6	6.49
20	环境与安全	4%	9	9	9	9	9	9	9	9	9	9.00
21	下游业务	6%	4	4	6	9	4	4	4	4	6	5.87
22	并购、联盟与合资	6%	5	6	6	5	6	4	6	6	1	7.20
23	所在国家风险	2%	10	7	10	10	7	3	7	7	7	7.82
	平均得分		6.50	6.41	6.28	6.09	6.17	6.14	6.04	5.93	5.96	6.85
	排名		28	29	30	33	31	32	34	36	35	
	加权平均得分		6.26	6.15	6.04	5.97	5.94	5.88	5.79	5.61	5.61	6.71
	排名		28	29	30	31	32	33	34	35	36	

数据来源：世界钢动态（WSD）。
注：na 表示无数据。

统计篇

表1　2013～2014年全球生铁产量统计　　千吨

国家和地区	2014年	2013年	同比增长/%
奥地利	6015	6152	－2.2
比利时	4335	4343	－0.2
捷　克	4152	4040	2.8
法　国	10866	10276	5.7
德　国	27626	27176	1.7
匈牙利	801	628	27.5
意大利	6370	6933	－8.1
荷　兰	5868	5681	3.3
波　兰	4651	4011	16.0
斯洛伐克	3838	3617	6.1
西班牙	3958	3949	0.2
英　国	9705	9471	2.5
其他欧盟国家	6903	6276	10.0
欧盟（28国）	95088	92552	2.7
波　黑	860	759	13.3
塞尔维亚	550	365	50.7
土耳其	9364	9180	2.0
其他欧洲国家	10774	10304	4.6
哈萨克斯坦	3283	2756	19.1
俄罗斯	51480	50111	2.7
乌克兰	24786	29094	－14.8
独联体合计	79549	81962	－2.9
加拿大	6660	6100	9.2
墨西哥	5084	4911	3.5
美　国	29345	30308	－3.2
北美合计	41089	41319	－0.6
阿根廷	2766	2650	4.4
巴西 a	26913	26200	2.7
智　利	576	766	－24.8
哥伦比亚	232	307	－24.4
巴拉圭	71	69	2.9
南美合计	30558	29992	1.9
南　非	5050	4960	1.8
非洲合计 f	5050	4960	1.8
伊　朗	2782	2007	38.6
中　国	711600	708059	0.5

续表 1

国家和地区	2014 年	2013 年	同比增长/%
印　度	53797	51359	4.7
日　本	83870	83849	0.0
韩　国	46898	41045	14.3
中国台湾	14505	13319	8.9
亚洲合计	910670	897631	1.5
澳大利亚	3282	3477	−5.6
新西兰 b	680	682	−0.3
大洋洲合计	3962	4160	−4.8
38 个国家和地区合计	1179523	1164886	1.3

注：a—只供钢铁业；f—非洲合计仅有南非；b—电炉生铁。

表 2　2013～2014 年全球粗钢产量统计　　千吨

国家和地区	2014 年	2013 年	同比增长/%
奥地利	7859	7953	−1.2
比利时	7345	7093	3.6
保加利亚	621	523	18.8
克罗地亚	159	135	18.0
捷　克	5360	5171	3.7
芬　兰	3807	3517	8.3
法　国	16143	15685	2.9
德　国	42946	42645	0.7
希　腊	998	1030	−3.1
匈牙利	1152	883	30.5
意大利	23735	24080	−1.4
卢森堡	2226	2090	6.5
荷　兰	6964	6713	3.7
波　兰	8620	7950	8.4
斯洛伐克	4705	4511	4.3
斯洛文尼亚	615	618	−0.5
西班牙	14163	14252	−0.6
瑞　典	4549	4404	3.3
英　国	12065	11858	1.8
其他欧盟国家 e	5209	5201	0.2

续表 2

国家和地区	2014 年	2013 年	同比增长/%
欧盟（28 国）	169243	166311	1.8
波　黑	793	722	9.7
马其顿	188	100	88.6
挪　威	595	605	−1.6
塞尔维亚	583	396	47.4
土耳其	34035	34654	−1.8
其他欧洲国家	36194	36477	−0.8
白俄罗斯	2514	2245	12.0
哈萨克斯坦	3678	3275	12.3
摩尔多瓦	344	190	81.3
俄罗斯	70651	68856	2.6
乌克兰	27170	32771	−17.1
乌兹别克斯坦	731	746	−2.1
独联体（6 国）	105089	108083	−2.8
加拿大	12595	12349	2.0
古　巴	331	322	2.8
萨尔瓦多	121	118	1.8
危地马拉	393	385	2.1
墨西哥	18977	18208	4.2
特立尼达和多巴哥	483	616	−21.5
美　国	88347	86878	1.7
北美合计	121247	118876	2.0
阿根廷	5488	5186	5.8
巴　西	33912	34163	−0.7
智　利	1119	1323	−15.4
哥伦比亚	1269	1236	2.7
厄瓜多尔	662	570	16.1
巴拉圭	47	45	2.5
秘　鲁	1144	1069	7.0
乌拉圭	93	91	2.2
委内瑞拉	1466	2139	−31.5

续表 2

国家和地区	2014 年	2013 年	同比增长/%
南美合计	45201	45822	−1.4
阿尔及利亚	415	417	−0.4
埃　及	6485	6754	−4.0
利比亚	968	712	35.8
摩洛哥	501	558	−10.2
南　非	7210	7253	−0.6
非洲合计	15579	15694	−0.7
伊　朗	16331	15422	5.9
卡塔尔	3047	2236	36.3
沙特阿拉伯	6291	5471	15.0
阿联酋	2390	2878	−17.0
中东合计	28059	26007	7.9
中　国	822700	815361	0.9
印　度	83208	81299	2.3
日　本	110665	110595	0.1
韩　国	71036	66061	7.5
中国台湾	23250	22282	4.3
亚洲合计	1110860	1095598	1.4
澳大利亚	4607	4688	−1.7
新西兰	881	900	−2.2
大洋洲合计	5488	5588	−1.8
65 个国家和地区合计	1636960	1618456	1.1

注：e—估计值。

表 3　2014 年我国主要钢铁产品产量、进出口量和表观消费量　　万吨

品　种	产量	进口量	出口量	表观消费量
铁矿石[1]	151424	93251	13.2	110290
焦　炭	47691	0	850.7	46840
铁合金	3786	252	133.0	3905
生　铁	71160	19	24.2	71155
粗　钢	82270	35	0.7	82304
钢　材[2]	112557	1451	9392.6	104616

①表观消费按生铁表观消费的 1.55 倍计算；

②含重复材。

表 4　2013～2014 年我国分省市铁矿石原矿产量

万吨

地　区	2014 年	2013 年	2014 年比 2013 年	
			增加量	增长率/%
合　计	151424	145737.5	5686.5	3.9
北　京	2117.8	2116	1.8	0.1
天　津				
河　北	56611.1	57881.6	−1270.5	−2.2
山　西	7208	6352.9	855.1	13.5
内蒙古	9363.6	8639.9	723.7	8.4
辽　宁	19309.2	18066.2	1243	6.9
吉　林	2015.7	1816.2	199.5	11
黑龙江	539.9	551.7	−11.8	−2.1
上　海				
江　苏	199.6	213.6	−14	−6.6
浙　江	156	156.7	−0.7	−0.4
安　徽	5671.3	5127.2	544.1	10.6
福　建	1476.7	1271.2	205.5	16.2
江　西	2508.2	2509.9	−1.7	−0.1
山　东	2200	2105.2	94.8	4.5
河　南	1806.8	1819.2	−12.4	−0.7
湖　北	3500.9	2889.9	611	21.1
湖　南	1227.7	1297.9	−70.2	−5.4
广　东	2151.4	1943.3	208.1	10.7
广　西	742.4	670.9	71.5	10.7
海　南	572.7	603.5	−30.8	−5.1
重　庆				
四　川	21175.8	19064.4	2111.4	11.1
贵　州	411.1	291.4	119.7	41.1
云　南	2869.7	3027.9	−158.2	−5.2
西　藏				
陕　西	1497.1	1503.9	−6.8	−0.5
甘　肃	1962.6	1742.3	220.3	12.6
青　海	151.7	365.8	−214.1	−58.5
宁　夏				
新　疆	3951.9	3670.3	281.6	7.7

表 5　2013～2014 年我国分省市焦炭产量　　万吨

地区	2014 年	2013 年	2014 年比 2013 年	
			增加量	增长率/%
合计	47691.1	47634.7	56.4	0.0
北京				
天津	229.2	260.2	−31.0	−11.9
河北	5613.8	6395.8	−782.0	−12.2
山西	8722.3	9076.8	−354.6	−3.9
内蒙古	3445.9	3114.9	331.0	10.6
辽宁	2141.5	2146.6	−5.1	−0.2
吉林	448.3	488.6	−40.3	−8.2
黑龙江	802.8	815.2	−12.4	−1.5
上海	488.6	539.5	−50.9	−9.4
江苏	2395.7	2252.5	143.2	6.4
浙江	297.2	296.2	1.0	0.3
安徽	930.0	904.4	25.6	2.8
福建	195.5	166.7	28.8	17.3
江西	867.5	826.0	41.5	5.0
山东	4607.3	4317.2	290.2	6.7
河南	2898.3	2705.6	192.7	7.1
湖北	931.7	943.4	−11.7	−1.2
湖南	658.3	650.9	7.4	1.1
广东	192.8	177.2	15.6	8.8
广西	606.4	539.6	66.8	12.4
海南				
重庆	266.5	348.5	−82.0	−23.5
四川	1354.0	1450.7	−96.7	−6.7
贵州	733.2	827.4	−94.2	−11.4
云南	1507.7	1732.2	−224.5	−13.0
西藏				
陕西	3834.6	3443.9	390.7	11.3
甘肃	583.3	458.2	125.0	27.3
青海	132.9	252.5	−119.6	−47.4
宁夏	782.0	731.2	50.8	6.9
新疆	2023.9	1772.7	251.2	14.2

表6 2013～2014年我国分省市铁合金产量 万吨

地区	2014年	2013年	2014年比2013年	
			增加量	增长率/%
合计	151424	145737.5	5686.5	3.9
北京	2117.8	2116	1.8	0.1
天津				
河北	56611.1	57881.6	−1270.5	−2.2
山西	7208	6352.9	855.1	13.5
内蒙古	9363.6	8639.9	723.7	8.4
辽宁	19309.2	18066.2	1243	6.9
吉林	2015.7	1816.2	199.5	11
黑龙江	539.9	551.7	−11.8	−2.1
上海				
江苏	199.6	213.6	−14	−6.6
浙江	156	156.7	−0.7	−0.4
安徽	5671.3	5127.2	544.1	10.6
福建	1476.7	1271.2	205.5	16.2
江西	2508.2	2509.9	−1.7	−0.1
山东	2200	2105.2	94.8	4.5
河南	1806.8	1819.2	−12.4	−0.7
湖北	3500.9	2889.9	611	21.1
湖南	1227.7	1297.9	−70.2	−5.4
广东	2151.4	1943.3	208.1	10.7
广西	742.4	670.9	71.5	10.7
海南	572.7	603.5	−30.8	−5.1
重庆				
四川	21175.8	19064.4	2111.4	11.1
贵州	411.1	291.4	119.7	41.1
云南	2869.7	3027.9	−158.2	−5.2
西藏				
陕西	1497.1	1503.9	−6.8	−0.5
甘肃	1962.6	1742.3	220.3	12.6
青海	151.7	365.8	−214.1	−58.5
宁夏				
新疆	3951.9	3670.3	281.6	7.7

表7 2013～2014年我国分省市生铁产量 万吨

地区	2014年	2013年	2014年比2013年	
			增加量	增长率/%
合计	71159.9	70825.6	334.3	0.5
北京				
天津	2182.5	2214.2	-31.7	-1.4
河北	16932.6	17101.1	-168.5	-1
山西	4052	4265.8	-213.8	-5
内蒙古	1330.7	1359.2	-28.5	-2.1
辽宁	6167.7	5758.5	409.2	7.1
吉林	1132.8	1116.2	16.6	1.5
黑龙江	456.7	716.3	-259.6	-36.2
上海	1643.3	1637.6	5.7	0.3
江苏	7080.1	6657.4	422.7	6.3
浙江	1140.3	1059.8	80.5	7.6
安徽	1998.6	2032.1	-33.5	-1.6
福建	907.7	864.8	42.9	5
江西	2075.3	2012.2	63.1	3.1
山东	6719.1	6586	133.1	2
河南	2779.6	2571.1	208.5	8.1
湖北	2437.6	2418	19.6	0.8
湖南	1780.7	1732.8	47.9	2.8
广东	1082.4	1089.7	-7.3	-0.7
广西	1231.7	1155.5	76.2	6.6
海南				
重庆	444.6	556.1	-111.5	-20.1
四川	1931.4	2012.6	-81.2	-4
贵州	498.6	526.9	-28.3	-5.4
云南	1704.9	1938.6	-233.7	-12.1
西藏				
陕西	884	882.5	1.5	0.2
甘肃	898.8	903.2	-4.4	-0.5
青海	127	135.1	-8.1	-6
宁夏	201.7	123	78.7	64
新疆	1337.5	1399.3	-61.8	-4.4

表 8 2013～2014 年我国分省市粗钢产量 万吨

地区	2014 年	2013 年	2014 年比 2013 年	
			增加量	增长率/%
合计	82269.8	81541.0	728.7	0.89
北京	2.1	2.3	－0.2	－10.18
天津	2287.1	2299.4	－12.3	－0.53
河北	18530.3	18641.3	－111.0	－0.6
山西	4325.4	4669.7	－344.3	－7.37
内蒙古	1661.5	1625.0	36.5	2.24
辽宁	6511.4	6200.6	310.8	5.01
吉林	1264.8	1282.9	－18.1	－1.41
黑龙江	476.3	762.7	－286.4	－37.55
上海	1774.6	1811.1	－36.5	－2.02
江苏	10195.5	9473.5	722.0	7.62
浙江	1748.3	1607.0	141.3	8.79
安徽	2451.4	2360.2	91.2	3.86
福建	1820.8	1752.7	68.1	3.88
江西	2235.3	2156.6	78.6	3.65
山东	6411.0	6349.3	61.8	0.97
河南	2882.2	2776.8	105.4	3.79
湖北	3056.4	2979.0	77.4	2.6
湖南	1917.6	1838.3	79.3	4.31
广东	1710.4	1682.4	28.0	1.67
广西	2084.3	2158.2	－73.9	－3.42
海南	22.4	23.1	－0.7	－2.86
重庆	785.6	888.4	－102.8	－11.57
四川	2243.0	2254.3	－11.3	－0.5
贵州	551.6	562.6	－11.0	－1.96
云南	1689.1	1884.8	－195.7	－10.39
西藏				
陕西	1038.3	975.9	62.3	6.39
甘肃	1074.0	1025.6	48.4	4.72
青海	144.3	147.6	－3.3	－2.24
宁夏	161.5	137.7	23.8	17.25
新疆	1213.4	1212.0	1.4	0.12

表 9 2013～2014 年我国分省市钢材产量 万吨

地区	2014 年	2013 年	2014 年比 2013 年	
			增加量	增长率/%
合计	112557.4	107747.7	4809.7	4.46
北京	195.1	218.6	−23.6	−10.77
天津	7303.9	6805.3	498.6	7.33
河北	23995.2	22823.2	1172.1	5.14
山西	4701.0	4486.6	214.4	4.78
内蒙古	1763.2	1668.3	94.8	5.68
辽宁	6946.0	6930.6	15.4	0.22
吉林	1412.2	1503.9	−91.7	−6.1
黑龙江	483.5	644.7	−161.2	−25
上海	2309.1	2354.1	−45.0	−1.91
江苏	13255.2	12831.1	424.1	3.31
浙江	4171.0	3909.3	261.7	6.69
安徽	3265.7	3153.3	112.4	3.57
福建	3019.6	2786.6	233.1	8.36
江西	2611.1	2475.6	135.5	5.47
山东	8939.4	8194.1	745.2	9.09
河南	4704.1	4259.3	444.9	10.44
湖北	3429.0	3345.2	83.8	2.51
湖南	1989.4	1987.6	1.7	0.09
广东	3447.2	3353.1	94.0	2.8
广西	3262.6	2981.7	280.9	9.42
海南	29.7	25.7	4.0	15.64
重庆	1322.0	1283.6	38.4	2.99
四川	2935.2	2853.8	81.5	2.85
贵州	552.4	563.2	−10.9	−1.93
云南	1935.1	2023.5	−88.5	−4.37
西藏	1.1	0.0	1.1	
陕西	1683.9	1571.1	112.9	7.18
甘肃	1108.1	1021.6	86.6	8.47
青海	131.4	130.8	0.6	0.45
宁夏	165.6	149.4	16.2	10.86
新疆	1489.5	1413.0	76.6	5.42

表 10　2013～2014 年全国重点统计钢铁企业生铁产量　　万吨

序号	企业名称	2014 年	2013 年	2014 年比 2013 年	
				增加量	增长率/%
	全国合计	71160.0	70825.6	334.4	0.47
	会员钢铁企业合计	64427.1	62907.5	1519.7	2.42
1	首钢集团	3137.8	3246.2	－108.4	－3.34
1.1	其中：首钢总公司	1943.5	1980.2	－36.7	－1.85
1.2	首钢水城钢铁（集团）有限责任公司	438.2	476.2	－38.1	－7.99
1.3	首钢贵阳特殊钢有限责任公司				
1.4	首钢长治钢铁有限公司	279.5	312.1	－32.6	－10.45
1.5	通化钢铁集团股份有限公司	476.6	477.7	－1.1	－0.23
2	渤海钢铁集团有限公司	1819.0	1892.7	－73.7	－3.89
2.1	其中：天津冶金集团有限公司	549.1	581.2	－32.1	－5.53
2.2	天津天铁冶金集团有限公司	511.8	573.8	－62.0	－10.8
2.3	天津钢管集团股份有限公司	93.8	93.5	0.3	0.32
2.4	天津天钢集团有限公司	664.4	644.2	20.1	3.12
3	天津荣程联合钢铁集团有限公司	377.6	344.5	33.1	9.6
4	天津天丰钢铁有限公司	107.9	124.7	－16.8	－13.48
5	河北钢铁集团有限公司	4466.1	4383.5	82.6	1.89
5.1	其中：河北钢铁集团唐钢公司	1557.1	1603.0	－45.9	－2.86
5.2	河北钢铁集团邯钢公司	1106.0	1092.5	13.5	1.23
5.3	河北钢铁集团宣钢公司	719.9	687.1	32.8	4.78
5.4	河北钢铁集团承钢公司	881.1	815.7	65.4	8.02
5.5	舞阳钢铁有限责任公司				
5.6	河北钢铁集团石钢公司	202.1	185.2	16.9	9.1
5.7	河北钢铁集团衡板公司				
6	新兴铸管股份有限公司	489.7	519.4	－29.7	－5.72
7	邢台钢铁有限责任公司	253.5	274.1	－20.5	－7.49
8	北京建龙重工集团有限公司	1591.6	1480.1	111.5	7.53
8.1	其中：抚顺新钢铁有限责任公司	326.7	322.3	4.4	1.36
9	河北津西钢铁集团	932.7	904.6	28.1	3.1
9.1	其中：河北津西钢铁股份有限公司	810.5	783.9	26.6	3.39
10	唐山国丰钢铁有限公司	827.4	841.9	－14.5	－1.72

续表 10

序号	企业名称	2014 年	2013 年	2014 年比 2013 年	
				增加量	增长率/%
11	德龙钢铁集团	328.1	375.1	－47.0	－12.52
11.1	其中：德龙钢铁有限公司	223.0	268.8	－45.9	－17.07
12	河北纵横钢铁集团有限公司	1044.8	1021.4	23.3	2.28
13	河北新武安钢铁集团	1384.7	1357.4	27.3	2.01
13.1	其中：河北普阳钢铁有限公司	293.9	307.2	－13.3	－4.32
13.2	河北东山冶金工业有限公司				
13.3	武安市文安钢铁有限公司	240.4	91.9	148.5	161.48
13.4	河北烘熔钢铁有限公司	199.0	236.1	－37.2	－15.74
13.5	河北新金钢铁公司	201.7	220.8	－19.1	－8.65
13.6	明芳钢铁有限公司	240.9	305.1	－64.2	－21.05
14	河北文丰钢铁有限公司	261.5	251.5	10.1	4.01
15	唐山港陆钢铁有限公司	303.0	306.0	－3.0	－0.98
16	唐山瑞丰钢铁（集团）有限公司	480.8	326.3	154.5	47.35
17	河北前进钢铁集团有限公司	282.6	313.3	－30.7	－9.79
18	河北天柱钢铁集团有限公司	270.5	311.9	－41.5	－13.29
19	唐山东海钢铁集团特钢有限公司	447.1	401.5	45.5	11.34
20	河北九江线材有限公司	314.6	274.9	39.7	14.46
21	唐山东华钢铁企业集团有限公司	340.8	278.2	62.6	22.49
22	河北敬业集团	1062.0	985.1	76.9	7.81
23	武安市裕华钢铁有限公司	135.5	154.0	－18.5	－12.01
24	荣信钢铁有限公司	276.6	157.7	119.0	75.45
25	金鼎重工股份有限公司	309.0	186.5	122.5	65.65
26	唐山国义特种钢铁有限公司	200.4	215.4	－15.1	－7
27	霸州市新利钢铁有限公司	219.7	297.5	－77.8	－26.15
28	滦县金马工业有限公司	189.3	195.7	－6.4	－3.29
29	唐山贝氏体钢铁（集团）福丰有限公司				
30	唐山凯恒钢铁有限公司	209.1	132.6	76.5	57.67
31	唐山市春心特种钢有限公司	156.5	172.1	－15.6	－9.06
32	太原钢铁（集团）有限公司	910.4	792.1	118.3	14.93
32.1	其中：山西新临钢钢铁有限公司	59.2	96.3	－37.1	－38.56

续表 10

序号	企业名称	2014年	2013年	2014年比2013年	
				增加量	增长率/%
33	山西海鑫钢铁集团有限公司	41.0	344.6	－303.6	－88.11
34	山西中阳钢铁有限公司	343.9	270.6	73.4	27.12
35	介休市新泰钢铁有限公司	141.2	213.2	－72.0	－33.78
36	晋城福盛钢铁有限公司	360.1	300.7	59.4	19.73
37	山西建邦集团有限公司	295.8	270.5	25.3	9.35
38	山西立恒钢铁股份有限公司	278.5	110.0	168.5	153.25
39	山西华丰冶炼集团有限公司	157.2	114.9	42.3	36.81
40	包头钢铁（集团）有限责任公司	1053.5	1027.3	26.2	2.55
41	鞍钢集团公司	3511.3	3501.7	9.6	0.27
41.1	其中：鞍山钢铁集团公司	2375.0	2373.2	1.8	0.07
41.2	攀钢集团有限公司	1136.3	1128.4	7.8	0.69
42	本钢集团有限公司	1652.5	1722.5	－70.0	－4.07
43	东北特殊钢集团有限责任公司	137.9	68.1	69.8	102.54
44	凌源钢铁集团有限责任公司	498.4	475.4	23.0	4.84
45	五矿营口中板有限责任公司	497.3	181.4	315.8	174.09
46	四平现代钢铁有限公司	87.0	107.2	－20.2	－18.86
47	西林钢铁集团	205.7	393.6	－187.9	－47.75
48	宝钢集团有限公司	4174.4	3937.6	236.7	6.01
48.1	其中：宝山钢铁股份有限公司	1389.3	1381.2	8.1	0.59
48.2	宝钢集团新疆八一钢铁有限公司	770.4	768.5	1.9	0.25
48.3	广东钢铁韶钢集团	618.5	615.7	2.8	0.45
48.4	宁波钢铁有限公司	432.7	431.4	1.3	0.3
49	中信泰富特钢集团有限公司	700.2	678.8	21.4	3.15
49.1	其中：江阴兴澄特种钢铁有限公司	466.9	460.1	6.8	1.47
49.2	湖北新冶钢有限公司	233.3	218.7	14.6	6.68
50	南京钢铁集团有限公司	817.4	578.6	238.8	41.27
51	江苏沙钢集团	3251.3	3169.6	81.7	2.58
51.1	其中：江苏沙钢集团有限公司	1920.6	1875.6	45.0	2.4
51.2	江苏沙钢集团淮钢特钢股份有限公司	283.0	289.8	－6.8	－2.35
51.3	江苏永钢集团有限公司	813.0	725.7	87.3	12.03

续表 10

序号	企业名称	2014 年	2013 年	2014 年比 2013 年	
				增加量	增长率/%
51.4	江苏沙钢集团鑫瑞特钢有限公司				
51.5	江苏沙钢集团锡兴特钢有限公司	97.8	113.8	−16.0	−14.06
52	江苏苏钢集团有限公司	62.7	54.3	8.4	15.43
53	中天钢铁集团有限公司	900.2	857.7	42.5	4.96
54	圣戈班（徐州）管道有限公司	43.8	55.3	−11.5	−20.76
55	江苏申特钢铁有限公司	273.1	267.8	5.4	2
55.1	其中：上海申特型钢有限公司				
56	江阴华西钢铁有限公司	103.9	113.3	−9.4	−8.27
57	江阴市西城钢铁有限公司				
58	常熟市龙腾特种钢有限公司	150.4	136.0	14.5	10.64
59	江苏省镔鑫特钢材料有限公司	252.8	275.8	−23.0	−8.34
60	盐城市联鑫钢铁有限公司	206.2	170.5	35.7	20.96
61	杭州钢铁集团公司	294.4	267.9	26.4	9.87
62	衢州元立金属制品有限公司	413.2	329.6	83.6	25.37
63	马钢（集团）控股有限公司	1797.0	1811.9	−14.9	−0.82
63.1	其中：马鞍山钢铁股份有限公司	1797.0	1811.9	−14.9	−0.82
64	铜陵市富鑫钢铁有限公司	142.6	128.6	14.0	10.85
65	新余钢铁集团有限公司	908.7	866.3	42.5	4.9
66	方大钢铁集团有限公司	1203.6	1192.1	11.5	0.96
66.1	其中：方大特钢科技股份有限公司	305.5	303.1	2.4	0.8
66.2	江西萍钢实业股份有限公司	861.1	842.9	18.3	2.17
67	福建省三钢（集团）有限责任公司	843.8	756.9	86.9	11.48
68	山东钢铁集团有限公司	2401.3	2363.6	37.7	1.6
68.1	其中：济钢集团有限公司	682.4	685.8	−3.4	−0.5
68.2	莱芜钢铁集团有限公司	1591.1	1556.8	34.3	2.21
68.3	淄博张钢有限公司	127.8	121.0	6.8	5.61
69	青岛钢铁控股集团有限责任公司	218.8	240.1	−21.3	−8.88
70	山东石横特钢集团有限公司	293.0	286.9	6.2	2.14
71	山东泰山钢铁集团有限公司	320.6	314.1	6.5	2.07
72	济南庚辰钢铁有限公司	44.1	73.4	−29.3	−39.9

续表 10

序号	企业名称	2014年	2013年	2014年比2013年	
				增加量	增长率/%
73	潍坊特钢集团有限公司	231.3	208.8	22.5	10.76
74	日照钢铁控股集团有限公司	1286.9	1321.4	−34.5	−2.61
75	山东临沂江鑫钢铁有限公司	112.0	88.9	23.1	25.93
76	安阳钢铁集团公司	1088.2	1029.0	59.2	5.76
76.1	其中：安钢股份公司	844.1	806.2	37.9	4.7
76.2	信阳钢铁公司	244.1	222.8	21.4	9.59
77	河南凤宝特钢公司	132.1	130.5	1.6	1.23
78	河南济源钢铁（集团）有限公司	365.2	358.9	6.4	1.77
79	南阳汉冶特钢有限公司	186.5	192.8	−6.3	−3.24
80	武汉钢铁（集团）公司	3244.8	3840.1	−595.3	−15.5
80.1	其中：武汉钢铁股份有限公司	1637.2	1680.8	−43.6	−2.6
80.2	武钢集团昆明钢铁股份有限公司	769.6	840.3	−70.6	−8.41
80.3	武钢集团鄂城钢铁有限责任公司	314.4	286.0	28.4	9.93
80.4	广西钢铁集团公司柳钢公司	1090.3	1033.1	57.2	5.54
81	湖南华菱钢铁集团有限责任公司	1451.6	1417.0	34.6	2.44
81.1	其中：华菱湘潭钢铁有限公司	666.0	654.2	11.9	1.81
81.2	华菱涟源钢铁有限公司	703.3	675.1	28.2	4.18
81.3	衡阳华菱钢管有限公司	82.2	87.7	−5.5	−6.23
81.4	华菱锡钢特钢有限公司			0.0	
82	冷水江钢铁有限责任公司	272.6	231.0	41.5	17.96
83	广东中粤马口铁工业有限公司				
84	广州市裕丰企业集团有限公司				
85	珠海粤裕丰钢铁有限公司	205.3	194.8	10.5	5.39
86	广西贵港钢铁集团有限公司	118.2	88.9	29.3	32.98
87	重庆钢铁（集团）有限责任公司	443.4	551.8	−108.4	−19.65
88	四川省川威钢铁集团有限公司	269.1	423.7	−154.6	−36.48
89	四川省达州钢铁集团有限责任公司	295.5	276.0	19.5	7.08
90	陕西略阳钢铁有限责任公司	66.0	76.6	−10.6	−13.83
91	陕西钢铁集团有限公司	762.6	767.3	−4.7	−0.62
92	陕西汉中钢铁集团有限公司	97.5	101.7	−4.2	−4.16
93	酒泉钢铁（集团）有限责任公司	881.5	922.5	−41.0	−4.44
94	西宁特殊钢集团有限责任公司	141.8	140.0	1.9	1.32

表11　2013～2014年全国重点统计钢铁企业粗钢产量　　万吨

序号	企业名称	2014年	2013年	2014年比2013年 增加量	2014年比2013年 增长率/%
	全国合计	82269.8	81541.0	728.7	0.89
	会员钢铁企业合计	65767.3	64696.7	1070.5	1.65
1	首钢集团	3077.7	3152.3	−74.7	−2.37
1.1	其中：首钢总公司	1908.9	1922.7	−13.7	−0.71
1.2	首钢水城钢铁（集团）有限责任公司	439.9	459.1	−19.3	−4.2
1.3	首钢贵阳特殊钢有限责任公司	2.5	10.3	−7.8	−75.56
1.4	首钢长治钢铁有限公司	287.2	317.6	−30.4	−9.56
1.5	通化钢铁集团股份有限公司	439.1	442.7	−3.6	−0.81
2	渤海钢铁集团有限公司	1848.8	1932.6	−83.8	−4.34
2.1	其中：天津冶金集团有限公司	533.6	556.5	−22.9	−4.12
2.2	天津天铁冶金集团有限公司	483.4	539.9	−56.5	−10.46
2.3	天津钢管集团股份有限公司	201.8	245.3	−43.5	−17.74
2.4	天津天钢集团有限公司	630.0	590.9	39.1	6.61
3	天津荣程联合钢铁集团有限公司	358.5	329.7	28.8	8.75
4	天津天丰钢铁有限公司	106.0	117.4	−11.4	−9.68
5	河北钢铁集团有限公司	4709.4	4582.8	126.7	2.76
5.1	其中：河北钢铁集团唐钢公司	1509.5	1563.2	−53.7	−3.44
5.2	河北钢铁集团邯钢公司	1247.1	1234.3	12.8	1.04
5.3	河北钢铁集团宣钢公司	702.1	662.4	39.6	5.98
5.4	河北钢铁集团承钢公司	834.1	785.3	48.8	6.22
5.5	舞阳钢铁有限责任公司	196.3	156.5	39.8	25.42
5.6	河北钢铁集团石钢公司	220.4	181.0	39.4	21.77
5.7	河北钢铁集团衡板公司				
6	新兴铸管股份有限公司	326.5	361.6	−35.0	−9.69
7	邢台钢铁有限责任公司	252.2	270.4	−18.2	−6.74
8	北京建龙重工集团有限公司	1525.6	1429.5	96.0	6.72
8.1	其中：抚顺新钢铁有限责任公司	333.2	321.9	11.3	3.5
9	河北津西钢铁集团	911.7	874.7	37.0	4.23
9.1	其中：河北津西钢铁股份有限公司	794.8	760.2	34.5	4.54
10	唐山国丰钢铁有限公司	840.0	806.0	34.0	4.22

续表 11

序号	企业名称	2014 年	2013 年	2014 年比 2013 年	
				增加量	增长率/%
11	德龙钢铁集团	331.2	363.0	－31.8	－8.77
11.1	其中：德龙钢铁有限公司	221.9	257.9	－36.0	－13.96
12	河北纵横钢铁集团有限公司	1031.8	1019.3	12.5	1.23
13	河北新武安钢铁集团	1367.0	1481.1	－114.2	－7.71
13.1	其中：河北普阳钢铁有限公司	330.1	340.4	－10.3	－3.02
13.2	河北东山冶金工业有限公司				
13.3	武安市文安钢铁有限公司	243.9	113.2	130.8	115.54
13.4	河北烘熔钢铁有限公司	195.5	233.9	－38.4	－16.43
13.5	河北新金钢铁公司	218.0	246.3	－28.3	－11.47
13.6	明芳钢铁有限公司	227.4	300.0	－72.6	－24.2
14	河北文丰钢铁有限公司	273.4	260.8	12.6	4.82
15	唐山港陆钢铁有限公司	307.1	310.1	－3.0	－0.97
16	唐山瑞丰钢铁（集团）有限公司	503.0	336.0	167.1	49.72
17	河北前进钢铁集团有限公司	309.2	346.1	－36.9	－10.66
18	河北天柱钢铁集团有限公司	281.4	296.9	－15.5	－5.23
19	唐山东海钢铁集团特钢有限公司	435.9	388.4	47.6	12.25
20	河北九江线材有限公司	320.5	276.5	44.0	15.92
21	唐山东华钢铁企业集团有限公司	338.1	269.5	68.6	25.46
22	河北敬业集团	1054.0	969.3	84.8	8.74
23	武安市裕华钢铁有限公司	124.9	149.8	－24.9	－16.63
24	荣信钢铁有限公司	259.5	155.0	104.5	67.4
25	金鼎重工股份有限公司	305.4	178.7	126.8	70.97
26	唐山国义特种钢铁有限公司	185.9	200.8	－14.9	－7.43
27	霸州市新利钢铁有限公司	231.3	313.2	－81.9	－26.15
28	滦县金马工业有限公司	183.4	185.5	－2.1	－1.11
29	唐山贝氏体钢铁（集团）福丰有限公司	93.4	101.3	－7.9	－7.79
30	唐山凯恒钢铁有限公司	171.1	130.3	40.8	31.29
31	唐山市春心特种钢有限公司	156.4	177.2	－20.9	－11.77
32	太原钢铁（集团）有限公司	1072.3	998.9	73.4	7.35
32.1	其中：山西新临钢钢铁有限公司	0.0	100.4	－100.4	－100

续表 11

序号	企业名称	2014年	2013年	2014年比2013年	
				增加量	增长率/%
33	山西海鑫钢铁集团有限公司	41.3	330.3	−289.1	−87.51
34	山西中阳钢铁有限公司	320.0	256.2	63.8	24.9
35	介休市新泰钢铁有限公司	137.1	200.9	−63.8	−31.75
36	晋城福盛钢铁有限公司	352.8	296.4	56.4	19.02
37	山西建邦集团有限公司	242.2	213.7	28.5	13.32
38	山西立恒钢铁股份有限公司	316.2	114.6	201.6	175.83
39	山西华丰冶炼集团有限公司	152.7	112.5	40.2	35.73
40	包头钢铁（集团）有限责任公司	1072.0	1069.0	3.0	0.28
41	鞍钢集团公司	3434.8	3368.7	66.1	1.96
41.1	其中：鞍山钢铁集团公司	2359.6	2301.0	58.6	2.55
41.2	攀钢集团有限公司	1075.2	1067.7	7.5	0.71
42	本钢集团有限公司	1626.1	1682.6	−56.5	−3.36
43	东北特殊钢集团有限责任公司	264.0	242.4	21.5	8.88
44	凌源钢铁集团有限责任公司	513.8	521.1	−7.3	−1.41
45	五矿营口中板有限责任公司	470.2	332.6	137.5	41.35
46	四平现代钢铁有限公司	82.6	103.3	−20.7	−20.05
47	西林钢铁集团	202.7	402.0	−199.3	−49.58
48	宝钢集团有限公司	4334.7	4079.7	255.0	6.25
48.1	其中：宝山钢铁股份有限公司	1436.3	1449.1	−12.8	−0.88
48.2	宝钢集团新疆八一钢铁有限公司	767.0	769.8	−2.8	−0.37
48.3	广东钢铁韶钢集团	628.4	616.8	11.6	1.89
48.4	宁波钢铁有限公司	455.3	453.1	2.3	0.5
49	中信泰富特钢集团有限公司	793.0	765.9	27.1	3.54
49.1	其中：江阴兴澄特种钢铁有限公司	551.7	529.0	22.8	4.3
49.2	湖北新冶钢有限公司	241.3	236.9	4.4	1.85
50	南京钢铁集团有限公司	804.1	605.3	198.8	32.83
51	江苏沙钢集团	3533.2	3508.1	25.1	0.72
51.1	其中：江苏沙钢集团有限公司	2246.8	2206.4	40.4	1.83
51.2	江苏沙钢集团淮钢特钢股份有限公司	285.1	300.1	−15.0	−5
51.3	江苏永钢集团有限公司	761.6	731.7	29.9	4.08

续表 11

序号	企业名称	2014年	2013年	2014年比2013年	
				增加量	增长率/%
51.4	江苏沙钢集团鑫瑞特钢有限公司				
51.5	江苏沙钢集团锡兴特钢有限公司	91.5	109.3	−17.8	−16.27
52	江苏苏钢集团有限公司	63.4	60.3	3.0	5.02
53	中天钢铁集团有限公司	901.0	850.5	50.5	5.94
54	圣戈班（徐州）管道有限公司			0.0	
55	江苏申特钢铁有限公司	227.4	261.8	−34.5	−13.16
55.1	其中：上海申特型钢有限公司				
56	江阴华西钢铁有限公司	103.3	111.3	−8.1	−7.23
57	江阴市西城钢铁有限公司				
58	常熟市龙腾特种钢有限公司	200.2	185.8	14.4	7.72
59	江苏省镔鑫特钢材料有限公司	311.5	314.4	−2.9	−0.93
60	盐城市联鑫钢铁有限公司	233.8	197.2	36.6	18.53
61	杭州钢铁集团公司	360.0	342.7	17.3	5.04
62	衢州元立金属制品有限公司	429.2	381.7	47.4	12.43
63	马钢（集团）控股有限公司	1890.3	1871.8	18.5	0.99
63.1	其中：马鞍山钢铁股份有限公司	1887.3	1871.8	15.4	0.82
64	铜陵市富鑫钢铁有限公司	152.1	128.8	23.3	18.1
65	新余钢铁集团有限公司	882.3	849.7	32.6	3.83
66	方大钢铁集团有限公司	1364.3	1316.4	47.9	3.64
66.1	其中：方大特钢科技股份有限公司	352.7	347.5	5.1	1.47
66.2	江西萍钢实业股份有限公司	974.5	923.1	51.4	5.57
67	福建省三钢（集团）有限责任公司	921.1	821.6	99.5	12.11
68	山东钢铁集团有限公司	2333.6	2279.3	54.3	2.38
68.1	其中：济钢集团有限公司	655.2	638.2	17.0	2.66
68.2	莱芜钢铁集团有限公司	1541.2	1500.7	40.6	2.7
68.3	淄博张钢有限公司	137.3	140.5	−3.3	−2.32
69	青岛钢铁控股集团有限责任公司	214.4	235.5	−21.1	−8.96
70	山东石横特钢集团有限公司	315.7	307.1	8.6	2.81
71	山东泰山钢铁集团有限公司	311.6	302.0	9.6	3.17
72	济南庚辰钢铁有限公司				

续表 11

序号	企业名称	2014年	2013年	2014年比2013年	
				增加量	增长率/%
73	潍坊特钢集团有限公司	231.0	202.7	28.3	13.97
74	日照钢铁控股集团有限公司	1140.0	1267.6	−127.6	−10.07
75	山东临沂江鑫钢铁有限公司	226.5	242.8	−16.3	−6.69
76	安阳钢铁集团公司	1088.5	1032.1	56.4	5.46
76.1	其中：安钢股份公司	849.0	808.8	40.2	4.97
76.2	信阳钢铁公司	239.4	223.3	16.2	7.24
77	河南凤宝特钢公司	132.3	132.3	0.0	0
78	河南济源钢铁（集团）有限公司	355.2	350.2	5.0	1.42
79	南阳汉冶特钢有限公司	184.8	197.1	−12.3	−6.23
80	武汉钢铁（集团）公司	3305.3	3931.1	−625.8	−15.92
80.1	其中：武汉钢铁股份有限公司	1678.0	1745.2	−67.2	−3.85
80.2	武钢集团昆明钢铁股份有限公司	765.9	828.9	−63.0	−7.6
80.3	武钢集团鄂城钢铁有限责任公司	310.8	279.1	31.7	11.35
80.4	广西钢铁集团公司柳钢公司	1139.1	1073.5	65.6	6.11
81	湖南华菱钢铁集团有限责任公司	1538.3	1498.8	39.5	2.63
81.1	其中：华菱湘潭钢铁有限公司	704.3	685.2	19.1	2.79
81.2	华菱涟源钢铁有限公司	710.2	683.0	27.3	3.99
81.3	衡阳华菱钢管有限公司	123.7	130.7	−6.9	−5.3
81.4	华菱锡钢特钢有限公司			0.0	
82	冷水江钢铁有限责任公司	277.2	234.3	42.9	18.31
83	广东中粤马口铁工业有限公司				
84	广州市裕丰企业集团有限公司				
85	珠海粤裕丰钢铁有限公司	225.5	213.5	12.0	5.63
86	广西贵港钢铁集团有限公司	124.1	102.7	21.4	20.82
87	重庆钢铁（集团）有限责任公司	434.0	559.1	−125.1	−22.37
88	四川省川威钢铁集团有限公司	262.9	400.6	−137.8	−34.39
89	四川省达州钢铁集团有限责任公司	310.0	303.5	6.5	2.14
90	陕西略阳钢铁有限责任公司	66.1	76.0	−9.8	−12.95
91	陕西钢铁集团有限公司	790.6	800.2	−9.6	−1.2
92	陕西汉中钢铁集团有限公司	103.2	100.2	3.0	2.96
93	酒泉钢铁（集团）有限责任公司	1034.3	1116.4	−82.1	−7.36
94	西宁特殊钢集团有限责任公司	144.3	147.6	−3.3	−2.24

表12　2013～2014年全国重点统计钢铁企业钢材产量　　万吨

序号	企业名称	2014年	2013年	2014年比2013年 增加量	增长率/%
	全国合计	112557.4	107747.7	4809.7	4.46
	会员钢铁企业合计	63328.5	62407.6	920.9	1.48
1	首钢集团	2899.5	3037.4	-137.9	-4.54
1.1	其中：首钢总公司	1736.6	1790.0	-53.4	-2.98
1.2	首钢水城钢铁（集团）有限责任公司	430.1	454.6	-24.5	-5.38
1.3	首钢贵阳特殊钢有限责任公司	9.6	15.3	-5.8	-37.66
1.4	首钢长治钢铁有限公司	291.6	327.3	-35.7	-10.91
1.5	通化钢铁集团股份有限公司	431.7	450.2	-18.6	-4.12
2	渤海钢铁集团有限公司	1966.1	2092.3	-126.2	-6.03
2.1	其中：天津冶金集团有限公司	529.3	568.3	-39.0	-6.86
2.2	天津天铁冶金集团有限公司	632.0	695.8	-63.8	-9.17
2.3	天津钢管集团股份有限公司	351.0	366.6	-15.5	-4.24
2.4	天津天钢集团有限公司	453.8	461.7	-7.9	-1.71
3	天津荣程联合钢铁集团有限公司	337.7	305.0	32.7	10.73
4	天津天丰钢铁有限公司	107.8	117.5	-9.6	-8.2
5	河北钢铁集团有限公司	4514.8	4525.4	-10.6	-0.23
5.1	其中：河北钢铁集团唐钢公司	1494.9	1548.3	-53.3	-3.44
5.2	河北钢铁集团邯钢公司	1140.2	1192.2	-52.1	-4.37
5.3	河北钢铁集团宣钢公司	661.7	644.4	17.3	2.68
5.4	河北钢铁集团承钢公司	824.4	770.7	53.7	6.97
5.5	舞阳钢铁有限责任公司	164.2	133.5	30.7	23.02
5.6	河北钢铁集团石钢公司	155.4	168.0	-12.6	-7.51
5.7	河北钢铁集团衡板公司	51.3	47.6	3.7	7.76
6	新兴铸管股份有限公司	324.0	357.8	-33.8	-9.43
7	邢台钢铁有限责任公司	234.3	258.3	-24.0	-9.27
8	北京建龙重工集团有限公司	1391.0	1312.7	78.3	5.97
8.1	其中：抚顺新钢铁有限责任公司	326.7	307.2	19.5	6.35
9	河北津西钢铁集团	893.2	775.2	118.1	15.23
9.1	其中：河北津西钢铁股份有限公司	728.1	638.7	89.4	14
10	唐山国丰钢铁有限公司	824.8	811.6	13.2	1.63

续表 12.

序号	企业名称	2014 年	2013 年	2014 年比 2013 年 增加量	2014 年比 2013 年 增长率/%
11	德龙钢铁集团	226.8	253.9	－27.1	－10.67
11.1	其中：德龙钢铁有限公司	226.8	253.9	－27.1	－10.67
12	河北纵横钢铁集团有限公司	1016.1	1000.8	15.3	1.53
13	河北新武安钢铁集团	1167.8	1413.5	－245.8	－17.39
13.1	其中：河北普阳钢铁有限公司	361.9	338.0	23.9	7.06
13.2	河北东山冶金工业有限公司				
13.3	武安市文安钢铁有限公司	243.1	123.1	120.0	97.48
13.4	河北烘熔钢铁有限公司				
13.5	河北新金钢铁公司	235.8	292.6	－56.9	－19.44
13.6	明芳钢铁有限公司	214.3	269.2	－55.0	－20.42
14	河北文丰钢铁有限公司	269.1	258.2	10.9	4.23
15	唐山港陆钢铁有限公司	303.0	302.8	0.1	0.05
16	唐山瑞丰钢铁（集团）有限公司	516.7	399.7	117.0	29.27
17	河北前进钢铁集团有限公司	305.3	338.5	－33.2	－9.81
18	河北天柱钢铁集团有限公司	255.5	111.8	143.8	128.65
19	唐山东海钢铁集团特钢有限公司	276.8	128.4	148.5	115.68
20	河北九江线材有限公司	221.7	236.5	－14.8	－6.26
21	唐山东华钢铁企业集团有限公司	329.9	328.5	1.3	0.41
22	河北敬业集团	1050.4	966.2	84.2	8.71
23	武安市裕华钢铁有限公司	141.8	148.9	－7.1	－4.78
24	荣信钢铁有限公司			0.0	
25	金鼎重工股份有限公司	267.7	80.7	186.9	231.54
26	唐山国义特种钢铁有限公司	142.6	143.3	－0.7	－0.47
27	霸州市新利钢铁有限公司	230.6	312.7	－82.1	－26.25
28	滦县金马工业有限公司	94.3	0.0	94.3	—
29	唐山贝氏体钢铁（集团）福丰有限公司				
30	唐山凯恒钢铁有限公司				
31	唐山市春心特种钢有限公司	72.7	119.1	－46.4	－38.96
32	太原钢铁（集团）有限公司	948.5	937.3	11.2	1.2
32.1	其中：山西新临钢钢铁有限公司	78.2	111.4	－33.2	－29.83

续表 12

序号	企业名称	2014年	2013年	2014年比2013年	
				增加量	增长率/%
33	山西海鑫钢铁集团有限公司	32.8	222.7	－189.9	－85.26
34	山西中阳钢铁有限公司	311.1	250.7	60.4	24.09
35	介休市新泰钢铁有限公司	100.9	140.0	－39.1	－27.9
36	晋城福盛钢铁有限公司	349.9	292.7	57.2	19.55
37	山西建邦集团有限公司	239.4	208.2	31.2	14.96
38	山西立恒钢铁股份有限公司	309.0	116.0	193.0	166.38
39	山西华丰冶炼集团有限公司	150.4	108.6	41.8	38.44
40	包头钢铁（集团）有限责任公司	1001.6	1011.4	－9.8	－0.97
41	鞍钢集团公司	3246.0	3206.5	39.5	1.23
41.1	其中：鞍山钢铁集团公司	2273.6	2227.1	46.5	2.09
41.2	攀钢集团有限公司	972.4	979.4	－7.0	－0.71
42	本钢集团有限公司	1592.3	1681.3	－89.0	－5.29
43	东北特殊钢集团有限责任公司	229.2	216.0	13.3	6.14
44	凌源钢铁集团有限责任公司	511.4	508.8	2.6	0.51
45	五矿营口中板有限责任公司	393.5	265.3	128.2	48.33
46	四平现代钢铁有限公司	188.4	195.1	－6.7	－3.43
47	西林钢铁集团	186.8	297.1	－110.3	－37.12
48	宝钢集团有限公司	4255.6	4040.0	215.6	5.34
48.1	其中：宝山钢铁股份有限公司	1465.2	1459.6	5.7	0.39
48.2	宝钢集团新疆八一钢铁有限公司	722.7	728.4	－5.8	－0.79
48.3	广东钢铁韶钢集团	614.6	591.4	23.2	3.92
48.4	宁波钢铁有限公司	407.0	441.0	－34.0	－7.71
49	中信泰富特钢集团有限公司	648.5	628.6	20.0	3.17
49.1	其中：江阴兴澄特种钢铁有限公司	432.1	409.8	22.3	5.45
49.2	湖北新冶钢有限公司	216.4	218.8	－2.4	－1.09
50	南京钢铁集团有限公司	732.8	583.0	149.7	25.68
51	江苏沙钢集团	3388.8	3384.6	4.3	0.13
51.1	其中：江苏沙钢集团有限公司	2228.0	2201.1	27.0	1.23
51.2	江苏沙钢集团淮钢特钢股份有限公司	261.2	264.9	－3.7	－1.39
51.3	江苏永钢集团有限公司	747.8	763.5	－15.7	－2.06

续表 12

序号	企业名称	2014年	2013年	2014年比2013年	
				增加量	增长率/%
51.4	江苏沙钢集团鑫瑞特钢有限公司				
51.5	江苏沙钢集团锡兴特钢有限公司	7.7	36.4	−28.8	−78.97
52	江苏苏钢集团有限公司	38.0	37.1	0.8	2.18
53	中天钢铁集团有限公司	890.0	841.9	48.1	5.71
54	圣戈班（徐州）管道有限公司			0.0	
55	江苏申特钢铁有限公司	290.9	311.5	−20.6	−6.61
55.1	其中：上海申特型钢有限公司	290.9	311.5	−20.6	−6.61
56	江阴华西钢铁有限公司			0.0	
57	江阴市西城钢铁有限公司	288.8	367.4	−78.6	−21.39
58	常熟市龙腾特种钢有限公司	250.0	230.4	19.7	8.55
59	江苏省镔鑫特钢材料有限公司	201.8	185.0	16.9	9.11
60	盐城市联鑫钢铁有限公司	211.0	180.1	30.9	17.16
61	杭州钢铁集团公司	355.3	348.6	6.6	1.9
62	衢州元立金属制品有限公司	289.3	307.5	−18.2	−5.93
63	马钢（集团）控股有限公司	1845.7	1821.1	24.6	1.35
63.1	其中：马鞍山钢铁股份有限公司	1837.6	1812.6	25.0	1.38
64	铜陵市富鑫钢铁有限公司	145.5	98.7	46.8	47.38
65	新余钢铁集团有限公司	811.9	781.2	30.7	3.93
66	方大钢铁集团有限公司	1366.7	1313.2	53.5	4.08
66.1	其中：方大特钢科技股份有限公司	352.7	347.4	5.2	1.51
66.2	江西萍钢实业股份有限公司	975.7	919.7	55.9	6.08
67	福建省三钢（集团）有限责任公司	894.4	801.9	92.5	11.53
68	山东钢铁集团有限公司	2300.1	2274.6	25.5	1.12
68.1	其中：济钢集团有限公司	644.7	624.0	20.6	3.3
68.2	莱芜钢铁集团有限公司	1509.4	1501.0	8.4	0.56
68.3	淄博张钢有限公司	146.0	149.5	−3.5	−2.35
69	青岛钢铁控股集团有限责任公司	208.6	274.3	−65.7	−23.94
70	山东石横特钢集团有限公司	344.6	334.0	10.5	3.15
71	山东泰山钢铁集团有限公司	382.9	327.0	55.9	17.1
72	济南庚辰钢铁有限公司				

续表 12

序号	企业名称	2014 年	2013 年	2014 年比 2013 年	
				增加量	增长率/%
73	潍坊特钢集团有限公司	230.7	191.8	38.9	20.26
74	日照钢铁控股集团有限公司	1218.5	1247.4	−28.9	−2.32
75	山东临沂江鑫钢铁有限公司	267.6	268.9	−1.3	−0.46
76	安阳钢铁集团公司	1079.4	998.1	81.3	8.14
76.1	其中：安钢股份公司	841.1	775.9	65.2	8.41
76.2	信阳钢铁公司	238.3	222.2	16.1	7.22
77	河南凤宝特钢公司	79.9	65.9	14.0	21.3
78	河南济源钢铁（集团）有限公司	329.9	326.9	3.0	0.92
79	南阳汉冶特钢有限公司	183.9	193.1	−9.3	−4.79
80	武汉钢铁（集团）公司	3249.3	3966.6	−717.3	−18.08
80.1	其中：武汉钢铁股份有限公司	1555.4	1621.0	−65.5	−4.04
80.2	武钢集团昆明钢铁股份有限公司	802.9	844.9	−42.0	−4.98
80.3	武钢集团鄂城钢铁有限责任公司	345.2	306.0	39.3	12.83
80.4	广西钢铁集团公司柳钢公司	1321.2	1202.3	118.9	9.89
81	湖南华菱钢铁集团有限责任公司	1495.2	1486.3	8.9	0.6
81.1	其中：华菱湘潭钢铁有限公司	663.1	647.8	15.3	2.37
81.2	华菱涟源钢铁有限公司	678.6	659.3	19.4	2.93
81.3	衡阳华菱钢管有限公司	107.0	132.0	−25.0	−18.95
81.4	华菱锡钢特钢有限公司	46.5	47.2	−0.7	−1.54
82	冷水江钢铁有限责任公司	270.1	229.5	40.7	17.73
83	广东中粤马口铁工业有限公司	21.9	21.0	0.9	4.48
84	广州市裕丰企业集团有限公司	374.7	345.8	28.9	8.36
85	珠海粤裕丰钢铁有限公司	223.1	213.3	9.8	4.58
86	广西贵港钢铁集团有限公司	114.0	78.5	35.4	45.1
87	重庆钢铁（集团）有限责任公司	411.5	525.8	−114.3	−21.74
88	四川省川威钢铁集团有限公司	327.1	474.9	−147.8	−31.13
89	四川省达州钢铁集团有限责任公司	304.1	303.2	0.9	0.29
90	陕西略阳钢铁有限责任公司	72.7	82.8	−10.1	−12.25
91	陕西钢铁集团有限公司	787.8	783.5	4.3	0.55
92	陕西汉中钢铁集团有限公司	82.6	83.3	−0.7	−0.81
93	酒泉钢铁（集团）有限责任公司	1014.7	1124.6	−110.0	−9.78
94	西宁特殊钢集团有限责任公司	129.2	130.8	−1.6	−1.21

表13　2013～2014年我国部分品种钢材生产情况　　　万吨

产品名称	2014年	2013年	2014年比2013年	
			增加量	增长率/%
钢　材	112557.4	107747.7	4809.7	4.46
铁道用钢材	565.3	609.6	－44.3	－7.27
重　轨	405.4	428.2	－22.8	－5.33
轻　轨	120.5	140.1	－19.6	－13.96
大型型钢	1349.5	1295.3	54.2	4.19
中小型型钢	5620.0	5755.9	－135.9	－2.36
棒　材	7941.9	7795.7	146.1	1.87
钢　筋	21527.8	20547.2	980.6	4.77
盘条（线材）	15383.4	14902.6	480.8	3.23
特厚板	727.0	667.9	59.2	8.86
厚钢板	2638.5	2445.8	192.7	7.88
中　板	4000.9	3602.3	398.6	11.06
热轧薄板	815.7	884.8	－69.0	－7.8
冷轧薄板	3709.8	3267.6	442.2	13.53
中厚宽钢带	12300.7	12472.1	－171.4	－1.37
热轧薄宽钢带	5296.6	5018.8	277.8	5.54
冷轧薄宽钢带	4259.9	4056.1	203.7	5.02
热轧窄带钢	5959.3	5899.6	59.7	1.01
冷轧窄带钢	1248.8	1102.0	146.8	13.32
镀层板（带）	5075.0	4473.0	602.0	13.46
涂层板（带）	825.1	780.1	45.0	5.77
电工钢板（带）	885.2	842.4	42.9	5.09
无缝钢管	3137.0	3131.1	5.9	0.19
焊接钢管	5761.0	5307.8	453.2	8.54
其他钢材	3529.0	2882.8	646.2	22.42
钢材生产中消耗的外购国内钢材	18131.8	17749.4	382.5	2.15

表 14　2013～2014 年全国冶金产品进口情况　　万吨

产品名称	2014 年	2013 年	2014 年比 2013 年	
			增加量	增长率/%
一、钢材	1443.2087	1407.7558	35.4529	2.52
1　棒线材	120.3189	102.6836	17.6353	17.17
2　角型材	38.0835	38.6939	−0.6104	−1.58
3　板材	1208.0602	1188.6126	19.4476	1.64
4　管材	47.6492	42.4692	5.1800	12.2
5　铁道用材	4.6041	11.0904	−6.4863	−58.49
6　其他钢材	24.4928	24.2062	0.2866	1.18
(一) 铁道用材	4.6041	11.0904	−6.4863	−58.49
1　钢轨	4.4522	10.9216	−6.4695	−59.24
2　道岔钢轨	0.0532	0.0741	−0.0209	−28.19
3　鱼尾板垫板	0.0014	0.0246	−0.0232	−94.28
4　轨枕	0.0006	0.0002	0.0005	237.86
5　其他铁道用材	0.0967	0.0698	0.0269	38.48
(二) 大型型钢	33.5260	34.6156	−1.0896	−3.15
1　大 H 型钢	6.4503	9.0727	−2.6224	−28.9
2　截面高≥80mm 工字钢	3.7619	4.8539	−1.0920	−22.5
3　截面高≥80mm 槽钢	1.6548	1.5824	0.0724	4.58
4　截面高≥80mm 角钢	9.6270	7.9452	1.6818	21.17
5　乙字钢	0.0004	0.0000	0.0004	* * *
6　截面高≥80mm 丁字钢	0.0250	0.0047	0.0204	437.97
7　钢板桩	9.3325	8.4416	0.8909	10.55
8　合金履带钢	0.5733	0.0161	0.5572	3454.33
9　其他热轧角型异型材	2.1007	2.6991	−0.5984	−22.17
(三) 中小型型钢	4.3793	4.0287	0.3506	8.7
1　截面高<80mm H 型钢	0.1344	0.0035	0.1309	3785.38
2　截面高<80mm 槽工钢	0.5831	0.9027	−0.3196	−35.41
3　截面高<80mm 角钢	0.8516	0.6352	0.2164	34.07
4　截面高<80mm 丁字钢	0.0032	0.0031	0.0001	2.66
5　特殊小型型钢	2.8070	2.4842	0.3228	12.99
(四) 棒材	48.6804	42.5171	6.1633	14.5
1　热轧棒材	33.4925	28.3455	5.1471	18.16
2　冷轧棒材	14.6759	13.5526	1.1234	8.29

续表 14

产品名称	2014年	2013年	2014年比2013年	
			增加量	增长率/%
3 其他棒材	0.5120	0.6191	−0.1071	−17.3
(五) 钢筋	7.8565	6.0702	1.7863	29.43
(六) 线材	63.7624	54.0807	9.6817	17.9
1 普盘条	39.7430	33.8118	5.9313	17.54
2 热轧不锈盘条	4.3022	4.7601	−0.4578	−9.62
3 热轧合金钢盘条	19.7368	15.5244	4.2123	27.13
(七) 特厚板	5.5346	4.7734	0.7612	15.95
1 厚度＞50mm普通特厚钢板	5.5346	4.7734	0.7612	15.95
(八) 厚钢板	25.5632	19.6646	5.8986	30
1 20mm＜厚度≤50mm厚钢板	25.5632	19.6646	5.8986	30
(九) 中板	119.6100	99.3349	20.2751	20.41
1 热轧中板	117.1823	95.9854	21.1969	22.08
1.1 热轧普中板	65.1860	60.5096	4.6764	7.73
1.2 热轧不锈中板	3.0092	2.0961	0.9131	43.56
1.3 热轧合金钢板	48.9871	33.3798	15.6073	46.76
2 冷轧中板	2.4278	3.3495	−0.9217	−27.52
2.1 冷轧普中板	0.0921	0.0618	0.0302	48.9
2.2 冷轧不锈中板	2.3357	3.2876	−0.9520	−28.96
(十) 热轧薄板	35.7262	25.2117	10.5144	41.7
1 热轧普薄板	35.5821	25.0795	10.5027	41.88
2 热轧不锈薄板	0.1440	0.1323	0.0118	8.89
(十一) 冷轧薄板	84.7459	52.4044	32.3414	4.47
1 冷轧普薄板	2.2149	3.7608	−1.5459	−41.1
2 冷轧合金钢板	29.2584	24.2178	5.0407	20.81
3 冷轧不锈薄板	23.2725	24.4259	−1.1534	−4.72
(十二) 中厚宽钢带	151.5618	138.8694	12.6924	9.14
1 热轧中厚宽钢带	150.5817	137.9756	12.6061	9.14
1.1 普通中厚宽钢带	113.8458	100.3159	13.5299	13.49
1.2 热轧合金中厚宽钢带	16.6382	21.4027	−4.7645	−22.26
1.3 热轧不锈中厚宽钢带	20.0977	16.2571	3.8406	23.62
2 冷轧普通中厚宽钢带	0.9801	0.8938	0.0863	9.66

续表 14

产品名称	2014 年	2013 年	2014 年比 2013 年	
			增加量	增长率/%
2.1 厚度≥3mm 高强度冷轧普中板卷	0.1547	0.1265	0.0282	22.3
2.2 厚度≥3mm 一般强度冷轧普中板卷	0.8254	0.7673	0.0581	7.57
(十三)热轧薄宽钢带	71.0298	80.2752	−9.2454	−11.52
1 热轧普薄宽钢带	68.5935	79.3529	−10.7594	−13.56
1.1 厚度<3mm 热轧酸洗普薄卷	37.8580	31.9731	5.8848	18.41
1.2 厚度<3mm 热轧普薄卷	30.7355	47.3798	−16.6442	−35.13
2 热轧不锈薄宽钢带	2.4363	0.9223	1.5140	164.16
2.1 厚度<3mm;宽度≥600mm 热轧不锈薄卷	2.4363	0.9223	1.5140	164.16
(十四)冷轧薄宽带	276.4836	318.8527	−42.3691	−13.29
1 1mm<厚度<3mm 冷轧普薄卷	50.4050	51.0413	−0.6363	−1.25
2 厚度 0.5~1mm 冷轧普薄卷	110.8009	137.5178	−26.7169	−19.43
3 厚度<0.5mm 冷轧普薄卷	115.2777	130.2937	−15.0160	−11.52
(十五)热轧窄钢带	10.9206	9.7162	1.2045	12.4
1 热轧普通窄钢带	5.1017	4.9266	0.1751	3.55
2 热轧合金窄钢带	4.6508	3.4508	1.2000	34.77
3 热轧不锈窄钢带	1.1681	1.3387	−0.1706	−12.74
(十六)冷轧窄钢带	25.5553	24.4583	1.0971	4.49
1 冷轧普通窄钢带	9.7601	9.3035	0.4566	4.91
2 冷轧合金窄钢带	7.3928	6.0403	1.3525	22.39
3 冷轧不锈窄钢带	8.4025	9.1145	−0.7120	−7.81
(十七)镀层板(带)	342.3738	319.1518	23.2220	7.28
1 镀锌板(带)	288.2251	255.2374	32.9877	12.92
2 镀锡板	5.0511	8.5130	−3.4618	−40.67
3 镀铬板	4.2668	4.0397	0.2271	5.62
4 镀铅板	0.0560	0.0571	−0.0010	−1.77
5 镀铝板	31.2632	33.2689	−2.0057	−6.03
6 其他镀层板	13.5115	18.0357	−4.5242	−25.08
(十八)彩涂板(带)	30.6524	29.1088	1.5436	5.3
1 宽度≥600mm 彩涂板	29.5495	28.1748	1.3748	4.88

续表 14

产品名称	2014年	2013年	2014年比2013年	
			增加量	增长率/%
2 宽度＜600mm彩涂板	1.1029	0.9341	0.1688	18.07591
（十九）电工钢板（带）	58.8211	67.1278	－8.3067	－12.37
1 取向硅钢	10.7069	17.8958	－7.1889	－40.17
2 非取向硅钢	48.1142	49.2320	－1.1178	－2.27
（二十）无缝管	27.5624	22.7449	4.8176	21.18
1 石油天然气道无缝管	0.8922	1.8277	－0.9355	－51.19
2 石油天然气钻探无缝管	5.6823	5.9253	－0.2430	－4.1
3 地质钻套无缝管	0.3440	0.3530	－0.0090	－2.54
4 锅炉管	10.1638	7.3051	2.8587	39.13
5 其他无缝管	10.4802	7.3339	3.1463	42.9
（二十一）焊管	19.9208	19.5267	0.3941	2.02
1 石油天然气道焊管	0.6399	2.0650	－1.4251	－69.01
2 石油天然气钻探套导焊管	0.9328	0.5980	0.3349	56
3 其他焊管	18.3481	16.8638	1.4843	8.8
（二十二）铸铁管	0.1659	0.1976	－0.0317	－16.04
（二十三）焊接角型材	2.1361	1.7389	0.3972	22.84
（二十四）冷弯普通型材	1.8799	2.1324	－0.2525	－11.84
（二十五）钢管接头、肘管、管套	3.8258	4.1587	－0.3329	－8.01
（二十六）钢丝	16.6510	16.1762	0.4747	2.93
二、钢绳	0.0000	0.0000	0.0000	***
三、钢锭	5.3811	5.8952	－0.5141	－8.72
1 普钢锭	2.0570	2.8810	－0.8239	－28.6
2 其他普钢锭	0.0069	0.0093	－0.0024	－25.43
3 不锈钢锭	0.4076	0.5637	－0.1561	－27.69
4 合金钢锭	2.9095	2.4412	0.4683	19.18
四、钢坯	29.3244	55.1927	－25.8683	－46.87
1 普方坯	6.1213	13.1573	－7.0360	－53.48
2 普板坯	6.6555	24.0332	－17.3777	－72.31
3 其他普钢坯	2.4224	5.0642	－2.6419	－52.17
4 高碳钢坯	4.1747	2.3216	1.8531	79.82

续表 14

产品名称	2014 年	2013 年	2014 年比 2013 年	
			增加量	增长率/%
5 不锈板坯	0.4463	0.1746	0.2718	155.67
6 其他不锈钢坯	1.7465	2.2577	−0.5111	−22.64
7 10 吨以上合金锻件坯	1.6252	1.7566	−0.1314	−7.48
8 其他合金钢坯	6.1325	6.4276	−0.2951	−4.59
五、铁矿	93300.0000	81900.0000	11400.0000	13.82
六、锰矿	1621.6424	1660.8720	−39.2296	−2.36
七、铬矿	938.7166	1209.2452	−270.5286	−22.37
八、焦炭	0.0381	3.4822	−3.4441	−98.91
九、生铁	19.2650	29.8030	−10.5380	−35.36
十、铁合金	242.1353	214.1447	27.9906	13.07
1 锰铁	2.1942	3.7077	−1.5135	−40.82
2 硅铁	2.6231	2.7256	−0.1025	−3.76
3 硅锰铁	0.0861	1.3302	−1.2442	−93.53
4 铬铁	205.9127	183.9257	21.9870	11.95
5 硅铬铁	0.0000	0.0000	0.0000	* * *
6 镍铁	28.2934	19.4828	8.8105	45.22
7 钼铁	0.0481	0.0091	0.0391	430.81
8 钨铁	0.0065	0.0056	0.0009	16.03
9 硅钨铁	0.0000	0.0000	0.0000	249.52
10 钛铁及硅钛铁	0.0004	0.0012	−0.0008	−69.64
11 钒铁	0.0004	0.0004	0.0001	17.12
12 铌铁	1.8079	1.5822	0.2257	14.27
13 其他铁合金	0.0000	0.0000	0.0000	* * *
十一、直接还原铁及其他海绵铁块团	40.4367	60.5624	−20.1257	−33.23
十二、废钢	256.4244	446.4920	−190.0676	−42.57
十三、生铁镜铁颗粒粉末	11.0285	10.3019	0.7266	7.05
十四、五氧化二钒	0.0000	0.0000	0.0000	* * *
十五、炼焦烟煤	6236.1173	7538.5310	−1302.4137	−17.28

表 15　2013～2014 年全国冶金产品出口情况　　万吨

产品名称	2014 年	2013 年	2014 年比 2013 年	
			增加量	增长率/%
一、钢材	9378.3801	6233.7535	3144.6266	50.45
1　棒线材	3086.2821	1710.5858	1375.6963	80.42
2　角型材	459.8791	410.4797	49.3994	12.03
3　板材	4367.0372	2764.0810	1602.9562	57.99
4　管材	1005.7815	957.0843	48.6972	5.09
5　铁道用材	59.3814	37.8474	21.5340	56.9
6　其他钢材	400.0189	353.6753	46.3436	13.10
(一) 铁道用材	59.3814	37.8474	21.5340	56.9
1　钢轨	50.9731	29.9670	21.0061	70.1
2　道岔钢轨	1.9693	1.5352	0.4341	28.28
3　鱼尾板垫板	2.6556	2.4656	0.1900	7.71
4　轨枕	1.0531	1.2065	－0.1534	－12.72
5　其他铁道用材	2.7303	2.6732	0.0571	2.14
(二) 大型型钢	59.8091	53.1113	6.6977	12.61
1　大 H 型钢	9.0720	9.8993	－0.8274	－8.36
2　截面高≥80mm 工字钢	3.7709	2.5052	1.2657	50.52
3　截面高≥80mm 槽钢	5.8209	4.3784	1.4425	32.95
4　截面高≥80mm 角钢	5.0681	5.2012	－0.1330	－2.56
5　乙字钢	0.1435	0.1314	0.0121	9.24
6　截面高≥80mm 丁字钢	0.0429	0.0019	0.0410	2182.89
7　钢板桩	28.0293	24.2436	3.7856	15.61
8　合金履带钢	0.7237	0.8828	－0.1591	－18.02
9　其他热轧角型异型材	0.9710	0.8442	0.1268	15.01
(三) 中小型型钢	400.0700	357.3683	42.7017	11.95
1　截面高＜80mm H 型钢	0.4271	0.1683	0.2589	153.83
2　截面高＜80mm 槽工钢	1.9121	1.4733	0.4388	29.78
3　截面高＜80mm 角钢	11.0230	15.3935	－4.3705	－28.39
4　截面高＜80mm 丁字钢	0.0901	0.0254	0.0647	254.94
5　特殊小型型钢	386.6177	340.3078	46.3099	13.61
(四) 棒材	1923.9954	882.9585	1041.0369	117.9
1　热轧棒材	1883.4779	870.3463	1013.1316	116.41

续表15

产品名称	2014年	2013年	2014年比2013年	
			增加量	增长率/%
2 冷轧棒材	37.4252	9.7492	27.6760	283.88
3 其他棒材	3.0925	2.8630	0.2295	8.02
（五）钢筋	20.5703	27.1635	−6.5932	−24.27
（六）线材	1141.7164	800.4638	341.2526	42.63
1 普盘条	2.1859	2.7274	−0.5415	−19.86
2 热轧不锈盘条	13.2717	8.4927	4.7790	56.27
3 热轧合金钢盘条	1126.2588	789.2436	337.0152	42.7
（七）特厚板	0.5034	0.9404	−0.4370	−46.47
1 厚度＞50mm普通特厚钢板	0.5034	0.9404	−0.4370	−46.47
（八）厚钢板	2.8737	3.6744	−0.8007	−21.79
1 20mm＜厚度≤50mm厚钢板	2.8737	3.6744	−0.8007	−21.79
（九）中板	36.8989	421.0454	−384.1465	−91.24
1 热轧中板	25.7273	413.9733	−388.2460	−93.79
1.1 热轧普中板	14.0143	15.1004	−1.0861	−7.19
1.2 热轧不锈中板	10.4673	9.2241	1.2432	13.48
1.3 热轧合金钢板	677.9027	389.6487	288.2540	73.98
2 冷轧中板	11.1716	7.0721	4.0995	57.97
2.1 冷轧普中板	0.6333	0.4993	0.1340	26.83
2.2 冷轧不锈中板	10.5383	6.5728	3.9655	60.33
（十）热轧薄板	2.9843	2.3123	0.6720	29.06
1 热轧普薄板	2.1032	2.1188	−0.0156	−0.74
2 热轧不锈薄板	0.8811	0.1935	0.6876	355.3
（十一）冷轧薄板	145.1041	90.4192	54.6849	60.48
1 冷轧普薄板	19.1592	11.7647	7.3945	62.85
2 冷轧合金钢板	7.1085	2.3152	4.7933	207.03
3 冷轧不锈薄板	118.8363	76.3392	42.4971	55.67
（十二）中厚宽钢带	1280.2233	644.3501	635.8732	98.68
1 热轧中厚宽钢带	1278.6502	643.6077	635.0425	98.67
1.1 普通中厚宽钢带	6.3015	5.3555	0.9459	17.66
1.2 热轧合金中厚宽钢带	1141.3884	548.9330	592.4554	107.93
1.3 热轧不锈中厚宽钢带	130.9603	89.3191	41.6412	46.62
2 冷轧普通中厚宽钢带	1.5732	0.7425	0.8307	111.88
2.1 厚度≥3mm高强度冷轧普中板卷	0.0786	0.0484	0.0302	62.3

续表 15

产品名称	2014 年	2013 年	2014 年比 2013 年	
			增加量	增长率/%
2.2 厚度≥3mm 一般强度冷轧普中板卷	1.4946	0.6940	0.8005	115.34
(十三) 热轧薄宽钢带	23.1242	16.2333	6.8909	42.45
1 热轧普薄宽钢带	2.4816	3.9119	−1.4303	−36.56
1.1 厚度<3mm 热轧酸洗普薄卷	1.8089	0.9371	0.8719	93.04
1.2 厚度<3mm 热轧普薄卷	0.6727	2.9749	−2.3022	−77.39
2 热轧不锈薄宽钢带	20.6426	12.3214	8.3212	67.53
2.1 厚度<3mm；宽度≥600mm 热轧不锈薄卷	20.6426	12.3214	8.3212	67.53
(十四) 冷轧薄宽带	464.3597	300.9316	163.4281	54.31
1 1mm<厚度<3mm 冷轧普薄卷	219.9076	135.4208	84.4868	62.39
2 厚度 0.5~1mm 冷轧普薄卷	184.1775	132.9698	51.2077	38.51
3 厚度<0.5mm 冷轧普薄卷	60.2745	32.5411	27.7335	85.23
(十五) 热轧窄钢带	28.4336	15.3511	13.0825	85.22
1 热轧普通窄钢带	4.7329	4.1972	0.5356	12.76
2 热轧合金窄钢带	15.7576	6.4339	9.3237	144.92
3 热轧不锈窄钢带	7.9431	4.7200	3.2232	68.29
(十六) 冷轧窄钢带	18.1462	14.2056	3.9406	27.74
1 冷轧普通窄钢带	7.3855	6.4509	0.9346	14.49
2 冷轧合金窄钢带	0.6941	0.1490	0.5452	365.93
3 冷轧不锈窄钢带	10.0665	7.6057	2.4608	32.36
(十七) 镀层板 (带)	1018.0548	772.0954	245.9594	31.86
1 镀锌板 (带)	756.5338	563.0075	193.5263	34.37
2 镀锡板	115.5180	90.0687	25.4493	28.26
3 镀铬板	18.3026	15.5398	2.7628	17.78
4 镀铅板	0.4171	0.1616	0.2555	158.11
5 镀铝板	117.9370	92.5138	25.4232	27.48
6 其他镀层板	10.4675	11.3045	−0.8370	−7.4
(十八) 彩涂板 (带)	638.3095	454.7113	183.5982	40.38
1 宽度≥600mm 彩涂板	634.8820	451.7818	183.1002	40.53
2 宽度<600mm 彩涂板	3.4275	2.9296	0.4980	17
(十九) 电工钢板 (带)	31.3647	27.8108	3.5539	12.78
1 取向硅钢	6.4338	2.9545	3.4793	117.76

续表 15

产品名称	2014年	2013年	2014年比2013年	
			增加量	增长率/%
2 非取向硅钢	24.9310	24.8563	0.0746	0.3
（二十）无缝管	531.4397	511.9562	19.4835	3.81
1 石油天然气道无缝管	227.1798	216.0618	11.1180	5.15
2 石油天然气钻探无缝管	197.3417	207.2564	−9.9147	−4.78
3 地质钻套无缝管	1.6699	0.8958	0.7740	86.4
4 锅炉管	15.5635	12.7820	2.7815	21.76
5 其他无缝管	89.6849	74.9603	14.7246	19.64
（二十一）焊管	407.1626	388.5110	18.6516	4.8
1 石油天然气道焊管	158.3602	183.2694	−24.9092	−13.59
2 石油天然气钻探套导焊管	5.3702	4.4974	0.8728	19.41
3 其他焊管	243.4323	200.7442	42.6881	21.26
（二十二）铸铁管	67.1792	56.6171	10.5621	18.66
（二十三）焊接角型材	3.6165	3.2267	0.3898	12.08
（二十四）冷弯普通型材	12.5036	10.2626	2.2409	21.84
（二十五）钢管接头、肘管、管套	167.6075	155.8034	11.8041	7.58
（二十六）钢丝	216.2914	184.3826	31.9088	17.31
二、钢绳	0.0000	0.0000	0.0000	***
三、钢锭	0.0045	0.0302	−0.0256	−84.97
1 普钢锭	0.0010	0.0097	−0.0087	−89.88
2 其他普钢锭	0.0009	0.0004	0.0006	147.34
3 不锈钢锭	0.0006	0.0004	0.0002	58.88
4 合金钢锭	0.0020	0.0197	−0.0177	−89.85
四、钢坯	0.6928	0.3970	0.2958	74.52
1 普方坯	0.0050	0.0010	0.0039	377.32
2 普板坯	0.0006	0.0003	0.0002	72.54
3 其他普钢坯	0.0013	0.0046	−0.0033	−71.89
4 高碳钢坯	0.5997	0.3331	0.2667	80.06
5 不锈板坯	0.0013	0.0081	−0.0068	−84.04
6 其他不锈钢坯	0.0289	0.0181	0.0109	60.16
7 10吨以上合金锻件坯	0.0030	0.0019	0.0011	60.54
8 其他合金钢坯	0.0530	0.0299	0.0231	77.21
五、铁矿	13.1848	5.9480	7.2368	121.67
六、锰矿	1.5485	5.0569	−3.5084	−69.38
七、铬矿	0.9676	0.5188	0.4488	86.52
八、焦炭	850.7113	467.2496	383.4617	82.07
九、生铁	24.2033	26.4506	−2.2474	−8.5
十、铁合金	54.0753	57.5499	−3.4746	−6.04
1 锰铁	1.0426	1.1788	−0.1361	−11.55
2 硅铁	40.9705	31.9229	9.0476	28.34

续表 15

产品名称	2014 年	2013 年	2014 年比 2013 年	
			增加量	增长率/%
3 硅锰铁	0.3429	1.7170	－1.3741	－80.03
4 铬铁	0.9760	11.9425	－10.9665	－91.83
5 硅铬铁	0.0916	0.6326	－0.5410	－85.52
6 镍铁	1.2657	0.1284	1.1372	885.37
7 钼铁	0.1558	0.0041	0.1517	3729.19
8 钨铁	0.0456	0.0072	0.0383	529.14
9 硅钨铁	0.0000	0.0000	0.0000	* * *
10 钛铁及硅钛铁	0.0184	0.0171	0.0014	7.94
11 钒铁	0.7066	0.6075	0.0992	16.33
12 铌铁	0.0378	0.0374	0.0005	1.2
13 其他铁合金	0.0000	0.0000	0.0000	* * *
十一、直接还原铁及其他海绵铁块团	6.0378	22.4194	－16.3817	－73.07
十二、废钢	0.0957	0.0264	0.0693	262.79
十三、生铁镜铁颗粒粉末	8.5771	7.0548	1.5223	21.58
十四、五氧化二钒	0.0000	0.0000	0.0000	* * *
十五、炼焦烟煤	79.7280	111.1182	－31.3902	－28.25

表 16 2013～2014 年中国钢铁工业协会 CSPI 钢材综合价格指数变化情况

月 份	1 月末	2 月末	3 月末	4 月末	5 月末	6 月末	7 月末	8 月末	9 月末	10 月末	11 月末	12 月末
2014 年	97.49	96.46	94.83	95.97	94.27	92.99	91.88	90.63	86.35	86.4	85.29	83.09
2013 年	107.89	111.12	107.05	105.75	101.83	98.52	100.48	102.11	100.57	99.34	99.33	99.14

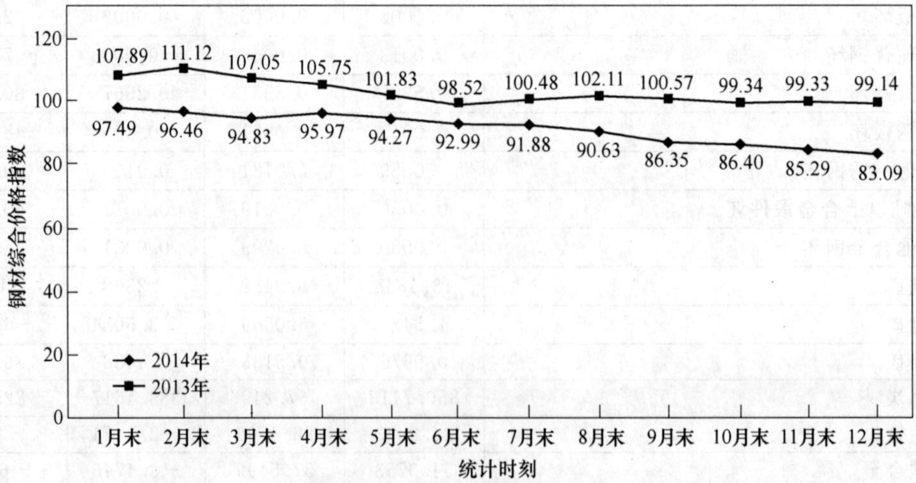

图 1 2013～2014 年中国钢铁工业协会 CSPI 钢材综合价格指数变化情况

表 17　2013～2014 年主要钢材品种价格变化情况

元/吨

品种规格	1 月末	2 月末	3 月末	4 月末	5 月末	6 月末	7 月末	8 月末	9 月末	10 月末	11 月末	12 月末
高线（6.5mm）	3453	3404	3342	3424	3342	3271	3223	3142	2946	3039	2993	2858
螺纹钢（16mm）	3460	3392	3307	3366	3266	3203	3179	3113	2902	2993	2942	2791
角钢（5 号）	3544	3541	3513	3524	3462	3410	3371	3323	3192	3146	3108	3037
中厚板（20mm）	3494	3489	3455	3509	3470	3440	3381	3315	3169	3074	3025	3010
热轧卷板（3.0mm）	3613	3592	3505	3567	3521	3498	3481	3415	3244	3188	3142	3131
冷轧薄板（1.0mm）	4411	4380	4335	4276	4226	4182	4121	4092	4012	3972	3938	3891
镀锌板（0.5mm）	4776	4771	4731	4716	4716	4697	4653	4631	4559	4504	4469	4414
热轧无缝管（219mm×10mm）	4551	4502	4450	4435	4404	4363	4289	4196	4080	4023	3974	3883

表 18　2013～2014 年中国钢铁工业协会 CIOPI 中国铁矿石价格指数变化情况

月　份	1 月末	2 月末	3 月末	4 月末	5 月末	6 月末	7 月末	8 月末	9 月末	10 月末	11 月末	12 月末
2014 年	423.43	405.13	388.79	375.27	348.79	326.85	327.62	310.1	282.9	283.54	255.64	253.04
2013 年	465.37	496.66	474.69	476.76	452.41	424.47	433.97	460.02	446.56	468.23	461.34	472.15

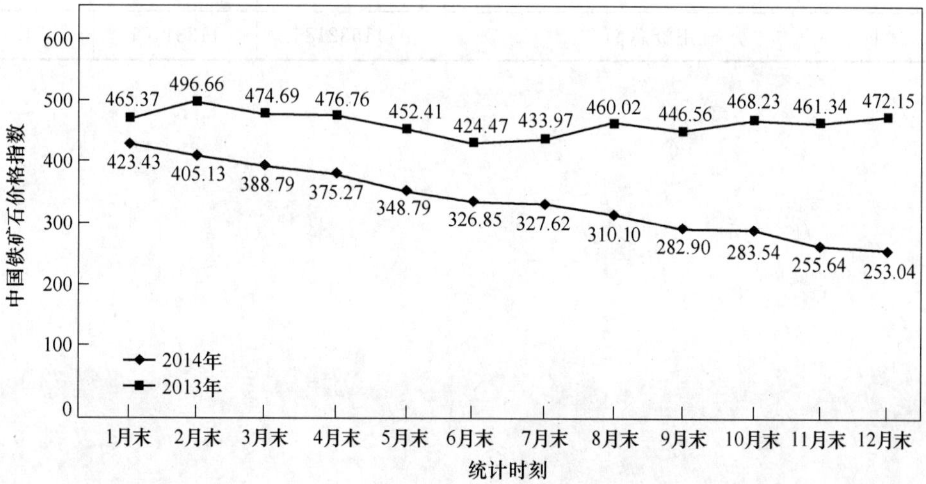

图 2　2013～2014 年中国钢铁工业协会 CIOPI 中国铁矿石价格指数变化情况

表 19　2013～2014 年全国重点大中型钢铁企业财务统计　　万元

项	目	2014 年	2013 年	增减/%
1	汇编企业户数	88	88	0.00
2	亏损企业户数	13	17	−4
3	工业总产值（现价）	292187586	308058860	−5.15
4	工业增加值	42933968	42899217	0.08
5	产品销售收入	358820666	369827091	−2.98
6	实现利税	10909165	9726997	12.15
7	利润总额	3044439	2169046	40.36
8	亏损企业亏损额	−1174728	−1277177	−8.02
9	月末存货	55341048	58764193	−5.83
10	产成品	18532347	16954044	9.31
11	资产总额	464729845	445066892	4.42
12	负债总额	317583941	307721622	3.20
13	管理费用	11439591	12303669	−7.02
14	财务费用	9383278	7782004	20.58
15	销售费用	4199077	3604198	16.51
16	银行短期借款	98172612	97288989	0.91
17	银行长期借款	35182194	35693246	−1.43
18	应收账款净额	12582987	10842078	16.06
19	应付账款净额	45596338	43029616	5.97
20	当年折旧提取数	12177588	12057272	1.00
21	工资总额	11532185	11331101	1.77